사회학

확실성 추구와의 투쟁

최종렬

SOCIOLOGY

박영사

확실성 추구는 보장된 평화, 즉 위험 그리고 행위가 드리우는 두려움의 그림자로 인해 제한되지 않는 대상을 추구하는 것이다. 인간이 싫어하는 것은 불확실성 자체가 아니라 불확실성이 우리를 악의 위해에 빠뜨린다는 사실이기 때문이다.

- 존 듀이

머리말

이 책은 지식의 패러다임을 과학, 도덕학, 미학으로 재구성하고, 세 패러다임의 역학을 통해 사회학의 발전과정을 살펴본다. 그렇다고 발전 과정의 '모든' 모습을 남김없이 있는 그대로 '재현'하려는 것은 아니다. 이는 개인의 역량을 한참이나 넘어서는 무모한 시도일 뿐만 아니라, 무엇보다도 인식론적으로 불가능한 일이다. 상대성 이론이 나온 이후 절대적 시공간 개념이 사라지고 모든 시공간이 상대적으로 변해버렸다. 이제 시공간에 대해 말하려면 먼저 특정한 준거 프레임(reference frame)을 짜고, 이를 통해 시공간에 대해 말해야 한다. 준거 프레임을 짜는 것이 절대적으로 중요해진 시대인 것이다. 사회학 역사를 쓸 때도 마찬가지다. 준거 프레임에 따라 다양한 사회학 역사가 나올 수 있다. 나는 과학, 도덕학, 미학이라는 준거 프레임으로 사회학의 발전과정을 분석적으로 살핀다. 이러한 분석적 이야기는 결코 '총체적' 이야기가 아니며, 특정한 분석적 관점에서 말하는 '부분적' 이야기다. 서구의 지식사에 관한 많은 이야기가 존재할 수 있다. 내가 들려주는 이야기는 과학, 도덕학, 미학의 관계를 통해 서구의 지식사를 분석적으로 재구성한 '하나의' 이야기일 뿐이다. 그 이야기를 얼마나 설득력 있게 들려주었느냐 하는 것은 또 다른 문제일 것이다.

이 작업은 몇 가지 의의를 지닌다. 우선 사회학 내부에서만 본다면, 사회학의 기원을 '계몽주의'를 두고 벌어진 논쟁에서 찾는 기존 설명의 좁은 틀을 벗어나게 해준다. 뉴턴의 수학적 물리학을 사회세계에 적용하려는 계몽주의는 사회세계를 수학적인 단순한 몇몇 공리가 지배하는, 그래서 불확실성, 갈등, 모순이 제거된 조화로운 코스모스로 만들려는 꿈을 지니고 있다. 수학적 단순성은 사회세계를 종교, 전통, 주술과 같은 비합리적 의미로부터 해방하며, 그 결과 사회세계는 수학적 법칙에 따라 계산되고 정복 가능한 양적인 존재로 전환된다. 계몽주의는 수학적 법칙이 테크놀로지와 과학의 발전을 가져와 인간과 사회의 물질적 삶을 개선할 뿐만 아니라 도덕적 완결성을 가져오리라 믿는다. 이러한 주장은 텍스트 내적인 분석만으로는 그 인식론적, 윤리적·정치적 함의를 밝혀낼 수 없다. 오히려 그 주장을 더 넓은 서구의 지식사적 맥락 안에 넣을 때만 그 뜻을 가늠할 수 있다. 그렇게 될 때 계몽주의와의 관련 속에서 그 기원을 찾는 사회학의 의미도 그 모습을 분명히 드러낼 것이다.

다음으로는 과학이 사회세계를 구성하는 주된 원리가 될 때 나타나는 사회적 효과를 가늠하게 해준다. 중세 시대를 통해 보편주의적 일원론으로 무장한 이론과학이 경험과학, 도덕학, 미학을 억누르고 사회세계를 구성할 때, 그것이 얼마나 서구인의 삶의 지평을 좁히고 경직시켰는지 이 글을 통해 알 수 있을 것이다. 보편주의적 일원론이 지배할 때 타자들은 존재할 수도 알려질 수도 없을 뿐만 아니라, 윤리적·정치적으로 이론과학 체계의 한계에 배치되어 그 체계의 완결성을 보증하는 기능을 하면서도 철저히 주변화되고 억압된다. 르네상스 휴머니즘이 도덕학을 되살리기까지 거의 중세 천 년이 걸렸다는 역사적 사실을 볼 때, 이론과학의 지배를 무너뜨리기가 얼마나 어려운지 알 수 있다. 도덕학의 핵심은 반토대주의적 맥락주의로, 일정 정도 애매성과 불확실성을 전제로 한다. 계몽주의는 뉴턴적 수학적 물리학을 빌려 애매성과 불확실성을 제어하여 확실성의 세계를 만들고자 하는데, 이것이 과연 계몽주의가 말하듯 진정한 진보인가? 역사가 말해주듯, 모던 세계는 과학의 타자들에게는 악몽이 아니었던가.

마지막으로는 서구의 과학을 따라잡기에 급급해 그 윤리적·정치적 함의를 일정 정도 내버려 둬온 한국사회학에 성찰의 계기를 마련해줄 것이다. 아직도 적지 않은 한국의 사회학자는 사회학을 과학으로 만드는 데 몰두하고 있다. 헴펠(Hempel, 1965)의 용어를 써서 말하면, 이론과학자는 '연역적-법칙적 설명 모델'을 따라 소위 논박 불가능한 공리(일반법칙)에서 출발하여 이를 독립변수라 할 선행조건과 결합하여 설명되어질 종속변수를 논리적으로 연역해내려 한다. 그들이 꿈꾸는 것은 거대한 논리적 연역 체계를 구성하는 것이다. 이는 플라톤 이래로 끈질기게 지속되어온 서구 지식인의 오랜 꿈으로서, 이제는 한국의 과학적 사회학자가 대신 꾸어주고 있다. 경험과학자는 '귀납적-확률적 설명 모델', 즉 무작위적 실험을 수행하는 특정의 조건에서 특정 종류의 결과가 특수한 퍼센티지로 일어날 것이라는 통계학적 법칙을 따라 쿤(Kuhn, 1962)이 말하는 '정상과학' 아래의 자연과학자처럼 이미 알고 있는 사실을 '통계학적 유의미성'으로 확인하기 위해 자료를 수집하고 실험하는 데 여념이 없다. 이는 서구의 모던 세계에 와서, 특히 1930년대 통계학이 도입되면서 발전되어온 비교적 최근의 과학관인데, 이 역시 많은 한국의 사회학자가 따르고 있다. 이제 한국의 사회학자는 적극적으로 물어야 한다. 도대체 '과학'을 한다는 것이 윤리적·정치적으로 어떤 의미를 지니는 것인가?

책의 짜임

제1장은 지식의 세 패러다임인 과학, 도덕학, 미학의 역학을 통해 서구 지식사를 고대 그리스로부터 르네상스 휴머니즘까지 살펴본다. 우선 지식의 세 패러다임의 원형을 고대 그리스 사상에서 찾는다. 원자론자는 경험과학의 원형을, 소피스트는 도덕학과 미학의 원형을, 플라톤은 초월주의적 이론과학의 원형을, 그리고 아리스토텔레스는 본질주의적 이론과학의 원형을 제출했다. 이렇게 다양했던 헬레니즘적 세계는 유대ー기독교의 일신교를 만나 다양성을 상실하고 이론과학에 지배당하게 된다. 이러한 변환에 결정적인 역할을 한 것이 신플라톤주의이다. 거의 12세기에 이르기까지 기독교화된 플라톤주의 이론과학이 서구 지성계를 지배한다. 12세기에서 14세기 동안에는 아리스토텔레스주의가 되살아나 자연에 관한 경험적 연구를 촉발했지만, 그것이 지닌 본질주의적 이론과학의 성격 탓에 그 이전 철학과 근본적인 단절을 이루지는 못했다. 르네상스 휴머니즘에 접어들어서야 고대 그리스 사상 중 도덕학이 되살아나 이론과학과 긴장 관계를 형성하면서 이전과 비교해 다원적인 세계로 접어들었다.

제2장은 고전 유럽사회학의 모체를 과학, 도덕학, 미학을 통해 살펴본다. 지금까지 많은 사회학자들은 사회학의 기원을 18세기의 계몽주의와 이에 대한 19세기의 반동적 대응에서 찾았다. 이들은 계몽주의를 18세기만의 현상, 즉 프랑스 혁명에서 정점에 이른 혁명적 정치사상 운동으로 좁게 정의한다. 더 나아가 계몽주의의 기본 성격을 진보적인 것으로 평가하고, 19세기를 이에 대한 반동의 시대로 보는 경향이 있다. 이 글은 이러한 표준적인 서사에 대항하여, 계몽주의를 17세기와 18세기

의 현상으로 넓힘은 물론 그것의 퇴보적 성격을 강조한다. 지식사적으로 볼 때, 계몽주의는 르네상스 휴머니즘이 지녔던 이론과학과 도덕학의 건강한 대립에서 도덕학을 제거하고 수학적 물리학이라는 통합과학을 특화했다는 점에서 퇴보적이다. 이러한 퇴보적 성격 탓에 그에 대항 또는 반대하여 대항계몽주의와 반계몽주의가 출현했다. 이러한 새로운 서사를 따르게 되면, 17세기와 18세기는 계몽주의, 대항계몽주의, 반계몽주의가 서로 경합하는 복합적인 시기로 밝혀진다. 이는 지식의 패러다임이라는 면에서 볼 때, 고대 그리스 이래로 서구 지식사에서 처음으로 이론과학, 경험과학, 도덕학, 미학이 모두 되살아나 서로 경쟁하는 독특한 시기이다. 이러한 전통은 19세기로 이어져 맑스, 뒤르케임, 베버와 같은 사회학의 창건자들에게 매우 복합적인 지적 환경을 제공했다.

　제3장은 19세기 유럽에서 출현한 사회학의 지식 지형을 탐구한다. 첫 번째 시기(1789~1832/1848)는 프랑스혁명과 그 엄청난 여파로 달궈진 시기이다. 프랑스혁명은 처음부터 유럽을 강타한 범유럽적인 운동으로서, 그 역사적 전개과정을 통하여 계몽주의의 기본 테제를 유럽 곳곳으로 전파했다. 고전 정치경제학과 공리주의가 계몽주의의 영향 아래 출현하고 발전했다. 프랑스혁명은 또한 대항 세력도 불러냈는데, 대항계몽주의 전통의 주된 계승자인 낭만주의가 그 대표라 할 수 있다. 두 번째 시기(1832/1848~1884)에는 계몽주의 전통과 대항계몽주의 전통이 각각 새로운 형태로 자신의 모습을 드러낸 시기이다. 크게 보아 이 시기에는 대항계몽주의 정신이 줄고 계몽주의 지향의 정신이 더욱 커졌다. 실증주의와 다원적 진화론이 이 시기 계몽주의를 대표하는 사상이다. 1870년대경에는 대다수 과학자들이 진화라는 개념을 받아들였다. 사회적 다윈주의의 모토, 즉 적자생존은 리카르도 경제학을 일반화시켰

다. 자유경쟁은 최상의 사회, 최상의 인간, 최고의 개인을 만들어줄 것이다. 대항계몽주의 전통은 이러한 계몽주의 전통을 비판했다. 고전 유럽사회학은 실증주의와 다원적 진화론의 협소한 시각에 대항한 주된 세력이었다. 세 번째 시기(1884~1914)는 산업화, 도시화, 기술적 진보 등의 어두운 면이 진보에 대한 실증주의적 신념을 어느 정도 상쇄한 포스트다원주의와 포스트맑스주의 세계로 이루어져 있다. 물리학과 생물학의 새로운 발전은 사회와 인간을 설명할 때 우발성이 중요하다는 점을 일깨워주었다. 이 시기는 또한 반계몽주의 전통이 재활성화되는 시기이기도 하다. 반계몽주의 전통을 이어받은 쇼펜하우어, 니체, 프로이트 같은 여러 지식인은 산업화, 도시화, 기술적 진보가 감추고 있는 어두운 면을 탐구했다.

19세기 유럽에서 발흥한 사회학은 애초에 계몽주의의 독단을 대항계몽주의라는 대안을 통해 비판하고 보완하는 기획으로 출현했다. 수학적 물리학으로 대표되는 뉴턴의 과학을 인간사회에 적용했을 때, 인간사회로부터 정신적, 문화적, 규범적 차원을 제거하고 물리적, 경제적, 도구적 차원만 남겨놓는다고 보았기 때문이었다. 맑스, 뒤르케임, 베버와 같은 사회학의 창건자들이 계몽주의의 영향을 받은 것은 사실이지만, 당대 지배적인 계몽주의 사상인 계약론, 공리주의, 고전 정치경제학과 비교해볼 때 오히려 대항계몽주의의 영향을 더 받았다고 할 수 있다. 고전 사회학자 그 누구도 계약론, 공리주의, 고전 정치경제학을 전적으로 받아들이지는 않는다. 그들은 전통적인 종교적 의미의 제거가 곧 무의미한 물리적 체계와 같은 계몽주의적 사회로 나아가야 함을 뜻하는 것은 아니라고 믿었다. 오히려 모던 사회세계에 새로운 의미를 부여해야 한다고 보았고, 이 의미는 기존의 보편주의적 일원론처럼 외부에서 자연적으로 주어지는 것이 아니라 구체적인 맥락적 인간의 실천을 통해 이루어진다고 보았다.

제4장은 모던 미국사회학이 사용한 지식 패러다임을 살펴봄으로써 그 발전과정을 추적한다. 모던 미국사회학은 사회학을 진정한 과학으로 수립하고자 미학을 배제했다는 점에서 고전 유럽사회학과 어느 정도 유사하다. 하지만 고전 유럽사회학과 달리 모던 미국사회학은 경험과학을 비판하지 않았다. 오히려 경험과학을 사회학을 위한 최고로 우월한 지식의 패러다임으로 끌어올렸다. 모던 미국사회학은 미국의 영웅적 개인주의 정신과 잘 들어맞을 때만 도덕학을 긍정적으로 받아들였다. 또한 모던 미국사회학은 이론과학을 받아들였지만, 유럽과는 사뭇 다른 양상을 보여주었다. 유럽에서는 맑시즘과 구조주의와 같은 본질주의적 이론과학이 사회학을 포함한 지성계에서 지배적인 위치를 차지했다. 하지만 미국에서는 본질주의적 이론과학이 사회학 담론으로 자리를 잡지 못하였다. 주된 이유는 미국 지성계를 지배한 세속화된 과학관이 본질주의적 이론과학의 목적론적·비과학적 함의를 용인할 수 없었기 때문이다. 반면 초월주의적 이론과학은 목적론을 담고 있지 않아서 모던 미국사회학에서 비교적 손쉽게 자리를 잡을 수 있었다. 경험과학과 초월주의적 이론과학이 서로 손을 잡고 모던 미국사회학에서 크게 성공을 거둔 것은 놀라운 일이 아니다. 뉴턴이 이미 경험과 합리적 추론을 종합하여 자신의 과학관을 제출한 바 있기 때문이다. 결국 모던 미국사회학의 패권을 잡은 것은 과학이었다.

마지막으로 제5장은 사회학이 과학장이 아닌 미학적 공론장의 성격을 지녀야 진정으로 한국사회학이 발전할 수 있다고 주장한다. 우선 현재 고전 사회학자들이 전통적인 공동체에서 모던 사회로 전환하는 시기에 작업하였던 것과 매우 유사한 상황에 놓여 있다는 점을 밝힌다. 전례 없는 현상들이 눈 앞에 펼쳐지고 있어 혼돈은 가중되고 있지만, 인간은 이를 이해하려고 할 수밖에 없는 존재이다. 이러한 상황을 어떻게 할 것인가? 이 질문에 답하기 위해 확실성을 추구하는 것은 오히려 사회세계를 얼어붙게 할 것이다. 거시와 미시를 연결하여 일반이론을 만들려는 이론과학 모델을 따르게 되면, 사회학은 실제 삶으로부터 추상화되어 공론(空論)이 되기 십상이다. 연구의 전범을 따라 이미 예측된 결과를 새로운 방법으로 얻으려는 경험과학 모델을 따르게 되면, 사회학은 방법론 내지는 사회공학으로 협소화된다. 이렇게 되면, 사회학이 실제 삶으로부터 추상화되고 그 지평이 좁아지는 것에 그치지 않고 결국 인간의 삶마저도 추상화되고 협소하게 될 것이다. 실제로 대학제도는 갈수록 사회학자에게 실험실에서 연구에 몰두하는 과학자가 되라고 요구하고 있다. 사회의 공적 이슈로부터 단절된 채 과학장 안에서 주어지는 보상을 추구하라고 무한경쟁을 부추기고 있다. 실제 이 모델을 따라가게 되면 대학은 경영화된 시장주의에 함몰된다. 기존의 도덕학을 채택한 인문 중심의 사회학만으로는 이에 온전히 맞서기 어렵다. 이 글은 사회학이 '마치 ~인 것 같은' 미학적 영역에 들어가 사회의 공적 이슈를 논의하는 미학적 공론장이 되어야 한다고 주장한다.

이 책은 이전에 내가 썼던 글들에 기반하고 있다(최종렬, 2003, 2004a, 2004b, 2005a, 2005b, 2010, 2016; Choi, 2004). 여기저기 흩어져 있던 글들을 하나로 묶어 다시 쓰고 새로 덧붙이고 다듬어서 한 권의 책으로 내는 이유는 독자들이 나의 주장을 더욱 분명하게 이해할 수 있도록 돕기 위함이다. 더 나아가 한국사회학이 확실성의 추구와 투쟁하면서 우리의 사회적 삶의 의미와 씨름하는 윤리적·정치적 기획으로 발전했으면 하는 간절한 바람에서다. 이러한 나의 뜻을 기꺼이 받아준 '박영사'에 감사드린다. 특히 책의 가치를 알아봐 준 장규식 팀장에게 특별한 고마움을 전한다. 또한, 읽기 좋은 한 권의 책으로 만들어준 조영은 편집자에게도 감사드린다. 언제나 그렇듯 첫 번째 독자가 되어 비판적 읽기를 마다하지 않는 이예슬 박사에게 고마움을 표한다.

대구 궁산의 한 자락 아래에서
2024년 6월 어느 날, 최종렬

차례

CHAPTER
01 과학, 도덕학, 미학

사회학: 확실성 추구와의 투쟁

현재 서구인들은 과학, 도덕학, 미학의 관계를 어떻게 설정해야 할지 고민하고 있다. 이러한 고민은 아주 새로운 것 같지만 서구 지식사를 보면 전혀 낯선 것이 아니다. 고대 그리스 사상에서 이미 과학, 도덕학, 미학의 원형을 확인할 수 있을 뿐만 아니라, 어떤 점에서 보면 서구의 지식사 전체가 이들 간의 관계를 어떻게 설정할 것인가를 둘러싸고 벌어진 투쟁이라 볼 수 있기 때문이다. 이러한 투쟁은 단지 '진리'를 얻으려는 인식론적 투쟁인 것이 아니라 '정당성'을 획득하려는 윤리적·정치적 투쟁이기도 하다. 왜 특정한 존재만이 탐구할 가치가 있어야 하는가(존재론·인식론)? 왜 특정한 사회적 삶의 방식만 자연적인 것으로 간주해야 하는가(윤리학·정치학)? 이러한 질문은 기존 사회세계가 필연적 실체가 아니라 자의적 구성이라는 것이 폭로될 때 격렬한 형태로 제기된다.

이 글은 지식의 세 패러다임의 원형을 고대 그리스 사상에서 찾아보고, 그들 간의 역사적 관계가 르네상스 휴머니즘까지 어떤 모양으로 이루어졌는지 살펴보려 한다. 제1장에서 논의할 내용을 간략히 밝히면 다음과 같다. 지식의 세 패러다임인 과학, 도덕학, 미학은 고대 그리스 사상에서 그 원형을 발견할 수 있다. 원자론자는 경험과학의 원형을, 프로타고라스는 도덕학의 원형을, 고르기아스는 미학의 원형을, 플라톤은 초월주의적 이론과학의 원형을, 그리고 아리스토텔레스는 본질주의적 이론과학의 원형을 제출한 것으로 재구성한다. 이렇게 다양했던 헬레니즘적 세계가 유대-기독교를 만나면서 아우구스티누스와 토마스 아퀴나스를 매개로 하여 어떻게 이론과학이 지배하는 세계로 좁혀지게 되었는지 살펴본다. 더 나아가 르네상스 휴머니즘이 고대 그리스 사상 중에서 잊힌 도덕학을 되살림으로써 기독교화된 이론과학에 도전하게 됨을 보여준다.

고대 그리스 사상: 과학, 도덕학, 미학의 원형

기원전 5세기 전까지 그리스 사상은 호메로스, 헤시오도스(Hesiodos), 그리고 소위 밀교적 시로 대표되는 전통적인 가부장적 신화의 절대적인 영향 아래에 놓여 있었다. 여기에서는 신이나 초인간적 영웅의 의지가 세계를 지배한다. 하지만 기원전 6세기경에 이르러 이러한 신화로부터 자연주의와 휴머니즘으로의 전환이 일어나기 시작한다. 이오니아학파가 신화에서 자연주의로의 전환을 대표한다면, 소피스트는 신화에서 휴머니즘으로의 전환을 보여준다. 이오니아의 과학은 탈레스(Thales), 그리고 소아시아 해변의 이오니아 식민지의 하나인 밀레토스(Miletos)에 거주하는 그의 후계자들에 의해 발전되었다. 전통적인 신인동형동성론(anthropomorphism)에 반대하여 이오니아인들은 전 우주가 자연적이라 주장했다. "자연 개념이 초자연적인 영역들이었던 비물질적인 것으로까지 확대되었다. 신화가 만들어낸 초자연적인 것은 단순히 사라져버리고, 그 결과 존재하는 모든 것은 자연적인 것이 되었다."(Conford, 1966:

15) 이러한 탈신화화는 자연적인 것과 문화적인 것 사이의 구분이 사라진다는 것을 뜻한다. 양자 모두 그들을 지배하는 동일한 근본원리에 의해 설명될 수 있게 되었기 때문이다(Tarnas, 1991: 19).

소피스트는 여기서 더 나아가 휴머니즘으로 전환한다. 종교적 전통으로부터 독립된 사회사상인 휴머니즘이 출현하기 위해서는 기존의 전통이 위기에 직면해야만 한다. 기원전 5세기 그리스가 바로 그러했다. 우선 민주주의의 성장과 과학적 지식의 팽창은 사회를 변화 속에 밀어넣었다(Barrett, 1987: 6). 더군다나, 펠로폰네스 전쟁에서 스파르타가 아테네를 거꾸러트리자 그리스의 제도와 사회적 삶은 큰 위기에 빠지게 되었다. 이러한 위기에 직면하자 아테네인들은 무엇이 잘못된 것인가 묻기 시작했다. 과거의 제도와 관습이 붕괴해서 더는 제대로 작동하지 않을 때, 그래서 이전의 이야기가 설득력을 잃을 때 새로운 사회사상이 출현하는 것이다(Ellwood, 1971: 9). 아테네인들은 갈수록 기존의 신화 속에서 적절한 해결책을 찾을 수 없게 되었고, 그래서 우주로부터 인간 자신에게로, 우주개벽설에서 도덕과 정치로 관심을 돌리게 되었다. 소피스트는 이러한 전환을 알리는 첫 번째 사람들이었다. 따라서 이 시대가 '소피스트의 시대'(Burnet, 1914: 109), '계발의 시대'(Bury, 1958: 376~397), '계몽주의의 시대'(Guthrie, 1971: 48), '그리스 계몽주의'(Tarnas, 1991: 25) 등으로 불리는 것이다.

소크라테스는 소피스트 가운데 한 사람이었지만, 플라톤은 자신의 스승인 소크라테스를 진정한 철학자라 부르며 다른 소피스트와 날카롭게 분리했다. 그 주된 이유는 소피스트에 대항하여 파르메니데스를 뿌리로 하는 그리스의 이론과학을 옹위하려는 것이다. 사실 소피스트는 독자적인 학파를 형성한 것도 아니고, 그들의 저작도 대부분 소실된 상태다. 소피스트에 대한 대다수 정보는 소피스트에 적대적인 플라톤에서 나온다. 플라톤은 소피스트를 두 가지 차원에서 부정적으로 묘사했다. 첫째, 소피스트는 교육에 관한 한 상인, 도매상, 가공무역자다. 둘째, 소피스트는 현자의 모방자다(Notomi, 1999: 44~48). 이러한 부정적인 이미지가 오랫동안 서구 지식사를 지배해왔기 때문에 소피스트는 많이 잊힌 것이 사실이다(Jarratt, 1991: 1; Neel, 1988: 205). 하지만 헤겔이 19세기에 소피스트를 상대주의자로 되살린 이후, 많은 재해석이 쏟아져 나오기 시작했다. 그 핵심은 소피스트가 파르메니데스로 대표되는 이론과학에 도전했다는 것이다. 그중에서도, 프로타고라스는 도덕학을 통해, 그리고 고르기아스는 미학을 통해 이론과학에 도전했다.

이러한 고대 그리스 사상가들은 서구의 지식 패러다임의 원형을 모두 제공했다. 이오니아인들과 원자론자는 경험과학의 원형을, 소피스트는 도덕학과 미학의 원형을, 그리고 플라톤과 아리스토텔레스는 이론과학의 원형을 제출했다. 하지만 플라톤과 아리스토텔레스는 도덕학, 미학, 심지어는 경험과학을 이론과학의 아래에 종속화하고 주변화할 토대를 마련했다.

경험과학의 원형으로서의 원자론자

기원전 5세기 레우키포스(Leucippos)와 그의 제자인 데모크리토스(Democritos)와 같은 원자론자는 경험과학의 원형을 제공한 사상가로 재해석될 수 있다.[1] 원자론자의 가장 눈에 띄는 점은 세계에 대한 온갖

....

1) 그렇다고 원자론자가 모던 시대 이후 보통 말하는 경험주의자였다고 주장하는 것은 아니다. 감각을 지식의 타당한 원천으로 인정하는 경험주의는 분명 모던

종류의 목적론적(teleological) 설명을 제거하고 순전히 기계적인 (mechanical) 설명을 제안했다는 점이다. 이에 따르면 진정한 존재는 물질적인 것이지 형이상학적인 것이 아니다. 원자론자는 이 물질을 '원자'라 불렀다. 파르메니데스를 따라, 레우키포스는 원자는 생성되지도 소멸되지도 않으며, 변화 불가능하며, 더할 수도 뺄 수도 없는, 동질적이고, 지속적이며 비가시적인 것이라 정의한다. 이 진정으로 존재하는 것은 그 외부에 빈 공간(void)을 가질 수 있지만 그 내부에는 결코 가질 수 없다(Guthrie, 1965: 392). 원자들은 그 수가 무한하지만 그렇다고 모든 곳에 연속적으로 현전하는 것은 아니다. 만약에 원자들이 모든 곳에 연속적으로 존재한다면, 이 세상에는 오로지 하나의 원자만이 존재할 것이기 때문이다. 원자란 정의상 갈라질 수 없다. 따라서 원자들에 의해 점유되지 않는 장소들이 존재해야만 한다. 원자론자는 이 장소들을 존재 또는 실존하는 사물로 보지는 않았지만, 빈 공간이라 부를 수 있다고 보았다. 따라서 우주는 무한한 원자들과 그 원자들의 움직임을 가능하게 하는 빈 공간으로 구성되어 있는 것으로 간주되었다(Aristotle, 1941: 697).

이러한 우주관은 사실 일원론적이라기보다는 다원론적이다. 레우키포스에 따르면, 빈 공간은 비존재(not-being)이고, 존재하는 것(what is)의 그 어떤 것도 비존재인 것은 아니다. 엄밀한 의미에서 볼 때 존재한다는 것은 절대적인 충만한 공간이기 때문이다. 하지만 이러한 충만한 공간은 단 하나만 존재하는 것이 아니다. 그 수에서 무한대로 존재하며,

....

시대의 산물이다. 원자론자는 감각 그 자체에 지식의 원천으로서의 '독자적인' 지위를 결코 부여한 적이 없다는 점에서 단연 경험주의자가 아니다. 그럼에도 불구하고, 원자론자를 경험과학의 원형을 제공한 선조로 보는 주된 이유는 그들이 경험과학자와 마찬가지로 세계에서 의미 또는 목적론을 제거하였기 때문이다.

너무 작아 눈에 보이지 않는다. 같이 모임으로써 발생(coming-to-be)하게 되고, 이산되면 소멸(passing-away)한다(Aristotle, 1941: 498). 발생과 소멸은 원자들의 결합과 이산의 산물이기 때문에 진정한 존재가 아니라 현상에 불과하다. 원자들은 지각할 수 없지만, 원자들의 결합과 이산은 지각 가능한 물리적 물질을 우리에게 제출하기 때문에 현상은 지각될 수 있다. 현상의 다양성은 원자들의 결합과 이산의 차이에서 나온다. 그렇다고 원자들의 결합과 이산이 제멋대로 일어나는 것은 아니다. 원자들의 결합과 이산을 지배하는 기계적이고 결정론적인 운동 법칙이 존재하기 때문이다. 원자들은 창조적인 의지나 지성으로부터 완전히 독립되어 있다. 오로지 운동의 법칙을 따를 뿐이다(Vitzthum, 1995: 27).

원자론자는 인간에 관해서도 역시 기계적인 인간관을 제출했다. 데모크리토스는 합리적 영혼·마음과 비합리적인 영혼·마음의 구분을 없앴다. 이어 양자 모두를 몸 전체에 퍼져 있는 원자들의 물리적 구조로 설명할 수 있는 단일한 것으로 만들어버렸다(Taylor, 1997: 234). 다른 모든 것과 마찬가지로 영혼도 역시 원자들로 이루어져 있다. 이 영혼-원자는 다른 모든 원자와 마찬가지로 결코 침투를 허용하지 않는 실체이다. 결과적으로, 영혼과 몸의 날카로운 대립은 흐려지게 된다. 당대의 사상가들과 마찬가지로, 원자론자도 사고를 합리적 영혼의 활동으로 지각을 감각적 또는 비합리적 영혼의 활동으로 보았다. 다른 것이 있다면, 원자론자는 사고와 지각을 같은 방식으로 설명했다는 것이다. 사고와 지각 모두 지속적인 흐름으로 발산되고 있는 원자들이 영혼에 영향을 미쳐 산출된 것이다. 사고와 지각의 이러한 병렬적 관계는 영혼의 사멸론으로 이어진다. 영혼은 몸의 특정한 부분, 즉 머리나 심장에 거주하는 것이기 때문에, 몸이 죽으면 영혼 역시 죽는다. 이렇듯 인간은 육체적인 존재가 된다.

방법론적으로, 원자론자는 당대의 사상가들과 달리 시원적 원인을 야기한 제일원인을 찾고자 하지 않았다. 이는 원자론자가 지닌 독특한 존재론에 기인한다. 이에 따르면, 원자들은 빈 공간에서 영속적 운동의 상태에 있다. 여기서 운동은 어떤 지성의 계획을 통해서가 아니라 이전 상호 작용의 무한한 연쇄에 의해 결정된다(Taylor, 1997: 222). 따라서 원자론자는 제일원인을 찾아야 할 필요를 느끼지 못했다(Guthrie, 1965: 404). 원자론자는 존재하거나 발생하는 만물을 물질적 요소들로 설명하려고 했다. 이렇듯 세계에서 만물을 지배하는 합목적성을 제거했다고 해서, 질서까지 없앤 것은 아니었다. 어떤 것도 그냥 일어나는 법이 없으며, 반드시 이유와 필연성을 가지고 발생한다고 보았기 때문이다. 이전의 원자들의 영향, 그리고 원자들의 이전 운동의 영향으로 존재하게 되고 발생하는 것이다. 이렇듯 기계적 필연성을 주장하였지만, 우발성이라는 개념 역시 살아남았다. 인간은 원자들이 서로에게 어떻게 영향을 미치는지 정확히 알 도리가 없다. 원자는 정의상 지각 불가능한 것이기 때문이다. 이런 의미에서, 인간은 우주가 어떻게 존재하게 되었는지 알 수 없다. 그 발생의 원인을 모른다는 점에서, 우주는 우연히 존재하게 된 것이다(Taylor, 1997: 226). 그렇다고 원자론자가 현재 경험주의라 부르는 것을 정확히 주창한 것은 아니다. 객관적인 실체를 가진 것은 원자와 빈 공간뿐인데, 양자 모두 지각 가능한 성질을 지니고 있지 않기 때문이다. 인간은 사물들에서 단지 색, 소리, 맛, 냄새 등만을 지각할 수 있을 뿐이지만, 이렇게 지각 가능한 것들은 빈 공간 속에서 원자들이 뭉쳤다 흩어졌다 하는 것이지, 원자와 빈 공간 그 자체는 아니다. 원자와 현상은 완전히 분리된 실체가 아니며, 따라서 사고와 경험도 그렇지 않다. 사고와 경험은 아직 충분히 분화되지 않아서 어떤 것에 우선권을 줄 수가 없는 상태이다.

당대의 그리스인들과 달리 원자론자는 순환적 시간관을 믿지 않았다. 세계는 존재하게 되었다 사라지지만, 이 세계가 단순히 반복되는 것은 아니다. 무한한 원자들이 무한한 공간을 무한한 시간 속에서 움직이면서 온갖 종류의 형성체를 만든다. 어떤 것은 동일할 수도 있겠지만, 그건 완전히 우연에 의한 것이다(Guthrie, 1965: 429). 인간의 역사 역시 단순 반복되지 않는다. 그렇다고 선형적인(linear) 시간관을 믿은 것도 아니다. 선형적 시간관은 사실 유대적 사고에서 기원한 것으로, 나중에 서구문명에 수입된 것이다(Bury, 1920). 원자론자는 시간이 원자적인 '지금들'로 이루어져 있다고 믿었다. 시간에는 어떠한 목적론적인 기획도 없다. 다른 모든 사건들과 마찬가지로, 역사도 필연성과 우발성에 의해 단순히 발생할 뿐이다. 그럼에도 불구하고, 원자론자는 인간의 삶이 점진적으로 개선되고 있다고 믿었다. 이 개선은 성스러운 기획 때문이 아니라, 필연과 우연 때문에 이루어진다. 폰 라이트가 구분한 세 가지 진보 개념을 빌려 말한다면,[2] 원자론자는 과학과 테크놀로지의 점진적인 진보, 개인과 사회의 물질적 삶의 개선을 인정하였고, 이러한 두 종류의 진보가 이 세계 지향적인 도덕성으로 나아갈 것이라 믿었다(Bury, 1920: 15~16).

원자론자는 그들의 물리이론과 짝을 이루는 체계적인 윤리론을 내놓지 않았다(Taylor, 1997). 내가 관심을 가지는 것은 원자론자가 그들만의 고유한 윤리론을 지녔는지 역사적으로 그 사실을 규명하는 것이 아

---

2) 폰 라이트(Von Wright, 1997: 7)는 다음과 같이 세 가지 종류의 진보를 구분한다. 첫째, 과학과 테크놀로지의 진보. 둘째, 개인과 사회의 물질적 복지의 개선. 셋째, 도덕적 완전성(moral perfection).

니라, 그들의 물리이론이 지니는 도덕적 '함의'이다. 그 함의는 '이 세계 지향적인 쾌락주의'인데, 이는 신의 객관적 존재와 영혼의 불멸성을 부정하기 때문에 가능한 것이다. 신의 존재와 영혼의 불멸성을 믿지 않게 된다면, 사후의 보상과 처벌을 고려할 필요가 없다. 대신 보상과 처벌이 모두 이 세계에서 이루어져야 한다.

이러한 입장은 정치적으로는 일종의 자유주의의 원형을 낳는다. 공동체는 그저 발생하는 것이 아니라, 개인들이 서로에게 미치는 이전의 영향 그리고 개인들의 이전의 움직임에 의해 발생하는 것이다. 원초적인 원자적 혼돈에서 필연의 힘 아래 원자들이 결합함으로써 세계가 형성되는 것처럼, 공동체는 필연성에 의해 추동된 개인들이 생존하기 위해 서로 결합함으로써 형성된다(Taylor, 1997: 239). 물리적 세계가 무한한 원자들과 빈 공간으로 구성되듯이, 사회세계는 무한한 개인들과 그들이 상호 작용하는 빈 공간 또는 자유로운 장소로 구성될 것이다.

도덕학의 원형으로서의 프로타고라스

소피스트가 도덕학, 즉 반토대주의적 맥락주의(anti-foundational con-textualism)의 원형을 제출했다는 점에는 거의 이견이 없다. 소피스트는 이 도시 저 도시를 떠돌다 아테네에 외국인 영주권자로 사는 사람들, 요즘으로 말하면 인류학자였다고 할 수 있다. 소피스트는 행위에 영향을 미치려는 어떠한 담론도 도시마다 지니는 차이를 고려해야 한다고 주장했다. 장소와 시간을 초월해서 타당한 절대적인 보편적 진리를 추구하는 대신 특정한 국면에서 구성되는 맥락적 지식을 추구했다(Jarratt, 1991: 11). 벌린(Berlin, 1991: 79~80)의 용법을 따라 말한다면, 소피스트는 다양한 사회들에 의해서, 또는 동일한 사회 내에서 상이한 집단들에 의해 추구되는 객관적인 목적, 궁극적인 가치가, 때로는 서로 양립할 수 없다 하더라도, 존재한다고 믿는다.

프로타고라스는 이러한 입장을 대표한다. 그는 인본주의적 불가지론을 주창한다. "신에 관해서 말하자면 존재하는지 존재하지 않는지, 또는 그 형태가 어떠한지 나는 모른다. 알지 못하도록 하는 것이 너무 많기 때문이다. 주제가 불명료하고, 이에 비해 인간의 삶은 너무 짧기 때문이다"(Sprague, 1972: 20). 인간은 이 세계를 누가, 왜 만들었는지 알지 못한다. 궁극적 실재에 관한 지식은 인간의 능력을 벗어난다. 따라서 프로타고라스는 존재론적으로 '존재'와 '가상'을 분리하지 않는다. 인간에게 가상은 지각된 존재와 동일하다고 믿었기 때문이다. 신이 모든 사물의 척도라는 전통적인 종교사상에 맞서, 프로타고라스는 인간이야말로 그 척도라 주장한다. 예를 들어 바람은 그 자체의 속성에 의해 차다 혹은 따뜻하다 할 수 없다. 오로지 그것을 지각하는 인간에 따라 차갑고 따뜻함이 정해질 뿐이다. 실재에 대한 이러한 상대주의적 입장은 모순을 허용하는 다원 사회를 그려낸다. 내가 어떤 것을 차갑다고 지각한다는 사실이, 다른 이가 그것을 따뜻하다고 지각한다는 사실에 의해 부정되지 않는다. 이에 대해 선과 악 등의 가치의 문제에서도 상대주의로 기운다고 비판하는 플라톤을 볼 때, 우리는 상대주의가 단순히 지각에만 머물지 않는다는 것을 알 수 있다(Sprague, 1972: 19). 어떤 사람의 진리는 다른 사람의 진리가 아닐 수 있다. 단 하나의 진리(Truth)만이 존재하는 것이 아니라, 여러 진리들(truths)이 존재하기 때문이다. 인간은 사물이 존재하는지 존재하지 않는지를 결정하는 척도일 뿐만 아니라, 존재한다면 그것이 어떤 방식으로 존재할지도 결정하는 척도이다. 이

척도는 인간의 지각과 의견이며, 이는 사람마다 다를 수 있다. 하지만 이러한 상대주의는 인간을 유아독존적인 동물이라기보다는 사회 안에서 또는 사회를 통해서 구성되는 사회적 존재로 보는 프로타고라스의 입장에 의해 중화된다.

프로타고라스에게 사회는 무엇보다도 모든 성원이 공통의 문화에 의해 묶인 문화적 조직체이다. 문화의 가장 중요한 요소는 타자에 대한 존경(Aidōs)과 정의에 대한 존중(Dikē)이다. 사회의 모든 성원이 이를 공유하지 못한다면 사회는 존재할 수 없다. 따라서 프로타고라스는 어릴 때부터 타자에 대한 존경과 정의에 대한 존중을 기르도록 사회 성원들을 교육시켜야 한다고 주장한다(Plato, 1956: 20~21). 사실상 소피스트는 문법, 문학, 수학, 천문학, 지리학, 역사학 등을 포함한 여러 주제를 가르치는 선생이었다. 그중에서도 가장 중요한 과목은 수사학과 정치학이었다. 공중 앞에서 말하는 법과 법정에서 자신의 생각을 변호하는 법을 가르치는 것이 바로 수사학이라면(De Romilly, 1992: 6), 일상의 정치적 문제들을 성공적으로 다루는 방법을 가르치는 것은 정치학이다. 소피스트는 진리를 발견하는 방법보다는 논쟁에서 이기는 방법을 가르쳤다. 이런 점에서 소피스트는 논쟁에 전투적인 성격을 최초로 부여했다(Rankin, 1983: 16). 사회는 인간존재의 수사학적이고 정치적인 활동에 의해 구성된다. 그런 점에서 법과 관습은 그냥 자연적으로 주어지는 것이 아니다. 사람들이 단순히 동의한 것에 불과하기에 시민들의 수사학적이고 정치적인 활동으로 이를 얼마든지 변화시킬 수 있다. 이 때문에 소피스트는 수사학과 정치학을 가르치는 데 몰두한 것이다(Barrett, 1987: 13). 이런 점에서, 프로타고라스는 문제가 되는 것은 실제의 사건을 단순히 말로 표현(presentation)하는 것이 아니라 그 과정에서 상당한 정도의 재조직화가 일어나는 표상(representation)이라는 점을 이해하고 있다 (Kerferd, 1984: 78).

인간의 본성에 대해서 소피스트는 일종의 공동체적 개인주의를 주창한다. 인간은 사회를 창조함으로써 자기 자신을 창조한다. 인간으로서의 우리의 덕성(virtue)은 자연적으로 주어지는 것이 아니라, 우리가 사회적 존재로 살아가면서 역사적으로 형성된다. 프로타고라스는 가장 중요한 덕성으로 타자에 대한 존경과 정의에 대한 존중을 들었다. 이러한 두 가지 덕성은 사람들이 공유하도록 기대받기 때문에 일차적으로 정치적인 것이다. 이러한 정치적 능력은 개인의 속성이라기보다는 다른 사람과 공유하는 어떤 것이다. 따라서 이러한 정치적 인간은 사회를 창조하고 동시에 사회에 의해 창조된다(Havelock, 1957: 170). 앞에서도 말했듯이, 이러한 덕성은 계획에 맞춰 학습되는 것이다. 요즘 식으로 말한다면, 인간존재는 사회화를 통해 인간존재가 된다. 사회화가 없이는 인간의 덕성을 획득할 수 없기 때문이다. 이러한 생각은 도덕학의 기본 테제이다. 인간의 덕성은 타자들과 더불어 살기 위해 역사적으로 성취된 것이다. 도덕학이 가능하려면, 도덕적 주체의 행위가 세계를 바꿀 가능성이 있어야 한다. 선험적인 종교적 공리에 의존하는 전통적인 주체와 달리, 도덕학의 주체는 선험적인 확실성을 전제하지 않으며, 따라서 자신의 행위를 가능한 최선의 것으로 만들 책임을 자신이 스스로 떠안아야만 한다. 인간이 사는 환경은 갈등이 있지만, 잠재적인 선을 극대화하는 동시에 어쩔 수 없이 발생하는 악에 대해서는 책임을 져야 한다. 악이 전혀 존재하지 않는 환경에 거주한다면 인간은 윤리적 문제에 직면할 필요가 없을 것이다. 하지만 그러한 환경은 인간 삶에서 극히 드물다. 도덕적 행위를 하기 위해서, 도덕적 인간이 의지할 수 있는 것은 과거의 경험뿐이다. 과거를 역사적으로 재구성하는 것은 도덕적 행위를 수행하기 위해 꼭 필요하다. 이런 점에서 도덕적 주체는 역사적 존재이다.

방법론적으로, 소피스트는 현상에 대한 단 하나의 진리를 결정하는 것이 불가능할 뿐만 아니라 불필요하다고 주장했다. 그보다 더 중요한 것은 사람들을 위해 유용한 행위 경로를 만들어내는 것이다. 소피스트는 언어가 시간과 공간의 한계 안에서 인간 집단의 행위를 형성하는 힘이라는 점을 인식했다. 수사학이 이러한 임무를 수행한다. 반정립(antithesis)과 병치(parataxis)와 같은 수사학적 방법은 소피스트의 수사학이 사회적 행위를 위한 도구가 되도록 만든다. 소피스트의 담론적 실천은 역사적 구성의 두 단계 과정을 제안한다. 반정립이 가능한 인과적 관계들의 다양성을 위한 문을 열고 나면, 병치는 임시적인 역사적 서사들의 재구성을 위해 가능한 주장들을 활용할 것을 요구한다(Jarratt, 1991: 21). 이러한 점에서 병치는 반정립적 해체와 얽혀 있다. 병치는 사실 인간의 실천에 달려 있다. 하지만 이러한 두 전략은 헤겔적인 종합과는 다른 것이다. 병치는 각 조항이 위계적인 연계 없이 느슨하게 연합되어 있다. 이러한 연합은 전통적인 설명에 의하면 보다 원시적인 형태의 이야기하기에 전형적으로 나타나는 언어다(Jarratt, 1991: 24).

소피스트에게 시간은 인류의 적이 아니다. 시간을 통해 인간은 같이 살게 되고, 그 과정에서 진정한 인간존재인 사회적 인간으로 살게 되기 때문이다. 하지만 소피스트는 시간에 대한 선형적인 개념을 주장하지는 않았다. 반복해서 말하면, 궁극적인 목적을 향해 시간이 단선적으로 상승한다는 시간관은 유대적 전통에서 나온 것이다. 소피스트에게 역사는 열려 있는 것이다. 인간의 실천에 따라 진보의 상태, 또는 퇴보의 상태에 놓일 수 있다. 역사는 어떠한 신성한 기획이 이끌어가는 것도 아니요, 기계적 필연성에 의해 맹목적으로 움직이는 것도 아니다.

이러한 시각은 도덕적인 면에서 볼 때, 일종의 세속적 휴머니즘으로 나타날 수 있다. 소피스트 역시 원자론자와 마찬가지로 영혼의 불멸성을 믿지 않는다. 따라서 이 세상에서 행한 행위에 대한 사후의 보상과 처벌을 약속하지 않는다. 대신, 보상과 처벌은 이 세계에서 이루어져야만 한다. 인간존재의 가장 중요한 덕성은 이 세계에서 인간존재로 사는 것, 즉 앞에서 말한 두 가지 덕성을 지니고 사는 것이다. 누군가 이러한 덕성을 지니지 못한다면, 교육을 통해 지니도록 만들어야 한다. 그래도 안 되면 더 나아질 때까지 처벌해야 한다. 이러한 의미에서 교육과 처벌은 사회에서 공동의 문화를 공유하도록 사람들을 이끄는 기제이다.

정치적으로는 일종의 참여 민주주의로 나타난다. 프로타고라스는 아테네 사람들이 공적인 덕성에 대해 논의할 때 만인의 의견을 경청해야 한다고 주장한다(Plato, 1956: 21). 덕성을 지닌 만인이 서로의 의견을 경청하면서 공적인 덕성에 대해 논의하는 참여 민주주의가 정치적 이상으로 나타난다. 다시 말해 정치적 덕성에 관한 결정을 내릴 때 만인이 참여해야 한다는 말이다. 이러한 참여 민주주의는 서구 역사에서 사실상 처음으로 제시된 것이다(Kerferd, 1997: 251~252).

미학의 원형으로서의 고르기아스

소피스트는 이러한 도덕학적 요소뿐만 아니라 미학의 원형을 제공한 것으로 재구성될 수 있다. 프로타고라스가 도덕학의 원형을 대표한다면, 고르기아스는 미학의 원형을 보여준다. 고르기아스의 주장을 들어보자. "첫째로 그리고 무엇보다도, 아무것도 존재하지 않는다. 둘째, 존재하더라도 인간에게 알려질 수 없다. 셋째, 알려진다 해도 여전히 다른 사람에게 표현도 설명도 될 수 없다"(Sprague, 1972: 42). 존재론적으로 볼 때, 고르기아스는 철학적인 니힐리즘을 제창한다. 존재도 존재하지 않고 비존재도 존재하지 않는다. 이러한 주장은 파르메니데스의 주장, 즉 "존재는 존재하며, 비존재는 존재하지 않는다."는 주장을 정면으로 뒤집은 것이다. 파르메니데스에 따르면 존재는 일자(the One)의 절대적인 단일성과 영속성이다. 여기에서 존재는 운동, 변화, 되어감을 배제하는데, 만약 이를 받아들이게 된다면 일자의 절대적인 단일성과 영속성에 위협이 될 것이기 때문이다. 이러한 정의에 따르면, 비존재는 존재를 조금이라도 변형시킨 모든 것이고, 따라서 비존재는 존재가 아니다. 존재와 비존재의 이러한 날카로운 분리는 사실 존재를 특화하는 것으로써, 그 결과 움직이고, 변화하고, 되어가는 그 어떤 것도 실재가 아니게 된다.

이러한 주장은 다양한 방식으로 해석되었다(Kerferd, 1997: 7). 하지만 나는 이러한 주장을 미학의 원형으로 해석하고자 한다. 고르기아스는 존재와 비존재의 이분법을 위장된 일원론이라 거부한다. 비존재는 존재가 조금이라도 변형된 것이기 때문에, 존재는 원본이고 비존재는 원본의 복사본이어서 양자가 사실은 하나이다. 다만 원본이 완전한 존재라면, 복사본은 그 완전성이 떨어지는 조잡한 존재이다. 이에 대항하여 고르기아스는 존재도 비존재도 존재하지 않는다고 주장한다. 먼저 존재가 존재한다면, 그 존재는 영원한 것이든지 생성된 것이든지, 또는 영원한 동시에 생성된 것이어야 한다. 하지만 존재가 영원하다면, 그것은 한계가 없는 것이고, 한계가 없다는 것은 그 어느 곳에도 존재하지 않는다는 말이며, 그 말은 곧 존재는 존재하지 않는다는 말이다. 그래서 존재가 영원하지 않다면, 그것은 정의상 결코 존재일 수 없다. 또한 존재가 생성된 것이라면, 그것은 존재 또는 비존재로부터 생성된 것이어야 한다. 우선 존재로부터 생성된 것이 아니다. 존재가 존재인 한 생성될 수 없고, 이미 존재하고 있어야 하기 때문이다. 또한 어떤 비존재로부터 생성된 것이라면, 이는 정의상 말이 되지 않는다. 뭔가를 생성시키는 것은 필연적으로 긍정적인 존재에 참여하고 있어야 하는데, 비존재는 그렇지 못하기 때문이다. 마찬가지 방식으로, 존재는 영원한 동시에 생성된 것일 수 없다. 따라서 존재는 존재하지 않는다. 비존재 역시 존재하지 않는다. 만약 비존재가 존재한다면, 그것은 존재하는 동시에 비존재해야 하기 때문이다. 비존재가 비존재인 한 존재하지 않는 것이며, 반대로 존재하는 것이 비존재인 한 비존재는 존재할 것이다. 하지만 뭔가가 존재하는 동시에 비존재한다는 것은 완전히 부조리한 말일 것이다. 따라서 비존재는 존재하지 않는다. 다른 주장에 눈을 돌려, 비존재가 존재한다면 존재는 존재하지 않을 것이다. 이들은 서로 대립되는 것이고, 만약 존재가 비존재의 한 속성이라면, 비존재는 존재의 한 속성일 것이다. 하지만 존재가 존재하지 않는다는 말은 참이 아니다. 따라서 두 경우 모두 비존재는 존재하지 않을 것이다(Sprague, 1972: 42~43). 결국 고르기아스는 존재하는 것은 존재도 비존재도 아니면, 오히려 '잉여'(some more)라고 주장한다. 잉여는 페스티쉬의 규약을 따른다. 페스티쉬에는 기원도 원본도 없고, 따라서 없음도 없다. 페스티쉬는 인과에 기반을 둔 거대서사를 거부한다. 페스티쉬는 복사본은 복사본의 복사본의 복사본의 복사본의…… 무한한 복사본의 복사본이라 주장하는 포스트존재론과 포스트인식론을 따른다(Vitanza, 1997: 261).

이러한 포스트존재론은, 비록 고르기아스가 체계적인 논의를 제공하지는 않았지만, 인간에게도 적용될 수 있다. 앞에서 다룬 프로타고라스가 불가지론자라면, 고르기아스는 극단적인 무신론자이다. 고르기아스는 신이나 영혼이 존재한다는 것을 믿지 않았다. 인간은 신이 부여한 이성을 본질로 갖는 고정된 실체가 아니라 끊임없는 흐름일 뿐이다. 이러한 흐름으로서의 인간은 존재와 비존재의 이분법 안에 머물러 있는 것이 아니라 양자 사이의 어딘가에 거주한다. 이러한 흐름의 일시적인 정지는 변화하는 맥락에 따라 다르게 나타난다. 다양하게 경쟁하는, 때로는 모순적인 목소리들이 난무하는 맥락에서 흐름의 정지는 일시적인 역사적 성취물일 수밖에 없다. 다양한 목소리들이 이분법적 자리들을 해체하여 인간을 위한 부분적이면서도 다양한 자리들을 제공하는데, 이 자리들은 끊임없는 욕망의 변형 활동을 조장한다. 이러한 부분적, 다중적 자리들은 존재와 비존재에 기반을 둔 표상을 넘어서기 때문에 인간을 비합리적인 상태로 이끈다. 이에 따르면, 인간은 그 어떠한 고정된 범주에 갇히기를 거부한다. 범주란 필연적으로 그 범주를 넘어서는 어떤 것을 부정하거나 배제하기 때문이다. 그런 점에서 인간은 사회화되기 이전의 흐름이다. 아니면, 비록 범주에 의해 사회화되었다 하더라도 그 범주에서 부정되었거나 배제되었던 어떤 것에 의해 끊임없이 시달리는 사회화된 신경증자이다. 이러한 인간관은 사실 그리스적인 이상적 인간형인 자존적인 또는 자족적인(self-sufficient) 인간에 비교한다면 엄청나게 과격하다 할 수 있다. 자족성은 인간 본질의 실현, 즉 존재의 완성을 요구할 뿐만 아니라, 모든 한정을 거부하는 긍정적 무한을 산출함으로써 온갖 한계들을 축출하기도 한다. 고르기아스에 따르면, 이러한 자족성의 이상은 그 자체로 모순인 불가능성이다. 자족적이어서 한계를 지니지 않는다면, 그것은 무한이고 무한은 항상 그 무엇을 결핍하고 있는 것이어서 결코 자족적일 수 없다. 이러한 자족성의 이상은 그 자체로 불가능한 논리이지만, 실제로는 존재와 비존재의 이분법으로 나타난다.

방법론적으로도 고르기아스는 파르메니데스를 해체한다. 파르메니데스는 인간은 실제로 존재하는 것만을 타당성 있게 생각할 수 있다고 주장했다. 이러한 주장에서는, 존재와 사고가 하나이자 동일한 것이 된다. 비존재는 실제로 존재하는 것이 아니기 때문에 결코 알려질 수 없다. 인간은 움직이고, 변화하고, 되어가고 있는 뭔가를 '지각'할 수는 있지만 '사고'할 수는 없다. '그 뭔가'는 존재가 아니기 때문이다. 이렇듯 파르메니데스는 사고와 지각을 날카롭게 구분하고 그중에서 사고에 인식론적 특권을 주었다(Luce, 1992: 51). 파르메니데스에게 사고는 로고스(단어와 말)와 등치되고, 더 나아가 로고스는 존재와 등치된다. 이에 맞서 고르기아스는 단어와 사물 간에는 항상 간극이 존재한다고 주장한다. 그는 더 나아가 로고스는 단지 존재와 등치될 수 없을 뿐만 아니라, 그 어떤 존재의 세계와도 필연적인 상관관계를 맺지 않는다고 주장한다(Crowley, 1979: 281). 실재로부터 언어를 이렇게 떼어 놓고 나면 수사학의 개념은 완전히 달라진다. 수사학은 진리를 찾기 위해 단어들을 사용하는 것이 아니라, 정신에 영향을 주기 위해 또는 아름다운 환상을 창조하기 위해 또는 공포를 멈추게 하고 슬픔을 가라앉히고 기쁨과 자연적 동정심을 창조하기 위해 단어들을 사용하는 예술이다(Crowley, 1979: 282). 이야기꾼은 자신의 기능을 논리적 논증에 둔다기보다는 청중의 믿으려는 의지를 자극하는 정서적 표현에서 찾는다. 이러한 설득의 힘은 단어들을 통해 인위적으로 감각적 반응을 자극함으로써 청중의 정서적이고 정신적인 상태를 현혹하는 것에서 온다(Kennedy, 1999: 36).

결과적으로 고르기아스는 실재를 교조적인 틀 안에 가두려고 하기보다는 그 모든 모순 속에서, 그 모든 비극적 강도(intensity) 속에서 날뛰도록 허용할 것이다(Untersteiner, 1954: xvi). 이는 청중을 혼란 상태에 빠트릴 것이지만, 고르기아스는 그 속에 개념을 통해 질서를 부과하기보다는 그대로 내버려 둘 것이다. 혼란 상태가 극복되어 병치로 나아갈 수도 있지만, 그렇다고 이것이 자동적으로 또는 필연적으로 이루어지는 것은 아니다. 언어를 존재에 일치시킴으로써 혼란 상태가 극복된다기보다, 오히려 청중이 언어에 의해 현혹당해서 설득된다면 행위를 가능하게 하는 병치가 따라 나올 것이다. 하지만 이는 필연적인 경로가 아니라 하나의 가능성일 뿐이다. 단어들과 놀이하기, 이것이야말로 고르기아스의 핵심적인 방법론이다. 청중을 설득하는 데 성공할 수만 있다면, 단어와 존재 사이의 일시적인 결합이 아니라 어떤 종류의 단어들 사이의 일시적인 결합도 이루어질 수 있다.

역사의 방향에 대해, 고르기아스는 체계적인 논의를 제공하지 않는다. 하지만 우리는 그의 일반적 입장을 통해 그의 시간관을 끌어낼 수 있을 것이다. 그는 역사에는 그 어떤 방향도 결정되어 있지 않다고 주장할 것이다. 제일존재에 의한 기획도 없으며, 기계주의적 법칙도 존재하지 않을 것이기 때문이다. 따라서 역사는 결정되어 있는 것이 아니라, 우발성에 노출되어 있다. 잉여의 끊임없는 흐름만이 있을 뿐이기 때문이다.

이러한 시간관은 니힐리즘 또는 유희주의로 연결될 수 있을 것이다. 『헬렌에 대한 찬사(Encomium of Helen)』에서 고르기아스는 헬렌의 모든 행위에 면책성을 부여한다.3) 트로이의 몰락을 헬렌의 탓으로 돌리는

---

3) 호머의 『일리아드』에 의하면, 스파르타의 메넬라우스(Menelaus)의 부인인 헬렌

입장에 반대하기 위해 고르기아스는 네 가지 경우를 상정한다. 첫째, 신이 그녀의 운명을 결정해놓았다. 둘째, 그녀는 강간당했다. 셋째, 그녀는 담론에 의해 유혹당했다. 넷째, 그녀는 사랑 때문에 그렇게 했다. 첫 번째의 경우, 책임질 수 있는 자가 책임을 지는 것이 온당한데, 신이 이미 운명을 결정했다면 인간이 그것을 바꿀 수는 없는 노릇이기 때문에 헬렌은 책임이 없다. 두 번째의 경우, 헬렌이 폭력으로 강간당했다면 그릇된 행동을 한 강간범이 비난을 받아야지 피해자가 비난을 받아서는 안 된다. 세 번째의 경우, 언어는 정신을 현혹하는 힘을 갖기 때문에 헬렌이 현혹당했다고 해서 비난받을 수는 없을 것이다. 마지막의 경우, 실제로 그 모든 것을 행한 것이 사랑이라면 사랑에 무력할 수밖에 없는 인간존재에 연민을 느끼면 느낄 일이지 비난할 수는 없다(Sprague, 1972: 51~53). 그 어떤 경우에도 헬렌은 자신의 행위의 주인이 아니기 때문에 그 행위 때문에 비난받을 수는 없다(Neel, 1988: 205). 따라서 인간이 할 수 있는 일이라곤, 할 수밖에 없는 일을 하거나 지금 하고 있는 일을 하는 것이다. 이렇게 행위에 대한 책임을 제거하게 되면, 남는 것은 유희 또는 니힐리즘일 것이다. 정치적으로 볼 때, 이는 아나키즘으로 나타날 것이다. 끊임없는 흐름을 방해하는 그 어떤 개념이나 조직도 허용되지 않을 것이다.

이 트로이의 왕자인 파리스(Paris)와 도망감으로써, 그리스 원정대가 트로이를 공격하여 멸망시켰다고 한다. 그 결과 헬렌이 여기에 책임이 있느냐가 논쟁거리가 된다.

이론과학

초월주의적 이론과학의 원형으로서의 플라톤

플라톤, 특히 『국가』에 나오는 플라톤은 초월주의적 이론과학의 원형을 제출한 것으로 간주될 수 있다. 존재의 절대적인 통일성을 믿은 파르메니데스를 따라 플라톤은 지각 가능한 사물들로부터 구별되는 사고의 대상들만이 온전히 실재적이라 믿었다. 플라톤은 사고의 대상을 '형상'(Forms)이라 불렀는데, 이 형상은 영원히 불변하는 현실로 감각적인 것들과 완전히 분리되어 있다. 형상은 초월적이고 비물질적인 이념적 실체의 영역, 즉 진리의 영역이다. 반면 물질은 감각적이고 물질적인 덧없는 현상의 영역, 즉 가상의 영역이다. 감각은 형상에 참여함으로써 그 속성을 갖게 되기 때문에 형상은 감각의 원인이라 할 수 있다. 이러한 초월주의는 본유론(innatism) 및 선험론(apriorism)과 밀접하게 연관되어 있다. 본유론은 인간의 마음이 태어날 때부터 특정의 근본적인 개념들 또는 특정의 근본적인 진리에 대한 지식을 구비한다고 주장한다. 선험론은 인간의 마음이 감각과 무관하게 진리에 대한 지식을 획득할 수 있다고 주장한다.

세계에 대해서 플라톤은 기계적 시각 대신에 유기적 시각을 제출한다. 우주는 지성과 필연성의 조합에 의해 생산된다(Plato, 1977: 66). 지성이 형상의 세계에 속한다면, 필연성은 감각의 세계에 속한다. 지성은 우주의 합리적 디자인과 관련되지만, 그렇다고 이 지성이 전능한 창조자인 것은 아니다. 필연성은 가시적 세계의 비합리적인 요소들과 관련된다. 이 요소들은 어떤 목적을 위해 지성을 발휘할 능력이 없다. 그렇다고 해서 필연성이 인과의 닫힌 체계라는 모던적 의미의 법칙을 말하는 것은 아니다. 플라톤의 필연성은 비정규적이고 무질서적인 것이지 완전히 결정된 것이 아니다. 오히려 이성의 설득에 열려 있다(Conford, 1957: 36). 따라서 지성과 필연성은 양립 불가능한 것이 아니다. 오히려 이성은 대부분 최고의 결과를 낳기 위해 설득함으로써 필연성을 통제하고, 필연성이 이렇게 이성의 설득에 종속됨으로써 우주는 원래의 그 상태로 구성되었고 지금도 그 모습을 유지하고 있다(Plato, 1977: 66).

플라톤은 이렇게 지성이 필연성을 통제하는 기능을 세계형성자 (Demiurge)라 불렀다. 이는 유대-기독교에서 말하는 전지전능한 창조자라기보다는 오히려 장인에 가깝다. 장인은 자기가 창조하지 않은 재료로 작업을 하기에 재료 그 자체의 혼란과 무질서까지 책임질 필요가 없다. 오로지 그 재료에서 지성적 기획을 통해 그가 할 수 있는 한 최선의 질서를 만드는 것만이 장인의 책임이다(Conford, 1957: 37). 세계형성자는 뛰어난 장인과 마찬가지로 우주를 자신과 같이 선하게 되도록 최선을 다해 만든다. 이는 지성이 필연성을 통제할 때만 가능해진다. 플라톤에게 선하다는 것은 자족적이라는 말과 같고, 자족적이란 다른 그 어떤 것도 필요로 하지 않는다는 것을 의미한다(Lovejoy, 1964: 42). 우주는 자족적, 즉 그 안에 모든 것을 담고 있다. 다른 말로 해서, 우주는 지성을 지닌 살아 있는 존재이다. 세계형성자는 자족적이기에 그 어떤 것도 질투하지 않으며, 따라서 모든 사물을 자신과 마찬가지로 선하게 만들려고 최선을 다한다. 최선의 존재인 세계형성자가 최선의 것을 만들지 않을 이유가 전혀 없다. 우주를 형성할 때 세계형성자는 영혼에 이성을, 몸에 영혼을 심는다. 그래서 그의 작업이 최고이자 최선이 되도록 만든다. 우주 자체도 영혼과 지성을 지닌 살아 있는 존재가 된다 (Plato, 1977: 42).

이러한 세계관은 원자론자의 그것과 달리 일원론적이다. 자족적인 우주는 하나일 수밖에 없기 때문이다. 만약에 우주가 여러 개라면 그 자체는 결코 자족적이지 않다는 것을 드러낼 뿐이다. 세계형성자는 영원한 원본과 동일하게 우주를 만든다. 영원한 형상의 진짜 복사본은 오로지 하나이며 이는 자족적이다. 세계형성자는 최고이면서 가장 완벽한 지성적 사물을 자신의 모델로 사용한다. 그 결과 우주는 만물을 그 안에 포함하고 있는 자족적인 존재가 된다(Plato, 1977: 43). 어떤 원형적인 본질 또는 초월적인 제일원리의 질서화된 표현으로 코스모스를 보는 이러한 시각은 곧 그리스인들을 지배하게 된다. 이는 형상, 이념, 보편성, 불변적 절대성, 불멸적 신성, 성스런 원형 등 갖가지 이름으로 표현된다(Tarnas, 1991: 3).

이러한 우주론은 인간에게도 적용된다. 그 핵심은 보편주의적 일원론이다. 보편주의적 일원론은 다음과 같은 벌린의 말로 가장 잘 요약될 수 있을 것이다. "인간은 고정된, 변경되지 않는 본성, 보편적인, 공동의, 불변의 목적들을 지닌다. 일단 이러한 목적이 실현되면, 인간의 본성은 완전히 충족된다. 보편적인 충족이라는 이러한 사고는 인간존재 그 자체가 동일한 보편적인 목적, 시공간을 떠나 모두에게 일치되는 목적을 추구한다는 것을 전제한다"(Berlin, 1991: 20). 플라톤은 이 본성을 영혼의 불멸성으로 보았다. 그리스 전통을 따라 플라톤은 영혼이 원래 형상의 세계에 거주하였기에 형상의 진리를 알고 있었지만, 영혼이 육화된 후 몸에 갇히게 되면서 그 진리를 잊어버렸다고 주장한다. 하지만 영혼은 형상의 진리를 되찾기 위해서 몸으로부터 자신을 분리하여 다시 영속하며 불변하는 영역으로 되돌아가기를 추구한다. 죽은 후에 영혼은 홀로 계속해서 존재하지만, 몸은 해체된다(Plato, 1955).

육화된 인간존재는 몸의 오염 때문에 순수 영혼일 수 없다. 육화된 인간존재는 이성, 욕망, 열정 세 구성 요소로 이루어져 있다(Plato, 1944: 217~231). 이 세 요소는 존재, 비존재, 존재와 비존재의 중간이라는 세 가지 현실에 상응한다. 존재의 상응인 이성은 순수이성 또는 순수 사고의 자리이다. 비존재의 상응인 욕망은 몸에 거주하며, 몸은 쾌락과 감각의 자리이다. 존재와 비존재의 중간의 상응인 열정은 이성과 욕망 사이에 거주하지만, 이성의 조력자로 복무한다. 모든 육화된 인간존재는 세 가지 상이한 원리를 따라 살도록 되어 있다. 영혼의 합리적 원리, 몸의 비합리적 원리, 그리고 열정의 계쟁적(係爭的) 원리가 바로 그것이다. 이중에서 영혼의 합리적 원리가 더 나은 것이며, 몸의 비합리적 원리는 더 나쁜 것이다. 인간의 본성은 이 중에서 어떤 원리가 지배하느냐에 달렸다. 더 나은 원리가 더 나쁜 원리를 통제할 때 인간은 그 자신을 정복한다고 말할 수 있다. 하지만 나쁜 교육이나 사귐 때문에 더 나은 원리가 더 나쁜 원리에 의해 지배당하게 되면, 그는 자아의 노예이며 원리가 없는 자로 비난받을 것이다(Plato, 1944: 212). 절제하면 그 자신의 주인이 되지만, 그 동일한 인간이 절제를 잃어버리게 되면 거꾸로 그 자신의 노예가 된다. 따라서 합리적 원리가 열정의 계쟁적 원리의 도움을 받아 비합리적 원리를 지배해야만 한다. 절제는 선한 행위의 규약일 뿐만 아니라, 영혼이 잃어버린 진리를 되찾는 방법이기도 하다. 절제는 육화된 영혼을 순화한다. 다시 말해 절제는 몸에 갇혀 있는 육화된 영혼을 해방시켜 형상의 세계로 되돌려 보내기를 추구하는 것이다. 결국 플라톤은 자율적인 인간을 선의 모델로 삼고 있는 셈이다. 이상적인 인간은 이상적인 우주와 마찬가지로 다른 존재에 의존하지 않는 자족적인 존재이다. 자족적, 자율적, 순수 사고는 인간존재의 이상적 상태이다. 그것을 통해서만 잊어버린 형상의 영원한 진리를 되찾을 수 있기 때문이다.

플라톤의 방법론은 이러한 존재론과 긴밀히 결합되어 있다. 『국가』에서 플라톤은 이해의 대상을 '가시적인 것'과 '지성적인 것' 둘로 나눈다. 그는 또 가시적인 것을 '이미지'와 '유사성'(resemblance)으로, 지성적인 것은 '물리적 세계에 대한 가정'과 '제일원리'로 나눈다(Plato, 1944: 340~341). 이미지는 그림자와 반영물을 포함하고, 유사성은 동식물과 같은 물리적 대상과 인간이 만든 모든 대상들을 포함한다. 가설은 가정으로부터 나와 덜 추상적인 결론으로 나아가는 것을 이해하는 것이다. 제일원리는 출발점을 전혀 요구하지 않는 보다 추상적인 원리에 대한 가정을 말한다(Plato, 1944: 340~341). 이러한 네 가지 이해의 대상들은 영혼의 네 능력과 짝을 이룬다. 이성은 제일원리, 오성은 가정, 믿음은 유사성, 지각은 이미지에 위계적으로 상응한다(Plato, 1944: 342~343). 이해의 대상이 바닥(이미지)에서 상층부(제일원리)로 상승하면 할수록, 그 대상은 실재에 더 많이 참여한다. 영혼의 능력이 바닥(지각)에서 상층부(이성)로 상승하면 할수록, 진리에 더욱더 참여한다. 영혼의 각 부분은 그 대상을 인식하는 고유의 방법이 있다. 지각은 그림사고, 믿음은 신념, 오성은 가설, 그리고 이성은 변증론이다(Laidlaw-Johnson, 1996: 29~30).

방법론적으로 플라톤은 보통 그림사고와 신념을 평가절하하지만 기하학이나 산수 등에서 사용하는 가설의 방법은 높이 평가했다. 그 방법이 형상의 영혼을 되살린다고 생각했기 때문이다(Plato, 1944: 341). 하지만 가설의 방법은 주어진 가정을 설명하지 못하기 때문에 진정한 과학적 방법이 아니다. 가설을 사용하는 수학적 과학은 사용하고 있는 가설을 조사되지 않은 상태로 남겨두기에 그 가설을 설명할 수 없다. 하지만 자신의 제일원리를 알지 못할 뿐만 아니라, 자신이 알지 못하는 그 제일원리로부터 결론과 중간 단계가 언제 구성되는지조차 모르는 수학자가 만든 결론이 어찌 과학이 될 수 있겠는가 플라톤은 따진다(Plato, 1944: 386). 그는 오로지 변증론만이 제일원리에 직접 갈 수 있다고 믿었다. 변증론은 상상을 사용하지 않고 가정에서 보다 추상적인 개념으로 나아가는 사고 과정이다. 당연시된 가정에서 나온 연역을 사용하는 가설의 방법과 달리, 변증론은 제일원리로 가는 귀납을 사용한다. 변증론은 공준(公準)에서 출발하여 보다 기본적인 자명한 원리를 추구한다. 이 자명한 원리에서 결과를 추론하기 때문에, 감각 작용 없이도 변증론은 진행된다. 이러한 자명한 제일원리로의 상승은 모순의 법칙이 있기 때문에 가능하다. 한 사물은 동시에 같은 면에서 진리이며 비진리일 수가 없다. 모순은 현상적 경험 속에 내재해 있어서 하나가 다른 하나의 부정태로 표현된다. 질문과 대답을 통해, 둘 중의 하나가 그 내적 모순을 드러냄으로써 진리 또는 보다 적합한 것으로 받아들여진다. 질문과 대답은 내적 모순이 사라질 때까지 진행되는 바, 이 무모순 상태가 바로 형상의 세계이다.

플라톤은 순환론적 시간관을 주창한 대표자 중의 하나이다. 당시 지배적인 시각은 진보와 퇴보의 대체가 순환된다는 것으로, 진보가 정점에 달하면 쇠퇴와 타락이 뒤따른다고 한다. 대부분의 그리스인들처럼 플라톤도 인간이 행복하고 소박하게 살던 황금시대가 있었지만 그 이후로 단계적으로 은의 시대, 동의 시대, 철의 시대로 쇠퇴했다고 주장한다. 황금시대는 세계형성자가 원래 만들어놓았던 소박성과 도덕적 완전성을 유지하던 시대이다. 그 이후의 인간 역사는 이러한 상태로부터 퇴락한 과정이다. 지금의 용어로 말한다면, 플라톤은 노동 분업 내지 분화를 혐오했는데, 그 이유는 그것이 엄청난 차이들을 산출시켜 원래의 소박성과 도덕적 완전성을 파괴할 것이라 의심했기 때문이다. 다시 한번 폰 라이트의 용어를 빌려 말한다면, 플라톤은 과학과 테크놀로지의 점진적인 발전과 개인과 사회의 물질적 삶의 개선을 믿었지만, 이러한 두 가지 종류의 진보가 도덕적 완전성을 해칠 것이라 보았다. 시간 또는 역사는 세계형성자가 만들어놓은 완벽한 질서를 침식하고 있다. 변화는 타락과 재앙을 의미할 뿐이다. 플라톤은 철학자가 다시 원래의 질서를 회복시켜놓을 수 있을 것이라 기대했다(Bury, 1920: 9~11).

이러한 주장의 도덕적 함의는 무엇인가? 자율적이고 자족적인 주체로 살아가는 것이 인간의 도덕적 삶의 이상이라는 것이다. 플라톤은 인간을 자족적인 신과 같은 존재로 만들고 싶어 했다. 인간의 이성은 성스러우며, 인간의 삶의 목적은 그의 본성에 신이 만든 아름다움과 질서를 재생산함으로써 성스럽게 되는 것이다(Conford, 1957: 34). 자족성이라는 이러한 이상은 사실 이성과 몸의 이분법, 더 나아가 이성에 의한 몸의 통제에 터하고 있다. 어떠한 외적 세력 없이도 이성 또는 사고는 진행될 수 있는데, 이것이 바로 자족성이다. 하지만 몸은 이성으로 하여금 순수하게 사고만 하도록 내버려두지 않는다. 악인 몸의 방종이 영혼의 활동인 이성적 사고를 가로막기 때문이다(Gulley, 1962: 23). 따라서 이성은 몸을 통제해야만 하는데, 이것이 절제이며 절제는 가장 중요한 윤리적 덕목이다.

정치적으로 이것이 무엇을 의미하는지 바로 드러난다. 엘리트주의와 보수주의가 그것이다. 플라톤은 이상화된 과거에 대한 강한 노스탤지어, 다시 말해 형상의 세계로 되돌아가려는 강한 욕망을 가지고 있다.

하지만 아무나 돌아갈 수 있는 것은 아니다. 오로지 철학자만이 형상에 대한 직접적인 지식을 회복할 수 있다. 철학자는 그 지식으로부터 필연적으로 도출되는 도덕성과 정치의 기반을 제공해야만 한다. 과거는 절대 변화해서는 안 된다. 과거일수록 황금시대에 더 가깝기 때문이다. 그런 점에서, 시간은 인류의 적이다(Bury, 1920: 11). 이러한 엘리트주의와 보수주의는 권력의 집중화를 주장하는 전체주의와 쉽게 짝을 이룬다. 인간이 욕망, 열정, 이성으로 이루어져 있듯이, 국가 역시 상인, 보조자, 수호자로 이루어져 있다. 욕망이 인간의 본성에서 가장 큰 부분이듯이 상인이 수적으로 제일 많아야 한다. 상인의 주 목적은 이득을 획득하는 것이다. 열정이 인간에게 중간자적 요소이듯, 보조자의 수도 상인의 수와 수호자의 수에 중간이어야 한다. 이성이 인간에게 가장 적은 요소이듯, 수호자의 수도 제일 적어야 한다. 수호자는 최선의 상태로 태어나야 하고 최선의 교육을 받아야만 한다(Plato, 1944: 212). 수호자는 집이나 토지 또는 어떠한 사적 자산도 소유하지 말아야 한다. 수호자는 모든 것을 공유해야 한다. 심지어 자신의 공동체적 집단 안에서 아내와 아이까지도 공유해야 한다(Plato, 1944: 265). 국가는 소수 엘리트 수호자들의 공동체적 조직에 의해 지배되어야 한다. 수호자들의 전체주의적 조직은 순수이성의 표상인데, 전체사회의 행복을 보장하기 위해 나머지 집단들을 다스려야만 한다(Plato, 1944: 198).

본질주의적 이론과학의 원형으로서의 아리스토텔레스

아리스토텔레스는 본질주의적 이론과학의 원형을 제시한 것으로 해석될 수 있다. 어떤 이들은 아리스토텔레스를 경험주의의 원형이라고 주장하기도 하지만, 나는 이러한 시각을 받아들이지 않는다. 아리스토텔레스는 감각을 모든 인간 지식의 근원적인 토대로 보지 않았다는 점에서, 모던적 의미에서의 '경험주의'를 결코 주장한 적이 없다. 그는 플라톤의 기본적인 교의, 특히 본유론과 선험론을 받아들였고, 그의 초월주의를 본질주의로 바꾸어놓았다. 형상을 초월적 이념으로 간주한 플라톤과 달리, 아리스토텔레스는 형상을 특수자들 속에 육화되어 작동하고 있는 내재적 원리로 보았다. 아리스토텔레스의 형상은 요즘 식으로 표현하면 본질(essence)이다. 어떤 것의 본질은 특정한 속성으로 이루어져 있고, 그 이외의 다른 모든 속성은 그 특정의 속성에 의존한다. 어떤 주장이 타당하기 위해서는, 결론이 논증 불가능한 전제(indemonstrable premise)로부터 필연적으로 도출되도록 그 주장이 구성되어야만 한다. 그렇다면 우리는 논증 불가능한 전제를 어떻게 찾을 수 있는가? 이 지점에서 아리스토텔레스는 플라톤의 본유론과 선험론에 기댄다. 인간존재는 특정한 근본적인 진리를 알고서 태어나며, 이것이야말로 인간존재의 본질이다. 인간존재는 어떠한 감각의 도움 없이도 진리를 알 수 있다. 어떤 것에 대해 진정으로 과학적인 진리를 얻고자 원한다면, 우리는 그것의 본질에 대한 지식으로부터 그것에 대한 지식의 항목들을 끌어내야 한다. 과학적 지식은 우연히 진리로 되어버린 것이 아니라 반드시 진리일 수밖에 없는 것에 관심을 가진다.

아리스토텔레스에 따르면 형상은 독립적으로 존재하는 초월적 이념이 아니라 특수자들 속에 육화되어 작동하는 내재적 원리이다. 형상, 또는 보편자는 결코 실체가 아니다. 각 사물의 실체는 그 사물에게만 고유한 것인데, 보편자는 하나 이상의 사물들에게 공통적으로 나타나는 것이기에 결코 실체일 수 없다(Aristotle, 1941: 804~805). 이러한 주장을 이해하기 위해서는 그의 실체 개념을 먼저 이해해야 한다. 아리스토텔레스는 범주(categories) 개념을 도입하면서, 실체, 양, 질, 관계, 장소, 시간, 자리, 상태, 행위, 정동 등을 제시한다. 하지만 이러한 범주들 중에서 오로지 실체만이 독립적이고 구체적으로 존재하며, 다른 범주들은 다른 것으로부터 유래함으로써만 존재하는 우발적인 것이다. 현실 세계는 서로 분리되고 독립된 개별적 실체들로 구성되어 있지, 플라톤적 초월적 형상으로 구성되어 있는 것은 아니다. 이러한 개별적 실체들은 다른 개별적 실체들과 공통의 질 또는 양을 공유할 수는 있지만, 그렇다고 해서 존재론적으로 독립된 자기 유지적 실체인 형상이 존재한다는 것을 보장하는 것은 아니다. 실체는 재료와 형상으로 구성된 복합적인 것이다. 재료와 형상은 상대적인 용어인데, 한 형상의 실현은 이제 더 고도의 형상을 위한 재료로 변할 수 있기 때문이다(Robinson, 1995: 19). 이를테면, 어른은 아이라는 재료의 형상이며, 아이는 태아라는 재료의 형상이며, 태아는 난자라는 재료의 형상이다. 모든 실체는 변화되는 것(재료)과 어떤 쪽으로 변화되어지는 어떤 것(형상)으로 구성되어 있다(Tarnas, 1991: 58). 이러한 점에서 형상은 실체의 본질이다. 형상이야말로 실체를 실체이게끔 만들기 때문이다.

형상은 정적인 실재물(entity)이 아니라 실체를 재료적 잠재태에서 형상적 현실태로 추동하는 역동적 원리이다. 이러한 점에서 실체는 불완전에서 완전으로 운동하기를 추구하는 살아 있는 유기체이다. 살아 있는 유기체로서 모든 실체는 자신만의 고유한 형상을 지니지만, 그 형상의 질은 실체마다 다르다. 형상의 질은 완전성의 정도에 달려 있다. 살아 있는 유기체로서의 모든 실체는 완전성의 정도에 따라 위계적으로 조직되어 있다. 이러한 위계적 조직에서 인간은 상층부에 있고 식충류는 바닥에 있다. 오로지 인간만이, 만약 있을지도 모를 그보다 우월한 다른 존재를 제외하고는, 합리적이다. 러브조이(Lovejoy, 1964: 59)는 이러한 위계적 배열을 '존재의 위대한 연쇄'라 부르면서, 이러한 개념이 서구 사상에 막강한 영향력을 행사했다고 주장한다. 존재의 위대한 연쇄인 우주는 그 자체로 살아 있는 유기체로서, 우주를 우주이게 만드는 자신의 고유한 형상을 지닌다. 우주는 잠재태에서 형상적 현실태로 운동하고 있다. 그 어떤 것도 형상을 향한 충동 없이는 운동하지 않기 때문에, 우주 역시 지극한 보편적 형상, 즉 움직이지 않는 움직이는 자(Unmoved Mover)에 의해 움직여야만 한다. 우주의 전 요소는 지극한 보편적 형상을 실현하기 위해 운동한다. 그런 점에서 부분들은 전체를 위해 존재한다.[4]

존재의 위대한 연쇄는 인간이 인간을 인간이게끔 만드는 자신의 형상으로서 영혼을 가진다는 점을 상정한다. 아리스토텔레스는 영혼을 생장적(vegetative), 욕구적(appetitive), 지성적(intellectual) 요소로 나눈다. 생장적 요소는 비합리적이고, 지성적 요소는 합리적이며, 욕구적 요소는 비합리적인 동시에 합리적이다(Aristotle, 1941: 951). 이 세 요소는 위계적으로 조직되어 있다. 생장적 요소는 가장 저차원의 영혼으로서, 영양을 섭취하고 소화 흡수하며 성장하는 능력이다. 이 요소에서는 생명

---

4) 유기적 비유(organic analogy)는 고대 그리스인들은 부분들 사이의 조화로운 균형과 비율의 완벽한 모델을 자연 유기체에서 찾았다. 여기에서 부분들 사이의 구조는 전체성, 완전성, 통일성의 특성을 지닌다. 부분들이 모두 전체의 효과나 목적에 기여하기에, 어떤 부분도 전체에 손상을 전혀 입히지 않고서 제거될 수 없다. 이는 미와 자연에 나타나는 공통된 현상이다. 아리스토텔레스의 미학과 자연사(natural history)는 이러한 유기적 비유(organic analogy)를 대표한다(Steadman, 2008: 8). 이러한 고대의 유기적 비유는 19세기 스펜서가 생물학의 도움을 받아 유기적 비유를 쓰기 전까지 지배적인 힘을 발휘한다.

체와 비생명체 간의 거리가 극소화되어 있다. 식물은 영혼의 이러한 요소를 예시한다. 욕구적 요소는 그 보다 한 단계 위인 영혼으로서 외부 대상을 감각하거나 지각하는 능력이다. 감각은 쾌락과 고통, 더 나아가 쾌락을 향한 욕구와 관련되어 있다(Aristotle, 1941: 559). 동물은 영혼의 이러한 요소를 대표한다. 동물은 생장적 요소와 욕구적 요소를 다 가지고 있다. 어떤 원시적 동물은 다리를 가지고 있지 않아 마치 식물 같다. 하지만 대부분의 동물은 쾌락을 향한 욕구를 충족시키기 위해 운동할 수 있는 능력을 지닌다. 지성적 요소는 가장 고차원의 영혼으로서, 사고하는 능력을 가지고 있다. 인간이 영혼의 이러한 요소를 대표하는데, 모든 유기체 중에서 오로지 인간만이 지성을 가짐으로써 신의 본성을 공유한다. 인간은 지성적 요소 이외에 욕구적 요소와 생장적 요소 모두를 가지고 있다. 이성, 욕망, 감각은 인간 영혼의 세 능력이다.

　아리스토텔레스는 몸에 대한 영혼의 관계는 재료에 대한 형상의 관계와 같다고 주장한다. 영혼은 살아 있는 몸의 원인 또는 원천이다. 운동의 기원이자, 목적이자, 살아 있는 몸 전체의 본질이라는 점에서 원인 또는 원천이라는 말이다(Aristotle, 1941: 561). 영혼(형상)과 몸(재료)의 복합적 구성체인 개별적 인간의 본성은 영혼의 어떤 요소가 몸의 원인·원천이 되느냐에 달려 있다. 하지만 지성적 요소만이 인간에게 고유한 형상이다. 생장적 요소와 욕구적 요소는 다른 저등한 유기체도 가지고 있기 때문이다. 지성적 요소의 참된 임무는 인간의 전체 삶을 이론적 활동에 헌신하도록 만드는 데 있다. 여기에서 특히 주목해야 할 점은, 아리스토텔레스가 지성적 요소의 임무는 공동체적 삶이 없이는 결코 획득될 수 없다고 주장한 점이다. 전체는 부분보다 반드시 선행해야 하며, 개인은 공동체, 즉 폴리스의 부분이기 때문이다. 아리스토텔레스는 몸의 부분들을 이용하여 이를 설명한다. 손이나 발은 전체인 몸으로부터 분리되어 존재할 수 없는데, 분리된 부분은 원래적 의미에서의 부분일 수 없기 때문이다(Taylor, 1995: 239).

아리스토텔레스는 지식을 이론적 지식, 실천적 지식, 생산적 지식으로 나눈다. 그중에서 이론적 지식만을 '과학'이라 부른다. 과학은 현 형태가 아닌 다른 형태로는 절대로 존재할 수 없는 것, 즉 필연적인 것만을 다룬다. 이와 달리 실천적 지식과 생산적 지식은 변화하는 것들을 다룬다는 점에서 엄격한 의미에서 과학이 아니다(Aristotle, 1941: 1027). 이론적 지식은 순수하게 앎 그 자체만을 위해 추구되는 지식으로만 이루어져 있는데, 여기에는 철학(형이상학), 신학, 수학, 물리학이 포함된다. 실천적 지식은 행위를 위해 추구되는 지식으로 이루어져 있다. 실천적 지식의 기능은 우리의 행위를 안내하는 것인데, 여기에는 윤리학, 경제학, 정치학이 포함된다. 생산적 지식은 신발, 배, 집, 책, 음악, 그림과 같은 온갖 종류의 인위적인 것들을 만드는 것에 관한 것이다. 따라서 생산적 지식은 생산물들을 만드는 활동들과 별개로 생산물들에만 관심을 갖는다.

아리스토텔레스의 이러한 과학 개념은 사실 많은 경험론적 해석이 과장하는 것과 달리 플라톤의 그것과 그리 크게 다르지 않다. 아리스토텔레스는 한 번도 모던 경험주의자들이 말하듯이 개별적인 것들 그 자체에 관심을 기울인 적이 없다. 여기서 아리스토텔레스가 일차적 실체와 이차적 실체를 구분한 점을 주목해야 한다. 예를 들어 개별적인 인간이 일차적 실체라면, 인간 일반은 이차적 실체이다. 개별적 인간은 독립적으로 존재하지만, 이차적 실체인 인간 일반은 일차적 실체인 개별적 인간으로부터 독립해서 존재하지 않는다. 이차적 실체에 대한 진리는 필연적으로 일차적 실체에게도 진리이지만, 그 역은 성립되지 않는다. 예를 들어 '소크라테스라 불리는 사람'은 키가 클 수 있지만, 그렇다고 '인간 일반'이 다 키가 큰 것은 아니다. '인간 일반'이란 용어 그 자체에 "키가 크다"는 의미를 담고 있지 않기 때문이다. 하지만 "인간은 죽는다"라는 문장은 인간 일반뿐만 아니라 소크라테스 모두에게 진리이다. '죽음'은 인간 일반과 소크라테스 모두에게 '본질적으로' 참이기 때문이다. 따라서 아리스토텔레스는 개별성들 또는 개별적 사실들에 관한 진정한 과학적 지식은 있을 수 없다고 주장한다. 과학은 오로지 이차적 실체에 관한 사실들에만 관심을 쏟는데, 그 이유는 이차적 실체에 관한 사실들만을 '과학적으로' 알 수 있기 때문이다. 이차적 실체에 관한 사실들을 과학적으로 알 수 있다는 것은 그것들이 진리라는 것을 아는 것뿐만 아니라, 그것들이 왜 진리인지조차 아는 것이다. '왜'를 안다는 것은 그 사실들의 '원인'을 안다는 것이다. 사실의 원인을 보여주는 것은 그 사실이 지금의 모습 이외의 다른 것이 될 수 없음을 보여주는 것이다.

과학적 지식은 이차적 실체에 대한 사실을 그것을 그것이 되게 만드는 필연적 원인을 밝힘으로써 설명하려고 노력한다. 과학적으로 사실을 안다는 것은 그것이 필연적이라는 것을 '논증'하는 것이다. 현대의 용어로 말하자면, 논증은 연역, 즉 결론이 전제로부터 필연적으로 따라 나오는 주장을 말한다(Smith, 1995: 29). 이러한 연역은 다음과 같이 삼단논법으로 표현될 수 있다.

모든 B는 C이다.
모든 A는 B이다.
그러므로 모든 A는 C이다.

여기서 문제가 되는 것은 첫 번째 전제(모든 B는 C이다)는 논증 불가능하기 때문에 과학적으로 알려질 수 없다는 사실이다. 이 전제가 논증 가능하기 위해서는 다른 명제들("모든 A는 C이다"와 "모든 B는 A이다")로부터 필연적으로 연역되어야 한다. 이 경우 A는 B와 C 사이에 놓인 중간 항이다. 하지만 첫 번째 전제가 논증 가능하다면, 그것은 결코 제일원리일 수 없다. 그 역시 보다 궁극적인 다른 명제들("모든 A는 C이다"와 "모든 B는 A이다")로부터 연역된 것이기 때문이다. 그렇다면 우리는 어떻게 논증 불가능한 제일원리를 과학적으로 알 수 있을까?

이러한 질문에 대한 두 가지 방식의 답이 있다(Smith, 1995). 하나는 제일원리가 귀납적으로 만들어졌다고 주장하는 것, 즉 제일원리가 수많은 경험적 자료로부터 추론되었다고 해석하는 것이다. 여기서 정말로 좋은 귀납이 되려면 그것을 뒤집는 예를 하나도 갖지 말아야 한다. 하지만 이러한 경험주의적 해석은, 아리스토텔레스의 제일원리는 논증 불가능하다는 과학 개념에 정면으로 위배된다. 따라서 나는 이러한 입장을 받아들일 수 없다. 다른 하나는 아리스토텔레스의 이론을 플라톤의 본유론으로 해석하여, 인간은 원래부터 제일원리를 알 수 있는 '직관적 이성'(intuitive reason)을 가진다고 주장하는 것이다(Aristotle, 1941: 1027). 나는 이 입장을 따르며, 그래서 아리스토텔레스와 플라톤을 모두 이론 과학의 우산 아래 놓는 것이다. 양자 모두 논증이 가능하기 위해서는 논증 없이 알려진 제일원리를 상정한다는 점에서 요즘 식으로 말하면 토대주의자다.5) 과학적 지식은 정의상 원인에 대한 지식이며 이러한

5) 이 글에서 말하는 토대주의는 리차드 로티(Rorty, 1995)가 『철학 그리고 자연의 거울』에서 정의한 내용을 말한다. 한마디로 토대주의는 인식론적으로 특권을 지닌 기본 명제가 있다는 견해다. 기본 명제는 인식 주체의 외부에 객관적으로 존재하는 세계에 대한 정확한 내부 표상을 제공한다. 이 기본 명제는 사람마다

제일원리는 원인을 가지지 않기 때문에 과학적 지식에 대한 궁극적 토대는 과학적 지식 이외의 어떤 것이 된다(Smith, 1995: 49). 하지만 전체주의적 역사적 분석을 가능하게 하는 본질주의를 주창한다는 점에서 아리스토텔레스는 초월주의를 주장한 플라톤과 다르다. 사물의 진정한 본질은 그것이 완전히 실현되었을 때 발견될 수 있다. 따라서 연구자는 사물의 발흥과 기원을 고려해야 하고, 더 나아가 그 사물의 본질의 완전한 실현을 향해 그것이 어떤 '필연적인' 발전을 하고 있는지 추적해야 한다. 따라서 한 사물에 대한 진정한 지식은 부분적이 아니라 전체적이다. 다시 말해 진리는 전체다.

이를 통해 우리는 아리스토텔레스에게 있어 시간은 인류의 적이 아님을 알 수 있다. 시간을 통해서만 실체는 그 목적을 실현할 수 있기 때문이다. 플라톤과 달리 '변화와 운동'은 그림자 같은 비현실의 표상이 아니라, 실현을 위한 목적론적 추구의 표현이다(Tarnas, 1991: 59). 다른 모든 유기체와 마찬가지로, 인간사회는 그 형상에 의해 잠재태에서 현실태로 운동하도록 추동된다. 형상의 실현은 사회가 완전히 발전하였을 때 성취된다. 일단 이렇게 형상이 실현되고 나면, 형상이 그 모습을 잃으면서 퇴락이 시작될 수 있다. 하지만 이는 완전한 퇴락이 아니다. 보다 높은 형상을 위한 질료가 될 수 있기 때문이다.

윤리적 차원에서 볼 때, 아리스토텔레스는 자족성을 윤리적 이상으로 생각했다는 점에서 플라톤과 크게 다르지 않다. 아리스토텔레스는

각자의 방식으로 정당화되는 모든 경험적 명제에 정당화를 부여한다. 토대주의는 이렇듯 인식론적 주장인 것으로 보이지만, 사실은 인식 주체 외부에 객관적으로 존재하는 세계를 전제한다는 점에서 존재론적 주장이기도 하다. 이에 대해 로티는 정당화는 관념(또는 말)과 대상 사이의 특별한 관계의 문제가 아니라 대화와 사회적 실천의 문제라 비판한다.

영혼의 한 요소인 지성은 불멸하지만, 다른 두 요소는 몸이 죽으면 사라진다고 보았다. 지성적 영혼만이 인간의 진정한 본질이기 때문에, 사멸하는 생장적 영혼과 욕구적 영혼을 따르면 안 된다. 인간의 행복은 전 삶을 "인간으로(quo man)" 사는 것이다. 인간으로 산다는 것은 지성적 영혼의 지도 아래 합리적으로 사는 것이다(Hutchinson, 1995: 202). 영원한 진리를 철학적으로 숙고하는 것이 인간의 최고의 행복이라는 플라톤의 주장과 크게 다를 바가 없다. 이는 곧 순수이성의 자족성, 다시 말해 외부의 그 어떤 것에도 의존하지 않는 것을 말하는 것이다.

정치적으로 아리스토텔레스는 현대의 정치학자와 달리 정치적 권위의 문제에 직접적인 관심을 기울이지 않았다. 정치학이란 단지 도덕철학의 보조자일 뿐이어서, 사람들이 인간으로서 그들의 본질을 실현하고 인간으로서(quo man) 전 삶을 살도록 도와주는 것이다. 정치학은 의무의 문제가 아니라 '선'의 문제이며, 국가가 바로 이 일을 할 것이다 (Taylor, 1995: 234). 정치적 공동체에 적극적으로 참여하지 않는 한 개인의 선은 결코 달성될 수 없다는 주장 때문에, 아리스토텔레스를 참여 민주주의를 주창한 선구자로 오해하기 쉽다. 하지만 그의 참여 민주주의는 진정한 공동체는 모든 시민이 선한 삶을 공유해야 한다는 목적으로 통일되어 있다는 점에서 전체주의의 그늘에서 벗어나기 힘들다. 단 하나의 진정한 선을 주창한다는 점에서 보편주의적 일원론에서 멀리 벗어나 있지 못하기 때문이다.

중세: 이론과학의 지배

나는 지금까지 고대 그리스 사상이 지식의 세 가지 패러다임

인 과학, 도덕학, 미학의 원형을 제출했다고 주장했다. 기원전 4세기 알렉산더 대왕이 그리스를 휩쓸어버린 이후에도, 이러한 지식의 세 패러다임은 헬레니즘적 지식인들을 사실상 계속 지배했다. 대략 기원전 323년에서 31년까지 걸쳐있는 헬레니즘 시대에는 스토아철학, 에피쿠로스학파, 회의주의가 그리스 전통을 계승했다. 스토아철학이 이론과학을 따랐다면, 에피쿠로스학파는 경험과학을, 회의주의는 도덕학을 각각 계승했다고 할 수 있다. 또한 미학의 후계자로 간주될 수 있는 제2의 소피스트들도 있었다(Anderson, 1993). 그렇다고 헬레니즘 시대가 그리스 철학의 단순한 계승으로만 나타나는 것은 아니다. 그 국제적인 성격 덕분에 철학, 종교, 문화가 다중적이고 다양했다. 이러한 다중성과 다양성은 로마가 새로운 제국의 중심부로 떠오른 이후에도 서구의 특징으로 유지되었다. 제국 곳곳의 다양한 전통들이 그리스적 전통과 생산적으로 결합했다. 어떤 한 가지 지식 패러다임이 다른 모든 것들을 지배하지는 않았다.

하지만 로마가 유대−기독교적 일신론을 만나 융합되면서, 고대 그리스의 이론과학은 그것을 정당화하는 데 복무하게 되면서 상황은 달라지기 시작했다. 여기에 신플라톤주의는 중요한 구실을 했다. 유대−기독교를 만나기 이전부터 신플라톤주의는 보편주의적 일원론을 발전시키는 과정에 있었다. 신플라톤주의의 창시자인 플로티누스(Plotinus)는 방사론(theory of emanation)을 통해 내가 보편주의적 일원론이라 부르는 사상의 핵심을 제출했다. 가장 완벽한 존재 또는 제일의 선은 자신 이

외의 아무것도 필요로 하지 않는 제일자(the One)이지만, 이 완벽한 존재는 너무 충만하여 뿜어져 나온다. 자신의 완전성에 도달한 모든 것은 그 안에 머물지 않고 방사되어 다른 어떤 것을 산출한다. 불이 열을, 눈이 차가움을 방출하듯이 말이다. 그렇다면 어떻게 가장 완벽한 존재가 질투심에 젖어 또는 무기력하게 자신 안에 갇혀 있을 수 있단 말인가. 그 역시 완벽함이 넘쳐 나와 타자를 방사하여 산출한다(Lovejoy, 1964: 62). 세계는 지성적 세계의 이미지이며, 만물의 기원은 만물을 초월적인 양식으로 포괄하고 있는 제일자이다. 제일자로부터 방사된 모든 존재들의 최고의 목적은 제일자로 되돌아가는 것, 그것이 바로 선이다. 이러한 선을 방해하는 것은 몸에 갇혀 있는 것이며, 따라서 몸으로부터 해방되어 제일자만 순수하게 명상하는 것이 필요하다. 신플라톤주의자들은 자신들의 이러한 선 개념이 신과 하나됨을 주장하는 유대-기독교의 선한 삶과 조화를 이룬다는 점을 깨달았다. 신플라톤주의는 유대-기독교의 두 가지 핵심 교리와 거의 완벽하게 잘 들어맞았다. 인류의 구원에 대한 구체적인 역사적 계획을 가진 인격적 유일신 개념이 그 첫째요, 인간을 향한 신의 계획이 선형적으로 진보적으로 성취된다는 역사관이 그 둘째이다(Tarnas, 1991: 98~105). 그렇다고 차이가 없는 것은 아니었다. 기독교의 핵심적 교리인 예수의 화신론을 신플라톤주의는 받아들이지 않았기 때문이다(Clark, 1994: 8). 이러한 차이에도 불구하고 신플라톤주의는 유대-기독교의 일신론을 수용하고 정당화하는 데 혁혁한 공을 세웠다.

그 이후 이론과학은 르네상스 직전까지 사실상 다른 모든 지식의 패러다임들을 압도했다. 지식의 패러다임만으로 말한다면, 중세 시대는 그 이전의 다양한 지식의 패러다임들이 이론과학 패러다임으로 협소화되는 과정이었다고 할 수 있다. 기독교의 발흥 이후, 다원주의와 제설혼합주의 (syncretism) 그리고 다양한 철학과 종교 등이 풍부하였던 헬레니즘적 문화는 유대－기독교적 전통에서 나오는 배타적인 일신론으로 대체되었기 때문이다(Tarnas, 1991: 100). 일신론이 일단 서구 지식사에 뿌리를 내리게 되자 이렇게 협소화되는 것은 피할 수 없는 과정일 것이다. 만물이 하나의 진정한 존재인 신과의 관계 속에서 그 가치를 평가받기 때문이다(Gilson, 1936: 43). 이론과학으로서 중세 기독교는 두 시기로 나눌 수 있을 것이다. 하나는 4세기부터 12세기요, 다른 하나는 12세기부터 14세기이다. 첫 시기에는 신플라톤주의의 초월주의 이론과학이, 두 번째 시기에는 아리스토텔레스의 본질주의 이론과학이 기독교의 정당화를 위해 복무했다.

아우구스티누스: 기독교화된 플라톤주의

첫 시기 이론과학은 신부들, 특히 아우구스티누스(Augustinus)에게 영적·문화적·지적인 빚을 지고 있다. 이 시기 모든 지적 활동은 대학이 아직 존재하지 않았기 때문에 교회 안에서 이루어졌다. 고대 세계와 중세의 경계에 살았던 아우구스티누스는 신플라톤주의와 기독교가 많은 공통적인 토대를 지니고 있다는 점을 발견했다. 신플라톤주의는 신과 그의 영원한 말씀이 존재한다는 사실을 증거하지만, 예수의 화신론에 대해서는 모르고 있었다. 신플라톤주의는 진리를 추구한다는 철학자의 목적을 옳게 설정했지만, 그 목적을 달성하는 참된 방식인 예수, 육화된 로고스를 모른 채 그렇게 했다는 것이다. 따라서 아우구스티누스는 전통적인 그리스 사상을 기독교화하는 것이 필요하다고 보았고, 그의 작업은 이후 서구 사상에 결정적인 변화를 가져왔다(Rist, 1994). 그가

한 일 중에서 가장 중요한 것은 고대 그리스 철학에서 휴머니즘을 제거했다는 점이다. 고대 그리스 철학에서는 인간이 자신의 내면으로 들어가 자신의 고도의 능력을 발휘하면 진정한 자아를 찾을 수 있는 것으로 그려진다. 하지만 아우구스티누스에게 진리에 접근을 가능하게 만드는 것은 인간의 노력이 아니라 신의 은총이다. 『고백론』에서 아우구스티누스는 다음과 같이 고백한다.

> 당신께서는 저와 함께 계셨건만 저는 당신과 함께 있지 않았습니다. 당신 안에 존재하지 않았더라면 아예 존재하지 않았을 것들이 저를 당신께로부터 멀리 붙들어 놓고 있었습니다. 당신께서 저를 부르시고 소리 지르시고 제 어두운 귀를 뚫어놓으셨고, 당신께서 비추시고 밝히시어 제 맹목을 몰아내셨으며, 당신께서 향기를 풍기셨으므로 저는 숨을 깊이 들이키고서 당신이 그리워 숨가쁘며, 맛보고 나니까 주리고 목이 마르며, 당신께서 저를 만져주시고 나니까 저는 당신의 평화가 그리워 불타올랐습니다(아우구스티누스, 2016: 384).

신은 우리 존재의 절대적인 원천일 뿐만 아니라 우리 지식의 절대적인 원천이기도 하다. 더 나아가 신은 우리의 도덕적 행위와 더불어 정치적 행위의 절대적인 원천이다.

존재론적으로 아우구스티누스는 다른 신플라톤주의자들과 마찬가지로 현실의 영역을 지성적 현실과 감각적 현실로 날카롭게 분리한다. 지성적 현실은 영원하고, 불변하며, 자기 동일적인 진정한 존재인 반면, 감각적 현실은 일시적이고, 변동적이고, 자기모순적인 비존재이다. 신플라톤주의자들은 진정한 존재를 비물질적 현실과 비존재를 물질적 현실과 결합시켰다. 진정한 존재는 무시간적이고, 연장되지 않으며 (extensionless), 영원하다. 반면 물질적 세계는 영원한 형상의 세계에 그 존재를 빚지고 있기 때문에 저단계의 현실이라 할 수 있다. 신플라톤주의자들은 이러한 진정한 존재를 제일자라 불렀는데, 앞에서도 보았듯이 제일자는 자신의 충만함에 머물지 않고 흘러넘쳐 다른 것들을 생산한다. 아우구스티누스는 이러한 주장을 받아들이지만, 제일자를 기독교의 신으로 바꾸어놓았다. 신은 절대적으로 전지전능하며, 넘쳐남이 아니라 자유로운 생산 활동을 통해 만물을 창조한다. 신은 무(無)로부터 만물을 창조한다. 그것도 완벽하게. 전지전능한 신이 세계를 창조하는 데 뭔가 빠트렸을 리가 없기 때문이다. "거룩하시고, 거룩하시고, 거룩하시고 전능하신 주 하느님, 태초에(그 태초는 당신께로부터 기원합니다), 당신의 지혜로(그 지혜는 당신의 실체에서 태어났습니다) 당신께서는 무엇을 만드셨는데 무로부터 만드셨습니다"(아우구스티누스, 2016: 468). 세계는 존재들의 질서정연한 위계요, 그 안에 각 존재는 완벽성의 정도에 따라 자신의 적합한 자리를 가지고 있다(Scott, 1995: 132~133). 이 질서정연한 세계는 완벽하지만, 그렇다고 단 하나의 가능한 질서의 세계인 것은 아니다. 신플라톤주의의 신과 달리 기독교의 신은 이 특정한 질서를 만들 어떠한 의무도 없다. 그는 오히려 자신의 자유의지로 이 세계를 만든 것이다. 신은 인간이 죄악에 빠질 것을 미리 알고 있었지만, 인간의 죄악성은 오히려 전체의 조화를 더할 것이다. 질서정연한 전체 세계에서 각 부분은 전체에 나름대로 조화를 부가하고 있다.

　이러한 존재의 위계에서 인간의 고유한 자리는 위에 놓인 신과 아래에 놓인 물질적 세계 사이의 중간이다. 따라서 인간은 위아래 두 층의 몇몇 속성들을 공유한다. 창세기를 따라 아우구스티누스는 인간이 신의 이미지를 따라 창조되었다고 주장한다. 플라톤을 따라 신이 비물질적이라는 점을 인정하는 아우구스티누스는 인간존재가 비물질적인 신의 이미지를 따라 창조되었다고 말한다. 이 이미지는 영혼이며, 영혼은 비물질적이기 때문에 연장되지 않기에 공간적으로 한정되지 않는다. 따라서 영혼은 몸이 아니다. 영혼과 몸의 이러한 이원론은 몸을 영혼의 감옥으로 그리는 신플라톤주의자들에게는 매우 익숙한 주장이다. 아우구스티누스는 이러한 이원론을 받아들이지만, 몸이 꼭 내재적으로 사악한 것은 아니라고 주장한다. 몸 또는 물질도 신이 창조한 것이기 때문이다. 몸을 악으로 저주하고 영혼과 몸의 즉각적인 분리를 촉구하는 대신, 아우구스티누스는 진정한 인간은 영혼과 그 도구인 몸으로 구성되어 있다고 주장한다. 신플라톤주의자들과 마찬가지로 아우구스티누스는 영혼을 몸의 수호자이자 감시자로 보았다. 그 역시 영혼에 주어진 진리를 따라 몸을 전체주의적으로 조직화하려는 꿈을 가지고 있다. 신플라톤주의자들은 이것이 인간의 노력으로 가능하다고 보았다면, 아우구스티누스는 인간은 죄인이기 때문에 오로지 신의 은총만이 이를 가능하게 보았다는 점에서 차이가 난다(Maurer, 1964).

방법론적으로 볼 때, 아우구스티누스는 영원한 진리인 신을 발견하고자 했다. 그는 플라톤과 아리스토텔레스처럼 토대주의자이다. 다만 논증 불가능한 제일원리를 기독교의 신으로 바꿔치기한 것뿐이다(Scott, 1995: 120). 기독교의 신이 플라톤의 신인 초월적 제일원리가 아닌 것은 맞다. 기독교의 신은 자기 자신을 명상만 하는 초월적 존재가 아니라 자신의 자유의지로 우주를 창조한 인격적 신이기 때문이다. 이 신에게로 돌아가 하나가 되는 것이 삶의 궁극적인 목적이지만, 고대 그리스 사상이 가르치는 바처럼 변증론을 통해서는 달성될 수 없다. 제일원리 또는 신에게로 상승하는 것은 오로지 신의 은총에 달린 것이며, 인간이 할 수 있는 일은 신을 믿는 것뿐이다. 인간 이성은 홀로 놔두면 그 자체로 충분하지 않다.

그렇다고 아우구스티누스가 인간 이성 또는 이교도인 고대 그리스인들이 발견한 진리를 모두 평가절한 것은 아니다. 다만 그는 진리의 두 가지 원천이 있음을 주장한다. 하나는 믿음이고 다른 하나는 이성인데, 이성은 무엇보다도 예수와 그의 권위를 수용하는 것에서부터 출발해야 한다. 제일원리로서 예수와 그의 권위를 수용한 토대 위에서 이성을 사용한다면, 플라톤주의와 성경은 전혀 대립되는 것이 아니다(Scott, 1995: 120). 신이 비추는 지성적 진리의 세계가 있으며, 성스러운 빛의 안내를 따라 진리를 알 수 있는 마음을 인간은 가지고 있다. 제 영혼에 이성이 우리에게 진리를 가져오게 하기 위해서는, 먼저 믿음으로 깨끗하게 하여 준비해야 한다.

저의 하느님, 저의 자비시여, 당신을 제가 부릅니다. 당신께서는 저를 지으셨고, 당신을 잊어버린 저를 당신께서는 저를 잊지 않으셨습니다. 제 영혼 안으로 당신을 불러 모십니다. 제 영혼에 불어넣으신 그 열정으로 제 영혼이 당신을 받아들이도록 미리 준비시키시는 이는 당신이십니다. 이제야 당신을 부르는 이 영혼을 저버리지 마십시오. 당신께서는 제가 부르짖기 전에 미리 손을 쓰셨고, 여러 가지 음성으로 거듭거듭 저를 재촉하셨습니다. 그렇게 해서 멀리서도 제가 듣고 돌아서게 하시며, 저를 부르시는 당신께 제가 부르짖게 만들었습니다(아우구스티누스, 2016: 513).

생의 후기에 갈수록, 아우구스티누스는 믿음을 더욱 강조한다. 이성보다는 믿음이 진리를 향한 일차적 길이라는 것이다. 원래 인간 이성은 진리를 획득하는 데 충분했지만, 아담이 선악과를 따먹은 이래로 인간 이성은 그 자체로는 신과의 옳은 관계를 회복할 능력을 상실했다. 오로지 믿음을 통해서만 신과 옳은 관계를 맺을 수 있고, 불충분한 인간 이성이 원래의 힘을 회복할 수 있다. 이성은 신의 섭리를 조망하는 한에 있어서만 타당한 것으로 인정된다.

역사의 방향에 대해 아우구스티누스는 목적론적으로 결정된 선형론을 주창한다. 역사는 세상 마지막 날까지 천국의 도시를 건설하려는 신의 계획에 따라 전개된다. 여기서 역사를 이끌어가는 것은 인간이 아니라 지극한 지성적 존재인 신이다. 신이 구원의 드라마를 써가고 있는 것이다. 역사의 종국에 있을 일이 사실 역사의 출발점에 이미 존재하고 있다. 신이 역사의 전 과정을 이미 시작부터 알고서 자신을 그 전 과정에 현상시키기 때문이다. 이러한 생각은 명백히 헬레니즘적 사고가 아니라 유대교에서 기원한다. 구원의 드라마는 인간의 이성의 한계를 넘는 것이다. 낙원은 상실되어 있지만 되찾을 것이다. 하지만 언제 그렇게 될지 인간은 모른다.

이러한 시각에서 볼 때 도덕적 이상은 영원한 삶을 사는 것이다. 인간은 영혼이며, 영원한 고향인 신으로 돌아가기를 추구하는 순례자이다. 그런 점에서 모든 인간에게 주어진 보편적인 일원론적 도덕법칙이 존재한다고 할 수 있다. 신 자체 속에 성스러운 이성의 명령을 포괄하는 영원한 법칙이 존재하며, 이 법칙은 자연 질서가 훼손되지 않고 있는 그대로 보존되기를 명령한다. 하등 존재는 고등 존재에 복종하는 것이 자연 질서에 맞다. 인간에게서는, 몸이 영혼에 복종해야 하며, 영혼

자체 내부에서는 감각이 이성에, 이성이 신에 복종해야만 한다. 우리가 이러한 필연적인 규칙을 인식하기 위해서는 불변하는 영속적 법칙이 우리 양심을 비추어야만 한다. 따라서 우리에게 주어진 제일의 도덕적 과제는 자연법칙을 지키는 것이다(Maurer, 1964: 17~18). 보편적인 일원론적 법칙에 대한 복종은 인간이 가져야만 하는 제일의 덕성이다. 그렇게 된다면, 신의 은총이 우리를 영원한 삶으로 안내할 것이다.

정치적으로 볼 때 이러한 시각은 전체주의적 절대주의로 나타난다. 아우구스티누스에 따르면 우주 전체는 인간사회를 포함한 모든 존재가 각자 고유한 자리를 점하고 있는 위계화된 구조다. 이 구조는 고정된 실체라기보다는 신의 완벽한 계획에 따라 전개되고 있는 역사적 과정이다(김현주, 2022). 인간은 이러한 신의 계획에 전적으로 복종해야 하는데, 현세에서는 신의 도구인 교회와 기독교화된 국가를 전적으로 따라야 한다. 교회와 국가가 그 자체로 내재적인 가치를 가지기 때문에 복종하는 것이 아니라, 신의 도구인 교회와 국가가 신처럼 완벽한 존재이기 때문에 따른다(Scott, 1995: 153).

이러한 아우구스티누스적 이론과학은 중세 시대에 엄청난 성공을 거두었고 이후 서구 지식사에 막대한 영향력을 행사한다. 첫째, 이론과학 패러다임이 다른 지식 패러다임들을 억압하고 소외시키면서 중세 시대 전체를 사실상 지배하게 되었다. 고대 그리스의 복합적인 지식 지형들이 이론과학, 즉 기독교화된 플라톤주의로 협소화되었다. 둘째, 아우구스티누스는 지각의 세계를 넘어서는 형상을 파악할 수 있는 인간 이성의 능력을 통해 원래의 형상의 세계를 회복할 수 있다는 그리스 사상에서 휴머니즘적 요소를 제거하여 버렸다. 신은 절대적인 지존인 반면, 신을 의지하지 않는 인간은 절대적으로 무기력한 존재이다. 현세

지향적 지식인들의 회의는 용납되지 않고, 부모에 절대적으로 의존하는 아이와 같은 단순한 믿음만이 찬양되었다. 셋째, 아우구스티누스는 성경을 모든 진리를 포괄하는 절대적인 고전으로 확립했다. 지식인의 임무는 오로지 성경을 해석하는 것뿐이며, 다른 텍스트는 연구할 필요가 없다. 그리스도가 진리의 유일한 원천이기 때문이다. 따라서 방법론적으로도, 합리적 추론이나 경험적 관찰과 실험은 결코 권장되지 않았다. 모든 존재의 진정한 원인을 발견하고자 하는 해석학만이 합법화되었다. 넷째, 제도적 차원에서 볼 때 교회가 진리를 말할 수 있는 권리를 지닌 유일한 제도가 되었다. 교회는 신 또는 로고스의 현세적 대표자이기 때문이다. 다섯째, 유대-기독교적 유일신에 잘 들어맞지 않는 다른 그리스 사상들은 억압되고 잊혀졌다. 제도적으로나 지적으로 모두 애매성은 확실성으로 대체되었다. 의와 불의, 선과 악, 미와 추 등 사이의 경계가 확실히 세워지고, 그 결과 교조주의가 중세 유럽을 지배했다.

토마스 아퀴나스: 기독교화된 아리스토텔레스주의

이렇듯 기독교화된 플라톤주의를 따라 인간과 사회를 조직하려는 보편주의적 일원론이 중세 유럽을 지배하였지만, 12세기와 14세기 사이에 심대한 변화가 일어나기 시작했다. 제도적으로 볼 때, 대학이 발흥하여 갈수록 교회의 대안으로 발전하기 시작했다. 서구 세계에서 역사상 처음으로 고등교육기관이 제도화되었고, 이전과 달리 지도적인 지적 활동이 대학 안에서 이루어졌다. 대학은 자체 규칙과 형식을 만듦으로써 진리를 말할 수 있는 유일한 제도인 교회에 도전했다. 지적으로 볼 때, 아리스토텔레스의 저작이 수많은 그리스, 아랍, 유대의 철학 작품들과 함께 라틴어로 번역되었고, 곧 아리스토텔레스적 이론과학이 중세 유럽에 막강한 영향력을 행사하기 시작했다. 그 주된 이유는 대학교수들이 아리스토텔레스의 저작을 탐구하였기 때문이다. 대학의 교과는 우선 텍스트를 읽고 설명하는 것인데, 이를 통해 학생들은 논리적으로 의미를 따지는 훈련을 받았다(Aertsen, 1993: 15~16). 기독교화된 플라톤주의와 달리 아리스토텔레스주의는 가시적 세계를 강조하고 심지어는 신의 도움이 없이도 지식을 획득할 수 있는 인간의 지성을 되살려놓았다. 이전에는 인간 이성이 신학의 보조자에 불과했었다면, 이제는 논리만이 아니라 경험적 관찰과 실천을 의미하게 되었다(Tarnas, 1991: 177~178). 그렇다고 해서 지식에 대한 신부들의 영향력이 이 시기에 중단되었다고 과장해서는 안 된다. 지식에서 여전히 지배적인 패러다임은 이론과학이며, 단지 플라톤주의적 이론과학에서 아리스토텔레스적 이론과학으로 옮겨갔을 뿐이다. 다시 말해 변화는 이론과학 '내부에서' 신학으로부터 제일철학으로 그 초점이 옮겨간 것이다.

토마스 아퀴나스가 이 시대의 대표적인 철학자라 할 수 있는데, 그는 아리스토텔레스의 철학적 언어로 기독교의 종교적 진리를 표현하고자 했다(Emery and Levering, 2015: v-xiv; Martin, 1988; 손은실, 2018). 아퀴나스는 아리스토텔레스에 대한 방대한 주석을 남겨놓았는데(Elders, 2009), 아리스토텔레스가 기독교의 동맹자가 된 것은 대부분 아퀴나스 덕분이다. 존재론적으로, 아퀴나스는 현실을 지성적 현실과 감각적 현실로 날카롭게 분리하지 않는다. 대신 아리스토텔레스의 용어인 '행위'와 '본질'을 사용하여 신을 순수 행위로 그 외의 다른 존재들은 본질과 행위의 조합으로 정의한다. 행위는 완벽성을 말한다면 본질은 행위를 할 수 있는 능력, 또는 그 한계를 지칭한다. "존재(being)는 실존적 행위

(existential act)이다. 아퀴나스는 이를 본질(esse)이라 부르는데, 실제 존재의 존재함(to be) 또는 행위를 말한다. 실존적 행위로서의 존재는 실제 만물의 모든 긍정적 특성 또는 완벽성의 근거이자 중심적인 핵심이다. 여기서 신은 모든 존재와 완벽성의 궁극적 원천으로, 어떤 제한적 본질에 의해 제약받지 않는 순수한 실존 행위(the pure Subsistent Act of Existence)이다. 반면, 신과 구별되는 다른 모든 존재는 신의 무한한 완벽성에 대한 '참여' 또는 불완벽한 형상이다. 실존적 행위와 제한적 본질을 형이상학적으로 구성한 것이다"(Clake, 1994: x). 신은 이미 완벽성을 성취하였기 때문에 본질이나 한계를 가지지 않는다. 이런 의미에서 신은 본질과 행위가 동일하다. 이와 달리 다른 존재들은 본질과 행위가 동일하지 않은데, 그 이유는 그들은 존재하면서 본질 쪽으로 운동하고 있기 때문이다. 기독교의 창조론을 따라, 아퀴나스는 순수 행위인 신이 만물을 창조하였기에 모든 피조물은 그의 본질을 신으로부터 받아 존재하는 것이지 그 자체의 본질에 의해 존재하는 것이 아니라고 주장했다(Klauder, 1994: 37~38).

그렇다고 피조물이 플라톤이 말하듯이 단지 이데아의 그림자인 것은 아니다. 모든 피조물은 자신만의 고유한 실체적인 현실을 가진다. 각자 제한된 방식이나마 신의 행위에 독특하게 참여하기 때문이다. 더군다나 각 피조물은 행위와 본질을 독특하게 조합한다. 이런 식으로 아퀴나스는 구체적인 개별성에 그 나름의 진정한 실체적 현실을 부여했다. 구체적 개별성은 서로 단절된 실체일 뿐만 아니라, 실존에 대한 공통의 참여를 통해 서로에게 그리고 신에게 연결되어 있다. 이런 시각은 모든 존재가 하나의 유기적 전체를 구성하도록 위계적으로 구성되어 있다는 아퀴나스의 유기적 세계관에 터하고 있다. 이러한 존재의 위대한 연쇄에서 덜 고결한 존재는 더 고결한 존재를 위해 존재한다. 개별적인 것들의 다양성과 불평등은 우주의 완벽성을 위해 존재하고, 우주 그 자체는 신을 위해 존재한다(Maurer, 1964: 175; 장욱, 2003: 54~59).

존재의 위대한 연쇄의 상층에는 천사가 존재하고, 그 바로 밑에는 인간이, 그 밑에는 동물과 식물이, 가장 밑에는 불, 공기, 물, 흙과 같은 네 요소들이 존재한다. 천사와 마찬가지로 인간은 지성적 실체인 영혼을 가진다. 하지만 인간의 영혼은 모든 지성적 실체 중에 최하위에 놓이는 것이기 때문에 감각기관의 도움이 없이는 제대로 작동할 수 없다. 그 본성상 인간의 영혼은 지성으로 작동하기 위해서 몸을 필요로 한다. 이런 점에서 아퀴나스는 인간을 영혼과 몸의 조합으로 보았다. 이러한 주장은, 영혼은 몸의 형상이며 몸과의 관계가 영혼에게 본질적인 것이 아니라는 아우구스티누스의 교의를 기억해보면, 매우 파격적이다. 아퀴나스에게 인간의 영혼은 지성적 실체일 뿐만 아니라 그 본성상 몸의 형상이기도 하다. 이러한 시각은 아리스토텔레스의 자연학적 원리를 도입해서 질료가 목적에 대해 가지는 자연적 필연성을 수용했기 때문에 가능한 것이다(신창석, 2000). 인간의 영혼이 실체인 한 자신의 존재 행위를 가지며, 그 자체로 존재한다. 이런 점에서 인간의 영혼은 죽지 않는다. 인간의 영혼은 그 자신의 존재를 지닌 영혼적 실체이지만, 그 자체에 의해 그러하다. 천사의 영혼에 비해 인간의 영혼은 불완전하다. 인간의 영혼은 그 본성상 몸의 형상이다. 결국 인간은 영혼과 몸의 통일이라는 주장은 서구 지식사에 돌이킬 수 없는 영향을 남겨놓았다. 그중의 하나는 몸이 그 실존적 지위를 얻었다는 것인데, 몸 역시 영혼과 동일한 존재를 공유하는 것으로 여겨졌기 때문이다.

방법론적으로도 영혼과 몸의 조합이라는 인간 개념은 인간의 감각을 활용하여 지식을 획득하는 것을 정당화하는 방식을 열었다는 점에서 획기적이다. 인간 종에게만 독특하게 작동하는 것이 지성적 지식인데, 합리적 영혼이 이러한 작동을 가능하게 할 때 결여하고 있는 것은 지성이 아니라 감각이다. 감각은 몸을 필요로 하고, 따라서 영혼은 인간으로서 사물에 대해 알기 위해서 반드시 몸을 필요로 한다(Gilson, 1966: 197). 천사와 마찬가지로 인간도 신의 성스러운 빛에 참여하지만, 천사와 달리 인간은 그 빛에 완전히 참여하지 못하기 때문에 창조될 때 사물에 대한 본유적 지식을 갖지 못하도록 만들어졌다. 인간 지성은 알 수 있는 힘을 가지지만, 그 자체로는 그 대상을 결여한다. 따라서 인간 지성은 그 밑으로 내려와 감각적 세계에서 그 앎의 대상을 찾아야 한다. 이런 점에서 감각 지각은 인간 지식을 위한 필연적인 출발점이다. 하지만 감각 지식은 그 최종적 목적이 아니며, 오히려 인간 지성이 감각적 대상들로부터 지성적인 본성들을 추상해야 한다. 이런 방식으로 아퀴나스는 감각 지식에 대한 오래된 불신의 역사에 도전했다.

　이러한 도전은 경험적 연구를 촉진하는 효과를 가져왔다. 기독교화된 플라톤주의는 진리가 성경에만 육화되어 있다고 여겼지만, 아퀴나스는 모든 피조물에 들어가 있다고 보았기 때문이다. 인간존재는 인간과 자연을 포함한 모든 피조물을 경험적으로 탐구해서 진리를 발견할 수 있다. 여기에서 이성은 경험과 모순되지 않을 뿐만 아니라, 양자 모두 믿음과 어긋나지 않는다. 아퀴나스는 과학적·논리적 탐구를 기독교적 진리와 조율하고자 했고, 또 그것이 가능하다고 믿었다. 그 결과 교회의 경직된 통제를 벗어난 모든 피조물을 경험적으로 탐구할 길을 열었다. 하지만 경험적 연구의 궁극적인 임무는 무한한 지극한 존재인 기독교의 신이 존재한다는 것을 드러내는 것이다. 아퀴나스의 경험적 연구를 경험적 연구 그 자체를 위한 경험주의로 과장해서는 안 되는 이유다.

역사의 방향에 대해 아퀴나스는 물론 기독교의 기본 주장을 따른다. 역사란 인류의 구원을 향한 신의 계획의 전개이다. 그런 점에서 역사는 목적론적으로 결정되어 있다. 역사가 그 원천인 신에게로 나아가고 있기 때문이다. 그런 점에서 원천은 목적과 동일하다. 도덕적 함의도 역시 아우구스티누스와 다르지 않다. 영원한 삶을 사는 것이 삶의 목적이다. 우주의 통치자인 신이 지배하는 합리적 법칙이 존재하고, 이 보편주의적 일원론이 모든 인간의 삶을 영원한 삶으로 이끌어야 한다 (Sigmund, 1993: 223). 정치적으로도 역시 전체주의적 절대주의를 주장한다. 존재의 위대한 연쇄를 믿는 아퀴나스는 다른 중세 사상가들과 마찬가지로 왕정 체제를 최상의 정부 형태로 생각한다. 단 하나의 목적을 향해 질서를 이룬 만물은 하나에 의해 통치되는 것이 자연적이다 (Sigmund, 1993: 220).

르네상스 휴머니즘: 도덕학의 회복

지금까지 기술한 중세의 지성사는 이론과학이 세계를 지배할 때 무모순의 원리에 기반을 둔 보편주의적 일원론이 인간과 세계를 전체주의적으로 조직한다는 것을 알려준다. 중세 사회는 정적인 신분제 질서에 기반을 두고 있는데, 이 질서를 뒷받침한 것이 이론과학의 구현체인 로마교황청이었다. 그 시대에 모든 사람은 신이 부여한 고유한 자리를 점하고 있기를 요구받는다. 이러한 안정성은 다른 지식 패러다임을 거의 제거하는 혹독한 대가를 치르고 얻은 것이다. 12세기와 13세기에 약간의 도전이 없었던 것은 아니지만, 이론과학의 지배 그 자체는 근본적인 도전을 받지 않았다. 제도적 차원에서는 대학이 로마교황청에 도전했지만, 실제 연구는 이론과학을 따라 이루어졌기 때문이다. 이러한 점을 고려할 때, 영국의 철학자이자 신부인 오캄(Ockham)의 명목론은 주의를 끌 만한 것이다. 그는 기호와 상징의 영역에 대한 연구에 집중함으로써 이론과학의 지배에 도전하였다. 하지만 오캄의 명목론은 당시에 힘을 얻지 못했는데, 이는 아마도 그의 모더니즘이 시대에 앞서 너무 빨리 나왔기 때문일 것이다. 하지만 더 중요한 이유는 명목론의 자연철학적 지향이 아리스토텔레스를 경험적이고 실증주의적인 방향으로 비판하도록 추동했음에도 여전히 아리스토텔레스적이었기 때문이다(Trinkaus, 1983: 144). 실제로 중세의 아리스토텔레스적 스콜라철학은 17세기 새롭게 발전한 물리과학이 아리스토텔레스적 자연철학을 패퇴시키기 전까지 지배적인 자리에 머물러 있었다(Nauert, 1995: 9).

하지만 14세기에 이르러 이론과학에 대한 새로운 도전이 일어나 힘을 얻게 되었다. 우리가 오늘날 '르네상스 휴머니즘'이라 부르는 그것이 바로 새로운 도전자였다. 르네상스가 휴머니즘과 같이 놓이는 것은 양자의 '결합'이 14세기에서 16세기까지의 독특한 성격을 드러내기 때문이다. 일반적으로 르네상스는 이전에 알려지지 않았거나 부분적으로만 알려진 그리스−로마 저작의 재발견으로 정의되었다. 하지만 이렇게 정의한다면, 서구 역사에서 여러 번의 르네상스가 있었다고 말할 수 있다. 그리스−로마 저작에 관한 관심은 사실 12세기 대학이 설립되던 시기에까지 거슬러 올라간다. 14세기에서 16세기까지의 르네상스를 특징짓는 것은 무엇보다도 그것이 지닌 휴머니즘적 성격, 즉 인간의 힘에 대한 신념의 재발견이다. 중세 시대의 인간은 신의 은총 없이는 자신을 구원할 수 없는 죄인이다. 신에 비한다면 인간은 무기력한 존재이고 따라서 연구할 가치가 없다. 하지만 그리스-로마에서의 인간은 비록 오류에 빠지기는 하지만 모험가, 천재, 혁명가 등의 영웅적 개인이다. 르네상스 휴머니즘은 고대 그리스-로마 역사와 문학을 재발견함으로써 인간중심주의를 되살린다. 또한, 인간사의 만화경적 다양성과 맥락 의존적 성격을 인식하고 인간의 다차원성을 탐구하려 했다.

14세기에서 16세기까지 가장 활발하게 되살아 난 것은 사실 그리스 소피스트였다. 그렇다고 그리스 소피스트가 직접적으로 르네상스 휴머니즘에 영향을 끼친 것은 아니며, 키케로(Cicero)를 통해 우회적으로 그렇게 되었다(Trinkaus, 1983: 169~191; Seigel, 1968). 그리스 소피스트는 서구의 수사학의 전통을 개시하였고, 헬레니즘적 수사학파에 의해 유지되고 키케로를 통해 라틴 문화의 수사학적 토대로 확장되었다. 이러한 전통은 중세의 문법학자와 수사학자를 통해 간간이 이어져 왔는데, 르네상스 휴머니즘이 이러한 전통을 되살린 것이다. 특히 르네상스 휴머니즘의 대표자 중의 한 사람인 페트라르카(Petrarch)는 키케로에게서 이상적인 모델을 발견했다. 수사학을 철학에 종속시킨 소크라테스와 플라톤과 달리, 키케로는 그리스 소피스트의 가르침에 공명했고 수사학과 철학을 연설가의 시각에서 종합하려고 시도했다. 철학을 연설가의 필요에 맞게 만들려고 한 것이다. 수사학은 청중을 설득하도록 고안한 실제적인 웅변이다. 수사학은 특정한 인간의 목적이라는 사회적 틀에 잘 맞도록 사람들이 적절하고도 훌륭하게 말할 수 있도록 훈련한다. 이런 점에서 수사학은 실용적이다. 말하는 사람이나 듣는 사람 모두 공동의 맥락에 속해 있는데, 그 주된 이유는 설득력은 순수이성이 아니라 맥락적이고 공동체주의적 이성에서 오는 것이기 때문이다. 따라서 수사학은 일반 사람들의 도덕적이고 정치적인 이해로부터 분리되지 않는다. 말하는 사람은 공동체의 언어적 관습뿐만 아니라 도덕적 기준도 존경해야만 한다(Seigel, 1968: 7).

키케로도 다른 철학자들과 마찬가지로 철학을 추구할 가치가 가장 높고 영예로운 것으로 보았기 때문에 수사학보다 우월한 것으로 보았다. 다만 철학은 이미 교육받은 사람에게만 말을 걸지 시장에 있는 일반인들에게는 말을 건네지 않는다. 철학은 웅변술을 무시하는 경향이 있는데, 키케로는 이에 반대하여 철학도 웅변술을 겸비하여 청중에 접근해야 한다고 주장했다. 이런 점에서 볼 때, 수사학은 철학에 부차적이지 않고 오히려 본질적이다. 이러한 수사학과 철학의 결합은 지식인으로 하여금 사고에 기반을 둔 위치와 행위에 기반을 둔 위치 사이에서 동요하는 것을 허용한다. 그래서 철학을 찬양하기는 하지만, 그렇다고 인간이 항상 철학자일 수는 없다는 것을 인정한다(Seigel, 1968: 29).

르네상스 휴머니즘의 창시자인 페트라르카는 철학과 수사학에 대한 이러한 키케로적 결합을 재발견했다. 키케로와 마찬가지로 페트라르카는 진정한 웅변술은 덕성과 지혜를 필요로 하며, 그 역도 마찬가지라고 주장했다. 말 잘하는 기술 그 자체는 단지 바보 같은 이야기만 양산하며, 반대로 웅변술 없는 지혜는 사람들의 마음을 움직이지 못한다. 페트라르카는 그 이후 2세기에 이르는 르네상스 휴머니즘의 발전 방향을 잡아 놓았다. 15세기경에 이르러서는 휴머니즘이 이탈리아의 주요 도시의 지식인들을 지배하였고, 16세기경에 이르러서는 서유럽과 중유럽의 주요 도시들로 광범하게 퍼져나갔다. 독일은 아마도 진정한 휴머니즘 운동이 일어난 첫 번째 나라일 것이며, 프랑스, 영국, 스페인이 그 운동의 뒤를 따랐다. 이런 점에서 휴머니즘 운동은 전 유럽적 현상이었다(Goodman and MacKay, 1990; Seigel, 1968).

그리스 소피스트와 마찬가지로 르네상스 휴머니즘도 수사학을 형상에만 관심을 갖지 않고 일상생활의 실제적 문제를 다루는 방법으로 보았다. 앞에서 보았듯이 기독교의 교조주의는 절대 진리를 발견하기를 추구하는 이론과학의 추상적 논리를 따른다. 심지어 아리스토텔레스적인 기독교마저도 특수성의 중요성을 인정하였음에도 보편성에 의해 결정되는 한에 있어서만 그것의 의의를 인정한다. 기독교의 교조주의는 일상생활의 실제적 문제를 탐구하는 대신 추상적 논리를 형식화하는 데 집중한다. 그 결과, 인간에게서 다양성과 다차원성을 빼앗아 추상적 논리로 환원한다. 따라서 추상적 논리로 설명될 수 없는 타자들을 억압하는 사회적 효과를 낳는다. 불관용의 정신이 얼마나 중세 유럽을 지배하였는지 생각해 보면 이는 쉽게 이해할 수 있다. 이러한 경향에 반대하여 르네상스 휴머니즘은 헬레니즘적 세계가 지닌 관용성의 정신을 되살리려고 노력했다. 르네상스 휴머니즘에서 가장 뛰어난 것은 종교전쟁이 불러 온 사회적 위기를 대처하는 방식이다. 사회적 위기에 직면했을 때, 르네상스 휴머니즘은 전통적인 전략, 즉 모든 종류의 논쟁을 종식하고 영속적인 질서를 수립해 줄 절대적 토대를 찾는 일에 뛰어들지 않았다. 오히려 기독교적 교조주의에 관용의 정신을 보탬으로써 균형을 잡고자 했다. 전통적인 전략은 사회적 비용이 너무 크다는 것을 알고 있었기 때문이다. 관용의 정신은 인간의 합리적 능력의 한계를 인정할 때에만 절대적 진리를 획득할 수 있다고 본다. 이것이야말로 르네상스 휴머니즘의 숨은 도덕적 기획이다(Toulmin, 1990).

이런 점에서는 우리는 이 시기를 그리스 소피스트가 촉발했지만 기독교가 억압해왔던 도덕학이 되살아난 때로 볼 수 있다. 그렇다고 르네상스 휴머니즘이 일상생활의 실제적 문제에만 집중했다는 것은 아니다.

오히려 르네상스 휴머니즘의 독특한 특징은 일상생활의 실제적 문제와 철학 이론의 무시간적이고 보편적인 문제 모두에 관심을 기울인다는 점, 그래서 수사학과 논리학이 대립하지 않고 상호 보완한다는 점에 있다. 수사학이 논리학과 함께 철학의 고전으로 놓이게 되었다. 이런 점에서 르네상스 휴머니즘은 도덕학과 이론과학의 건강한 긴장을 유지하고 있었다고 할 수 있다. 이전의 이원론이 이제 보다 넓은 통일 속에서 이해된다. 이 세계에서의 활동과 영원한 진리에 대한 명상, 국가, 가족, 자아에 대한 헌신과 신과 교회에 대한 헌신, 육체적 쾌락과 정신적 행복, 부유함과 덕성이 하나로 인식된다(Tarnas, 1991: 228).

하지만 그리스 소피스트 중에서 미학은 거의 되살아나지 않았다는 점을 인식하는 것이 중요하다. 미학이 되살아나기 위해서는 반계몽주의가 출현하기를 기다려야만 했다. 그럼에도 인간이 주관적이고 문화적·역사적으로 상대적이며 그 구성상 본질적으로 언어적이라는 점을 강조한 것은 이후 세기에 미학이 되살아날 발판을 마련한 것이라 볼 수 있다. 이 시기에는 또한 경험과학이 충분히 개화하지 않았다는 점도 지적해야 한다. 중세의 아리스토텔레스적 스콜라주의는 경험과학이 독자적으로 발전하도록 허용하지 않았다. 르네상스 휴머니즘이 아르키메데스(Archimedes)의 수학이라든지 프톨레마이오스(Ptolemy)의 천문학과 같은 고대의 자료를 활용할 수 있게 만들었지만, 아직 완전히 중세의 아리스토텔레스적 스콜라주의로부터 벗어나지는 못했다. 하지만 이후 17세기 과학혁명이 일어나는 데 공헌한 것은 사실이다. 그 핵심은 자연에 대한 탐구가 지식을 제공할 뿐만 아니라 인간의 조건을 개선하는 능력을 가져올 것이라는 생각이다(Grafton, 1990: 101~102).

이제 좀 더 구체적으로 르네상스 휴머니즘을 살펴보면, 존재론적 차원에서 볼 때 르네상스 휴머니즘은 핵심적 관심사를 '저 세상'에서 '이 세상'으로 옮겨놓았다. 단일한 철학적 교의를 제출한 것은 아니지만, 르네상스 휴머니즘은 경험의 외형을 다루는 자연철학과 인간사를 다루는 도덕철학을 구분한다는 점에서는 모두 같다. 도덕철학은 모든 시민이 참여하는 정치 공동체가 존재한다고 보는데, 이는 모든 개인적인 성취와 상관없이 태어날 때 주어진 고정된 자리에 붙박여 있는 중세적 사회 질서와 다른 것이다. 르네상스 휴머니즘에게 사회는 경쟁을 위한 장, 즉 다양한 집단들이 그들의 행복을 얻기 위해 투쟁하는 역동적인 정치적 유기체에 가깝다. 그런 점에서 사회의 역동적 차원을 되살렸다고 할 수 있다.

인간에 관해서도 르네상스 휴머니즘은 인간의 다차원성을 되살렸다. 인간의 마음이 이성, 의지, 기억, 상상력 등으로 구성되어 있다는 점을 인정하면서도, 그중에서 이성이 다른 모든 요소를 지배해야 한다는 전통적인 생각을 받아들이지 않았다. 오히려 마음의 정서적 통일과 그 다양한 측면을 주장했다(Kelley, 1991: 116~117). 인간의 다차원성에 대한 이러한 인식은 인간은 유연하다는 주장과 밀접하게 연결되어 있다. 인간은 분명하게 결정된 본질을 가지고 있지 않다. 창조자는 인간에게 모든 종류의 삶을 가능하게 하는 조짐을 주었고, 어떤 능력을 발달시키느냐에 따라 인간은 식물, 동물, 천사가 될 수 있고 심지어는 신과 하나가 될 수 있다. 이러한 유연성은 존재의 위대한 연쇄에서 인간이 차지하는 위치의 독특성에서 온다. 인간은 그 위계 속에 완전히 고착된 것이 아니라 어떤 면에서는 그 외부에 있다. 따라서 인간은 자신의 본성을 선택할 자유를 지닌다(Kristeller, 1979: 174~175). 이러한 인간의 유연한 속성은 인간을 가능성으로 보는 시각과 긴밀히 연결되어 있다. 인간은 사회를 창조함으로써 자신을 창조하고, 그 역도 성립한다. 이러한 인간관은 나중에 대항계몽주의자의 창시자격인 비코에게서 발전되어 나타난다(Kelley, 1991: 48).

방법론적으로 르네상스 휴머니즘이 획기적인 것은 언어와 실재 간의 관계를 보는 새로운 방식을 열었다는 점이다. 플라톤 이래로 서구 지식인들은 실재는 저기 외부에 존재하고 언어 또는 로고스는 아무런 왜곡 없이 그것을 반영한다고 생각했다. 르네상스 휴머니즘은 실재와 언어 간의 이러한 필연적인 연계를 끊어버리고 일종의 명목론을 제출했다. 언어의 주관적이고 역사적인 성격을 되살린 것이다. 언어는 문화적 산물이기 때문에, 시간에 따라 변화한다. 지식은 언어로부터 분리 불가능하며, 언어를 초월하려는 것은 환상일 뿐이다. 언어는 수학과 같은 추상적인 형식언어가 아니라, 인간 담론의 집합적 주체성으로부터 나오는 역사적인 것이다. 진리와 지식은 그 자체의 속성 때문이 아니라 집단이 그렇다고 생각하기에 진리와 지식이 된다. 고전 저자들의 주장은 이제 영원한 진리의 절대적인 선언이 아니라 특정 상황 아래 놓인 특정 개인들의 언명으로 여겨진다. 따라서 르네상스 휴머니스트에게는 진리가 특수하고, 조건적이며, 많은 한계에 노출된 것으로 간주된다(Nauert, 1995: 20). 이러한 시각은 나중에 '역사주의'(historicism)라 불리는 것의 전조라 볼 수 있다(Kelley, 1991: 39). 이론과학의 보편주의적 주장과 달리, 역사는 다양한 '지역적 지식'(local knowledge)에 접근 가능하게 만든다. 인간 역사의 다양성에 대한 인식은 문화인류학 또는 인간 문화의 다양성에 관한 비교 연구와 긴밀히 연결되어 있다(Trinkaus, 1983: 364~403).

르네상스 휴머니스트는 대부분 기독교 신자였지만 기독교적 역사관을 완전히 받아들이지는 않았다. 역사를 목적론적으로 결정된 선형적 진보로 볼 수 없었기 때문이다. 예를 들어 페트라르카는 역사에 단절이 있다는 생각을 제출했다. 로마가 멸망한 이후로 전 역사가 암흑의 시대로 접어들었다는 것인데, 대부분의 르네상스 휴머니스트는 이러한 주장을 받아들여 문화적 부흥이 있어야 한다고 주장했다(Nauert, 1995: 19; Trinkaus, 1983: 13). 역사는 고대, 중세, 그리고 이제 막 시작된 새로운 고급문화의 시대로 구성되어 있다. 이러한 발전은 목적론적으로 결정된 선형적 발전도 아니요, 시간과 사건의 미분화된 흐름도 아니다. 오히려 인간 역사는 각각 독특한 특성을 지니는 별개의 문화로 구성되어 있다. 과거의 경험은 역사적 맥락 속에서 보기 전까지는 사용도 파악도 할 수 없다(Nauert, 1995: 20).

이러한 시각의 도덕적 함의는 일종의 수도사적 삶과 실제적 삶을 조합하는 것이다. 르네상스 휴머니스트도 역시 영원한 삶을 즐기려는 기독교 신자라는 점을 잊어서는 안 된다. 하지만 중세의 기독교인과 달리, 르네상스 휴머니스트는 신에 대한 이론적 명상만으로는 만족하지 못하고 신의 세계를 이 세계에서 실현하려고 노력했다. 이는 자신이 속한 공동체의 도덕적·정치적 삶에 적극적으로 참여하는 것으로 나타난다. 기독교인의 삶은 도전과 투쟁의 연속인 것이지, 행위에서 벗어난 은둔자의 그것이 아니다(Nauert, 1995: 27). 따라서 정치적으로 볼 때는 일종의 참여 민주주의를 주창한 것으로 볼 수 있다. 시민의 일차적인 의무는 정치적인 의사 결정에 참여하는 것이다. 공공의 서비스를 위해 적극적으로 참여하여 의사를 개진하고 이에 대한 책임을 져야 한다.

제1장에서는 서구에서 발전되어 나온 지식의 패러다임을 과학, 도덕학, 미학으로 이념형적으로 재구성하고, 이들 간의 역학을 통해 서구 지식사를 고대 그리스에서 르네상스 휴머니즘까지 살펴보았다. 이에 따르면, 고대 그리스 사상에 이미 지식의 세 패러다임의 원형이 존재하였지만 헬레니즘적 세계가 유대–기독교의 일신교를 만나면서 다양성을 상실하고 이론과학에 의해 지배당하게 되었음을 알 수 있다. 이러한 변화에 결정적인 역할을 한 것이 신플라톤주의이고, 그 결과 거의 12세기에 이르기까지 기독교화된 플라톤주의 이론과학이 서구 지성계를 지배하게 된다. 12세기에서 14세기 동안에는 아리스토텔레스주의가 되살아나 자연에 관한 경험적 연구를 촉발시켰지만, 그것이 지닌 본질주의적 이론과학의 성격 탓에 그 이전 철학과 근본적인 단절을 이룩하지는 못했다. 르네상스 휴머니즘에 접어들어서야 고대 그리스 사상 중 도덕학이 되살아나 이론과학과 긴장 관계를 형성하면서 이전보다 다원적인 지적 세계로 접어들었다.

제2장에서는 이러한 보다 넓은 지식사적 맥락에서 보면 계몽주의가 지식의 지평을 다시 과학으로 좁혀놓는다는 점에서 진보라기보다는 오

히려 퇴보라는 점을 밝히고자 한다. 계몽주의의 퇴보적 성격을 밝히는 일은 사회학의 형성과 그 기본 성격을 명확히 하는 데 매우 중요하다. 지금까지 많은 사회학자가 사회학의 기원을 18세기의 계몽주의와 이에 대한 19세기의 대응에 놓아왔기 때문이다(Bierstedt, 1978; Bock, 1978; Mannheim, 1971; Nisbet, 1966; Saiedi, 1993; Seidman, 1983; Zeitlin, 1990). 이들은 계몽주의를 주로 18세기만의 현상, 즉 프랑스 혁명(1789~1794)에서 정점에 이른 혁명적 사상운동으로 좁게 정의한다. 더 나아가 계몽주의의 기본 성격을 진보적인 것으로 평가하고, 19세기를 이에 대한 반동의 시대로 보는 경향이 있다. 그리고 사회학을 19세기의 산물로 평가한다.

근래에 들어 이러한 표준적인 서사는 크게 보아 두 가지 점에서 비판을 받고 있다. 첫째, 모던 유럽 지식사를 각각의 독자적인 시대가 대체되는 것으로 그리는 일종의 연대기적 서술에 대한 비판이 있다. 이에 따르면 르네상스와 종교개혁이라는 시대가 있고 이성의 시대, 계몽주의의 시대, 그리고 낭만주의 시대가 그 뒤를 잇는다고 한다(Mandrou, 1979). 르네상스 휴머니즘이 모던 시대를 열어젖히는 데 결정적인 역할을 했다는 점을 인정하면서도, 17세기 동안의 새로운 과학이 휴머니즘을 서구사상의 중심에서 밀어냈다고 본다. 그 결과 17세기의 과학혁명이 르네상스 휴머니즘과 날카롭게 분리되는 신기원적 사건으로 간주된다. 또한 휴머니즘이 19세기에 낭만주의가 발흥하기 전까지는 다시 세력을 얻지 못했던 것으로 간주된다. 하지만 보다 최근의 연구는 르네상스 휴머니즘이 17세기와 18세기로 연장되었다고 주장함으로써 이러한 표준적인 서사에 도전한다. 일찍이 20세기가 시작할 무렵 구스타브 란슨(Gustave Lanson)과 그의 제자들은 계몽주의의 기원을 17세기, 아니 더 나아가 16세기에서 찾고자 한 바가 있다(Hulme and Jordanova, 1990:

3). 이러한 선구적인 연구를 뒤따르는 연구들은 르네상스 휴머니스트가 문학적 질문에만 집중한 것이 아니라 최소한 과학혁명이 가능해 질 수 있는 환경을 만들어 놓았다는 점을 강조한다(Grafton, 1990: 99~117; Trinkaus, 1983: 140~168). 독자적인 시대가 일련의 대체적 연쇄를 이루면서 발전해 왔기보다는, 17세기에서 18세기에 이르기까지 두 가지 주요 지적 또는 문화적 흐름이 있었으며, 이 흐름은 르네상스 휴머니즘에서, 직접적이든 간접적이든, 유래한 것이라는 시각이 점차 힘을 얻고 있다 (Grafton, 1991; Porter, 1990; Saiedi, 1993; Tarnas, 1991; Toulmin, 1990).

타나스(Tarnas, 1991: 366)의 말을 직접 들어 보자. "르네상스의 복합적인 모체로부터 두 가지 구별되는 문화의 흐름, 즉 서구의 정신에 독특한 인간존재에 대한 두 가지 기질 또는 일반적 접근이 나왔다. 하나는 과학혁명과 계몽주의에서 출현하였는데, 이는 합리성, 경험과학, 회의적 세속주의(skeptical secularism)를 강조한다. 이것의 보충인 다른 하나는 르네상스와 그리스-로마문화(그리고 종교개혁 역시)에 공통의 뿌리를 두고 있지만, 계몽주의의 지나친 합리주의 정신에 의해 억압된 인간존재의 측면들을 표현하는 경향이 있다." 나는 이러한 두 흐름을 각각 계몽주의와 대항계몽주의라고 부른다.1)

여기에 덧붙여 계몽주의와 대항계몽주의 양자 모두를 거부하는 흐름이 18세기에 출현했다는 점도 새롭게 인식되고 있다. 나는 이를 반계몽주의(Anti-Enlightenment)라고 부르는데, 지식의 패러다임이라는 면에서 볼 때 그 기본 성격은 미학적이라 할 수 있다. 반계몽주의는 초기 낭만주의와 사드로 대표된다. 낭만주의에 대한 벌린의 선구적인 연구에

---

1) 대항계몽주의(Counter-Enlightenment)는 이 용어를 만든 벌린(Berlin, 1979)에게서 빌려 온 것이다.

따르면, 낭만주의는 크게 보아 두 원칙으로 구성되어 있다.[2]

> [첫째는] 불굴의 의지라는 개념이다. 인간이 성취한 것은 가치
> 에 대한 지식이 아니라 그들이 창조한 것이다. 네가 가치를 창조
> 하고, 목적을 창조하고, 목표를 창조하고, 결국 네가 우주에 대한
> 너의 시각을 창조한다. 마치 예술가가 예술작품을 창조하듯이. 예
> 술가가 예술작품을 창조하기 이전에, 예술작품은 존재하지 않는
> 다. 그 어디에도 없다. […] 낭만주의의 첫 번째 진영과 연결된 두
> 번째 입장은 사물들에는 아무런 구조도 없다는 것이다. 반드시 너
> 자신을 적응시켜야만 하는 유형은 존재하지 않는다. 단지 우주의
> 끊임없는 흐름, 아니 끝없는 자기창조만이 존재할 뿐이다. 우주는
> 물리학, 화학, 그리고 다른 자연과학이 가르치듯 깨트릴 수 없는
> 특정의 관계로 함께 묶인 사실들의 세트, 공간상의 덩어리들의 집
> 합, 삼차원적 실체들로 인식되어서는 안 된다. 우주는 영속적인 돌
> 진, 영속적인 자기창조의 과정이다. […] (Berlin, 1999: 119~120).

낭만주의의 이러한 입장에서는 대상이 없고 오로지 주체, 즉 영속적
으로 돌진하는 창조자만 있을 뿐이다. 그 주체가 우주이든, 개인이든,
계급이든, 국가든, 교회든 이름만 다를 뿐이다. 그 주체에 틀, 일반화,
유형을 부과하는 것은 왜곡이 된다. 따라서 낭만주의의 이러한 입장도
표현될 수 없는 것을 표현하려고 한다는 점에서 미학 일반과 그 성격을

---

2) 앞에서 보았듯이, 초기 낭만주의는 도덕학적 경향을 포함하고 있기 때문에 바로
   미학과 등치시키는 것은 잘못된 것이다. 초기 낭만주의는 도덕학적 경향과 미학
   적 경향 모두를 포함한 복합적인 운동이었다.

같이 한다고 할 수 있다. 잘 알려졌다시피, 주체의 삶의 의지(will to life)를 강조하는 낭만주의적 미학은 19세기와 20세기에 그 의지가 손상당하자 극단적인 애국주의와 파시즘으로 나아갔다.

다음으로는 사드(Marquis de Sade)로 대표되는 반계몽주의가 있다. 나는 사드야말로 진정한 미학으로서, 그를 통해서 비로소 고대 그리스의 고르기아스 이래로 억압되고 잊혔던 미학이 되살아났다고 본다. 고르기아스가 파르메니데스의 존재론을 완전히 해체해버렸듯이, 사드는 계몽주의와 대항계몽주의, 그리고 서구 문화의 전 구조를 전복한다. 과학혁명은 인간세계를 수학적 물리학의 세계로 만들 가능성도 있지만, 그 물질론적 입장을 조금만 극단으로 몰고 가면 세계에서 모든 의미를 제거하기 때문에 그것을 부조리하고 무의미한 것으로 만들어버릴 수도 있다. 그런 점에서 미학을 되살린 것은 역설적이게도 진보를 말하는 과학혁명이다. 사드를 바스티유 감옥에서 불러낸 것이 과학혁명의 사회적 체현이라 할 프랑스 혁명이었다는 사실은 이를 상징적으로 보여준다. 낭만주의 미학이 극단적인 주체중심적 미학이라면, 사드의 미학은 오히려 거꾸로 극단적인 대상중심적 미학이다. 이렇게 볼 때, 17세기와 18세기는 계몽주의, 대항계몽주의, 반계몽주의가 서로 얽혀 있는 복합적인 시대이다. 고대 그리스 이래 서구 역사상 처음으로, 이론과학, 경험과학, 도덕학, 미학이 모두 되살아나 경쟁한 시기가 바로 이때이다. 역사적으로 볼 때 당시에 승리를 거둔 것은 물론 과학이었지만, 그렇다고 해서 승자의 입장에서만 지식사를 서술하여 당시의 시대를 계몽주의 시대 또는 진보의 시대로 부르는 것은 협소한 틀에 스스로 가두는 것이다.

두 번째로, 계몽주의를 진보적 성격과 동일시하는 경향에 대한 비판이 있다. 계몽주의를 지식사에서 진보로 평가하는 학자들이 근거로 두고 있는 것은 그것이 합리주의와 경험주의를 통합했다는 점에 있다. 계몽주의 이전까지 합리주의 철학은 경험주의에 적대적이었다. 심지어 아리스토텔레스적 경험주의마저 그 본질주의적 성격 탓에 경험 그 자체는 결코 지식의 타당한 원천으로 대접받지 못했다. '경험이 안내하는 이성'은 바로 계몽주의 고유의 성취인 것이다(Zeitlin, 1990). 계몽주의 철학자들이 이러한 성취의 모델로 삼은 것이 뉴턴의 '수학적 물리학'이다. 뉴턴은 1687년 처음 펴낸 『프린키피아』에서 운동의 세 법칙(관성의 법칙, 힘의 법칙, 동일 반작용의 법칙)과 보편적 중력이론을 통해 지상과 천상의 운동 모두를 설명하였을 뿐만 아니라, 관찰과 실험을 통해 그 설명을 뒷받침했다. 뉴턴은 보편법칙을 관찰된 사실에 대한 분석을 통해 얻었고, 그로부터 수학적 결과를 연역했다. 더 나아가 뉴턴은 관찰과 실험을 통해 보편법칙으로부터 논리적으로 파생된 것이 경험과 일치한다는 것을 증명했다. 이렇듯 뉴턴은 보편법칙이 경험적 자료와 일치한다는 점을 보여줌으로써 이성과 경험이 상호모순되지 않음을 증명했다. 원제가 『자연철학의 수학적 원리』인 『프린키피아』의 주제가 '합리적 역학'(rational mechanics)인 이유다. 뉴턴은 상대적으로 적은 몇 개의 법칙을 통해 모든 현상의 운동을 설명할 뿐만 아니라, 우주에 있는 모든 물질체의 소립자의 속성과 운동을 엄밀하고 단순하게 결정지을 가능성을 열었다.

> 우리는 주로 무거움, 가벼움, 탄성력, 유체의 저항 같은 힘을 인력이든 척력이든 상관없이 고려한다. 그러므로 우리는 이 작업을 철학의 수학적 원리로 제공한다. 철학의 모든 어려움은 운동의 현상으로부터 자연의 힘을 조사하고 이러한 힘으로부터 다른 현

상을 증명하는 것으로 보인다. 그리고 [물체의 운동을 다룬] 제1
권과 제2권의 일반명제들이 이러한 결론으로 향하고 있다. 제3권
"세상의 체계"에 대한 설명에서 이 일반명제들의 실제 사례를 제
공한다. 1권과 2권에서 수학적으로 증명된 명제들을 바탕으로 세
번째 책에서 우리는 천체 현상에서 태양과 여러 행성을 향한 중
력의 힘을 도출한다. 그런 다음 이러한 힘으로부터 수학적인 다른
명제에 의해 행성, 혜성, 달, 바다의 움직임을 추론한다. 나는 자
연의 나머지 현상도 이런 식으로 기계적인 원리에서 추론할 수
있기를 희망한다(Newton, 1846: lxviii).

이제 세계는 몇 가지 보편법칙을 따라 합리적, 즉 수학적으로 운동
하는 거대 기계로 간주된다. 계몽주의 철학자들은 이러한 뉴턴의 수학
적 물리학을 사회세계에 적용하려 했다. 모든 원자적 개인이 보편적인
수학적 법칙을 따라 운동하는 질서정연한 사회를 만들 것을 꿈꾸었다.
보편적인 수학적 법칙은 새로운 사회질서의 논박불가능한 토대가 될
것이고, 이 위에 새로운 질서를 건설한다면 종교적 질서의 붕괴가 불러
일으킨 30년 전쟁을 비롯한 숱한 갈등에 휩싸여 온 유럽사회에 평화를
가져올 것이다. 그 속에는 정신적이고 지적인 혼돈, 편견과 미신의 지
배, 검증되지 않은 독단에 대한 맹목적인 믿음, 억압체제의 우스꽝스러
움과 잔인함이 끝장날 것이다(Berlin, 1991: 5).
　근래의 연구는 이러한 계몽주의 진보신화에 강력히 도전한다. 그 대
표적인 인물 중의 하나가 저명한 과학사가인 스티픈 툴민이다. 툴민은
르네상스 휴머니즘에서는 인간의 구체적인 행위를 맥락적으로 파악하
는 '수사학'과 그것을 추상적인 내적 논증으로 탐구하는 '논리학'이 상보

적으로 유지되고 있었다고 본다. 하지만 17세기를 통해 서구 세계는 수사학을 제거하고 논리학으로만 나아가는, 그래서 르네상스로부터 후퇴했다고 한다. 이 시기를 통해 구전에서 기록으로, 특수한 것에서 보편적인 것으로, 국지적인 것에서 일반적인 것으로, 일시적인 것에서 초시간적인 것으로 대변환이 일어났다는 것이다(Toulmin, 1990: 30~35). 그 결과 불확실성, 애매성, 다양성을 회의론적 시각에서 관용하던 풍토가 확실성, 명료성, 일원성을 강조하는 독단적 풍토로 뒤바뀌었다는 것이다.

그렇다면 왜 이러한 대변환이 이 특정한 시기에 일어났는가? 여기에는 종교 관용정책을 펴온 앙리 4세의 암살과, 그에 이은 30년 전쟁(1618~1648)이 결정적이다. 자신의 종교적 토대만이 보편적이라고 주장하는 가톨릭 진영과 프로테스탄트 진영의 30년 전쟁은 구체적인 맥락에 붙들려 있을 수밖에 없는 내용적 차원에서는 결코 논박불가능한 제일원리를 수립하는 것이 불가능하다는 사실을 데카르트를 비롯한 서구의 지식인들에게 각인시켰다. 내용적 차원에서 제일원리에 대한 합의에 이를 수 없다면, 남은 것은 형식적 차원에서 제일원리에 대한 합의를 도출하는 것이다. 수학과 기하학은 이에 대한 좋은 모델을 제공한다. 수학과 기하학은 애매함, 불명료함, 불확실성, 다양성 등을 제거하여 논리적으로 필연적인 거대한 명제들의 연역체계를 수립가능하게 하기 때문이다. 따라서 툴민은 17세기 합리주의자들이 기독교에 기반한 '코스모폴리스'(cosmopolis)를 수학적 물리학에 터한 코스모폴리스로 대체하려 했다고 주장한 것이다.

나는 이러한 새로운 서사를 따를 것이다. 우선 계몽주의를 과학으로 정의하고, 이론과학을 채택한 합리주의적 계몽주의와 경험과학을 수용한 경험주의적 계몽주의를 살펴본다. 이어 비코로 대표되는 대항계몽주의와 사드로 대표되는 반계몽주의를 탐구한다. 또한, 계몽주의, 대항계몽주의, 반계몽주의가 출몰하는 타자를 어떻게 다룰 것인지 그 윤리적·정치적 함의를 살펴본다.

과학으로서의 계몽주의

나는 계몽주의를 이성과 경험을 종합한 뉴턴의 수학적 물리학을 사회세계에 적용하려는 17, 18세기 서구 철학자의 노력으로 정의한다. 하지만 실제로 뉴턴의 수학적 물리학을 사회와 인간에 적용할 때 '수학적' 성격을 강조하는 합리주의적 계몽주의와 '물리학적' 성격을 강조하는 경험주의적 계몽주의로 갈린다. 물론 당시에는 이러한 분리가 확연하지 않았다. 계몽주의자는 뉴턴처럼 이성과 경험을 종합할 수 있다고 굳게 믿었기 때문이다. 하지만 이후 19세기를 거치면서 양자는 분열의 조짐을 보였고, 20세기에는 완전히 분리되어 각자의 길을 가기에 이른다. 이러한 분열은 사실 뉴턴의 종합이 완전하지 않다는 점에 그 원인이 있다. 수학적 법칙을 따라 운동하는 기계적 세계? 그럼 누가 이러한 보편 법칙을 만들었단 말인가? 뉴턴은 자기조절적인 기계적 세계를 누가 만들었는지 답변하지 못했다. 그는 단지 신이 세계를 작동시켰고, 그 후 뒤로 물러앉아 스스로 자연법칙을 따라 합리적으로 운동하도록 내버려 두었다고 추론할 뿐이었다.

> 태양과 행성, 혜성으로 이루어진 이토록 우아한 계는 지적이고 전능한 존재의 설계와 지배 없이는 생겨날 수 없었을 것이다. 그리고 항성들이 이와 유사한 계들의 중심이라면, 이 계들도 모두 이와

비슷한 설계에 따라 신의 지배를 받도록 축조되었을 것이다. […] 최고의 신은 반드시 존재해야 하며, 이 같은 필요성에 의해 그는 언제 어디서나 존재한다는 데 모두 동의한다. 이로써 그의 모든 것은 그 자신과 같다는 결론이 나온다. 그는 모든 것을 보고, 모든 것을 들으며, 모든 것을 생각하고, 모든 것을 다루며, 모든 것을 감지하여 이해하고, 모든 것에 작용한다. 그러나 그 작용은 인간의 방식과는 달라서 전혀 물질적이지 않고, 인간인 우리는 전적으로 알지 못하는 방식으로 이루어진다(뉴턴, 2023: 858~859).

이렇게 볼 때 합리주의와 경험주의의 분열은 시간문제였다고 할 수 있다. 따라서 이 글에서는 이후의 지식사를 고려할 때, 합리주의적 계몽주의와 경험주의적 계몽주의를 분석적으로 나누어 고찰하는 것이 좋다고 생각한다. 합리주의적 계몽주의의 대표적인 경우는 데카르트와 스피노자를 다룰 것이다. 왜 18세기의 합리주의적 계몽주의 철학자를 직접 다루지 않는가? 그 이유는 데카르트와 스피노자가 플라톤의 초월주의와 아리스토텔레스의 본질주의를 각각 근대적 버전으로 만들어 놓음으로써 이후의 합리주의적 계몽주의의 초석을 놓았기 때문이다. 이후의 계몽주의 철학자들은 어떤 면에서는 이 초석 위에서 더 구체적인 사회철학을 구상한 것에 불과하다고 할 수 있다. 경험주의적 계몽주의의 대표적인 경우는 프랑스 물질론자를 논의할 것이다.

이론과학으로서의 합리주의적 계몽주의

　과학혁명은 우주에서 정신적 차원을 빼앗았다. 그 결과 인간을 포함한 우주의 만물이 물질과 그 운동으로 설명할 수 있게 되었다. 이러한 상황에서 합리주의적 계몽주의의 가장 큰 특징은 인간존재의 정신적 차원을 보지(保持)하는 동시에 과학혁명의 함의를 수용하고자 한 데 있다. 이러한 이중적 임무를 위해 신 개념에 의존했다.3) 신 개념은 합리주의적 계몽주의의 진정한 토대인데, 여기에는 크게 보아 데카르트적 신과 스피노자적 신이 있다. 데카르트적 신이 플라톤의 초월적 형상과 유사하다면, 스피노자적 신은 아리스토텔레스의 내재적 형식과 비슷하다. 데카르트는 아리스토텔레스적 신을 거부한다. 아리스토텔레스에게 있어, 신은 세계를 창조한 것이 아니라 움직이고 있을 뿐이다. 하지만 기계적 힘 대신 모든 작동의 총체적 운동력으로 세계를 움직인다. 이와 달리 데카르트는 신이 세계를 창조하였고 그 후 자신의 창조물로부터 완전히 손을 떼었다고 주장했다. 데카르트는 『철학 원리』에서 물리학의 기초를 논의하면서 운동의 원인을 신과 자연법칙 둘로 나눈다. 신은 운동의 "보편적이고 일차적 원인"이며, 자연법칙은 운동의 "이차적이며 특수한 원인"이다. 이러한 주장은 아리스토텔레스의 원인 개념을 염두에 둔 것이다. 아리스토텔레스는 그의 『물리학』 제2권에서 질료원인, 형상원인, 작용원인, 최종원인이라는 네 가지 종류의 '원인'을 설명한다. 질료원인(material cause)은 무엇인가가 생겨나는 원인이고, 형상원인

---

3)　여러 학자가 지적하듯이, 17세기 합리주의자들은 결코 세속주의자가 아니다. 그들은 모두 독실한 기독교 신자임을 자부했다. 따라서 여전히 신이라는 토대에 기반하여, 완전한 지식체계를 수립하고자 했다.

(formal cause)은 생겨난 무엇인가의 형상이며, 작용원인(efficient cause)은 변화의 일차적 원인이며, 최종원인(final cause)은 변화가 향하는 원인이다. 아리스토텔레스는 동상을 예시로 들어 설명한다. 동상의 재료인 청동은 동상의 질료원인이다. 동상이 지닌 조각상의 형태는 동상의 형상원인이다. 조각가는 동상의 생산을 초래하는 변화의 일차적 원천이기 때문에 동상의 작용원인이다. 조각가가 조각상을 제작하는 목적은 동상의 최종원인이다(Schmaltz, 2014a: 12~13). 이러한 아리스토텔레스의 분류에 따르면, 데카르트가 보는 신은 보편적이고 일차적 원인으로서 모든 사물의 작용원인(the efficient cause of all things)일 뿐이다(Schmaltz, 2014b). 따라서 세계는 의인화된 신으로부터 해방된, 그 자체만으로도 근본적인 현실이 된다. 신은 수학적 법칙을 가지고 기계적 힘으로 세계를 움직인다. 만물을 기계적이고 수학적인 법칙으로 설명할 수 있다. 이런 점에서 데카르트적 신은 초월적이다. 반면에 스피노자는 사물들의 내재적 원인이라는 아리스토텔레스적 신 개념을 빌려온다. 스피노자는 지존, 즉 완벽한 또는 필연적인 존재가 존재한다고 주장한다. 이 존재는 실체로 불릴 수 있으며, 모든 현상은 필연적으로 자신의 존재를 이 실체에서 끌어온다. 그런 점에서 모든 존재는 필연적으로 서로 연결되어 있다.

합리주의적 계몽주의는 신을 토대로 해서 거대한 추상적 지식체계를 수립하고자 시도했다. 이러한 체계에서는 모든 존재가 신에 의존하듯이 모든 명제가 제일원리에 의존한다. 이런 점에서 합리주의적 계몽주의는 연역적, 보편적, 비오류적인 단 하나의 거대한 논리체계인 지식체라는 중세철학의 이상을 보존했다. 합리주의적 계몽주의는 신과 제일원리는 감각에 대한 어떠한 호소도 없이 선험적인 추론만으로 알 수 있다고 주장했다. 우주와 인간에 대한 일관되고 총괄적인 설명을 구성하고자 원했다. 하지만 지존이 존재하지 않는다면 이러한 꿈은 허망하게 무너진다. 이런 점에서 지존은 지식의 총괄적인 체계를 떠받치는 토대로 기능한다.

볼테르(Voltaire), 콩딜락(Condillac), 달랑베르(D'Alembert)와 같은 합리주의적 계몽주의 사상가들은 데카르트로부터 직접적인 영향을 받았다. 반면 광범하게 회자되고 있었기는 하지만 이들에게 미친 스피노자의 영향은 직접적이지 않다. 오히려 스피노자의 영향이 보다 직접적으로 나타난 것은 18세기 말과 19세기 초를 거쳐 낭만주의 일반, 특히 후기 낭만주의에서였다. 실제로 스피노자가 서구 지성사의 중심으로 진입한 데에는 헤겔의 힘이 컸다(Parkinson, 1977). 나는 데카르트와 스피노자로 대표되는 두 흐름이 사실은 고대 그리스의 플라톤주의의 초월주의와 아리스토텔레스의 본질주의의 근대적 변형이라 본다. 잘 알려졌다시피, 이 시기에 주도권을 잡은 것은 스피노자라기보다는 데카르트였다. 가장 중요한 이유 중의 하나는 18세기까지는 생물학보다 수학적 물리학이 과학의 이상으로 여겨졌기 때문이다. 데카르트적 합리주의가 수학적 물리학과 선택적인 친화성을 지닌다면, 스피노자적 합리주의는 진화론적 생물학과 쉽게 연결될 수 있다. 따라서 17세기와 18세기 동안에는 데카르트를 따르는 합리주의적 계몽주의가 뉴턴의 수학적 물리학과 연합되어 있는 경험주의적 계몽주의와 통합될 수 있었다. 하지만 19세기에 이르면, 스피노자적 합리주의는 진화론적 생물학과 친화성을 지니면서 헤겔을 통해 막강한 사회이론으로 되살아난다. 따라서 이후의 지식사의 전개를 파악하기 위해서는 데카르트와 스피노자가 어떠한 초석을 닦아 놓았는지 알 필요가 있다.

존재론적 차원에서 볼 때, 데카르트는 존재의 위대한 연쇄 안에서 모든 존재가 각자 자기만의 독특한 방식으로 완벽성을 추구한다는 아리스토텔레스적 자연관을 비판한다. 대신 자연을 조화롭고 수학적으로 질서 지워진 기계로 보는 견해를 옹호한다. 아리스토텔레스에 따르면 '이 사람', '이 말' 등과 같은 자기만의 독특한 특성을 가진 많은 실체가 존재한다. 하지만 데카르트는 오로지 두 가지 종류의 실체만이 존재한다고 주장한다. 하나는 생각하는 실체인 마음이요, 다른 하나는 연장된 실체인 물체이다. "길이, 넓이, 깊이로 이루어진 연장(extension)은 물질적 실체의 본성을 이루고, 사고는 사고하는 실체의 본성을 이룬다"(Descartes, 1970: 240). 데카르트는 이 세계가 물질로 구성되어 있음을 인정한다. 물체는 색, 맛, 소리 등과 같은 연장 이외의 다른 속성들을 포함하고 있지만 오로지 연장만이 특별하다. 물체는 감각적 속성들 없이는 존재할 수 있지만 연장되지 않고서는 존재할 수 없기 때문이다. "물질 또는 몸의 본성은 그것이 딱딱하거나, 무겁거나, 채색되거나 다른 어떤 방식으로 우리의 감각에 영향을 미치는 것이라는 점에서 성립하지 않고, 단지 길이, 넓이, 깊이에 있어 연장된 실체라는 점에서만 성립한다"(Descartes, 1970: 255~256). 연장된 물체는 기하학적 속성들을 포함하고 있고, 이런 점에서 색, 맛, 소리와 같은 경험적으로 관찰할 수 있는 속성은 본질적이지 않다(Descartes, 1970: 154). 우주의 진정한 본질은 기하학적 속성을 지닌 물질로 구성되어 있다. 크기, 모양, 운동과 같은 기하학적 속성은 자연의 성질이며, 이 성질은 수학적으로 알려질 수 있다. 자연은 수학이라는 언어로 씌어 있으며, 삼각형, 원, 그리고 다른 기하학적 형태와 같은 특징을 지닌다(Descartes, 1970: 269). 이런 방식으로 자연은 물리적, 양적, 수학적 성격을 띠게 되었다. 자연의 수학적 법칙은 영원하다. 그 이유는 신이 그것을 만들었기 때문이다. 신 자신의 본성은 그가 한때 자유의지로 만들었던 세계를 변화시키는 것을 막는다. 만약 신이 그 법칙을 변경한다면, 이는 자신이 만든 세계가 완벽하지 않다는 것을 자인하는 꼴이 되어버린다. 신 개념에 어긋나는 셈이다. 이런 점에서 신은 초월적이다. 일단 우주를 만든 이후, 신은 한 발 물러나 자연이 영원한 수학적 법칙을 따라 작동하도록 내버려 둔다. 따라서 우주는 영원한 수학적 법칙을 따라 움직이는 자기조절적 기계가 된다. 이런 점에서 우주는 동적이라기보다 정적이다. 우주는 어떠한 목적론적 텔로스(telos)를 향해 운동하고 있지 않다. 이미 완벽하기에 완벽을 성취하기 위해 목적론적 종국을 향해 나아갈 필요가 없는 것이다(데카르트, 1998: 373~374).

이와 달리 스피노자는 데카르트적 우주가 지닌 기계적 함의를 받아들이는 동시에 존재의 위대한 연쇄라는 아리스토텔레스적 자연관을 보존한다. 스피노자에게 우주 또는 자연은 신, 즉 "절대적으로 무한한 실체, 다시 말해 무한한 속성들로 구성된 단 하나의 실체이며, 그 안에서 각 속성은 영원하면서도 무한한 본질을 표현한다"(Spinoza, 2000: 75). 스피노자는 실체를 그 자신으로 존재하며 그 자신을 통해 인식되는 것으로 정의한다. 이 실체는 자신이 형성되기 위해 의존해야 할 다른 사물의 개념을 필요로 하지 않는다(Spinoza, 2000: 75). 이러한 정의에 따르면 이 세상에는 단 하나의 실체, 즉 신이 존재한다. 둘 또는 그 이상의 실체가 존재한다면 각 실체는 상대방을 통해 관계적으로 정의될 수 있게 되는데, 이는 실체 개념에 어긋난다. 스피노자는 실체는 무한한 수의 속성을 지니지만, 이 모든 속성은 필연적으로 실체로부터 유래한다고 주장한다. 만약에 어떤 속성이 실체로부터 유래하지 않는다면 이 실체는 자신 이외에 다른 것을 포함하는 것이 되기에 실체가 아니게 된다. 하나의 사물은 자신의 완벽성에 비례하는 속성을 지니고 있다고 한다면, 더 완벽하면 할수록 더 많은 속성이 그 사물에 속해야만 한다. 따라서 실체, 즉 신은 절대적으로 무한하기에 무한한 수의 속성을 가지고 있을 수밖에 없다(Harris, 1995: 23).

그렇다고 스피노자는 개별적인 사물이 하나의 지존의 환각적인 현상에 불과하다는 플라톤주의의 견해를 받아들이지는 않는다. '이 꽃', '저 나무', 개별적 사고방식(기쁨, 슬픔)과 같은 모든 특수한 사물은 양태(mode)이며 이 양태 뒤에는 영원불변하는 실재가 놓여 있다. 그것이 바로 신이며, 이런 점에서 신은 초월적이 아니라 내재적이다. 신은 모든 사물을 낳은 원인이다(Spinoza, 2000: 93). 각 양태는 자신의 실재 또는 완벽성의 정도에 비례해서 속성을 지니고 있다. "각 사물은 즉자적으로 존재하는 한, 자신의 존재를 보존하려고 노력한다"(Spinoza, 2000: 171). 이러한 노력을 통하여 각 사물은 신의 힘을 특정한 방식으로 표현한다. 신의 힘은 자신의 유한한 변형태의 개별성 안에서 또 그것을 통하여 표현되기 때문이다. 우주는 자신의 존재를 보존하려고 노력하는 다양한 유한한 양태의 위계적인 연쇄로 이루어져 있다. 유한자는 단지 모두 합한다고 해서 무한자를 생산하는 것은 아니다. 진정으로 무한한 존재인 신 또는 우주는 그래서 하나의 일관된 전체일 수밖에 없다. 유한한 개별자는 서로를 결정하고 작동시키지만, 모두 이렇게 하나의 일관된 전체 안에서 그렇게 될 뿐이다. 그런 점에서 스피노자에게 우주는 하나의 닫힌 통일된 체계이다. 이 안에서 만물은 결코 우연적으로 존재하지 않으며 신성한 자연의 필연성에 의해 결정되어 있다(Spinoza, 2000: 99). 존재하는 모든 것은 필연적으로 존재한다. 이러한 필연성은 기계적이고 인과적인 필연성이라기보다는 논리적인 필연성이다. 신의 존재가 신의 개념에서 논리적으로 추론되듯 모든 다른 사물은 신의 존재에서 논리적으로 나온다. 신이 모든 사물을 낳았다고 말하는 것은 모든 사물이 신의 논리적 결과라 말하는 것과 같다. 논리적으로 필연적인 관계는 시간을 넘어선, 즉 시간에 의해 영향을 받지 않는 관계이다.

인간의 존재론적 차원에서, 플라톤주의 비판철학자인 데카르트는 연장은 물체의 본질이며 사고는 마음의 본질이라고 주장함으로써 인간존재의 정신적 차원을 보존하려고 했다(Descartes, 1970: 131~199). 데카르트는 아리스토텔레스와 달리 영혼과 물체를 완전히 분리했다. 영혼 또는 마음은 연장되지 않기 때문에 비물질적이다. 다시 말해, 마음은 공간을 점유하지 않는다. 그렇기에 마음은 물체 없이 존재할 수 있다. 마음은 사고 이외의 다른 속성, 예컨대 느낌과 감각을 가지지만 사고만이 특별하다. 마음은 사고 없이는 존재할 수 없지만, 느낌과 감각 없이는 존재할 수 있기 때문이다. 마음은 그 본질이 사고인 능동적인 주체이다. 감각은 항상 자극된 것은 아니기 때문에 마음은 스스로 사고를 생산해야만 한다. 따라서 마음은 감각의 속박으로부터 해방되어 있다. 마음은 합리적, 자율적, 자기충족적 주체이다. 마음은 관념을 사고하거나 산출하기 위해 아무것도 필요로 하지 않는다. 이렇듯 데카르트는 정신적 현상과 물질적 현상을 범주적으로 분리하는 이원론적 세계관을 제출했다.

여기서 문제가 되는 것은 데카르트가 인간의 마음이 물질로 이루어진 물질적 현실을 어떠한 감각적 경험 없이도 파악할 수 있다고 주장했다는 점이다. 이러한 이원론은 근본적인 어려움을 낳는다. "마음이 경험 속에서 지각하는 그림과 물리학이 그려내고 있는 실제 세계는 완전히 다른 것처럼 보인다. 그렇다면 어떻게 마음은 물리학이 인간이 실제로 살아가고 있는 세계에 대한 진정한 지식이라는 점을 확신할 수 있는가?"(Randall, 1954: 269) 데카르트는 인간은 '생각하는 몸(물질)'이라고 주장함으로써 이러한 곤란을 벗어나려 한다. 인간은 예외적인 존재이다. 오로지 인간만이 자신의 사고가 자신의 몸과 일치하는 '생각하는 몸'이다. 나는 생각한다, 고로 존재한다. 이러한 공리는 인간존재로부터 순수 이성과 그와 동질적인 몸 이외의 다른 차원들을 날카롭게 분리할 뿐만 아니라 평가절하한다.

이와 달리 스피노자는 인간을 그 존재를 보존하려고 노력하는 살아 있는 유기체로 본다. 다른 유한한 양태처럼 인간은 실체의 유한한 한 양태이다. 인간의 본질은 신에 대한 지적인 지식을 얻을 수 있는 능력에 있다. 이러한 주장은 자기모순으로 들린다. 유한한 인간이 무한한 신을 알 수 있다니 말이다. 스피노자는 이러한 자기모순을 인간은 몸(물체)과 마음의 통일체라고 주장함으로써 해결한다. 스피노자는 데카르트의 이원론을 부정한다. 만약 그러한 이원론이 진실이라면, 마음과 몸 간의 관계가 자의적으로 될 수밖에 없다. 스피노자는 마음과 몸이 신의 두 주요 속성이기 때문에 마음과 몸은 하나이며 동일하다고 주장한다(Spinoza, 2000: 114~115). 신은 사고와 연장과 같은 자신의 속성들을 통하여 또 그 안에서 자신을 표현한다. 따라서 물질(연장)과 마음(사고)은 하나의 실체인 신의 속성이다.

인간의 마음은 인간의 몸에 관한 관념이다. 따라서 인간의 마음의 본성은 인간의 몸의 본성에 의존한다. 다른 몸에 비해 인간의 몸은 매우 많은 개별자로 구성되어 있으며, 각각의 몸은 고도로 복합적이다(Spinoza, 2000: 130). 이와 유사하게, 인간 마음의 형상적 존재를 구성하는 관념은 단순하지 않고 매우 다양한 관념으로 구성되어 있다. 인간의 몸은 매우 많은 사물을 지각할 수 있으며, 더 많이 지각하면 할수록 인간의 몸은 더욱 여러 가지 방식으로 사용될 수 있다(Spinoza, 2000: 131). 몸이 다른 몸에 비해 여러 가지 일을 동시에 더 잘할 수 있으면 있을수록, 그 마음 역시 다른 마음보다 여러 가지 일을 동시에 더 잘할 수 있다(Spinoza, 2000: 125). 따라서 인간의 몸과 마음은 복합적이며, 신의 본질은 인간의 몸과 마음과 같이 가장 복합적인 몸과 마음을 통해 또 그 안에서 가장 잘 표현되기 때문에 인간은 신의 영원한 무한한 본질에 관한 지식을 얻을 수 있다.

　방법론적 차원에서 볼 때, 데카르트는 영원한 진리에 관한 선험적 지식의 가능성을 믿는 플라톤주의적 선험론을 되살린다. 이러한 믿음은 우선 발견되어야 할 보편적 진리가 존재한다고 전제한다. 더 나아가 인간은 자연적으로 영원한 진리에 접근할 수 있는 능력을 지닌다고 전제한다. 신은 영원한 진리를 창조하였을 뿐만 아니라, 인간이 그것을 이해할 수 있는 내적인 능력, 즉 '자연의 빛'을 소유하게끔 인간의 마음을 창조하였기 때문이라는 것이다(Descartes, 1970: 231; Osler, 1994: 130). 영원한 진리란 그리스 철학을 빌어서 말하면 제일원리이고, 자연의 빛이란 직관(intuition)이다. "직관은 맑고 주의 깊은 지성의 틀림없는 개념작용으로서, 이것은 이성의 빛으로부터만 온다"(Descartes, 1970: 7). 이는 영원한 진리와 인간의 마음 사이에 필연적인 연계가 존재한다고 가정할 때에만 가능하다. 이러한 주장은 서구의 지식사에서 전혀 새로운 것이 아니다. 다만 새로운 것은, 영원한 진리가 추상적 또는 순수한 수학을 그 특징으로 한다는 주장에 있다. 물리적 현실은 그 본질이 연장인 물질로 이루어져 있기에 근본적으로 그 자체가 수학적이다. 정신적 현실 역시 그 자체로 수학적이다. 신은 인간의 마음이 물리적 세계의 수학적 진리를 이해할 수 있는 내적 능력을 소유하도록 창조하였다. 따라서 영원한 진리와 인간의 마음 간의 연계는 근본적으로 수학적이다. 경험적으로 관찰할 수 있는 사물의 다른 속성은 그 사물의 수학적 본질을 보여주지 않는 한 본질적이지 않다.

하지만 직관으로 모든 것이 끝나는 것은 아니다. 제일원리처럼 그 자체로는 명백하지(evident) 않더라도 확실성(certainty)을 갖고 알려질 수 있는 것이 존재하기 때문이다. 그러한 것은 제일원리로부터 단계를 거쳐 필연적으로 도출되는 것들인데, 여기에 연역(deduction)이 쓰인다 (Descartes, 1970: 8). 하나의 방법으로서 수학은 일차적으로 연역적이다. 수학은 의심할 수 없을 정도로 분명하고 구별되는 주제에 관심을 두기에 확실성과 명확성을 제공한다. 수학은 제일명제로부터 출발하여 필연적인 단계를 거쳐 이 명제를 발전시킨다. 이러한 단계는 절대적으로 확실한 지식의 거대한 추상적인 체계로 나아갈 것이다. 모든 진정한 과학은 수학과 마찬가지로 단순하고 확실한 제일원리에서 출발해야 한다. 체계적인 회의는 제일원리를 달성하는 첫 번째 전략이다. 이 제일원리에서 다른 명제가 필연적으로 나와서 결국에는 절대적으로 확실한 지식의 거대한 추상적인 체계를 수립해야만 한다. 이런 점에서 데카르트는 과학의 통일성, 즉 수학이 인간 탐구의 모든 영역에 보편적으로 적용가능하다는 점을 믿었다.

방법론적으로 스피노자는 데카르트와 그다지 크게 다른 것처럼 보이지 않을 수도 있다. "기하학적 질서에 따라 증명된"이라는 부제가 붙은 『윤리학』에서 스피노자는 유클리드처럼 자신의 작업을 '정의'(defi-nitions)와 '공리'(axioms)에서 시작하여 엄밀한 논리적 연역을 통해 수많은 '명제'(propositions)를 끌어낸다. 따라서 어떤 학자들은 스피노자의 방법을 수학적 연역으로 해석한다. 하지만 제일원리에 관한 한 수학적 연역과 스피노자의 연역에는 근본적인 차이가 존재한다. 데카르트에게 있어 제일원리는 '추상적 보편성'이라면, 스피노자에게 있어 그것은 '구체적 보편성', 즉 신이다. 『윤리학』 1장에 맨처음에서 스피노자는 신을 다음과 같이 정의한다. "나는 신을 절대적으로 무한한 존재로, 즉 무한히 많은 속성으로 구성된 실체로 이해한다. 그런데 이 속성들 각각은 영원하고 무한한 어떤 본질을 표현한다"(Spinoza, 2000: 75). 제일원리로서의 신은 단순한 원자적 공리가 아니라 무한한 전체로서 그것으로부터 다른 명제들이 필연적으로 나온다. 스피노자의 방법은 전통적인 논리학의 선형적인 형식적 연역이 아니라, 하나의 체계적인 전체의 구조적 함의의 신비스러운 변증법적 발전이다(Harris, 1995: 13). 연역의 전체적 발전은 이미 출발부터 함축되어 있는데, 그 이유는 제일원리로서의 신은 다른 모든 존재들을 필연적으로 낳는 전체이기 때문이다.

스피노자는 이러한 연역적이고 무오류의 과학이 곧 모든 실험을 필요 없게 만들 것이고 그래서 경험에 대한 호소를 없앨 것이라 믿었다. 이러한 의기양양한 낙관주의는 합리주의의 핵심적인 주장, 즉 관념들의 질서와 연계는 사물들의 질서와 연계와 같다는 교의에 터하고 있다(Spinoza, 2000: 290). 인간은 사고의 속성 하에서 또는 연장의 속성 하에서 실체를 인식할 수 있을 것이며, 두 경우 모두에서 동일한 질서를 발견하게 될 것이다. 신은 사고와 연장을 통해서 그리고 그 안에서 자신을 표현하기 때문이다. 따라서 스피노자는 한 명제의 진리를 그것이 사실과 상응하느냐의 여부를 통해 따지지 않았다. 오히려 그 명제가 자신이 속한 언설의 전체 체계와 일관성을 가지느냐를 분석함으로써 그 진리의 값을 논했다. 모든 작용이나 반작용이 우주 전체구조와의 관계를 통해서만 완전히 설명될 수 있듯이, 모든 명제는 언설의 전체체계와의 관련을 통해서만 완전히 설명될 수 있다. 따라서 진리는 오류의 가능성이 있는 감각경험의 증거에 의존할 필요가 없다.

역사의 방향에 대해 데카르트는 역사는 도구적 지식을 통해 자연을 정복하고 소유하는 진보적 과정이라고 믿었다. 데카르트는 우주는 완벽하기에 어떤 최종적인 목적지를 향해 움직인다고 보지는 않았다. 오히려 우주가 영원한 수학적 법칙을 따라 합리적으로 작동하고 있다고 믿었다. 하지만 인간사회는 이와 달리 우주의 영원한 수학적 진리를 알고 이를 인간의 복지를 위해 통제할 경우에만 발전할 수 있다고 믿었다. 자연에 대한 실제적인 지식은 인간을 자연의 소유자요 주인으로 만들어 줄 것이다(Descartes, 1970: 199). 이러한 시간관은 일원론적 윤리학으로 이어진다. 시공간을 넘어 타당한 보편적 윤리가 존재한다. 데카르트는 인간은 지식의 거대 체계를 완성한 연후라야 보편적 윤리를 획득할 수 있다고 믿었다. 가장 고귀하고 완벽한 도덕체계는 여타 과학에 대한 완벽한 지식을 전제하기에 궁극적 차원의 지혜이다(Morgan, 1994: 2). 만약 진정한 지식을 원한다면, 지식의 물체적 측면을 반드시 제거해야만 한다. 그것은 확실하지 않기 때문이다. 이러한 생각은 마음이 몸을 통제해야 한다는 주장으로 나아간다. 제일의 자명한 공리로부터 수학적 연역을 통해 지식의 거대체계를 완성하게 된다면, 일상의 도덕적 문제는 저절로 해소될 것이다. 정치적으로 볼 때, 이는 현상태(status quo)를 영원히 유지하려는 보수주의와 연결된다. 우주가 자기조절적인 완벽한 체계인 것처럼, 사회는 자기조절적인 완벽한 체계가 되어야만 한다. 자연의 영원한 수학적 법칙이 구조적 유형을 항상성으로 유지하기 위해 부분들을 조절하듯이, 사회의 영원한 수학적 법칙은 사회의 구조적 유형을 항상성으로 유지하기 위해 개인들을 조절해야만 한다. 사회의 항상성 또는 완벽성은 소수의 과학자들이 영원한 수학적 법칙을 완벽하게 파악하여 이를 사회에 적용할 때에만 가능하다. 이렇듯 데카르트적 보수주의는 엘리트적 공학주의와 긴밀히 연결되어 있다.

데카르트와 달리 스피노자는 세상 끝날의 최종적인 승리 때까지 천국을 건설하려는 신의 계획의 전개라는 전통적인 역사관을 보존했다. 하지만 전통적인 역사관과 달리, 인간의 이성이 인간 본질의 실현인 역사 드라마를 이끌어간다. 인간의 이성에 신이 내재하기 때문이다. 그런 점에서 이 드라마는 인간 이성의 영역 안에서 이루어진다. 이러한 시간 개념 역시 일원론적 윤리학을 낳는다. "이성의 안내를 따라 사는 한 인간은 항상 필연적으로 자연에 일치한다"(Spinoza, 2000: 249). "그 자신을 보존하려는 노력은 덕성의 제일의 그리고 유일한 기반이다"(Spinoza, 2000: 242). 인간의 경우 덕성에 따라 절대적으로 산다는 것은 이성의 안내를 따라 행동하고, 살고, 자신의 존재를 보존하는 것이다(Spinoza, 2000: 243). 이러한 주장은 모든 인간은 하나의 동일한 본성을 공유한다는 것을 전제한다. 이런 전제에서만 모든 인간이 자신을 이롭게 하기 위해서는 다른 사람에게도 이롭게 되어야 한다는 주장이 나올 수 있다. 정치적으로 볼 때, 스피노자의 합리주의는 일종의 중앙집중적 전체주의로 나아갈 수 있다. 스피노자는 전체보다 논리적으로 선행하고 존재론적으로 독립적인 요소들의 집합으로 전체를 보지 않았다. 오히려 그 반대로 전체가 요소보다 논리적으로 선행하고 존재론적으로 독립적이다. 전체가 부분에 선행하고 그 구조가 모든 부분에 내재하듯이, 전체로서의 사회는 개인보다 선행하고 사회구조의 원리는 모든 개인에 내재하고 있다. 이 때문에 전체의 대표인 국가는 개인들을 통제하여 사회 전체를 위해 복무하도록 만들어야만 한다(Harris, 1995: 122).

경험과학으로서의 경험주의적 계몽주의

경험주의적 계몽주의는 기독교의 지배로 오랫동안 잊힌 고대 그리스의 경험과학적 전통을 되살렸다(Vitzthum, 1995). 경험주의적 계몽주의는 베이컨(Bacon), 홉스(Hobbes), 로크(Locke), 그리고 영국과 스코틀랜드의 감각주의자들에게서 그 발전의 씨앗이 보인다. 하지만 실제로 경험주의적 계몽주의는 디드로(Diderot), 라메트리(La Mettrie), 헬베시우스(Helvetius)와 홀바흐(d'Holbach) 같은 프랑스 물질론자에 의해 활짝 꽃을 피웠다.4) 반복해서 말하면, 뉴턴의 수학적 물리학에서 합리주의적 계몽

....

4) 이 글에서는 프랑스 물질론자, 그 중에서도 홀바흐를 경험주의적 계몽주의의 대표자로 간주할 것이다. 누군가는 인간 이성의 능력이 동물보다 우월하다는 것을 강조하면서도 이성의 능력을 과신하지 않도록 경고한 영국의 경험론자 존 로크 대신에 프랑스의 과격한 유물론자 홀바흐를 대표자로 내세우는지 이해하기 힘들다고 말할 수 있다. 극단을 싫어하고 관용의 정신을 강조하는, 로크로 대표되는 영국의 경험적 전통이야말로 현대성의 본류이며, 홀바흐로 대표되는 프랑스 물질론은 지극히 프랑스적인 현상에 불과하기에 현대성의 지류에 불과하다고 불만을 표시할 수 있다. 나는 관용의 정신은 도덕학의 기본 특성이며, 이는 경험주의적 계몽주의에서보다 르네상스 휴머니즘과 대항계몽주의에서 전형적으로 나타난다고 본다. 물론 원자적 개인들의 무한한 인과연쇄라는 시장사회를 철학적으로 뒷받침한 경험주의 역시 자유주의 정신을 가지고 있는 것이지만, 그 자유주의는 뉴턴적 수학적 물리학이 보여주듯 보편법칙을 따라 움직이는 원자적 개인들의 자유이다. 현대세계의 이념형적 시장사회는 이렇듯 보편법칙을 따라 움직이는 원자적 개인들의 '자유로운' 세상이지만, 실제로는 푸코(Facualt, 1977)가 잘 보여주었듯이 극단적인 '통제의' 세계로 나타났다. 그렇다고 경험주의적 계몽주의가 가져온 자유주의를 폄하할 생각은 조금도 없다. 하지만 원자적 개인이 누릴 수 있는 자유는 보편법칙을 따르도록 훈육(discipline)되어야만 가능하다는 점에서, 경험주의적 계몽주의는 동질화와 표준화를 낳을 수밖에 없다는 점을 지적하고 싶다. 이 점에서 경험주의적 계몽주의는 보편주의적 일원론을 주창하는 합리주의적 계몽주의와 짝을 이룬다. 경험주의적 계몽주의는 또 그 극단으로 가면 미학의 세계로 전화한다. 홀바흐야말로 이러한 전이를 보여줄 수 있는 대표적인 인물이라 본다. 앞으로 논의를 통해 드러나겠지만, 홀바흐로 대표되는 물질론은 사드로 대표되는 미학과 밀접하게 연관되어 있다. 후자는 전자의 극단일 뿐이다. 신자유주의가 낳은 극단적인 계급 양분화와 극도의 착취가

주의가 세계의 수학적 성격을 강조했다면 경험주의적 계몽주의는 물리적 성격을 특화했다. 18세기 후반 프랑스만큼 물질론이 번창한 곳은 없었다(Lange, 1950: 92). 신의 문제에 대해 경험주의적 계몽주의는 온건한 무신론적 입장을 취한다. 만약 신이 존재한다면, 그 신은 의인화된 기독교적 신이 아니라 데카르트적 동인(efficient cause)이거나 뉴턴적인 수학적 신이다. 경험주의적 계몽주의는 무신론을 극단으로까지 몰고 가지 않았는데, 만약 그렇게 한다면 우주 전체가 그 안에서 아무 일이나 벌어지는 불합리한 것이 될 것이기 때문이다. 경험주의적 계몽주의는 제일원인의 문제는 옆으로 밀어두고 최종원인의 문제는 제거했다. 합리주의적 계몽주의와 마찬가지로, 경험주의적 계몽주의도 우주가 합리적으로 작동하고 있다고 믿은 것이다. 이런 점에서 경험주의적 계몽주의는 경험과학의 17, 18세기 버전이라 할 수 있다.

존재론적으로 경험주의적 계몽주의는 영혼과 물질이라는 전통적인 이원론을 부정하고, 존재하는 것은 오로지 물질과 운동뿐이라고 주장했다. 홀바흐에 따르면 실재의 전체는 운동하는 물질일 뿐이다. 물질은 외적 행위자에 의해 창조된 것이 아니라, 스스로 존재한다. 물질은 처음부터 존재해 왔으며, 결코 존재하기를 멈추지 않을 것이다. 비록 물질은 영원하다 하지만, 그 현상과 형식은 시작과 끝을 가진다. 홀바흐는 물질이 공기, 불, 흙, 물과 같은 원초적 요소로 구성된다고 주장했다. 인간은 이러한 네 요소의 본질을 직접적으로 알 수 있는 능력을 지니고 있지 않다. 그럼에도 인간은 자신의 감각에 그 요소가 어떤 영향을 미

자유주의 아래에서 원자적 개인주의가 누린 자유의 극단인 것과 마찬가지다. 현재 우리는 전지구적 자본주의의 발달을 통해 홀바흐의 자유주의 세계가 사드의 미학의 세계로 넘어가고 있음을 목격하고 있지 않은가.

치는가 살펴봄으로써 그 속성을 파악할 수 있다. 이 요소는 연장, 이동, 가분성, 고체성, 중량, 비활성 등의 속성을 지니고 있어 인간에게 감각적 경험을 가능하게 만들기 때문이다(Holbach, 2001: 21; Pecharroman, 1977: 31~32). 이러한 의미에서 물질은 우리의 감각에 영향을 끼친다. 이러한 틀에서는 인간이 감각적 지식을 가지지 않는 대상은 존재하지 않는다. 감각적 지식을 가지는 대상은 모두 물질적이다. 정신은 존재하지 않는다. 만약 정신이 존재한다면, 그것 역시 물질적이다. 따라서 만물은 위의 네 요소의 다양한 배열과 조합을 통해 설명할 수 있다. 물질의 요소는 지속적인 상호운동의 상태에 놓여있기에 이러한 배열과 조합은 무한한 것처럼 보인다. 하지만 물질의 요소는 인력(attraction)과 척력(repulsion)의 보편법칙을 따라 기계적으로 운동한다. 홀바흐는 다음과 같이 주장한다. "우주에는 모든 사물이 연결되어 있다. 우주는 그 자체가 원인과 결과의 광대한 연쇄이며, 이는 쉬지 않고 하나에서 다른 하나로 흘러간다"(Holbach, 2001: 32~33; Vitzthum, 1995: 69). 원인이 없는 결과는 존재하지 않는다. 그렇다면 이 세계에 존재하는 그 많은 우연(chance)은 무엇이란 말인가? 그것은 우리가 현재 그 결과를 낳은 원인을 볼 수 없어서 나오는 무지의 개념일 뿐이다(Holbach, 2001: 39~40). 경험주의적 계몽주의는 이러한 존재론을 사회에 적용한다. 사회는 철의 인과성에 의해 지배되는 기계가 된다. 그런 점에서 기독교의 의인화된 신에 의해 움직이는 유기적 전체라는 사회관과 결정적인 단절을 이루었다고 할 수 있다. 경험주의적 계몽주의는 물질을 움직이게 만든 동인을 필요로 하지 않는다. 물질은 그 안에 내재하는 그 자신만의 독특한 에너지에 의해 움직인다. 만물은 부단한 인과의 계기를 통해 기계적으로 결정된다(Randall, 1954: 274).

이러한 존재론을 인간에게 적용한다면, 마음과 몸의 전통적인 이원론은 '운동 중인 물질'(matter in motion)이라는 일원론으로 대체된다. 경험주의적 계몽주의는 마음이 스스로 자신의 관념을 산출할 수 있다는 데카르트의 주장을 거부하였을 뿐만 아니라, 감각 자료를 인간만의 독특한 방식으로 사용할 수 있는 내적 구조를 가진다는 견해도 받아들이지 않았다(Holbach, 2001: 83~97). 따라서 인간은 자연세계에서 더는 예외적인 존재가 아니다. "인간은 그 자신이 자연에서 특권화된 존재라 믿을 하등의 이유가 없다. 인간 역시 자연이 만든 다른 생산물과 똑같이 동일한 변화에 지배를 받기 때문이다. 특권을 가졌다고 가장하는 것 자체가 인간 오류의 토대이다"(Holbach, 2001: 51). 홀바흐는 정신활동을 감각작용과 기억의 능력으로 환원시킨다. 그 결과 물질적 기관들의 기계적 과정으로 되어버린다(Crocker, 1959: 117). 따라서 영혼의 존재가 부정된다. 영혼은 단지 두뇌의 한 활동일 뿐이다. 영혼은 태어날 때 주어지지 않고 경험을 통해 형성된다. "영혼은 몸과 마찬가지로 동일한 변화를 겪을 수밖에 없다. 영혼은 태어나서 그와 함께 그 자신을 확장한다. 몸과 마찬가지로 영혼은 어린아이의 상태, 허약함의 시기, 무경험의 계절을 통과한다. 몸과 마찬가지로 영혼은 성인의 나이, 즉 성숙에 다다른다. 그 다음 영혼은 특정한 기능을 수행할 수 있는 능력을 획득하고, 이성을 즐기며, 어느 정도 기지, 판단, 인간적 활동을 보여준다"(Holbach, 2001: 53). 몸과 영혼은 죽음과 함께 끝나는 분리불가능한 물질적 통일체다. 영혼의 본질로 간주된 이성 역시 마찬가지다. 이성도 태어날 때 선험적으로 주어지는 것이 아니라 경험을 통해 형성된다. 경험 없이는 이성이 있을 수 없다(Holbach, 2001: 55~56; Randall, 1954: 265). 따라서 인간은 본질적으로 자신의 물질적 환경에 의존하며, 그것과 함게 변화할 수밖에 없다. 인간은 물질적 과정이자 자연의 한 부분이기에 환경이 변하면 그 역시 변하지 않을 도리가 없기 때문이다. 살아남기 위해 인간은 변화하는 환경에 적응하여 자신 역시 변해야 한다 (Pecharroman, 1977: 65).

경험주의적 계몽주의가 지닌 방법론의 가장 큰 특징은 물질의 운동을 야기하는 '제일원인'을 찾으려고 노력해야 할 필요가 없다는 점이다. 운동은 생성과 파괴라는 포괄적이며 영원한 순환을 형성하기에 시작도 끝도 없기 때문이다. 따라서 물질의 운동을 설명하기 위해서 데카르트적 외부 행위자가 필요 없다. 운동은 물질 그 자체의 속성에서 나오기 때문이다(Holbach, 2001: 21). 운동 중인 물질은 우리 감각에 작용하기에 우리는 그것을 경험적으로 알 수 있다. "물질만이 우리의 감각에 작용할 수 있다. 이러한 작용이 없다면 그 어떤 것도 그 자신을 우리에게 알려지게 할 수 없을 것이다"(Holbach, 2001: 52). 그리고 속성은 한 물질의 본질을 형성하기에 우리의 감각에 나타나는 물질의 운동을 파악함으로써 그것의 본질을 정신적으로 구성할 수 있다(Pecharroman, 1977: 34~35). 그렇게 하기 위해서는 감각에 드러나는 현상을 단순한 용어로 환원해야 한다. 모든 현상이 단계적으로 더욱 단순한 현상으로 그리고 최종적으로 가장 단순한 원자로 환원되는 것과 마찬가지로, 경험적 현상에 대한 모든 명제는 단계적으로 더욱 단순한 명제로 그리고 최종적으로는 원자에 대한 가장 단순한 명제로 환원될 것이다. 경험주의적 계몽주의는 감각작용을 지식의 제일원천이라 믿었다. "존재의 매 순간 인간은 경험을 끌어모은다. 그가 가진 모든 감각은 그의 뇌에 사실을 저장하여 관념을 제공하고, 그의 기억은 어느 정도 충실하게 이 관념을 되살려낼 수 있다. 이러한 사실들은 서로 연결되고, 이러한 관념들은 서로 연합되며, 그들의 연쇄는 경험과 과학을 구성한다. 지식은 반복되는 경험으로부터 나오는 의식으로서, 한 대상이 우리 자신들이나 타인들 속에서 생산할 수 있는 정확한 감각, 관념, 효과로 이루어져 있다. 모든 과학은 진리에 기반해야만 한다. 진리 그 자체는 우리 감각의 항상적이고 충실한 관계에 의존한다"(Holbach, 2001: 69). 하지만 이 관계가 확실하다는 것을 어떻게 알 수 있는가? 만약 우리의 감각이 교란되어 그 관계를 분명하게 알 수 없으면 어떻게 할 것인가? "인간에게 그의 첫 개념의 오류를 수정하게 해 주는 것은 다중화되고, 다양하며, 반복적인 경험뿐이다"(Holbach, 2001: 69). 진리는 경험을 통하지 않고서는 결코 파악될 수 없고, 따라서 제일원리로부터 연역적인 추론을 하는 것은 충분하지 못하다. 실제로 물질의 운동이 어떤 행로를 취할지 우리는 사전에 결정할 수 없기 때문이다(Randall, 1954: 265).

역사의 방향에 관해 경험주의적 계몽주의는 세속화된 진보주의를 주창한다. 자연은 인간을 발가벗은 궁핍한 상태로 이 세상에 내보냈다. 하지만 인간은 곧 이러한 발가벗음과 궁핍함에서 벗어나는 법을 배우게 되고 갈수록 문명화를 향해 진보해 왔다. 진보는 더 많은 경험을 쌓아가는 과정이며, 이를 통해 수많은 새로운 욕구를 창조하고 이것을 충족시킬 수많은 방법을 발견해냈다. 하지만 이 과정은 결코 목적론적인 것이 아니다. 왜냐하면, 인간이 자신의 존재를 조절하게 되는 이 모든 단계는 원인과 결과의 장기간의 연속 때문이고, 이는 자연이 인간에게 부여한 첫 번째 충동의 발전과정과 다르지 않다(Holbach, 2001: 11). 이러한 기계론적 발전관은 몇 가지 독특한 특징을 보여준다. 우선 테크놀로지와 과학의 축적적 성장 그 자체가 진보로 여겨진다. 둘째, 저 세상 지향적인 진보주의라기보다는 이 세상 중심적인 진보주의의 성격을 지닌다. 세계를 움직이는 추동력은 인간이지 신이 아니다. 낙원은 신이 만들어 놓은 과거 세계에 있는 것이 아니라 인간이 지금 만들고 있는 미래 세계에 있을 것이다. 인간은 자신의 운명을 통제할 수 있을 것이고, 자신이 원하는 법칙을 만들 수 있을 뿐만 아니라, 영원히 자유롭고 현명하며 합리적일 것이다(Berlin, 1976: 76). 마지막으로, 과학은 초문화적인, 즉 보편적인 성격을 지닌다. 과학적 지식은 이를 처음 시작한 서구인들에게만 해당하는 독점적인 비밀이 아니라 필요한 훈련을 받는 모든 사람에게 열려 있을 것이다. 따라서 과학적 지식과 테크놀로지의 초문화적 확산이 진보로 간주된다.

　　이러한 진보주의적 시간관은 세속적 쾌락주의라는 도덕적 함의를 지닌다. 영혼은 존재하지 않는 것으로 여겨지기에 불멸이라는 개념은 소멸한다. 몸의 죽음과 함께 두뇌의 한 활동에 불과한 영혼도 역시 사라진다. 이는 사후의 보상을 위해 육체적 욕망을 정신적으로 통제해야 한다고 가르치는 기독교적 도덕성과 근본적으로 단절한다는 것을 의미한다. 이러한 단절은 다음과 같은 곤란한 질문과 마주친다. "사후에 천국의 보상이 없다면, 무엇이 남는다는 말인가? 왜 인간은 자신을 부정해야만 하는가? 이 세상에도 저 세상에도 보상이 없다면 진리와 정의를 위해 왜 박해를 감수해야 한단 말인가?"(Becker, 1963: 148) 오로지 물질만이 존재하는 세계에서 인간이 현세 내부에서 행복을 추구하게 된다는 것은 결코 놀라운 일이 아니다. 인간은 그 역시 물질의 운동이기에 운동의 일반법칙을 따를 것을 요구받는다. 모든 물질이 그 자신을 물질로 유지하기 위해 부단히 운동하듯이 인간 역시 그 자신을 물질로 유지하기 위해 끊임없이 운동하는 것이 자연적이다. 이런 점에서 자신을 보존하려는 인간의 욕망은 자연적이다. 홀바흐가 인간의 자기애

(self-love)를 선과 등치한 이유가 여기에 있다. "모든 에너지, 모든 힘, 존재의 모든 능력은 지속적으로 보존이라는 공동의 지점을 지향하고 있다. 자연철학자들은 이러한 지향 또는 경향을 자기-인력(self-grav-itation)이라 부른다. 뉴턴은 이를 힘(force)이라 부른다. 도덕주의자들은 이것을 인간의 경우에는 자기애라 부른다. 자기애는 자기 자신을 보존하려는 경향 이외에 아무 것도 아니다"(Holbach, 2001: 32). 인간은 단순히 물질이기 때문에 그의 자기애는 항상 물질적이다. 이런 틀에서 볼 때, "가장 행복한 인간은 최소한의 물질적인 필요를 가진 인간 그리고 자신이 가진 필요를 충족시킬 수 있는 능력을 지닌 인간이다"(Pecharroman, 1977: 92). 여기서 우리는 세속적 쾌락주의가 공리주의로 직접적으로 연결되는 것을 본다. 공리주의에 따르면, 모든 인간은 쾌락을 좋아하고 고통을 싫어한다. 따라서 인간은 쾌락을 극대화하려 하고 고통을 최소화하려고 한다. 공리주의의 창시자격인 제레미 벤담의 말을 들어보자. "자연은 인간을 고통과 쾌락이라는 두 지배자의 통치 아래 놓아두었다. 그것들만이 우리가 무엇을 해야만 하는지 알려주고, 그리고 무엇을 하게 될 것인가를 결정한다"(Gordon, 1991: 251에서 재인용).

이는 정치적으로 다음과 같은 자유주의로 이어진다. 세상에 수학적으로 그리고 엄밀하게 동일한 두 존재, 두 조합이 존재하지 않는 것과 마찬가지로, 인간존재에게 명확하게 동일한 특질을 지니는 두 개인은 있을 수 없다. 모든 개인은 아무리 유사성을 많이 지닌 것처럼 보여도 육체적, 정신적, 지적인 면에서 그 존재 자체만의 독특한 성격을 지닌 유일자다. 이러한 독특성이 각 개인 사이에 불평등을 만들고, 이 불평등이 있기에 역설적으로 상대방을 필요로 한다. 이것이 없다면, 인간은 혼자 살 것이다(Holbach, 2001: 64). 인간의 목적은 자신을 보존하는 것이고 또 행복하게 사는 것이다. 인간은 경험을 통해, 그리고 경험을 통해 획득된 이성을 통해, 자신과 어울려 있는 사람들이 자신의 생존과 행복에 필수적이라는 것을 배우게 된다. 이러한 생각은 당대 혁명적인 사고인 부르주아 민주주의를 함의한다. 여기에서 모든 부르주아 개인은 중세의 온갖 제도가 훼손한 자신의 자연권인 자유를 즐길 것이다. 민주주의는 보편권의 담지자인 단일의 보편적인 합리적 행위자라는 본질주의적 개념에 토대를 두고 있다. 홀바흐에서 보듯이, 경험주의적 계몽주의는 인간의 자연권을 자연법의 토대 위에서 정당화했다. 자연법은 자연이 모든 살아 있는 피조물에 부과한 법이다. 인간에게 부과된 자연법은 자신의 쾌락을 극대화하고 고통을 최소화하게끔 행동한다는 공리주의 원리이다. 모든 개별적 인간은 보편적인 이성, 즉 공리를 계산할 수 있는 능력을 지니기 때문에 도덕적으로 행동한다. 이러한 인간은 무엇보다도 상인이다. 사회적 차원에서 볼 때, 자연권은 그것과 조화되는 제도를 필요로 한다. 만약 자연권에 부합하지 않는 제도가 있다면 그 제도는 개인의 자연권과 조화되도록 새롭게 재구성되어야만 한다 (Schwendinger and Schwendinger, 1974: 12). 제도는 상인이 공리를 극대화할 수 있는 최적의 기회를 제공해야만 하는데, 상인의 자연권과 가장 잘 조화를 이루는 제도는 시장이다.5)

---

5) 이러한 시각은 당시로는 엄청나게 진보적인 견해였다. 교회와 절대왕정과 같은 전통적 제도들이 가하는 구속에서 해방되기를 추구한 것이기 때문이다. 원자적 물리학의 세계를 강조하는 경험주의적 계몽주의가 득세하고서야 비로소 서구에서 자유주의가 꽃피울 수 있었다. 19세기 방임주의적 자유주의는 이러한 경험주의적 계몽주의의 한 극단적 발전이라 할 수 있다. 적자생존이라는 사회적 다원주의와 결합한 방임주의적 자유주의는 시장의 신화를 적극적으로 퍼트렸다. 20세기의 조합적 자유주의(corporate liberalism)에 와서야 경제적 삶을 정치적으로 조절할 필요가 있음이 인식되었다.

도덕학으로서의 대항계몽주의

　나는 대항계몽주의를 뉴턴의 수학적 물리학을 사회세계에 적용하는 것을 반대하고, 사회세계의 고유한 맥락적 법칙을 찾으려는 17, 18세기 서구 철학자의 노력으로 정의한다. 대항계몽주의는 우선 인간의 영역을 자연의 영역과 구분한다는 점에서 계몽주의와 결정적인 차이를 보인다. 대항계몽주의는 멀리는 고대 그리스의 도덕학적 전통을, 가깝게는 르네상스 휴머니즘을 되살림으로써 자연세계와 구분되는 사회세계의 독특성을 보존하려고 했다. 대항계몽주의는 비코(Vico)에 기원을 두고, 하만(Hamann)과 헤르더(Herder)와 같은 낭만주의의 아버지를 통해 발전했다.[6] 나는 사이드만(Seidman, 1983)과 달리 드 보나드(De Bonard)와 메이스터(Maistre)와 같은 프랑스 보수주의자를 대항계몽주의의 대표자로 여기지 않는다. 이들도 역시 뉴턴의 수학적 물리학을 사회세계에 적용하는 것을 반대하였고, 사회학사를 쓴 여러 학자가 보여주었듯이 사회학의 형성에 도움을 준 것은 사실이다. 하지만 보수주의는 대항계몽주의의 주류는 아니었다. 보수주의는 계몽주의를 보완한다기보다는 절대적으로 반대하고 오히려 과거의 질서를 되살리고자 했다(Zeitlin, 1990: 43~55). 독일의 후기 낭만주의자도 역시 대항계몽주의의 대표로부터 제외된다. 그들은 초기 낭만주의자와 그 성격이 완전히 다르다. 독일의 후기 낭만주의자는 나폴레옹의 프랑스 군대에 의해 독일이 군사적으로 병합당하는 치욕을 당한 이후, 애국주의, 반동주의, 비합리주의로 돌아

---

6) 대항계몽주의에 대한 이러한 입장은 주로 벌린(Berlin, 1979)을 따르는 것이다. 비코와 헤르더에 관해서는 벌린(Berlin, 1976), 하만에 관해서는 벌린(Berlin, 1993), 그리고 낭만주의에 관해서는 벌린(Berlin, 1999)을 보면 좋다.

선다(Saiedi, 1993).[7]

나는 벌린을 따라 대항계몽주의의 선구적 인물을 비코로 본다.[8] 비코는 인간은 외부 자연의 세계를 자신이 창조하지 않았기 때문에 이해할 수 없다고 주장했다. 인간은 오로지 자신이 창조한 것만을 이해할 수 있다. "자연세계를 창조한 것은 신이기 때문에 신만이 그것을 알 수 있다. 철학자들은 여러 민족의 세계 또는 시민 세계에 관한 연구를 무시해왔다. 이 세계는 인간이 만들었기 때문에 인간만이 알 수 있다"(Vico, 1968: 96). 단순한 관찰자는 자신이 창조하지 않은 것을 이해할 수 없다. 자신이 창조하지 않은 것에 대해 인간이 할 수 있는 것이라곤 관찰하고 해석하는 일이 고작이다. 오로지 신만이 자연을 완전히 이해할 수 있다. 그가 자연을 창조하였기 때문이다. 비코의 말을 들어보자.

아득한 태고의 원시시대를 덮고 있는 짙은 어둠 속에서 사라지

지 않는 영원한 빛이 반짝이고 있다. 그것은 누구도 의심할 수 없

---

7) 누군가는 대항계몽주의라 칭한 비코와 도덕학적 경향을 가진 초기 낭만주의를 새로 출현하는 질서보다는 다양성이 난립하던 중세의 봉건적 정치질서를 그리워하는 반동적 조류로 평가할 수 있다. 나는 이러한 반동적 조류는 비코와 도덕학적 경향을 지닌 낭만주의에서보다는 프랑스 혁명에 반대한 보수주의자들과 후기 낭만주의에서 전형적으로 나타난다고 본다. 때문에 이들을 비코로 대표되는 대항계몽주의와 구분하는 것이다. 물론 비코의 저작에 기독교의 하나님의 섭리를 옹호하는 입장이 광범하게 나타나는 것은 사실이다. 비코는 말할 것도 없고, 진보적이라고 하는 계몽주의자들마저 모두 기독교 신자였음을 잊어서는 안 된다. 비코의 섭리는, 당대의 언어를 빌려 하나님의 섭리로 표현되었지만, 사실은 인간이 선대가 만들어 놓은 역사적 유형 안에서 자유로운 의지로 만든 인위적 문화 논리라는 것이 반드시 강조되어야 한다.

8) 물론 비코가 하만, 헤르더, 초기 낭만주의자들에게 직접적인 지적 영향을 끼친 증거는 많지 않다. 하지만 비코의 입장은 이미 광범하게 퍼져 있었고, 하만, 헤르더, 초기 낭만주의자들은 자신들의 입장이 비코의 입장과 유사하다는 점을 잘 알고 있었다. 19세기에 이르면, 비코는 독일, 영국, 프랑스, 그리고 더 나아가 유럽 곳곳으로 그 지적 영향력을 넓혀갔다(Berlin, 1976: 90~98; Burke, 1985).

는 진리의 빛이다. 시민사회의 세계는 분명 인간이 만든 것이므로 그 원리는 우리 인간 정신 자체의 변화 양태 안에서 찾아져야 한다. 이 점을 고려하는 사람이라면 누구든지 철학자들이 신이 만든, 그래서 신만이 알 수 있는 자연 세계에 관한 연구에 모든 에너지를 쏟았어야 했다는 사실에 놀라지 않을 수 없을 것이다. 또한 철학자들이 인간이 만들었고 그래서 인간이 알 수 있는 민족들의 세계, 즉 시민세계에 대한 연구를 무시해왔다는 사실에 놀라움을 표할 것이다(Vico, 1968: 96).

대항계몽주의는 신의 존재와 본질에 관해 불가지론적 견해를 밝힌다. 신은 인간의 능력의 범위를 벗어난다고 보았기 때문이다. 인간은 자신이 만든 사회세계만을 이해할 수 있다. 이런 방식으로 대항계몽주의는 관심의 초점을 신과 물리적 자연에서 인간사회로 옮겨놓았다. 이런 점에서 비코로 대표되는 대항계몽주의는 도덕학의 17, 18세기 버전이라 할 수 있다.

사회의 존재론적 차원이라는 면에서 볼 때, 대항계몽주의는 사회를 전체구조로 보는 전통적인 아리스토텔레스적 유기적 세계관을 보존하고 수정함으로써 기계적인 세계관에 균형감을 주려고 했다. 첫째, 전통적인 유기적 세계관에서는 모든 존재가 단 하나의 지극한 존재로 향해 질서정연하게 위계화된 것으로 그려진다. 이에 대해 대항계몽주의는 창조자의 섭리보다 모든 제도에 그 고유의 기능을 부과하는 인위적 문화논리를 강조한다. 그렇다고 대항계몽주의가 섭리를 완전히 내버리는 물질주의는 아니었다. 사실 비코는 섭리 개념을 버리는 대신 수정했다. 지금까지 철학자들은 자연질서를 통해서만 신의 섭리를 파악하고자 했기 때문에 그 일부분밖에 파악할 수 없었지만, 이제는 인간이 사회적 존재라는 보다 특질적인 인간본성을 매개로 신의 섭리를 파악하고자 한 것이다(Vico, 1968: 3). 비코는 인간이 역사적 사실을 역사적으로 재구성하기 전까지는 창조자의 성스러운 섭리를 알 도리가 없다고 주장했다. 이러한 재구성은 인간의 일상생활과 활동에 관한 이야기다. 이 이야기만이 인간이 현재 어떠한지, 그리고 과거에 어떠했으며, 또 미래에 어떠할지를 결정하는 유형을 보여준다(Berlin, 1976: 73).

둘째, 전통적인 유기적 세계관은 사회를 인간의 참여와 상관없이 존재하는 실체로 보는 경향이 있다. 하지만 대항계몽주의는 사회를 인간이 만든 문화공동체로 본다. 이 속에서 사람들은 같은 언어를 말하고, 같은 토양에서 살며, 같은 습관, 공동의 과거와 기억을 소유한다. 이런 점에서 인간은 허공에서 사회를 창조한 것이 아니다. 오히려 선대가 만든 역사적 유형에 터하여 사회를 창조한다. 그렇다고 이러한 역사적 유형이 항상 인간의 의도적 행위의 결과물인 것은 아니다. 선대가 설정해 놓은 한계 '내에서' 자유롭게 행위하므로 의도하지 않은 결과로 역사적 유형이 만들어질 수 있다. 한계가 있음에도 선택을 위한 공간이 존재하기에 모든 것이 항상 예측가능한 것은 아니기 때문이다(Vico, 1968: 425). 대항계몽주의는 당시에 벌어지고 있는 구조적 대변형이 구래의 인간이 만든 문화 논리를 해체하고 있지만 아직 새로운 문화 논리를 만들 충분한 시간을 인간에게 제공하고 있지 않다고 보았다. 이런 점에서 대항계몽주의는 당대를 구문화 논리에서 신문화 논리로 변화하는 전환기로 보았다.

인간의 존재론적 차원에서도 대항계몽주의는 인간을 문화공동체에 참여하는 문화적 존재로 보았다. 대항계몽주의는 전통적인 제도의 구조적 변화가 사람들에게 미치는 부정적인 효과에 주목했다. 경험주의적 계몽주의와 마찬가지로 대항계몽주의는 인간이 점점 원자적인 기계적 물질로 변화하고 있다고 보았다. 하지만 경험주의적 계몽주의와 달리 이것을 개인의 자유와 자율성을 획득하는 과정으로 보지 않고 탈인간화와 소외의 과정으로 보았다. 이러한 부정적인 견해는 대항계몽주의가 인간존재를 전체적 존재로 보는 르네상스 휴머니즘의 이상을 보존하였기 때문에 나온 것이다. 비코는 인간이 사회를 창조함으로써 자신을 창조한다고 말함으로써 이러한 입장을 세속적 입장으로 번역했다. 인간의 본성은 그 필요를 충족시켜나가는 과정에서 자신을 변형시키지 않을 도리가 없으며, 그래서 지속적으로 새로운 특성, 새로운 필요, 새로운 범주의 사고와 행위를 산출한다(Berlin, 1976: 37~38). 따라서 인간의 성장은 사회의 제도적 삶의 성장과 함께 간다.

하나의 문화공동체에 속하는 전체적 존재는 그 자신이 전체적이며, 유일하며, 자유로운 존재이다. 이것이 가능한 것은 오로지 사회와 교섭하는 과정에 있기 때문이다. 이러한 입장에 따를 때, 인간은 자기충족적인 코스모스여야 하기에 하나의 특수한 기능을 가진 기계의 일부로 축소될 수 없다. 자기충족적인 코스모스라고 해서 원자적인 유일자를 말하는 것은 아니다. 자기충족적인 코스모스는 사회의 통합된 일부가 될 때만 가능하다. 사회가 없다면 인간은 결코 자기충족적일 수 없다. 오히려 궁핍하게 될 뿐이다. 사회를 창조함으로써만 인간은 자신을 창조할 수 있다. 대항계몽주의는 인간이 영혼성을 박탈당하고 보다 큰 사회와 완전히 단절되어 공리의 극대화라는 의사보편법칙에 따라 행동하는 원자적 물질로 변해가는 상황을 개탄했다. 대항계몽주의는 이성을 공리의 극대화라는 보편법칙으로 축소하는 것을 반대했다. 이성이란 인간이 살고, 느끼고, 욕망하고, 사랑하고, 미워하고, 먹고, 마시고, 창조하고, 예배하는 마당인 구체적인 역사와 전통에 위치한 역동적인 복합체다. 이러한 새로운 해석에서, 이성은 각 사회의 구체적인 역사적, 사회적, 문화적, 경제적, 지리적 맥락에서 생산된 역사적 산물로 간주된다. 따라서 각 사회는 고유의 전통, 문화, 역사를 지니기 때문에 자신에게 고유한 이성을 갖는다. 각 개인 역시 자신에게 고유한 이성을 가지지만, 이는 근본적인 면에서는 다른 사람들의 이성과 유사할 수밖에 없다. 모든 개인의 이성은 같은 공동체 안에서 구성되기 때문이다.

　방법론적 차원에서 볼 때, 대항계몽주의는 인문학을 자연과학으로부터 구분했다. 벌린은 비코의 입장을 다음과 같이 잘 요약한다. "우리가 관찰, 기술, 분류, 성찰할 수 있는, 그리고 시간과 공간상에서 그 정규성을 기록할 수 있는 외부세계에 관한 인간의 지식과 자신들이 창조한 세계, 그래서 자신들이 부과한 규칙을 따르는 세계에 관한 지식은 원리상 다르다"(Berlin, 1976: xvii). 인간은 무엇보다도 문화적 존재이다. 인간은 공동의 언어, 문화, 전통을 통해 느끼고 생각하고 행동한다. 따라서 비코는 모든 맥락에서 자유로운 계몽주의의 수학적 언어를 찾고자 하지 않는다. 합리주의적 또는 경험주의적 인식론과 달리 대항계몽주의는 사람과 지식에 대한 시적, 예술적, 직관적, 전통적, 역사적, 언어적 접근을 강조한다. 주저인 『새로운 학문』에서 비코는 시적 논리인 새로운 학문을 찾고자 하였고, 이를 자연과학의 실험적－수학적 지식의 합리적 논리에 대립시켰다. 비코에게 신화는 합리주의자들이 주장하듯 허구적인 것도 비합리적인 것도 아니었다. 오히려 사람들이 창조한 진정한 이야기였다. "언어와 문자의 기원의 원리는 다음과 같은 점, 즉 태고의 이교도들은 한결같은 시인으로 시적 상징으로 이야기했다는 점이다"(Vico, 1968: 21). 이렇게 볼 때 비코는 현실이 시적으로 또는 담론적으로 구성된다는 점을 인식했다고 말할 수 있다. 비코는 이미 '언어적 전환'(linguistic turn)을 이룬 것이다. "비코는 현대의 많은 이해적 사회이론가들과 마찬가지로 언어적 전환을 이룬 후에야 그의 『새로운 학문』을 수립할 수 있었다. 그는 인간이 살아가는 세계가 언어에 터한 제도들의 세계인 한, 인문과학의 임무는 텍스트의 해석을 닮아야 하고 그리고 반드시 그것을 본보기로 해야 한다고 보았다"(Mali, 1992: 4). 집합적인 상징적 인물과 신화를 읽음으로써, 우리는 그것을 만든 사람들의 삶을 이해할 수 있다.

이성이 문화와 역사에 배태되어 있다고 보는 대항계몽주의는 사람의 다양성과 다중성은 추상적인 수학적 추론만으로는 완전히 파악될 수 없다고 주장한다. 계몽주의가 꿈꾸는 절대적 객관성과 보편적 타당성은 인간이 항상 구체적인 문화와 사회에 놓여 있기에 불가능하다. 인간 이성은 선험적 능력이 아니라 역사적 산물이다. 인간 이성은 사람과 역사의 일부이며 그 자신의 역사성에 의해 제한된다. 지식과 언어에 대한 다양한 비합리적 접근들은 인간의 의식을 형성하고, 이제는 다시 문화구조에 의해 그 접근들이 형성된다. 각 문화는 자신에게 고유한 범주와 정의를 지니기에 그 자신의 문화적 범주, 가치, 기준을 따라 내적으로 이해되어야만 한다. 따라서 대항계몽주의는 사회세계를 탐구함에 있어 수학보다 역사학을 선호한다고 할 수 있다.

수많은 민족이 저마다 상이한 다양한 속어를 가지는 이유는 무엇인가? 이에 대답하기 위해서는 다음과 같은 위대한 진리를 여기서 수립해야 한다. 여러 민족은 풍토가 달라짐에 따라 상이한 본성을 얻고, 그로부터 다양한 습속이 나온다. 그러한 본성과 습속에서 많은 상이한 언어가 나온다. 이러한 본성의 다양성 덕분에 그들은 인간 생활에 유익하고 필요한 것도 서로 다른 관점에서 바라보게 되었고, 때로는 서로 정반대되는 민족풍습을 갖게 되었다. 마찬가지로 상이한 풍습이 존재하는 만큼 언어 역시 다종다양하게 될 수밖에 없었다(Vico, 1968: 148).

이러한 시각에서 볼 때, 비교역사적 방법은 환영받는다. 자신의 구체적인 문화와 사회에 배태된 인간 주체가 생산한 지식은 항상 부분적이고 상대적이다. 이러한 비교역사적 방법에 덧붙여, 실제의 인간존재를 이해하기 위해 이해적 또는 공감적 방법이 중요하게 떠오른다. 낭만주의의 아버지 중의 한 명인 하만의 주장을 요약한 벌린의 주장은 그 핵심을 잘 보여준다.

인간존재들과 접촉하기를 진정으로 원한다면, 그들이 무엇을 생각하는지, 그들이 무엇을 느끼는지, 그들이 어떤 존재인지를 진정으로 알기 원한다면, 모든 제스처, 모든 뉘앙스를 반드시 이해해야만 하며, 그들의 눈을 주시해야 하며, 그들의 입술의 움직임을 관찰해야 하고, 그들의 말을 들어야만 하며, 그들이 쓴 글씨를 이해해야 한다. 그렇게 된 연후에야 삶의 실제 원천에 대한 직접적인 앎에 다가갈 수 있다. 이것이 이루어지지 않으면, 한 사람의 언어를 다른 사람의 언어로 번역하려는 노력, 그의 다양한 운동을 약간의 해부학적 또는 인상학적 수단을 통해 분류하려는 노력, 그를 다른 많은 사람을 담고 있는 박스에 집어넣어 그를 단순히 동일한 종의 한 성원 또는 동일한 유형의 한 성원으로 분류하는 학문적인 책을 생산하려는 노력, 그것이야말로 모든 지식을 놓치는 방법이요, 죽이는 방법이요, 개연과 범주, 즉 텅 빈 바구니를 숨을 쉬고 있는, 독특한, 비대칭적인, 분류불가능한 살아 있는 인간의 경험의 실체에 적용하는 방법이다(Berlin, 1999: 44~45).

역사의 방향에 관해서 대항계몽주의는 고대 그리스의 순환론적 역사관을 되살림으로써 단선적인 진보관을 비판했다. 비코는 역사를 인간의 정신적 삶과 사회의 제도적 삶 모두가 발흥하고, 성장하고, 쇠퇴하고, 몰락하는 과정으로 보았다. 고대 그리스와 로마의 역사에 관한 연구를 통해, 비코는 모든 사회는 동일한 발전단계를 필연적으로 통과한다고 주장했다. 신의 시대, 영웅의 시대, 인간의 시대가 바로 그것이다. 하지만 각 사회는 고유의 개별성을 지니기 때문에 이러한 경로를 상이한 방식으로 그리고 상이한 템포로 통과한다. 비코는 계몽주의가 말하는 진보를 인정하기는 하였으나, 이 진보가 반드시 대가를 치른다는 점을 강조했다. 인간의 시대가 가장 발전한 상태이지만, 또한 이는 새로운 순환의 시작을 알리는 퇴락의 전조일 수 있다(Vico, 1968: 423~424). 고대 그리스인과 마찬가지로 비코는 과학과 테크놀로지가 점진적으로 진보하고 사회와 개인의 물질적 삶이 개선되어간다는 것을 믿었지만, 동시에 이러한 두 종류의 진보가 인간과 사회의 도덕적 완전성을 해치고 있다며 개탄했다. 따라서 비코는 서구가 겪고 있는 구조적 변동을 인간존재의 소외와 분절로 보았다. 전인적 개인을 단순한 기능으로 축소할 뿐만 아니라, 조화를 이루며 살아야 할 공동체에서 분리하는 경향이 있기 때문이다. 그렇다고 대항계몽주의가 전적으로 비관주의에 빠진 것은 아니다. 다시 새로운 주기가 시작될 수 있다고 믿었기 때문이다.

이렇게 새로 출현할 사회 또는 문명은 자기 고유의 작동법칙을 따른다는 점에서 이전의 사회나 문명과 완전히 다르다. 그것은 자기 고유의 발흥, 성장, 쇠퇴, 퇴락의 주기를 갖는다.

　도덕적으로 볼 때 이러한 시각은 계몽주의에 대립적이기도 하고 보완적이기도 하다. 보편적인 윤리의 존재를 믿는 계몽주의 철학자들과 달리, 대항계몽주의자들은 인류학적, 역사적 저작에 익숙한 덕분에 그 실체가 완전히 주어져서 확정된 자연적 인간이란 존재하지 않는다는 것을 인식했다. 오히려 존재하는 것은 다양한 문화공동체에 속한 사회적 인간이며, 따라서 각 공동체에 맞는 다양한 윤리가 존재할 수 있다. 시간과 공간을 뛰어넘는 인간의 보편적 권리와 보편적 윤리는 존재하지 않으며, 대신 자신의 맥락에 배태된 독특한 도덕과 윤리가 존재한다. 이런 이유로 비코는 고정되고 보편적인 인간본성을 가정하는 17세기 자연법 이론가들을 심하게 공격한다. 그들에 따르면 고정되고 보편적인 인간본성의 필요로부터 시공간을 넘어 모든 곳에 타당한 동일한 행위의 단일원칙의 집합을 연역하는 것이 가능하다. 비코가 보기에 인간에게는 변화불가능한 정적인 핵이 존재하지 않는다. 자연은 특정한 시기에 특정한 방식으로 존재를 생성시키기 때문이다(Berlin, 1976: 84). 비코는 도덕을 효용과 동일시하는 공리주의를 강력하게 반대하였는데, 그 이유는 아리스토텔레스적 인간관을 따라 인간존재가 전체적인 작은 코스모스가 될 잠재적 역량을 지녔다고 보았기 때문이다. 이러한 역량은 큰 코스모스인 전체사회의 발전에 따라 다른 방식으로 성취될 수 있다. 인간이 자신의 전체성을 잃고 쾌락주의적, 공리주의적, 니힐리즘적 경향이 지배하는 퇴락의 시기에는 도덕이 효용과 동일시된다. 이와 달리 신의 시대에는 노예도덕성이 지배한다. 통제불가능한 자연의 테러에 위축된 원시인들은 신비한 권위를 지닌 어떤 외적인 실체를 상상하고 창조하여 그에게 절대적으로 복종한다. 인간이 오히려 자신이 만든 신비한 신에 의해 지배되는 것이다. 이러한 시대에 도덕은 절대적 복종과 동일시된다. 그 구체적 맥락에 따라 다양한 도덕이 가능할 수 있겠지만, 대항계몽주의는 물질적 삶보다 정신적 삶을 강조하는 일종의 경건주의를 선호한다. 대항계몽주의는 테크놀로지와 과학의 발전이 개인들로부터 영혼에 관한 관심을 박탈하는 상황을 매우 걱정했다. 영적 삶은 모든 개인이 충실히 참여하는 공동체 안에서만 가능하다.

정치적으로 보았을 때, 대항계몽주의는 다원적 참여민주주의를 가장 바람직한 상태로 본다. 개인의 성장은 사회의 성장과 함께 간다고 믿는다. 모든 개인은 자신 고유의 삶의 목적을 지니는 동시에 자신이 속한 공동체에서 같은 목적을 공유한다. '다양성 속에서의 통일'이 대항계몽주의의 모토이다. 여기에서 자유는 결코 필연과 모순되지 않는다. 이를 위해서는 사회가 정신적으로 하나 된 공동의 집단중심적 질서를 지녀야 한다. 여기서 중요한 것은 사람들을 하나로 통일시키는 것은 '정신'(spirit)이라는 것이다. 이는 개인들이 공동의 감각으로 통일되어야만 한다는 것을 의미할 뿐만 아니라, 경건해야 한다는 것을 뜻한다.

여기서 경건해야 한다는 것이 결코 수동적이 아니라는 점을 인식하는 것이 중요하다. 경건의 수동주의는 다음과 같은 원리에 기반한다. "만약 네가 진정으로 욕망하는 것을 세계로부터 얻을 수 없다면, 그것을 원하지 않도록 너 자신에게 가르쳐야 한다. 네가 원하는 것을 얻을 수 없다면, 네가 얻을 수 있는 것을 원하도록 너를 가르쳐야 한다"(Berlin, 1993: 37). 대항계몽주의가 말하는 경건주의는 이러한 소극적인 의미를 넘어서는 적극적인 것이다. 내가 비록 진정으로 원하는 것을 세계로부터 얻을 수 있다 할지라도, 나는 나 자신에게 그것을 원하지 않도록 가르칠 것이다. 이는 자신의 내적 세계를 지닌 경건한 예술가들의 태도이며, 이들을 통해서만 사회는 정신적으로 하나 된 공동의 집단 중심적 질서를 이룰 수 있다. 이러한 질서가 그 성원들을 소외시키지 않는 이유는 그들이 이 질서를 만들었기 때문이다. 경건한 예술가들은 자신들에게 고유한 내적인 삶을 살고 있을 뿐만 아니라, 세계를 만들어가고 있는 동료들과 의사소통하는 과정 중에 있다. 경건주의란 자신 고유의 내적인 삶을 사는 사람에게만 가능하다는 점을 인식해야 한다. 그리고 '자기표현'은 표현할 내적인 삶을 지닌 경건한 개인에게만 있을 수 있다. 이런 점에서 자기표현은 인간존재 자체의 본질의 하나다. 여기서 경건한 예술가들은 공적 문제를 자신의 문제로 인식한다. 자유, 즉 개인의 자발적인 활동은 필연, 즉 사회제도의 규제와 이제 더는 모순되지 않는다. 하지만 대항계몽주의는 자유와 필연의 무모순성을 달성하는 방법은 다를 수 있다는 점을 인정했다. 대항계몽주의는 결코 세계에서 문화의 다양성을 제거하려는 제국주의를 용인하지 않았고, 오히려 모든 종류의 문화가 활짝 꽃피우는 다원주의를 북돋았다(Berlin, 1991: 65).

미학으로서의 반계몽주의

나는 반계몽주의를 계몽주의와 대항계몽주의를 모두 거부하고, 자연세계와 사회세계 전부를 미학화하려는 18세기 서구 철학자의 노력으로 정의한다.[9] 반계몽주의는 기독교의 발흥 이후 서구 지식사에서 오랫동안 잊힌 고대 그리스의 미학을 되살려냈다. 반계몽주의는 초기 낭만주

---

9) 니스벳(Nisbet, 1966: 12)은 19세기 초반의 보수주의자들이 반계몽주의를 형성했다고 주장하지만, 나는 이를 받아들이지 않는다. 반계몽주의의 핵심은 계몽주의를 거부하고 이전의 전통적 질서로 돌아가자는 반동적 운동이 아니다. 오히려 계몽주의를 극단화해서 '존재' 중심의 질서 개념 자체를 해체하여 모든 질서를 미학화하는 것이 반계몽주의의 진정한 특징이다.

의의 극단적인 주체중심적 미학에서도 그 모습을 드러내지만, 이후 미학의 발전을 볼 때 진정한 의미에서의 미학의 원형은 사드에게서 가장 극명하게 나타난다. 초기 낭만주의의 미학과 비교해서 볼 때 사드의 미학이 지닌 특징은 물질론을 극단화했다는 것인데, 이후 20세기 초현실주의를 비롯한 미학의 새로운 버전으로 되살아난다. 사드는 라메트리와 홀바흐 같은 물질론자로부터 많은 영향을 받았다. 자연에는 존재하는 모든 것이 동등하게 필연적이기 때문에 질서와 무질서의 구분이 사실 불가능하다. 자연에는 질서와 무질서 '자체'가 존재하지 않는다. 오히려 질서와 무질서에 관한 개념은 인간의 이성에 속한다. 인간의 본성에 조화되는 모든 것에서는 질서를 발견하고, 그 반대의 것에서는 무질서를 발견하는 것이다(Lange, 1950: 103~104).

사드는 이러한 물질론적 시각을 극단으로까지 밀고 나갔다. 신에 관한 입장에서 그 모습이 정확히 드러나는데, 사드는 극단적인 무신론적 시각을 취한다. 신은 존재하지 않는다. 의인화된 기독교적 신은 물론 데카르트적 동인(efficient cause)도 뉴턴적 수학적 신도 존재하지 않는다. 우선 신의 나라를 가정하는 최종원인과 같은 교의가 지닌 의인화된 신을 공격한다. 기독교의 신과 같은 의인화된 신은 한편으로는 무지의 결과이고 다른 한편으로는 폭정의 결과에 불과하다(Sade, 1965: 513). 이런 점에서 반계몽주의는 경험주의적 계몽주의와 입장을 같이 한다. 하지만, 반계몽주의는 경험주의적 계몽주의와 달리 데카르트적 동인으로서의 신 개념을 믿지 않는다. 반계몽주의는 우주와 인간을 지배하는 보편적으로 질서지워진 법칙이 존재한다고 가정하지 않기 때문이다. 자연은 창조와 파괴의 영원한 흐름이라는 법칙 이외에는 그 어떤 보편적인 법칙도 가지고 있지 않다. 따라서 반계몽주의는 우주와 인간에 관해 계몽주의가 가정한 모든 핵심 사상을 공격했다. 제일원인은 물론 최종원인 도 거부했다. 반계몽주의는 또한 인간과 사회가 어떠한 종류의 사회적, 정치적, 종교적 조직을 가져야 한다는 것을 거부했다는 점에서 대항계 몽주의와도 그 모습을 달리한다. 관료제적 위계는 영구한 창조와 파괴 의 법칙을 따르는 자연을 배반한다는 점에서 미학의 주적이다. 이런 점 에서 반계몽주의는 17, 18세기의 미학의 새로운 버전이라 할 수 있다. 이때 비로소 미학이 반계몽주의로 되살아난 것은 과학혁명이 물질론적 세계를 열었기 때문이다. 반계몽주의는 그 물질론적 함의를 극단으로 밀고 나간 것뿐이다.

존재론적으로 반계몽주의는 경험주의적 계몽주의와 마찬가지로 존 재하는 것은 오로지 '운동 중인 물질'인 자연뿐이라고 주장한다. 다만 다른 점은 '물질'보다 '운동'을 더 강조한다는 점이다. 자연은 창조된 것 도 아니요 그렇다고 실체인 것도 아니다. 오히려 "자연은 유기체를 지 상의 표면 위에 던져놓는 영구적인 힘, 또는 광포한 체계이다. 자연이 던져놓은 행위는 우주적 차원에서 물질적 힘을 일시적으로 정지시켜 놓은 것이다"(Sawhney, 1999: 83). 따라서 제일원인도 최종원인도 존재하 지 않는다. 오로지 존재하는 것은 자연의 창조와 파괴라는 영구적인 이 중적 과정일 뿐이요, 이러한 과정을 통하여 무한한 상이한 존재들이 만 들어졌다 사라질 뿐이다. 사드가 바스티유 감옥에서 쓴 소설 중의 하나 인 『쥐스띤느(Justine) 또는 덕성(virtue)의 불운』에서 드 브레싹(de Bressac)은 이모를 살해하자는 계획을 쥐스띤느에게 털어놓으며 다음과 같이 말한다.

모든 인간, 모든 동물, 모든 식물은 같은 방식으로 성장하고, 유지하고, 자신을 파괴하고 재생산하지만 결코 실질적인 죽음을 맞는 것이 아니야. 단지 자신을 변형시키는 것 속에서 나타나는 하나의 단순한 변이일 뿐이지. 오늘에는 이 형태로, 몇 년 후 또는 몇 시간 후 다른 형태로 출현하는 모든 것은, 그들을 움직이기를 원하는 존재의 의지에 따라 하루에도 수천 번씩 변하는 거야. 자연의 그 어떤 법칙도 그 일로 인해 단 한 순간이라도 영향을 받지 않아(Sade, 1965: 519).

이러한 틀에서 볼 때 자기동일적 존재라는 전통적인 존재 개념은 훼손되지 않을 수 없다. 사드에게 우주는 파괴행위를 통해 다양한 수준의 상호작용을 창조하는 영속적으로 혁명적인 체계이다. 파괴는 창조의 기반이다. 파괴가 없으면 창조는 이루어질 수 없다. 파괴는 그 본성상 무도덕적이다. 다시 말해 인간의 도덕성을 뛰어넘는 것이다. 라메트리와 홀바흐 같은 물질론자로부터 지대한 영향을 받은 사드는 당시 지배적이었던 합리적으로 질서지워진 우주라는 개념에 반대했다(Crocker, 1959: 8~11). 사드는 무질서만이 우주의 질서라고 보았다. 무질서란 세계에는 항상 강자가 약자를 억압하고 착취하는 포악과 부정의가 가득 차 있다는 것을 뜻한다. 악이야말로 자연의 보편적인 법칙이다. "[자연의] 평형 상태는 반드시 유지되어야 한다. 범죄만이 이 일을 할 수 있다. 따라서 범죄는 자연에 복무한다"(Sade, 1965: 521). 이렇듯 극단적인 무신론자인 사드는 세계로부터 의미와 도덕을 제거해 버렸다. 그 결과 세계는 무의미하고, 부조리하며, 잔혹한 것으로 변한다. 그 세계에서는 선한 자, 즉 약한 자는 사악한 자, 즉 강한 자에 의해 비참한 희생자가 될 운명에 처해 있다(Crocker, 1959: 41~42). 사회세계라고 자연세계와 다를 아무런 이유가 없다. 잔혹한 무질서의 법칙이 사회세계 역시 지배한다. 신 또는 도덕이 없기에 모든 것이 허용된다. 이런 점에서 볼 때, 사드의 세계는 신이나 도덕을 모르고 본능적으로 행동하는 짐승의 세계이다. 이러한 아나키적 사회관은 계몽주의는 물론 대항계몽주의에도 완전히 적대적이다. 사드의 이러한 사회관은 이윤을 위한 무한 투쟁을 일삼는, 당시 발흥하던 부르주아 자본주의라는 역사적 맥락 속에서 이해될 수 있다.

여기에서 인간은 어떠한 존재인가. 인간은 더는 '존재의 위대한 연쇄' 안에서 특권화된 자리를 점한 존재가 아니다. 인간은 결코 예외적인 존재가 아니라, 자연이 지구상의 표면 위에 일시적으로 던져놓은 유기체의 한 종류일 뿐이다.

> 인간이란 무엇인가? 인간과 다른 식물들, 인간과 세상의 다른
> 모든 동물들 간의 차이는 무엇인가? 명백히, 아무것도 없다. 그들
> 과 마찬가지로 우연찮게 지구상에 놓이게 된 인간은 그들과 마찬
> 가지로 태어났다. 그들과 마찬가지로 인간은 새끼를 낳고, 성장하
> 고, 쇠락한다. 그들과 마찬가지로 인간은 늙고, 자연이 그 유기적
> 구성에 맞게 동물의 각 종에 부과한 삶의 시간의 끝에 그들과 마
> 찬가지로 무로 사그라진다(Sade, 1965: 329~330).

인간 역시 창조와 파괴라는 영속적인 이중적 과정의 법칙을 따를 수밖에 없다. 다른 동식물과 마찬가지로 인간은 이기주의라는 최고의 법칙을 따른다. 쾌락과 행복을 추구하게끔 만드는 본능의 법칙만이 존재한다. 인간의 망상에도 불구하고 다른 법은 존재하지 않는다(Crocker, 1959: 99). 따라서 몸과 영혼이라는 이원론은 무의미해진다. 연민, 사회적 책임, 이웃에 대한 사랑과 같은 전통적인 도덕에서 영혼이 차지하는 비중은 절대적이다. 하지만 이제 영혼은 인간의 자기망상에 불과한 것

으로 드러난다. 인간은 단지 자연의 이기주의 법칙을 따르는 몸일 뿐이다. 사드는 인간을 자기망상에서 벗어나게 만들어 동물적 쾌락이라는 진정한 상태로 되돌려놓으려고 했다(Crocker, 1959: 101~102). 그 진정한 상태는 범죄자에게서 가장 극명하게 나타난다. 드 브레싹(de Bressac)은 쥐스띤느에게 다음과 같이 설득한다.

> 자연의 특질 중 무엇보다도 가장 아름다운 것은 운동이야. 운동은 자연을 항상 격랑으로 몰아넣지만, 이 운동은 범죄의 영속적인 결과일 뿐이야. 자연은 범죄를 통해서만 자신을 보존하는 거야. 자연을 가장 닮은 인간, 따라서 가장 완벽한 인간은 필연적으로 많은 범죄를 저지를 가장 적극적인 격랑을 가진 사람일거야 (Sade, 1965: 520).

법이 없으면 범죄는 존재하지 않는다. 운동 중인 자연은 법이 없기에 그 어떤 활동도 범죄가 아니기 때문이다. 그렇다면 금지를 깨트려 희열(jouissance)을 얻으려는 범죄는 무의미해진다.[10]

방법론적으로 반계몽주의는 자연은 영속적인 창조와 파괴의 상태에 있으므로 언어구조를 통해 이를 포획하려는 시도는 실패할 수밖에 없다고 믿는다. 운동 중인 물질인 자연은 항상 언어를 배반하기 때문에, 언어(사고)가 실재(존재)를 반영해야 한다는 전통적인 인식론은 전복된다. 전통적인 인식론에서는 오로지 존재만이 표상될 수 있고 비존재는

---

10) 사드의 이러한 주장은 다음과 같은 의문을 낳는다. 그렇다면 범죄자로서의 인간은 무엇인가? 라캉(Lacan, 1993)의 분류체계를 따라 말한다면, 그는 아버지의 법을 모르는 정신병자, 특히 정신분열자라고 말할 수 있을 것이다. 정신분열자에게 희열은 금지되지 않기에 풀려나올 희열도 없다.

표상될 수 없다. 이에 대항해 사드는 존재와 비존재 가릴 것 없이 모든 것이 노출되고 보여야 한다고 주장한다. 그것이 아무리 소름 끼치게 하고 비인간적이라 할지라도 노출되고 보여야 한다(Sawhney, 1999: 86). 그런 점에서 사드는 표현될 수 없는 것을 표현하려고 했다. 경계넘기는 표현될 수 없는 것을 표현하려고 시도하는 가장 지성적인 활동 중의 하나이다. 이 활동은 욕망, 즉 혁명적인 생산을 통해 이루어진다. 경계를 넘는다는 것은 구획된 형태와 정체성을 지닌 모든 한계나 경계를 뛰어넘는다는 것을 의미한다. 경계넘기는 어떠한 종류의 질서의 잔재도 완전히 제거해 버린다. 질서 그 자체는 인간의 행위 중에서 단지 특정의 가능성만을 명령하고 다른 가능성은 제거하기 때문이다. 신성모독, 비도덕, 범죄, 근친상간, 살인, 침해, 거짓말, 비방, 도둑질, 강탈, 비합리성, 비역, 증오, 그리고 다른 모든 종류의 폭력, 변태, 탈선은 모두 경계넘기의 전략적 운동에 복무하는 전략적 작용이다(Allison, 1999: 211). 하지만 경계넘기는 신, 또는 법을 포함한 모든 규범체계를 전제하는 것이다. 이렇게 전제하고 나면 법을 깨트릴 수는 있어도 법을 넘어설 수는 없다. 사드는 단순히 법을 전제하고 이 법을 깨트리는 것에 만족하지 않는다. 법을 전제하는 한 깨트려봐야 깨트리는 자신만 상할 것이기 때문이다. 사드는 법을 넘어 법이 없는 자연의 물질적 영역으로 나가고자 한다(Welchman, 1999: 172). 깨트릴 법 그 자체가 없게 된다면 저항도 필요 없다. 신이 없으면 신성모독이 없는 것과 마찬가지이다. 오히려 법이 없는 자연의 물질적 영역에서 운동 중인 물질로 살아갈 뿐이다.

역사의 방향에 대해서도 사드는 서구의 전통적인 모든 관념에 반역한다. 역사에는 방향이 없다. 『줄리엣』(Juliette)에서 사드는 다음과 같이 말한다. "우주는 상호적으로 그리고 계기적으로 때로는 협동하면서 때로는 반목하면서 서로 작용하고 반작용하는 상이한 존재들의 자의적인 조합이다. 나는 어떤 출발점도, 어떤 종착점도, 어떤 고정된 경계도 가늠하지 못한다. 내가 보는 우주란 오로지 한 상태에서 다른 상태로 끊임없이 스쳐지나가는 것뿐이며, 그 안에는 특수한 존재들만이 영원히 모습과 형태를 바꿀 뿐이다"(Sawhney, 1999: 79에서 재인용). 있다면, 오로지 창조와 파괴의 영속적인 이중적 과정만 있을 뿐이다. 인간이 기원한 곳도 없고, 그렇다고 인간이 나아가야 할 최종목적지가 있는 것이 아니다. 이러한 세계에서 남는 것은 극단적인 세속적 쾌락주의일 뿐이다. 여기에서 보편적인 기독교적 도덕의 초월적 명령은 설 자리를 잃는다. 경험주의적 계몽주의와 마찬가지로 반계몽주의는 영혼의 존재를 믿지 않기 때문에 불멸이라는 개념을 버린다. 따라서 육체적 욕망을 정신적으로 통제함으로써 사후에 얻게 될 보상에 대한 소망이 사라진다. 따라서 경험주의적 계몽주의와 똑같이, 보상이 없음에도 불구하고 진리와 정의를 위해 박해를 왜 감수해야 하는가 하는 문제에 직면한다. 『쥐스띤느 또는 덕성의 불운』에서 쥐스띤느가 사형집행을 피해 도망갈 수 있도록 도와준 한 여성 사형수는 다음과 같이 충고한다. "이제 너는 네가 원하는 삶을 선택할 수도 있지만, 한 가지 충고를 해야겠다. 네가 직접 보았듯이 아무 성공도 가져다주지 못하는 덕성의 실천은 이제 내동댕이 쳐버리렴. 어울리지 않는 덕성이 너를 단두대로 이끈 반면 끔찍한 범행이 너의 생명을 구했지. 이 세상에서 선행이 무슨 소용이 있는지, 또 그것을 위해 스스로를 제물로 바칠 필요가 있는지 잘 생각해 보렴"(Sade, 1965: 480). 이어서 말한다. "내 말을 믿으렴. 신의 정의, 신의 미래의 처벌과 보상 그 따위 것들은 잊어버려. 그따위 진부한 말들은 우리를 굶주림으로 인한 죽음이외에는 그 어떤 곳으로도 인도하지 않아"(Sade, 1965: 481).

자연이 인간을 자유로운 존재, 무신론적인 존재로 이 세계에 던져놓았다는 사실을 받아들이는 순간 육체적 욕망을 정신적으로 통제해야 한다는 전통적인 도덕은 무의미해진다. 인간은 근본적으로 목적과 도덕적 가치를 지니지 않은 부조리하고 무의미한 세계에 살기 때문에 도덕적 구속에서 완전히 벗어난다. 사드는 인간을 사회적, 정치적, 종교적, 윤리적 구속에서 완전히 해방하려고 노력했다. 이에 따르면, 도덕은 환각이나 습관화의 한 형태로만 경험될 뿐이다. 진정한 도덕은 우주적으로 흐르고 있는 욕망일 뿐이다. 강한 자가 약한 자를 착취하고 그의 희생의 대가로 쾌락을 얻으려고 하는 것은 자연적인 것이다. 심지어 범죄마저 자기애의 극단적인 형태로 환영받는다. 범죄는 자연이 자신의 목적을 성취하고 평형상태를 유지하기 위해 사용하는 수단일 뿐이다. 범죄를 처벌하는 것은 인간이 아니다. 범죄는 인간에 관해 모든 권리를 가진 자연에 속하는 것이기 때문이다(Sade, 1965: 520; Sawhney, 1999: 83). 범죄는 사회적, 정치적, 종교적, 윤리적 조합을 파괴하고 욕망을 다시 자연의 흐름에 되돌려놓기 위해 재창조되는 수단이다.

이러한 윤리관은 정치적 차원에서 극단적인 아나키즘으로 자연스럽게 연결된다. 사드는 욕망을 동질적인 영역으로 구체화하는 국가의 개입을 극도로 비난했다. 국가의 개입을 통해 욕망의 물질적 힘이 응고되어 신, 교회, 정부와 같은 보다 높은 목적에 봉사하게 된다고 보았기 때문이다. 욕망을 유보하는 것은 자연의 흐름에 위배되는 통제기제일 뿐이다(Sawhney, 1999: 80). 국가는 위계적 조직화를 통해 욕망을 안정화하고 유보하게 만드는 구실을 한다. 국가의 개입은 운동 중에 있는 물질을 일시적으로 정지시켜 보다 높은 목적에 종속시킨다. 그 결과 한 상태에서 다른 상태로 끊임없이 흐르는 욕망의 운동을 중지시킨다. 이는 자연의 창조적인 파괴의 법칙을 거스르는 것이다. "사드는 묻는다. 사회체계가 자연 내부에서 영속적인 파괴의 법칙과 직접적인 갈등상태에 있는 것이 명백한데, 왜 개인은 사회의 법, 규칙, 규범, 명령, 가치를 따라야만 하는가? 아무리 인류가 자연을 가두고 조작하려고 시도한다 해도, 자연은 항상 자신의 법칙을 따라 행동한다. 사드는 묻는다. 왜 국가기구가 욕망을 제도화함으로써 자연의 충동을 좌절시키는가? 제도화는 금지, 금제, 그리고 타부를 통해 욕망을 가두는 과정이다. 자연의 법칙은 말한다. 욕망은 항상 '영속적인 변이, 영속적인 변형, 영속적인 운동'의 상태에 있다고"(Sawhney, 1999: 85). 결국 사드는 모든 사회물리적 조직의 기반을 근본으로부터 허물어버린다. 사드를 거부하는 것이 사회성의 생존의 조건이라 한 이유가 여기에 있다(Welchman, 1999: 160).

CHAPTER 03

고전 유럽사회학과 도덕학

사회학: 확실성 추구와의 투쟁

제2장에서는 과학, 도덕학, 미학이라는 지식의 이념형적 패러다임을 통해 계몽주의, 대항계몽주의, 반계몽주의의 특성을 존재론, 인식론, 윤리학·정치학이라는 세 분석적 차원을 통해 살펴보았다. 이는 우선 유럽에서 발흥한 고전사회학의 기본 특성을 가늠하기 위한 전초 작업을 하기 위한 것이다. 궁극적으로는 현재 사회학을 지배하고 있는 과학이라는 지식 패러다임이 얼마나 고전사회학의 원래 기획에서 벗어나 있는가를 살펴보기 위한 것이다.

맑스, 뒤르케임, 베버와 같은 고전 유럽사회학의 창건자들은 계몽주의가 주창한 원자적 개인들의 합리적인 공리주의적 질서가 대세를 이루어가고 있다는 점을 인정하였지만 이를 마냥 환영한 것은 아니다. 그렇다고 공리주의적 질서를 극단적으로 거부하는 반계몽주의의 입장을 취한 것도 아니다. 반계몽주의 입장은 새로운 질서를 수립할 수 있게 할 어떠한 견고한 토대도 제공하지 못한다고 보았기에 이를 거부했다. 대신 계몽주의와 대항계몽주의는 사회학의 창건자들의 작업을 가능하게 한 공동의 지적 터전으로서, 그들은 모두 계몽주의의 독단을 대항계몽주의를 통해 나름의 방식으로 비판하고 보완하려 했다.

이 장은 이러한 주장을 뒷받침하기 위해, 맑스, 뒤르케임, 베버가 공동의 지적 자산으로 물려받았던 19세기 유럽의 지성계의 지형을 과학, 도덕학, 미학이라는 분석적 지식 패러다임을 통해 살펴보고자 한다. 이어서 고전 유럽사회학의 창건자인 맑스, 뒤르케임, 베버가 계몽주의 기획의 독단을 대항계몽주의 전통을 통해 비판하고 그에 대한 대안을 제시하고자 하였음을 보여 줄 것이다.[1] 이를 위해 그들의 기획을 각각 존재론, 인식론, 윤리학·정치학이라는 세 차원을 통해 그 함의를 분석적으로 고찰해 볼 것이다.

19세기 유럽 지성계에 대한 조망

19세기는 세 시기로 구분하는 것이 일반적이다. 1789년부터 1832년/1848년까지, 1832년/1848년부터 1884년까지, 그리고 1884년부터 1914년까지(Stromberg, 1990: 9). 첫 번째 시기(1789 ~ 1832/1848)는 프랑스혁명

---

1) 사회학의 창건자를 왜 맑스, 뒤르케임, 베버 세 명으로 한정하냐는 비판이 있을 수 있다. 예를 들어 게오르크 짐멜은 왜 사회학의 창건자로 넣지 않는가 물을 수 있다. 나는 사회학의 창건자를 맑스, 뒤르케임, 베버 세 명으로만 한정하려는 것이 아니다. 앞으로 사회학이 어떻게 발달하느냐에 따라 사회학의 창건자에 대한 재평가가 이루어질 것이고, 이를 통해 사회학 창건자의 목록도 바뀔 수 있을 것이다. 다만 이 글을 쓰는 현재의 시점에서 볼 때 맑스, 뒤르케임, 베버가 사회학의 창건자라는 데에는 거의 모든 학자들 사이에 동의가 형성되어 있다. 짐멜은 논란의 여지가 있다. 실제로 짐멜이 미국사회학에 막대한 영향을 미친 것은 사실이다(Broćić and Daniel Silver, 2021; Levine, Carter and Gorman, 1976a, 1976b). 그럼에도 짐멜을 맑스, 뒤르케임, 베버와 같은 급의 사회학의 창건자로 삼으려면 학자들 사이에 더 많은 논의를 거쳐 합의에 이르러야 한다. 특히 짐멜이 과학, 도덕학, 미학 중에서 미학을 가장 적극적으로 수용하여 자신의 사회학을 펼친 것을 생각하면 이는 매우 시급한 과제이다. 이 책은 짐멜을 미학을 활용한 사회학자로 본격적으로 논의할 만한 곳이 못 된다. 이는 또 다른 작업을 통해 이루어져야 할 것이다.

과 그 엄청난 여파로 특징지어지는 시기이다. 프랑스혁명은 19세기를 열었으며, 사회와 인간에 관한 존재론적 논쟁, 사회과학에 관한 인식론적이고 방법론적인 논쟁, 그리고 도덕과 정치에 관한 규범적인 논쟁의 기본적인 구도를 수립하여 놓았다. 프랑스혁명은 처음부터 유럽을 강타한 범유럽적인 운동이었다. 처음에는 유럽의 모든 지역에서 열렬히 환영을 받았지만, 1790년대를 지나면서 초기의 환호가 환멸로 변하고 말았다. 혁명이 핍박, 테러, 내전으로 변전하였기 때문이다. 그럼에도 의도하지는 않았지만 이러한 역사적 과정을 통하여 프랑스혁명은 계몽주의의 기본 테제를 유럽 곳곳으로 퍼트렸다. 이 시기 고전 정치경제학과 공리주의가 계몽주의의 영향 아래에서 출현하고 발전했다. 프랑스혁명은 또한 대항 세력도 수반하였는데, 대항계몽주의 전통의 주된 계승자인 낭만주의가 그 대표라 할 수 있다. 이러한 19세기의 전반부는 모던 유럽의 지적 모체를 짜 놓았다.

두 번째 시기(1832/1848 ~ 1884)에는 계몽주의 전통과 대항계몽주의 전통이 각각 새로운 형태로 자신의 모습을 드러냈다. 크게 보아 이 시기에는 대항계몽주의 정신이 줄고 계몽주의 지향의 정신이 고양됐다. 실증주의와 다윈적 진화론이 이 시기 계몽주의를 대표하는 사상이었다. 실증주의는 1830년대와 1840년대를 휩쓴 낭만주의 운동 탓에 힘을 펴지 못했지만, 1851년부터 1870년 사이 제2제정 시대에는 지배적인 지적 정통이 되었다. 1870년대 경에는 대다수 과학자가 진화 개념을 받아들였다. 사회적 다윈주의의 모토인 적자생존은 리카르도 경제학을 일반화시켰다. 경쟁은 진보를 위해 필수적인 요소로 여겨졌다. 자유경쟁은 최상의 사회, 최상의 인간, 최고의 개인을 만들어줄 것이다. 대항계몽주의 전통은 이러한 계몽주의 전통을 비판했다. 고전 유럽사회학은 실증주의와 다원적 진화론의 협소한 시각에 대항한 주된 세력이었다.

세 번째 시기(1884~1914)는 산업화, 도시화, 기술적 진보 등의 어두운 면이 진보에 대한 실증주의적 신념을 어느 정도 상쇄한 포스트다윈주의와 포스트맑스주의 세계로 이루어져 있다. 물리학과 생물학의 새로운 발전은 사회와 인간을 설명할 때 우발성이 중요하다는 점을 일깨워 주었다. 이 시기는 또한 반계몽주의 전통이 재활성화되는 시기이기도 하다. 반계몽주의 전통을 이어받은 쇼펜하우어, 니체, 프로이트 같은 여러 지식인들은 산업화, 도시화, 기술적 진보가 낳은 어두운 면을 탐구했다. 이 시기는 또한 서구 문명이 다른 문명으로 확장해나가는 제국주의의 시기이기도 했다. 이러한 제국주의적 팽창은 갈수록 증대되는 민족주의를 통해 가속화되었다. 진화론, 실증주의, 정치경제학과 같은 계몽주의 전통은 이러한 제국주의적 팽창에 이론적 토대를 제공했다.

이론과학: 합리주의적 계몽주의 전통

합리주의적 계몽주의의 전통을 따르는 이론과학은 19세기에는 실증주의적 유기체론[2]과 헤겔적 본질주의로 나타난다. 두 이론과학은 모두 뉴턴적인 기계적 세계가 변화, 시간성, 새로움을 설명하는 데 무기력하다고 공격하고 인간과 사회의 정신적 또는 성스러운 성격을 되살려 보존하려 한다. 변화를 설명할 때 실증주의적 유기체론은 플라톤적 초월주의에, 그리고 더 직접적으로는 프랑스 계몽주의 전통과 진화론적 생

----

2) 19세기의 실증주의는 1920년대의 비엔나학파로 대표되는 20세기의 논리실증주의(logical positivism)나 논리경험주의(logical empiricism)와 구분해서 '실증주의적 유기체론'(positivistic organicism)으로 불릴 수 있다(Martindale, 1981: 68).

물학에 기댄다. 이와 달리 헤겔적 본질주의는 아리스토텔레스적 변화 개념에, 그리고 더 직접적으로는 스피노자식의 실체 개념에 기댄다. 실증주의적 유기체론은 두 번째 시기(1832/1848 ~ 1884)와 세 번째 시기(1884 ~ 1914) 프랑스에서 세를 얻은 반면, 헤겔적 본질주의는 첫 번째 시기(1789 ~ 1832/ 1848)와 두 번째 시기(1832/1848 ~ 1884) 독일에서 더 유행했다.

실증주의적 유기체론

실증주의적 유기체론은 서구 사상에서 이전에는 분리되어 있던 두 가지 흐름, 즉 사회에 대한 관념론적 이론과 사회 개혁에 대한 실증주의적 프로그램을 통합함으로써 출현했다(Martindale, 1966: 4). 사회에 대한 관념론적 이론은 플라톤 이래로 발전되어온 관념론의 현대판이다. 이 전통은 유기적 비유에 의존한다. 사회는 살아 있는 실체이며 최소한 유기적인 실체 또는 정신적인 실체와 유사한 것으로 간주된다(Martindale, 1966: 5). 튀르고(Turgot)와 콩도르세(Condorcet)를 비롯한 프랑스 계몽주의의 일파는 인간의 본질은 '관념'이며 이는 시간을 통해 지속해서 발전하고 있다는 주장을 개념적으로, 즉 선험적인 사유 작용을 통해 만들어내었다(Bock, 1978). 당시 프랑스에서는 살아 있는 독립적인 실체로서의 유기체라는 개념이 생물학에 대한 고려 없이 발전했다. 사물의 변화는 관념의 변화를 통해 이루어진다고 주장한 점에서 프랑스 유기체학파는 플라톤적 초월주의를 따른다고 할 수 있다. 그들에게 '실재'는 물질이 아닌 관념이었다(Maus, 1962: 36 ~ 43). 사회 개혁에 대한 실증주의적 프로그램으로서의 실증주의적 유기체론은 자연과학의 방법

을 인간사회 영역에 적용하여 그것을 평화적으로 개혁하고 합리적으로
조직하려는 경험주의적 계몽주의 전통을 따른다.

　이러한 두 전통을 결합할 수 있게 한 것은 진화론적 생물학의 발전이
다. 생시몽(Saint-Simon)과 같은 다윈 이전의 실증주의자는 사회의 진화
를 생물의 진화의 한 특수한 사례로 보아 생물의 진화에서 나타나는 질
서와 변화의 원리들이 사회의 진화에서도 적용될 수 있을 것이라 주장
했다. 하지만 생물의 진화와 사회의 진화 사이에는 결정적인 차이가 하
나 존재한다. 사회의 진화에서 사회를 유기적 전체 또는 평형상태로 유
지시키는 것은 생물의 경우와 달리 '관념'이다. 사실 '실증주의적 유기체
론'은 자기모순이다.

> 유기체는 세계를 유기체의 모델을 따라 구성하는 사고 경향을
> 지칭한다. 유기체적 형이상학은 실재, 세계, 우주, 만물의 총체성
> 을 일종의 유기체로 또는 '살아 있는', '생명 원리'를 가지는, 또는
> 유기체의 기관들 사이의 관계와 같은 부분들 사이에 관계를 보여
> 주는 유기체의 속성을 가지는 것으로 설명하려는 시도를 말한다.
> 이와 달리 실증주의는 현상에 대한 모든 설명을 순전히 현상 그
> 자체에 엄격하게 제한하려는 사고의 경향을 지칭한다. 여기에서
> 설명은 엄밀한 과학적 과정이라는 모델을 고수하고, 과학적 테크
> 닉의 한계를 넘어서는 모든 경향, 가정, 관념은 부정한다
> (Martindale, 1981: 68).

　존재에 관한 이론으로서 유기체론은 생물학적 존재의 한계를 뛰어
넘는 어떤 형이상학적 존재가 존재한다는 '형이상학적' 존재론을 지칭

한다. 하지만 지식의 이론에 관해서 실증주의는 이와 다른 실증주의적 또는 현상주의적 인식론을 말한다. 기든스(Giddens, 1978: 237)의 정의를 들어보자. "실증주의 테제는 다음과 같이 다양한 방식으로 표현된다. '실재'는 감각 인상으로 구성되어 있다. 형이상학을 궤변이나 환각으로 비난하면서 혐오한다. 철학을 과학의 발견에서 완전히 분리하는 동시에 그것에 기생하는 분석 방법으로 표상한다. 사실과 가치는 이원적이다. 다시 말해 경험적 지식은 도덕적 목적에 대한 추구나 윤리적 기준의 실현과 논리적으로 어긋난다. 과학은 단일하다. 즉, 자연과학과 사회과학은 공동의 논리적 토대 그리고 심지어는 방법론적 토대를 공유한다."

진화론적 사회이론은 이미 다윈과는 상당히 독립하여 출현하고 있었다(Burrow, 1970). 하지만 다윈 이전의 유기체론 또는 생물학적 은유는 진화의 본성에 관하여 다윈의 자연 선택론과는 근본적인 차이를 지니고 있다. 다윈 이전의 유기체론에서는 생물의 진화가 날개와 손 같은 '별개의 기관'이 진화하는 것을 의미한다면, 다윈의 자연 선택론에서는 '종 자체'의 진화를 뜻한다. 다윈 이전의 유기체론에서 진화는 특정한 유기체의 어떤 기관이 그 환경에 점차적으로, 온건하게, 조금씩 적응하는 것을 뜻한다면, 다윈의 자연 선택론에서 진화는 종 자체가 근본적으로 갈라지면서 진화하는 대변형을 말한다. 다윈의 영향 이후에도 실증주의적 유기체론은 자연 선택론을 더 전통적인 관념론의 눈으로 해석했다.

실증주의적 유기체론은 사회를 유기적 전체로 본다. 사회는 특별한 종류의 유기체, 즉 개인을 뛰어넘는 유기체다. 사회는 그 요소들, 즉 개인들로 환원될 수 없다. 사회는 그 자체만의 실재의 차원을 지닌다. 사회는 합리적인 개인들의 계약을 통해 창조한 것이 아니라, 유기적인 성장의 결과로 출현했다. 실증주의적 유기체론은 자연과 사회가 근본적인 면에서 연속되어 있다는 점을 강조한다. 사회에 대한 전통적인 시각을 따라 실증주의적 유기체론은 생명을 가장 단순한 현상으로부터 가장 고도의 분화된 사회로 뻗어나간 존재의 위대한 연쇄로 본다(Lovejoy, 1964). 사회는 가장 고도로 분화된 유기체이기에 이러한 존재의 위대한 연쇄에서 맨 꼭대기에 있다. 사회는 전체로서의 사회에 속한 기관들의 상호 관계이다. 분화된 많은 기관들을 하나의 실체로 통합시키는 것은 관념이다. 종교와 같은 공유된 관념들이 사람들에게 통일감을 준다고 실증주의적 유기체론은 주장한다. 이에 따르면, 노동 분화와 관념에 기반을 둔 유기적 연대는 동의어이다.

실증주의적 유기체론은 인간을 사회에서만 존재하는 사회적 존재로 본다. 관념론의 한 종류로서 실증주의적 유기체론은 인간에게서 정신적 또는 문화적 차원을 제거하기를 원하지 않았다. 노동 분업의 중요성을 인정하기는 하였지만, 노동 분업이 개인주의를 출현시킬 것이라고 믿지 않았다. 오히려 개인은 항상 집단 속에서 태어나 다른 사람들이 공유하는 가치와 규범을 배우게 될 것이다. 실증주의적 유기체론자들은 개인성이 지닌 사회적 의미를 부정하거나 최소화하려고 했다(Martindale, 1966: 48). 예를 들어 콩트는 인간이 감정, 지성, 의지의 세 요소를 가지는 복합적인 존재이며, 이 세 요소가 어떻게 조합되어 나타나는가는 사회의 발전 단계에 달려 있다고 주장한다. 사회가 신학적 단계에 있을 때는 감정이 주가 되어 다른 요소들을 조합한다. 형이상학적 단계에서는 의지가 주가 되어 다른 요소들을 조합한다. 반면 앞으로 오게 될 실증적 단계에서는 지성이 주가 되어 다른 요소들을 조합한다. 지성은 외부세계의 질서를 발견하고, 이에 맞게 인간의 세 요소가 조합되도록 이끈다. 여기서 중요한 것은 콩트가 감정이 모든 조합에서 기본적인 힘이 된다는 것을 인정한 점이다. "감정은 우리 본성의 다른 두 부분인 지성 과 의지에 자극과 방향을 제공하는 유일한 요소이다. 감정이 없으면 지 성은 잘못 착상되거나 적어도 쓸모없는 연구에 그 힘을 낭비할 것이고, 의지는 불모지거나 심지어 위험한 논쟁에 그 힘을 낭비할 것이다. 이 엄청난 결핍으로 인해 우리의 이론적 힘과 활동적 힘의 결합은 실질적 이고 영구적인 안정성을 보장할 수 있는 유일한 원칙인 감정이 부족해 서 무익할 것이다. […] 개인의 삶에서, 더 나아가 민족의 삶에서 통일 의 기초는 […] 항상 느낌이어야 한다"(Comte, 2009: 12~13). 실증주의적 단계에서 감정, 그리고 의지가 아예 사라지고 지성만이 지배하는 것이 아니라, 지성의 안내 아래 모두 조화를 이룰 것이라 말한 것이다. 이런 식으로 콩트는 인간에서 정신적 또는 문화적 차원을 보존했다.

방법론적으로 실증주의적 유기체론은 '식별 가능한 사실들'(ascer-tainable facts)의 관계를 있는 그대로 드러내어 그것을 지배하는 법칙을 규정하는 것을 목적으로 삼는다. 여기서 '식별 가능한 사실들'이란 용어 는 오로지 현상만이 인간의 직접적인 감각으로 파악할 수 있다는 경험 과학의 입장을 옹호하는 것처럼 보인다. 이 점에서 실증주의적 유기체 론은 자기모순적인 것처럼 보인다. 유기체론은 경험에서 즉각적으로 나 타난 것의 한계뿐만 아니라 과학적 테크닉에 의해 설정된 한계까지도 뛰어넘는 현상의 본질에 대한 가정에 빠지게 하기 때문이다(Martindale, 1981: 68). 실증주의적 유기체론은 사회라 불리는 '형이상학적' 유기체를 '실증적으로' 탐구하려고 한다. 다시 말해 실증주의적 유기체론은 자연 과학에서 사용되는 것과 동일하게 엄격한 원리들을 사용해서 사회를 탐구하려고 한다.[3] 하지만 실제로는 약속과 달리 일종의 거대한 추상적 체계를 수립하였다. 여기에서 실증주의적 사실들이란 '순수이성'에 의해 빛을 본 순전한 사실들을 지칭하기에 사실 마음의 구조에 의해 조직된 사실들을 의미하는 것이기 때문이다(Abraham, 1973: 88). 이런 면에서 보자면, 실증주의적 유기체론은 플라톤적 초월주의를 따른다고 할 수 있다. 실증주의적 유기체론은 자신의 반박 불가능한 논리에 의해 유지되는 사고의 개념적 틀을 통해 사회를 탐구하려고 한다. 실증주의적 유기체론은 사회현상에 대해 진화론적, 비교적, 기능적, 유기적 분석 방법을 사용하였지만, 그 목적은 어디까지나 관념들의 거대한 추상적 체계를 수립하기 위한 것이었다.

역사의 방향에 대해 실증주의적 유기체론은 완벽을 향해 직선적인 진보를 가정하는 실증주의적 진보이론을 제출했다. 실증주의적 유기체론은 변화를 적자생존이란 용어로 설명하였는데, 이는 사실 플라톤적 초월주의의 새로운 버전이라 할 수 있다. "생존을 위한 투쟁은 사회적이고 자연적인 위계가 적자들을 그 합당한 자리에 배열함으로써 유지되게끔 만드는 기제를 지칭하는 경향이 있었다. '적자'라는 관념은 바람직한 것과 가치 있는 것에 대한 전통적인 개념에 물들어 있다. 변화와 진화는 궁극적인 질서와 이러한 이념적인 능력과 유형을 실현하는 수단이 되었다"(Jones, 1980: 8). 유기적 비유를 통해 실증주의적 유기체론

---

3) 이런 점에서 '실증주의적'이란 용어가 처음 만들어졌을 때, 그것은 주로 방법론적 의미를 지니는 것이었다. "프랑스 연구소의 과학자들, 프랑스혁명의 집정부 시기의 이데올로기론자들이 '실증적'이란 용어를 당대 자연과학의 의기양양할 정도로 성공적인 방법에 적용한 첫 번째 사람들이었다는 것은 명백하다. 생시몽은 자연과학과 사회과학을 포함한 모든 현대 과학의 공통의, 방법론적 의미에서, 분모를 지칭하기 위해 1807년 이 용어를 채택했다. 그 이후로 이 용어와 그것이 지닌 야심이 널리 퍼졌다. '실증주의'는 오로지 하나의 과학이 존재한다고 믿는 사람들의 교의가 되었다"(Kumar, 1991: 27).

은 발전한 사회는 노동 분업이 더 이루어져 있고 동시에 부분들 사이에 '도덕적 통합'이 이루어져 있다고 주장한다. 사실 '노동 분업'이란 용어는 고전 정치경제학의 공리주의적 – 개인주의적 전통에서 나온 것이다. 애덤 스미스는 『국부론』의 시작부터 노동 분업의 중요성을 강조한다. "노동의 생산력이 가장 크게 향상된 것, 그리고 노동이 어디에서든 지시 또는 적용되는 기술, 손재주, 판단력의 상당 부분은 노동 분업의 효과인 것 같다"(Smith, 1977: 17). 노동 분업이 발달한 문명사회에서는 노동자가 더 적은 공정에 집중함으로써 자신의 손재주를 향상시키는 경향이 있다. 노동의 전문화가 한 공정에서 다른 공정으로 변경하는 시간을 절약해준다. 또한 노동 분업이 발명과 기계화를 촉진한다. 이 모든 과정은 교환하려는 인간의 성향에서 비롯된 것이다. 시장은 바로 이러한 인간의 자기 이해관계를 전면화할 수 있도록 해주는 제도이다. 이렇듯 스미스는 노동 분업이 생산성을 증대시키기에 나라의 부뿐만 아니라 개인의 복지도 증대시킨다고 주장했다. 문명사회의 가장 낮고 멸시받는 구성원마저도 미개사회의 가장 존경받고 활동적인 인물과 비교해서 훨씬 더 풍요롭고 번영을 누릴 수 있게 된 것은 모두 노동분업 덕분이다. 실증주의적 유기체론은 이러한 입장을 수정하여 경제적인 노동분업이 부분들 사이의 문화적인 또는 도덕적인 통합을 수반한다고 주장했다. 유기적 비유는 변화를 질서와 화해시키도록 기능한다. 산업화가 사회질서를 갉아먹는다는 19세기 독일 낭만주의자의 신랄한 비난에 직면하여, 실증주의적 유기체론은 산업화가 새로운 사회질서를 평화적인 방식으로 만든다는 것을 보여줌으로써 산업화를 정당화하고자 했다. 유기적 비유는 이러한 정당화의 토대를 마련해주었다. 인간처럼 발전된 생물유기체는 더 분화된 기능을 가지고 있음에도 혼란이나 무질서로

떨어지지 않는다. '구조의 분화'는 '기능의 통합'을 수반한다. 더 발전한 유기체가 전문화된 기능을 가진 더욱 분화된 기관을 가지는 것과 마찬가지로 사회도 역시 그러하다. 하지만 역사적 경험은 이러한 낙관주의적 자유주의와 항상 일치하는 것은 아니었다. 따라서 실증주의적 유기체론은 기능적인 적대가 완벽한 평형상태에 자리를 내주게 될 최종 목적을 향해 역사가 나아가도록 합리적인 관념에 의해 안내되어야 한다고 주장했다.

이러한 주장의 도덕적 함의는 일종의 기능적 보수주의라 할 수 있다. 인간은 노동 분업에 의해 할당된 고정된 자리 안에 살기를 기대받는다. 인간은 사회라는 유기적 전체에 통합된 부분이다. 인간은 자기만의 고유의 도덕적 약호를 따라 사는 개인이 아니라, 다른 사람들과 상호 작용하면서 그들에 적응해야만 하는 관계적 존재다. 인간으로서의 그의 가치는 그가 유기적 전체에 얼마나 잘 복무하는가에 달려 있다. 유기적 전체에 복무하지 않는다면 인간은 그 존재 이유를 잃는다.

정치적으로 볼 때 이는 귀족주의로 나타나지만, 암묵적으로는 전체주의를 내포하고 있다. 실증주의적 유기체론은 고도로 발달한 사회에서 모든 부분은 전체를 통합하기 위하여 서로 간에 부드럽고도 평화적으로 기능하도록 기대받는다. 따라서 사회는 자신을 평형상태로 유지하는 구조로 여겨진다. 하지만 경험적인 관찰은 이러한 주장과 항상 일치하는 것은 아니었다. 혼란이나 사회적 무질서가 쉽게 관찰되었다. 이러한 딜레마에서 벗어나기 위해 실증주의적 유기체론은 사회의 통합을 보존하는 이중의 방식을 제출했다. 예를 들어 생시몽은 사회를 기술적으로 조절해야 한다고 주장한다. 새로 출현하는 사회는 현재 산고의 고통을 겪고 있는데 이 사회에서는 생산계급이 사회를 관리하고 조절하게 될 것이다(Kumar, 1991: 35). 여기에서 생산계급은 과학자와 산업가를 말하는 것이지 비생산적인 군사적/귀족적 유한층이 아니다. 과학자는 과학적인 사회계획의 기반 위에서 관리 기능을 조직할 것이고, 산업가는 이러한 과학적 사회계획을 실제 생산과정에 적용할 것이다. 하지만 후기에 가서 생시몽은 사회를 신정론적으로 통제하는 보다 전통적인 방식으로 돌아간다. 미래 사회에서 과학 엘리트와 경제 엘리트는 종교 엘리트에게 완전히 종속되어야 한다. 사회 체계에서 최고의 신부에게 사회의 정치조직을 명령하는 임무가 주어진다(Schwendinger and Schwendinger, 1974: 71). 이러한 회귀는 명시적으로 또는 암묵적으로 전체주의를 조장하는 경향이 있다.

헤겔적 본질주의

헤겔적 본질주의는 스피노자 일파의 계몽주의 전통에 주로 기대고 있다. 스피노자는 낭만주의 운동 일반, 특히 후기 낭만주의에 많은 영향을 미쳤다. 스피노자에게 단 하나의 유일한 실체, 즉 신은 절대적으로 무한한 총체성으로서 그 본질은 무한한 속성들에 무한하게 표현되어 있다. 마찬가지로 헤겔에게도 단 하나의 유일한 실체 또는 절대정신은 절대적으로 무한한 총체성으로서 그 본질은 이성, 즉 절대정신의 활동이다. "이성은 […] 실체이며 무한한 권력이다. 이성은 그 자체로 모든 자연적·정신적 삶의 무한한 질료이며, 이러한 질료적 내용을 활성화하는 무한한 형상이다. 이성은 실체다. 즉 이성을 통해 모든 실재는 그 존재와 현존을 지닌다. 이성은 무한한 권력이다. […] 이성은 만물의 무한한 내용이자 본질이자 진리이며, 그 자체로 질료를 구성하여 그 위에서 자신의 활동을 통해 작용한다"(Harris, 1995: 201에서 재인용). 스피노자의 신이 우주를 조직하는 원리라면, 헤겔의 절대정신은 사회를 조직하는 원리이다. 이러한 방식으로 인간과 사회에서 뉴턴의 물리학이 쫓아낸 정신적 또는 목적론적 차원이 되살아난다. 인간과 사회는 기계적 원자라기보다는 절대정신의 무한한 본질이 표현된 유기적 총체성이다.

헤겔적 본질주의에서 사회는 본질을 지니는 유기체이며, 사회의 성장이나 발전은 그 본질을 실현하는 것이다. 사회는 그 본질로부터 '필연적으로' 발전되어 나온다. 헤겔에게 이러한 본질은 정신(Geist)이다. 하지만 플라톤적 초월주의와 달리 이 본질은 이 세계를 넘어 존재하는 초월적인 이상이라기보다는 세계의 구조와 발전을 결정하는 내재적인 힘이다. 따라서 사회의 본질은 모든 관습, 습관, 제도 등에 객관화되어 나타난다.

인간 역시 기계적 물질이라기보다는 살아 있는 유기체다. 인간은 자신의 본질을 가지며, 인간의 성장 또는 발전은 그의 본질의 실현이다. 헤겔적 주체는 고정된 초월적인 본질적 속성을 가지고 있지 않다. 오히려 다른 사람에게 자신의 목적을 표현함으로써 유한한 본질로서의 자신의 본질을 성취한다. 인간은 진리를 획득하기 위하여 항상 운동 과정 중에 있다. 다시 말해 헤겔적 주체는 특정한 방향, 즉 진리를 향해 운동한다. 이렇게 특정한 방향으로 운동하는 이유는 인간이 살아 있는 실체이기 때문이다. "살아 있는 실체는 진실한 의미에서 주체, 다시 말해 살아 있는 실체는 자기 자신을 조정(措定)하는 운동이거나 또는 자기―타자화를 그 자신과 매개하는 한에서만 진실로 실제적인 존재이다"(Hegel, 1977: 10). 오로지 살아 있는 실체만이 운동할 수 있는데, 그 이유는 자신 고유의 모순을 가지고 있기 때문이다. "이러한 주체로서의 실체는 순수하면서도 단순한 부정성이고, 바로 이러한 이유로 이러한 단순성의 양분화다. 또한 이 실체는 대립을 설정하고 다시 이러한 무관심한 다양성과 그 안티테제[직접적인 단순성]를 부정하는 이중 작용이다"(Hegel, 1977: 10).

방법론적으로 헤겔적 본질주의는 스피노자의 변증법적 연역을 재언술한다. 제일원리는 추상적 보편성(abstract universal)이 아닌 구체적 보편성(concrete universal)으로서, 그로부터 변증법적 운동의 모든 과정이 필연적으로 따라 나온다. 변증법적 연역은 순환론적이다. 시작이 종국에 실현되는 것만큼이나 종국이 시작에 이미 전제되어 있다. 이는 기본적으로 아리스토텔레스적 관점이다. 아리스토텔레스에게 과학적 지식은 이차적 실체들에 대한 사실들을 지금의 그 모습으로 만든 '필연적인' 원인을 밝혀냄으로써 설명하려고 한다. 이러한 점에서 법칙의 형상은 하나의 전체성 속에 있는 잠재태를 실현하는 것인데, 사실 그러한 잠재태는 전체의 본질에 내재하고 있다. 자연은 불완전(잠재태의 상태)에서 완전성(실현의 상태)으로 움직이고자 하는 유기체다. 존재하는 모든 것은 작용원인(행위자)을 통해 질료원인(질료)과 형상원인(형상)으로부터 최종원인(종국)으로 변화하고 있는 상태에 있다. 아리스토텔레스적 과학은 한 사물이 잠재태에서 현실태로 어떻게 '필연적으로' 변화하는지 발생론적으로 추적한다.

역사의 방향에 대해 헤겔적 본질주의는 역사가 직선적으로 상승하고 있는데 이것이 목적론적으로 결정되었다고 본다. 하지만 역사를 유일지존인 전지전능한 신이 쓴 구원 드라마로 보는 기독교화된 신플라톤주의와는 다르다. 헤겔적 본질주의는 아리스토텔레스를 따라 역사가 그 본질을 실현하면서 불완전에서 완전으로 나아가고 있다고 주장한다.

역사의 방향 역시 변증법적 연역을 따른다. 역사는 절대정신의 자기실현의 방향으로 진보적으로 운동한다. 『역사철학』에서 헤겔은 다음과 같이 말한다. "보편적 역사는 잠재적인 지식을 작동시키는 과정 중에 있는 정신의 전시이다. 배아가 그 자체로 나무의 전 본성을, 그리고 그 과일의 맛과 형상을 담고 있듯이 정신의 첫 번째 궤적은 그 역사의 전체를 사실상 담고 있다"(Randall, 1954: 423에서 재인용). 따라서 존재하는 모든 것은 앞으로 더 나아가는 진보에 있어 필연적인 한 계기이다. 이러한 보편적인 역사에서, 사회의 상이한 형상들은 유일한 통일체의 진화 도상에서 나타나는 상이한 단계들로 간주된다.

도덕적으로 볼 때 이는 일종의 세속화된 복음주의를 함의한다. 인간존재는 신의 무한한 본질을 표현해야만 하는 목적을 지닌다. 이를 위해 인간존재는 절대정신의 변증법적 운동을 완전히 '알아야' 한다. 자기 자신을 아는 것, 즉 자기의식은 신이 자신에게 부여한 본질을 아는 것이고 인간만이 이를 자기의식적으로 실현하려고 한다. 헤겔이 '인륜'(Sittlichkeit)을 주관적인 도덕을 넘어 세 단계로 발전해 나가면서 실현되는 객관적인 규범으로 본 것도 다 이와 관련된다. 인륜은 가족이라는 직접적인 단계에서 시민사회라는 상대적 매개의 단계를 거쳐 정치적 국가라는 실체적 보편자의 현실화 단계로 완결된다.

정치적으로 볼 때, 헤겔적 본질주의는 모든 인간존재가 자신의 잠재태를 완전히 실현하는 일종의 참여 민주주의를 제시한 것처럼 보일 수도 있다. 하지만 헤겔적 본질주의가 역사를 완전한 상태라는 단 하나의 결정적인 방향으로 나아간다고 믿는 한 다원 사회를 지향한다고 말할 수는 없다. 헤겔적 본질주의는 노동 분업이 불러일으킬 무질서를 두려워했다. 따라서 사회의 발전을 통제하려고 하였는데, 이는 사실 중앙집중적인 전체주의로 나아갈 여지를 만드는 것이다. 헤겔이 국가를 절대 정신의 대표자로서 이전의 모든 인간조직 중에서 가장 뛰어나고 영광스러운 형식으로 본 점을 상기하면 이는 쉽게 이해가 간다.

경험과학: 경험주의적 계몽주의 전통

19세기의 첫 번째 시기(1789 ~ 1832/1848)와 두 번째 시기(1832/1848 ~ 1884)의 경험과학은 여전히 뉴턴의 물리학을 사회 영역에 적용하려고 시도했다. 고전 정치경제학과 공리주의가 그 성과물이다. 고전 정치경제학의 대표자는 맬더스(Thomas Robert Malthus)와 리카르도(David Ricardo)였는데, 둘 다 인간의 자기 이해관계(self-interest)를 뉴턴의 중력원리에 상응하는 것이라고 주장한 애덤 스미스를 추종하고, 또 나름대로의 방식으로 수정했다. 공리주의의 대표적 인물은 제임스 밀(James Mill)과 그의 아들 존 스튜어트 밀(John Stuart Mill)인데, 둘 다 인간의 행위가 그 본성상 쾌락에 대한 욕망과 고통에 대한 혐오에 의해 지배된다는 벤담(Jeremy Bentham)을 따르고 또 수정했다. 고전 정치경제학과 공리주의는 첫 번째 시기(1789 ~ 1832/1848)와 두 번째 시기(1832/1848 ~ 1884) 영국에서 더 유행했다. 고전 정치경제학과 공리주의 모두에게 '자연적'이란 말은 '물리적'이란 말과 동의어였다.

19세기 중반에 이르면 다윈의 자연 선택론이 이에 도전한다. 다윈의 이론에서 '자연적'이란 용어는 '물리적'이라기보다 오히려 '생물학적'이란 용어에 가까웠다. 하지만 경험과학은 이러한 차이가 극복하기 어려운 것이 아니라는 점을 곧 깨닫는다. '물리적'이든 '생물학적'이든 물질론적이긴 마찬가지이기 때문이다. 양자 모두는 실재를 설명하는 데 정신적인 요소의 중요성을 축소한다는 점에서 같다(Gordon, 1991: 494 ~ 495). 따라서 다윈의 자연 선택론은 고전 정치경제학 및 공리주의와 쉽게 결합했다. "사회적 다윈주의는 고전경제학이 생물학화된 한 형식을 대표한다. 다윈의 자연 선택론의 권위에 호소함으로써 경쟁적 개인주의라는 사회윤리를 현대화하고 일신하려는 시도였다"(Fine, 1979: 23 ~ 24). 경험과학은 다윈의 진화론을 원자적 개인들 사이의 생존 투쟁으로 해석하였는데, 이는 사실 다윈이 그 단초를 제공하고 있기 때문이기도 하다(Gordon, 1991: 505). 고전 정치경제학, 공리주의, 다윈의 자연 선택론은 모두 사회적인 것을 개인적인 것으로 환원한다는 점에서 같다. 모든 종류의 인간 행위는 자연 선택론 또는 적자생존론과 같은 단순한 법칙으로 환원된다. 이렇게 단순하기에, 그 이후 철학자들 사이에 고전 정치경제학, 공리주의, 다윈의 자연 선택론은 별 인기가 없게 된다. 대신 경제학, 특히 1870년대에 출발하여 1890년대 즈음에는 고전주의 경제학을 거의 대체한 신고전주의 경제학에서 막강한 이론으로 힘을 발휘하게 된다.

세 번째 시기(1884 ~ 1914)에 접어들면 경험과학은 통계학이라는 또 다른 발전을 보게 된다. 벨기에의 통계학자인 케틀레(Adolphe Quetelet)가 1835년에 자신의 첫 주요 저작인 『인간과 그 재능 발달에 관한 연구, 또는 사회물리학 시론』에서 '평균적인 사람'이라는 개념을 제출하였다. 하지만 당시에는 통계학이 사회과학분야에서 광범하게 활용되지는 못했다. 통계학이 경험과학의 다른 모델들에 대한 가장 중요한 대안으로 떠오른 것은 세 번째 시기(1884 ~ 1914)를 거쳐 영국의 수리통계학이 발달하면서부터이다(스티글러, 2005). 사실 통계학은 기존 경험과학의 성격을 혁명적으로 뒤바꾸었다. 경험과학은 사회현상이 자연현상과 마찬가지로 법칙에 의해 지배된다고 믿어왔다. 이 법칙은 어떠한 변이도 허용하지 않는 본질적으로 기계적인 법칙이었다. 하지만 과학의 실제 발견은 이러한 시각을 배반하는 경우가 많았다. 통계학은 사회현상을 그 본성상 통계적이라고 주장함으로써 이러한 문제를 해결했다. 사회현상을 지배하는 법칙은 개연적(probabilistic)이다. 이를 통해 실증주의라는 용어는 새로운 의미를 얻게 되었다. 수없이 많이 측정하고 그 평균값을 구하는 것이 핵심이 되었다. 따라서 사회과학은 단지 사실들을 수집하고 그것들을 일반법칙으로 정식화하는 것으로 환원될 수 있었다.

사회에 관해 경험주의적 계몽주의 전통은 유기적인 시각보다 원자론적이고 분석적인 시각을 수용했다. 이러한 전통에 따르면 사회는 원자적인 합리적 개인들의 자기 이해관계에서 나온 '논리적' 구성물이다. 인간 또는 원자적 개인들은 원래부터 자신들의 필요를 충족시켜줄 수 있는 공리에 대한 합리적 계산에 의해 사회에 모여 살도록 추동되어 있다. 고전 정치경제학과 공리주의는 기본적으로 이러한 주장을 따른다. 하지만 다원주의의 도전에 직면하여, 경험주의적 계몽주의 전통은 사회를 사회적 공리의 극대화라는 기본 원리를 따라 작동하는 기계적 물질과 유사한 단순한 유기체로 보게 되었다. 이때 시장이 사회의 모델로 떠오르는 것은 당연한 일일 것이다. 시장적 상황에서 자기 이해관계를 추구하는 자율적인 개인들의 자연적 투쟁으로 사회가 환원된다(Fine, 1979: 25). 시장과 마찬가지로 사회도 그 자동적인 과정에 떠맡긴다면 모든 가능한 세계 중에서 최고의 사회를 창조할 것이다. 따라서 리카르도 같은 경우 특정의 기본적 원리와 조건이 일정하다면, 시장이 어떻게 움직여가야만 하는지 논리적으로 보여주는 데 그 주의를 집중했다(Gordon, 1991: 201).

경험주의적 계몽주의 전통은 인간에게서 정신적 차원을 제거했다. 인간은 살아 있는 유기체로 간주되었지만 기계적 물질처럼 단순한 유기체로 전락했다. 인간은 그 행위가 쾌락을 얻고 고통은 피하려는 동기에 의해 기계적으로 결정되는 단순 유기체에 불과하다. 이 점에 있어 모든 고전 정치경제학자는 사실상 공리주의자였다. 인간의 쾌락주의적 본성은 결코 종교적 신념, 철학적 원리, 또는 특정의 문화에 의해 전혀 조정되지 않는 것으로 간주되었다(Gordon, 1991: 265). 그 결과 인간은 역사적으로 발전된 사회조직의 영향으로부터 독립된, 말하자면 비사회적 존재가 되었다. 인간은 그를 옥죄는 제도에서 해방된 존재임이 가정되었다. 이런 식으로 인간은 모든 종류의 맥락에서 해방된 추상적 인간이 되었다.

방법론적으로 경험주의적 계몽주의 전통은 우선 환원주의에 의존했다. 환원주의는 기본적으로 개인주의적 존재론을 지닌다. 오로지 개별적인 것이 실재적인 것이고 모든 집합적 조직은 자기 이해관계를 추구하는 개인의 집합으로 간주된다. 환원주의는 원자적 개인에 대한 몇 가지 단순한 원리로 모든 사회현상을 설명하려고 시도한다. 공리주의의 '효용의 극대화 원리'와 다윈의 '적자생존 원리'가 좋은 예다.

경험주의적 계몽주의 전통은 또한 관찰과 실험과 같은 자연과학의 방법을 인간과 사회에 적용하려고 시도했다. 관찰은 지식이 외부에서 우리의 '인지 체계'로 투입된다고 주장하는 경험주의적 인식론에 기반하고 있다. 모든 지식의 토대가 일차적으로 감각 경험에서 온다. "우리는 감각을 통해서 그리고 오로지 감각만을 통해서 지식을 얻는다. 지식의 유일한 원천은 경험이며, 과학의 유일한 방법은 귀납이고, 탐구의 유일한 대상은 사실이다. 어떠한 절대성도, 어떠한 형이상학도 오류와

광기를 낳기 때문에 허용될 수 없다. 작업이 건전하고 겸손한 한 목적은 제한되고 결과는 상대적이다. 지식은 과학적이지 않으면 아무 가치가 없다"(Tatarkiewicz, 1973: 8). 여기서 중요한 것은 우리는 보편성이 아닌 개별성만을 경험할 수 있다는 것이다. 따라서 감각기관의 관찰에 포획되는 개별적인 사실에 집중하지 않을 수 없다. 관찰과 더불어 실험도 역시 중요하다. 이 역시 자연과학의 실례를 따라야 한다. 자연에 대한 지식은 인지적인 노력뿐만 아니라 물리적인 노력도 필요하다. 작업을 실행하기 위해 인간이 할 수 있는 것은 자연적 물체를 모아놓거나 분리하는 것이며, 나머지는 그 내부에서 작동하는 자연에 의해 이루어지기 때문이다. 물리적 대상의 앙상블은 특정의 효과와 결과를 생산하도록 구성되어야만 한다. 지식을 낳는 동시에 실험하는 것은 그러한 생산을 통해 가능하다. 경험주의적 계몽주의 전통은 자연과학의 방법인 실험을 인간과 사회에도 적용하려고 했다. 여기서는 오로지 개별적인 것만이 실험될 수 있다. 우리는 보편성에 직접적으로 접근할 수 없기 때문이다.

요약하면, 개별성을 관찰하고 실험해서 수집한 자료에 대해 '경험적 일반화'를 이룩한다. 자료에 대한 이러한 경험적 일반화는 이론과학에서 말하는 제일원리에 해당하는 것이다. 하지만 이 원리는 자명한 공리가 아니라, 경험적으로 일반화된 원리이다. 그럼에도 이 원리가 지닌 연역적 기능은 동일하다. 이 원리로부터 사회현상에 대한 모든 명제들이 필연적으로 유래한다. 하지만 세 번째 시기(1884~1914)에 접어들면 경험주의적 계몽주의 전통은 모든 것을 포괄하는 법칙을 시도하려고 추구하는 이론과학으로부터 거리를 두기 시작한다. 유사 제일원리를 발견 또는 수립하려는 시도를 포기하는 것이다. 대신 법칙에 대한 개연적인 개념을 받아들인다. 과학은 "특수자들 사이에서 통일성의 유형들을 단순히 발견한다. 과학적 법칙은 부분적이고 잠정적인 것으로, 그리고 대개의 경우 자료의 유형을 경제적으로 표현하는 개연적인 언명으로 간주되었다"(Fine, 1979: 51).

역사의 방향에 대해 경험주의적 계몽주의 전통은 인간 역사가 완전성을 향해 직선적으로 상승하면서 나아가도록 '기계적으로 결정된' 상태에 있다고 가정했다. 고전 정치경제학과 생물학적 은유의 결합이 이 과정을 설명한다. 모든 목적론적 함의를 제거한 채, 역사를 자연적인 선택 법칙, 즉 적자생존으로 정의한다. 적자가 살아남는 완전한 세계는 자연적인 효과이지 목적론적 종국이 아니다. 역사의 오랜 과정을 통해서 사회는 유아기에서 성인기로 점차적으로 진화한다. 노동 분업의 정도가 진화의 단계를 결정하는 기준이 된다. 구조적 분화가 기능적 통합을 낳는다는 유기적 은유가 이를 정당화한다. 물론 이러한 낙관주의는 노동 분업의 경제적 이점에 기반을 둔 것이지만, 상대적으로 그것의 문화적 또는 도덕적 효과에는 체계적인 관심을 덜 기울인다.

이러한 입장은 도덕적으로 볼 때 원자론적이고 쾌락주의적인 윤리를 특징으로 하는 고전적 자유주의 또는 부르주아 자유주의를 고취한다. 경험주의적 계몽주의 전통은 모든 개인은 그 본성상 쾌락을 얻고 고통을 피하려고 추구하며, 이것이야말로 도덕적으로 가치 있는 유일한 객관적 잣대라 주장한다(Scarre, 1996: 91). 이 점에서 공리주의는 특히 중요하다. 공리주의는 완전히 세속적인 윤리, 즉 초월적인 정신이나 신의 요구와 상관없는 바로 현세에서 손으로 만질 수 있는 인간의 복지를 추구했다. 인간에게 선은 곧 이 세계에서의 행복인 것이다(Gordon, 1991: 248). 목적 그 자체로 선한 절대적인 윤리는 없으며, 오로지 인간의 현세적 행복에 기여할 수 있는 유용한 행위만이 윤리의 기준이 된다. 따라서 윤리도 그 유용성을 따지는 공개적인 논쟁의 대상이 될 수 있다. 모든 개인은 자신의 쾌락을 극대화하려고 추구하는 삶의 정글에서 산다. 여기에서 이루어지는 경쟁은 건설적이고, 진보적이며, 생명을 불어넣는 힘이 된다(Gordon, 1991: 256). 따라서 개인들 간의 경쟁이 강력하게 고무된다. 이러한 점에서 고전적 자유주의는 당시 발전 중인 시장경제를 반영한 것이다.

정치적으로도 자유방임을 강조하는 자유 민주주의를 옹호한다. 자유방임주의는 시장 체계 또는 시민사회가 국가나 기존 관습의 강제적이고 구속적인 권력이 광범하게 작동하지 않고서도 조정하는 기능을 수행할 수 있다고 주장한다. 모든 개인이 동일한 원리, 즉 쾌락의 극대화와 고통의 최소화의 원리에 따라 행동하기 때문에 단기적으로는 혼란스러운 것처럼 보일 수도 있지만 장기적으로는 결국 안정된 발전을 가져올 것이다.[4] 제임스 밀은 대의민주제도를 높이 평가했다. 어차피 소수가 다수를 통치하는 권력을 가지는 것을 피할 수 없다면 이왕이면 다수가 원하는 것을 행하는 소수의 통치자를 만들 정치 질서를 수립하는 것이 최선이라고 믿은 것이다. 되도록 자주 반복되는 선출 선거에서 통치자는 자신의 권력이 선거권을 행사하는 다수의 사람에게서 나온다는 것을 깨닫게 되고, 따라서 다수가 원하는 방식으로 통치하려고 애를 쓰게 된다는 것이다(Gordon, 1991: 255).

....

4) 흔히 생각하듯이 고전 정치경제학파가 자유방임주의를 주창했다는 주장이 사실과 다르다고 고든(Gordon, 1991: 220~247)은 주장한다. 대신 진정으로 자유방임주의를 주창한 것은 미국의 경제사상이었다는 것이다. 물론 유럽의 고전 정치경제학자가 완전히 자유방임주의자가 아닌 것은 이제 상식에 속하는 신화에 불과하다. 그럼에도 여기에서 자유방임주의를 정치적 함의로 내세우는 것은 그 단초가 이미 고전 정치경제학과 공리주의로 대표되는 경험주의적 계몽주의 전통에 다 들어가 있기 때문이다. 우리가 17세기의 합리주의 철학자가 기독교에서 완전히 벗어난 세속화된 학자가 아니라는 사실을 인정한다고 해서 그들의 작업이 지닌 세속화적 효과를 부정할 수 없는 것과 마찬가지의 이유이다.

도덕학: 대항계몽주의적 전통

비코로 대표되는 대항계몽주의 전통은 이후 초기 낭만주의자에게서 전형적으로 나타난다. 초기 낭만주의자는 인간 경험을 이성으로만 매우 좁게 정의하는 것에 반대하여 인간 경험의 풍부함, 색채, 열정, 복잡성 등을 찬양했다(Randall, 1954: 399). 그들은 추상적인 원리보다 의식의 내적 흐름에 있는 삶의 경험을 강조했다. 또한 개인이 질적으로 고유하다는 점을 강조했다. 개인은 합리적인 경제적 인간처럼 추상적인 존재가 아니라 고유의 시공간적, 언어적, 또는 사회심리학적 맥락에 배태되어 있는 구체적인 개인이다. 이성은 삶과 역사의 일부이며, 당연히 그 역사성에 의해 제한된다. 맥락이 토대적인 공리보다 더 중요하다. 하지만 이러한 초기 낭만주의는 곧 초월적인 주관주의에 의해, 그리고 결국에는 헤겔적인 본질주의에 의해 그 빛이 가려지게 된다. 그 이후 도덕학은 19세기 후반까지 지적 영향력을 상실하게 된다.

하지만 보다 최근의 연구에 의해 도덕학이라 이름 붙일 수 있는 경향이 세 번째 시기(1884 ~ 1914)에 대서양 양안의 담론공동체에서 재활성화된 것으로 밝혀졌다(Kloppenberg, 1986).[5] 이 담론공동체는 인식론상의 관념론과 경험론의 구분, 윤리학에서의 직관주의와 공리주의의 구

....

5) 이 부분은 19세기 말과 20세기 초의 도덕학적 전통을 다룬 클로펜버그 (Kloppenberg, 1986)의 해석을 따른다. 클로펜버그가 되살려낸 전통, 여기서 내가 도덕학이라 부른 전통은 사실 이후 서구 지성사를 지배하는 패러다임이 되지 못하였기 때문에 지성사의 이단으로 취급되어온 감이 있었다. 클로펜버그의 책 『불확실한 승리』는 이러한 이단을 다시 중앙으로 복귀시켰다는 점에서 그 의의가 인정되고 있다. 클로펜버그는 자신의 책에서 다룬 학자들이 사실 하나의 학파로 부르기에는 서로 다른 전통을 배경으로 가지고 있고 또 지적으로 상이한 경향을 물려받았다는 것을 인정한다. 그럼에도 그 핵심은 내가 도덕학이라 부르는 지식 패러다임으로 수렴된다고 클로펜버그는 주장하고 있다.

분, 정치학에 있어 혁명적 사회주의와 자유방임 자유주의라는 기존의 구분을 거부하고, 철학에서는 중도 또는 제삼의 길(via media) 쪽으로 사회정치 이론에서는 사회민주주의(social democracy)와 진보주의(progressivism) 쪽으로 수렴되어 나타난다. 제삼의 길을 추구한 대표적인 철학자들은 딜타이(Wilhelm Dilthey), 그린(Thomas Hill Green), 시지윅(Henry Sidgwick), 푸이예(Alfred Fouillée), 제임스(William James), 듀이(John Dewey) 등이다. 그 핵심은 진리는 영원성과 필연성의 개념에서 벗어나와 결코 확정되지 않으면서 항상 교정에 노출된 인간 경험에 뿌리박아야 한다는 것이다. 윤리학에서는 칸트의 합리적으로 직관된 의무 개념과 행복을 극대화한다는 공리주의적 원리를 결합하여 자기 이해와 사회적 의무 사이의 불안정하고 역설적인 관계가 있음을 보여준 시지윅에게서 대표적으로 나타난다. 클로펜버그는 시지윅을 따라 이를 합리적 박애의 윤리학(the ethics of rational benevolence)이라 부른다. 윤리적 개념은 미리 규정된 규준에 따를 수 없고 대신 경험을 불완전하게나마 반성하는 이성에서 나오는 것이며, 그렇게 되면 옳음과 선함이 확실성으로부터 풀려나와 역사적인 것이 된다. 정치학에서는 평등이라는 민주주의 원리를 전체사회로 확대하려는 사회주의 전통과 소유적 개인주의(possessive individualism)를 거부하고 개인의 자유에 대한 자유주의적 헌신을 보완하기 위해 연대(solidarity)의 이상을 받아들인 자유주의 전통을 결합한 홉하우스(Leonard T. Hobhouse), 부르주아(Léon Bourgeois), 크롤리(Herbert Croly), 리프만(Walter Lippmann), 듀이, 베버 등이 이를 대표한다(Kloppenberg, 1986: 1 ~ 11).[6] 이들은 기본적으로 포스트 다원주의자로

---

6) 앞으로 클로펜버그를 따라 편의상 이들을 중도의 철학자들(philosophers of the via media)이라는 공통된 용어로 부를 것이다.

서, 경험과학자들과는 다르게 다윈의 자연 선택론을 해석한다. 우선 의식적인 인간존재의 적응 능력을 강조하면서도 인간과 사회를 설명할 때 우발성이 중요하다는 점을 밝힌다(Wiener, 1965). 진화는 단선적인 발전이 아니라 분기(分岐)하는 과정, 즉 다양성을 만들어나가는 과정으로 해석된다(Burrow, 2000: 72). 어디로 분기할 것인가를 결정하는 것은 추상적 원리라기보다는 구체적인 맥락이다. 그 결과 이들은 실천이성을 선험적인 비역사적 범주가 아닌 구체적인 사회역사적 맥락 안에 위치 지운다. 과도하게 추상적이고 연역적이며 형식적인 사고 유형을 거부하는 맥락주의를 주장한다는 점에서 도덕학을 충실히 따른다고 할 수 있다.

중도의 철학자들은 기계적인 사회관은 물론 19세기 후반 사상의 지배적 조류였던 유기체적 사회관(헤겔적, 콩트적, 다윈적 버전이 있다)도 거부한다. 그들은 개인을 무시하고 사회를 물화시키는 모든 개념을 거부했다. 대신 사회가 개인과 사회적 환경 사이의 상호작용에서 발전되어 나오는 것으로 보았다. 근본적인 차원에서 사회적 성격을 지닌 경험개념을 통해 중도의 철학자들은 개인과 공동체 모두에 관심을 기울인다. 개인은 주어진 사회적 환경 속에서 자발적으로 사회를 구성하는 것이지, 그 반대는 아니다. 사회를 유기체로 본다고 한다면, 그것은 필연이 아닌 선택에 터한 것이다(Kloppenberg, 1986: 148~149). 사회는 실체라기보다는 개인들 사이의 상호작용의 산물이다. 예를 들어 딜타이는 사회를 지속적으로 상호작용하는 개인들 사이에 수립된 다중적 관계들의 뒤얽힌 망으로 정의한다. "모든 개인은 관계의 망이 교차하는 지점이다. 이 관계들은 개인을 관통하며 개인 안에 존재하지만, 또한 개인의 인생을 넘어서서 독립적으로 존재하며 자체적으로 발전한다"(Dilthey, 1976: 179). 헤겔적 본질주의와 달리 사회에 대한 개인주의적 접근에서 출발하지만, 그렇다고 사회를 개인으로 환원하지 않고 개인들 간의 상호작용의 연결망으로 보기에 사회의 독자적 성격 또한 보지할 수 있게 된다. 딜타이에게 사회는 사고하고, 느끼고, 행동하는 개별적 인간존재들로 구성된 사회적·역사적 현실이다. 이 안에서 인간존재들은 함께 언어, 종교, 제도를 생산한다. 이렇게 생산된 것은 개인을 넘어선 사회의 독자적 성격을 가진다. 하지만 창조자의 섭리가 이를 만들고 운영하는 것이 아니다. 오히려 인간이 만든 문화적 논리에 의해 움직인다. 인간을 자기 창조적인 존재일 뿐만 아니라 사회에 의해 창조되는 존재로 보는 비코의 대항계몽주의 전통을 충실히 따르고 있는 것이다. 여기에서는 개별 인간을 전체적 인간으로 보는 동시에 이것이 사회 안에서 성취된다는 점이 강조된다. 인간의 성장은 사회의 성장과 같이 가기 때문이다.

중도의 철학자들은 합리주의적 인간관과 경제적 인간으로 대표되는 공리주의적 인간관 모두를 비판한다. 대신 그들은 '자발적 행위이론'이라 불릴 수 있는 인간관을 제출했다. 자발적 행위이론은 서로 얽힌 다섯 가지 주장으로 구성되어 있다.

첫째, 자유는 즉각적인 경험의 일부다. 인과성의 논리는 […] 근본적인 차원에서 하나의 사고를 유지하기 위해 우리가 선택한다는 점에서 선택에 대한 우리의 인식을 파괴할 수 없다. 따라서 우리는 자유의 사실을 수립하기 위해 관념론적인 형이상학을 불러올 필요가 없다. 둘째, 주체는 감각 자료를 수동적으로 수용하는 것도 아니요 미리 수립된 쾌락과 고통의 계산에 따라 반응하는 것도 아니다. 대신, 활동은 우리가 받아들이는 자료 더미의 특정 부분에 주의를 기울이는 근본적인 과정의 하나다. 의식은 경험의 요소들에서 의식의 관심을 불러일으키는 것들을 적극적으로 가려내고 선택한다. 셋째, 경험은 의지, 사고, 느낌 모두로 구성된다. 그중 어떤 것도 무시될 수 없으며, 그 어떤 것도 다른 것들에 완전히 종속적이지도 독립적이지도 않다. 넷째, 의지는 그 선택을 제한하는 주어진 객관적 조건들 안에서만 자유롭게 행사된다. 마지막 다섯 번째로, 의지의 내용은 개인적인 동시에 역사적인 발전의 한 기능이기 때문에, 의지의 중심에 놓인 이해관계는 절대적이지 않고 상대적이다(Kloppenberg, 1986: 85).

딜타이는 인간을 '이성'이나 '개념적 사고'와 같은 특질로 보는 합리주의적 인간관을 거부한다. 인간은 전체적이다. 인간은 사고할 뿐만 아니라, 의지(will)하며, 느끼는 전체적인 존재이다. 다시 말해 인간은 표상 작용, 의지 작용, 감정 작용의 총체이며, 이는 실제 삶의 과정에서 나타난다. 딜타이는 또한 공리주의적 인간관을 거부한다. 딜타이는 사회를 이해할 때 개인이 핵심적이라는 것을 받아들였지만, 그리고 존 스튜어트 밀의 영향을 많이 받았지만, 인간을 공리를 최대화하려는 존재로 보지는 않았다. 인간은 무엇보다도 영혼이나 정신(Geist), 또는 인물(person)로서의 전체적 인간이었다. 딜타이가 보는 인간존재는 피와 살이 있는 인물이었다. 동물과 다른 인간만의 독특한 특성은 공리를 극대화하는 데에 있는 것이 아니라, '삶'(das Leben)을 체험한다는 데 있다. 여기서 삶이란 자연과학에서 말하는 삶이 아니라, 인간이 일상생활에서 체험하는 바의 '삶'이다. 따라서 이 삶은 상징적 차원을 지닌다. 부자나 빈자나, 권력자나 권력 없는 자나, 고귀한 자나 미천한 자나 인간이라면 누구나 일상생활에서 나름의 방식으로 삶을 체험한다. 따라서 모든 개인은 그 자신의 삶을 살며, 그 삶에 대하여 개인적으로 유의미한 체험(Erlebnis; lived experience)을 통해 반성한다. 독일어 Erlebnis는 사건, 발생, 어드벤처, 경험을 뜻하는데, 어떤 사람에게 뭔가 기념할 만한 것(something memorable)이 발생하였음을 알리는 말이다. 따라서 유의미한 체험이란 어떤 특권화된 계기(privileged moments)를 통해 또 그것을 중심으로 이루어진다. 이를 통해 볼 때, 어떤 사람에게 유의미한 것이 다른 사람에게는 그렇지 않을 수 있다. 이러한 점을 고려할 때 딜타이는 개인주의를 강조했다고 할 수 있다. 하지만 이러한 개인주의는 계몽주의의 개인주의, 즉 평등과 획일을 강조하는 양적인 개인주의와는 완전히 다른 것이다. 오히려 딜타이의 개인주의는 불평등과 분화를 강조한다. 개인들은 질적으로 서로 다르다(Saiedi, 1993: 111). 개인의 삶은 태어나서 죽을 때까지 그가 체험한 것의 총체다. 그는 구체적인 사회적·역사적 현실에 배태되어 있다. 인간을 다른 유기체와 구분 짓는 결정적인 기준은 인간은 자신이 만든 문화적 맥락에 끊임없이 관여한다는 것이다(Rickman, 1979: 63). 삶은 고정되어 불변하는 것이 아니라, 역동적으로 흘러가는 것이다. 의미 없이 흘러가는 영원한 반복이 아니며, 되돌릴 수 없는 역사적 과정이다.

방법론적으로 중도의 철학자들은 합리주의적 계몽주의 전통과 경험주의적 계몽주의 전통을 모두 비판한다. 지식은 형식적으로 인지된 경험 또는 변증법적으로 설명된 경험에서 출발하는 것도 아니며, 또한 개별적인/원자적인 감각 경험을 뇌가 기계적으로 연합하여 관념을 형성하는 것도 아니다. 오히려 지식은 체험에서 출발한다. 지식은 사변적인(speculative) 것이 아니라 실천적인(practical) 것인데, 그 이유는 인간은 행위하기 위해 사고하기 때문이다. 체험은 분리된 주체가 자신의 외부에 있는 대상을 경험하는 것과는 다르다. 구체적으로 주어진 대상은 주객 분리 이전에 즉각적으로 체험되는 질적으로 구체적인 실재이기 때문이다. 인간은 결코 원자적인 감각 경험을 하는 것이 아니라, 관계 속에서 경험을 한다. 즉 감각을 단순 감각 그 자체로 경험하는 것이 아니라, 여러 감각들과의 '관계' 속에서 그 특정의 감각을 경험한다. 따라서 원자적 감각들에 관계 또는 질서를 부여해야 하는 칸트적인 선험적 순수이성도 그 자리를 잃게 된다. 경험이 외부에서 의식에 주어질 때 관계가 이미 즉각적인 경험의 일부로 구성되어 있기 때문에, 다시 말해 모든 경험이 원래 연결되어 있기 때문이다. 따라서 경험은 원자적으로 분리된 것이 아니라, 관계 속에서 연속되어 있다. 경험할 때 인간은 항상 관계와 연속성을 즉각적으로 체험한다(Kloppenberg, 1986: 64~73).

즉각적인 경험은 주체와 객체의 구분에 선행하며, 타자들의 존재야말로 삶의 일차적인 자료다. 체험은 근본적인 차원에서 사회적이다. 분석적 목적을 위해 개인을 문화적 모체로부터 격리하는 것은 주체를 지식의 객체에서 분리하는 것만큼이나 무의미한 일이다. 따라서 중도의 철학자들은 진리의 본질을 역사적 상황의 맥락 속에 위치 지우지 않는 한 무의미한 것으로 보았다(Kloppenberg, 1986: 95). 중도의 철학자들은 또한 확실한 지식을 추구하던 토대론적 인식론과 단절하고, 대신 불완전하지만 열려 있는 인식론을 주창했다. 지식은 결코 끝나지 않는 경험이며, 이 경험의 결과는 행위 속에서만 유효할 수 있다. 그 결과는 기껏해야 예비적인 것이며 실천 속에서 이후에 검증되도록 항상 노출되어 있다. "유한한 존재인 우리는 상대적인 확실성에 만족해야만 한다. 이 확실성은 신념에서 출발하며, 미래의 경험에 의해 반박되어질 거라는 점에서 잠정적인 수용으로 끝나게 된다"(Kloppenberg, 1986: 93).

딜타이는 순전히 인지적인 의식만으로 삶을 파악하려는 사변적 지식을 거부한다. 앎은 체험에 기반하고 있고 또 반드시 행위로 나타나야 하기에 인식론은 선험적인 가정을 가질 필요가 없는 것이다. 인식론은 논리가 아니라 삶에서 출발하고 끝난다(Kloppenberg, 1986: 87). 논리 또는 사고는 결코 삶의 후면에 갈 수 없다. 딜타이는 또한 경험을 감각 경험으로 축소하고 모든 지식의 근원을 그것으로부터 끌어오는 영국의 경험주의 및 실증주의도 거부한다. 딜타이가 탐구하고자 하는 주제는 감각뿐만 아니라 감정, 사고, 의지를 통해 현실과 교섭하고 있는 피와 살을 가진 실제의 인간들과 그들이 만들어낸 사회적·역사적 현실이다(Rickman, 1979: 53~54). 따라서 격리된 원자적 개인을 자연인으로 보고 연구의 대상으로 삼는 입장, 즉 개인의 삶을 사회적·역사적 맥락에서 추상시켜 탐구하는 입장은 거부되어야 마땅하다. 인간은 다른 사람들과의 일련의 공동의 살아 있는 관계 속에서 삶을 경험하고 있고, 사회과학자라고 다를 이유가 없다. "그러므로 인간에 대한 경험적 연구는 인간이 구체적인 맥락 속에 뿌리박고 있다는 인식에서 출발해야만 한다"(Kloppenberg, 1986: 96). 인간의 경험은 유의미한 체험이며, 사회과학자는 탐구 대상인 유의미한 경험을 실증적으로 안다기보다는 해석할 수 있을 뿐이다.

딜타이는 오늘날 광범하게 받아들여지는 자연과학(Natur-wissen-schaften)과 인문과학(Geisteswissenschaften)의 구분을 맨 처음 만든 것은 아니지만, 확산시키는 데 큰 공헌을 했다. "인간의 상호작용 체계를 살펴보면 과학에 막대한 성공을 가져다 준 요인들과 중대한 차이가 있음을 발견하게 된다. 과학은 공간적 관계를 기반으로 한다. 정확한 일반 법칙의 발견이 가능한 이유는 공간에서의 확장이나 움직임을 측정하고 계산할 수 있기 때문이다. 그러나 상호작용의 내적 체계는 생각으로 중첩되어 있으며 그 기본 요소는 관찰될 수 없다"(Dilthey, 1976: 201). 딜타이는 오늘날 우리가 '방법론적 개인주의'라 부를 수 있는 것을 발전시켰지만, 이는 존 스튜어트 밀의 방법론적 개인주의와는 상당히 다르다. 딜타이는 인간의 행위를 공리의 극대화라는 원리로 환원하는 것을 반대했다. 대신 해석적이고, 개별화하는, 심리학적 방법을 사용했다. 인간 행위자는 효율성이 아니라 의미에 의해 동기지어지기 때문이고, 의미는 덜 관찰 가능하고 더 주관적이기 때문이다. 따라서 방법론적으로 개인주의적이기는 하지만, 행위의 의미를 '해석'하기 위한 것이지 합리적 행위의 집합적 결과를 '설명'하기 위한 것이 아니다. "인간이 인문과학의 주제가 되는 경우는 우리가 인간의 상태를 체험하고, 그 체험에 표현을 부여하며, 그리고 이 표현을 이해할 때이다"(Dilthey, 1976: 175). 따라서 인간이 인문과학의 주제가 되는 것은 우리가 체험(Erlebnis), 표현(Ausdruck), 이해(Verstehen)를 서로서로 연관시킬 때뿐이다. "(1) 우리는 사람을 유의미한 것으로 경험한다. (2) 우리는 그 의미를 언어로 표현한다. 그리고 (3) 우리는 인간 경험의 그러한 표현들을 해석학적으로 이해한다"(Kloppenberg, 1986: 103). 해석은 행위의 외부에서 아무리 관찰해 보아야 도달할 수 없다. 오로지 행위자의 행위 내부로부터 다시 체험되어야 한다. "나의 관점은 바깥에서 본 인생이 아니라 인생 그 자체를 기반으로 한다. 왜냐하면 인생에서 가치 있는 모든 것들은 체험을 통해 얻어지기 때문이다"(Dilthey, 1976: 172).

그렇다고 딜타이의 해석이 감정이입 자체로 끝나는 것은 아니다. 만약 감정이입이 그 자체로 연구 방법이라면, 행위자 자신만큼 자신 행위의 의미를 잘 아는 사람은 없을 것이다. 그렇게 되면, 객관적인 이해와 해석은 사실 물 건너간 것이 되고 만다. 딜타이는 후기에 가면, '반성된 삶의 경험'(Lebenserfahrung; reflected experience of life)이라는 개념을 도입하여 체험의 사회적 성격을 강조한다. 반성된 삶의 경험이란 보편성으로 향한 공공성을 통해 고양된 개인적 경험이며 공동체의 산물이다. 반성된 삶의 경험은 반드시 외부로 표현되어야 하고, 우리는 그 표현을 통해 체험에 도달한다. 우리는 결코 다른 사람들의 경험 그 자체를 이해하는 것이 아니라 그 경험의 '표현'을 이해하는 것이다(Kloppenberg, 1986: 104). 결국 딜타이는 체험은 개인적인 동시에 집합적인 것이기에 감정이입을 넘어 집합적인 체험의 구조를 해석하고 이러한 맥락 속에서 주관적인 체험을 해석해야 한다고 주장했다. 이러한 의미에 대한 해석은 어떤 초월적인 것에 기대어 이루어질 필요가 없다. 의미는 우선적으로 체험의 기반 위에서 해석되어야 하며 동시에 반성된 삶의 경험에 대한 이해를 갖추어야 한다(Kloppenberg, 1986: 99 ~ 101).

딜타이는 다른 사람들의 경험의 표현을 이해하는 방법으로 해석학을 제시하는데, 이는 사실 슐라이어마허(Friedrich Schleiermacher)의 해석학으로부터 빌려온 것이다. 슐라이어마허는 텍스트를 이해하기 위해서는 저자의 특정한 의도와 심리학적 특성(개인적 정체)뿐만 아니라 텍스트의 랑그(집합적으로 공유된 문화)도 파악해야 한다고 주장했다. 하지만 양자 어느 것도 완벽하게 파악하는 것이 불가능하기에 문법적(grammatical) 차원과 심리적(psychological) 차원 사이에서 전진 후퇴를 반복해야 한다고 슐라이어마허는 주장했다(Saiedi, 1993: 89). 이를 이어받아 딜타이는 해석적 이해(Verstehen; interpretive understanding)의 방법을 제안했다. 정신적 상태를 이해하기 위해서는 우선 그 표현된 것, 즉 감각으로 주어진 기호로부터 시작할 수밖에 없다. 여러 가지 기호들이 있지만, 인간에게는 글로 쓴 기호가 가장 결정적이다. 딜타이는 해석학의 역사를 되짚으면서, 해석학을 인문과학의 방법으로 격상시킨다. 우선 사회적 행위를 행위자 자신의 주관적 의미를 통해 파악하려고 노력한다. 다음에 이러한 주관적 의미를 더 큰 맥락, 즉 집합적으로 공유되는 문화 안에 집어넣어 맥락적으로 파악해야 한다. 진리란 전체이며, 이는 부분은 전체를 통해서만 전체는 부분을 통해서만 이해될 수 있다는 것을 뜻한다. "한 작품의 전체는 개별적인 단어들과 그들의 조합으로부터 이해되어야만 하지만, 한 개별적인 부분에 대한 완전한 이해는 전체에 대한 이해를 전제한다"(Dilthey, 1976: 259). 이러한 해석학적 순환은 상대적으로 객관적인 과학적 이해를 가능하게 해줄 것이다. 일종의 상호주관적인 귀납으로서의 상호주관적인 틀이 해석학적 순환을 통해 만들어질 것이기 때문이다. 이러한 상호주관적인 틀은 사실 사회과학만의 독특한 방법이 아니며, 일상생활에서 모든 인간이 사용하고 있는 방법이기도 하다. 일상생활에서의 이해와 사회과학에서의 이해의 차이는 참조 틀(frame of reference)의 '확장성'에 있을 뿐이다. 대부분의 평범한 일상생활에서 개인들은 자신만의 문화적 세팅을 벗어나는 일이 드물다. 하지만 다른 사람들이나 집단을 탐구하는 사회과학자는 의식적으로 이 세팅을 확장해야 한다. 이러한 해석학적 순환은 역사적 방법이기도 하다. 사회과학자는 개별적인 삶들의 세밀한 부분들뿐만 아니라 다양한 사회경제적, 정치적, 지적 맥락에 대한 포괄적인 지식을 추구해야 한다.

중도의 철학자들, 특히 딜타이, 제임스, 시지윅은 역사가 가치의 문제에 명확한 해답을 제공해 줄 수 없는, 그래서 오히려 열린 과정일 수밖에 없다고 보았다.[7] 이들은 일정 정도는 비극적인 역사관을 공유한다. "그들은 정치적, 사회적, 경제가 진보가 삶을 가장 천박한 만족에 대한 무의미한 쟁탈로 변형시킴으로써만 번영을 가져오는 것이 아닌가 두려워했다"(Kloppenberg, 1986: 5). 그들은 역사가 어떤 일반적인 방향으로 진행되는 것이 아니며, 따라서 인간이 반드시 따라야만 하는 어떤 초역사적인 주체나 과정이 있는 것도 아니라고 보았다. 역사는 사회정치적 질서에 보편적으로 적용 가능한 규준을 규정하는 것은 아니다. 오히려 이러한 규준은 사회 그 자체로부터 나오고, 또 그 사회에 의해 선택되는 것이다(Kloppenberg, 1986: 157).

이러한 시간관에 걸맞게, 중도의 철학자들은 시공간을 초월하여 존재하는 보편적 윤리 대신에 맥락에 배태된 상황적 윤리를 강조한다. 개인의 욕망과 사회의 정의 사이의 갈등을 완전히 해결할 수 있다고 믿지 않은 것이다(Kloppenberg, 1986: 158). 따라서 칸트의 절대 윤리와 공리주의의 이기주의 도덕 둘 다 거부한다. 예를 들어 제임스는 사전에 이미 독단적으로 구성된 윤리 철학, 즉 절대 윤리 철학은 가능하지 않다고 주장한다. "그것들['선'(good), '악'(bad), '의무'라는 단어]은 인간의 지지와 무관한 절대적인 본성을 의미하지 않는다. 그것들은 감정과 욕망의 대상이며, 실제로 살아있는 마음으로부터 떨어져 있는 존재(Being)에 발판이나 정박지가 없다"(James, 1891: 340). 모든 실제 딜레마는 엄격하게 말해 그 자체만의 독특한 상황이다. 따라서 특정한 결정이 이상을 어느 정도 실현시키고 어느 정도 좌절시킬 것인지 그 전례가 없는 것이기에 어떠한 적절한 이전의 규칙도 존재하지 않는다. 따라서 구체적인 국면에서 무엇이 최선의 세계인지를 사전에 결정하는 것은 불가능하다. 하

---

7) 이 점에서 듀이, 푸이예, 그린은 역사를 보다 선형적으로 발전하는 것으로 보았다는 점에서 조금은 다르다(Kloppenberg, 1986: 116).

지만 인간은 최선의 세계를 만들 수밖에 없는 상황에 처해 있고, 어떤 것이 최선인지는 실제로 행위를 해보아야만 알 수 있다. 그러면 감성(sentience)이 그것이 최선의 선택인지 아닌지 알려줄 것이다. 그런 점에서 도덕은 최종적인 것이라기보다는 시안적(tentative)이고 시사적인(suggestive) 것이다. "철학자의 기능은 사실 오늘날 최고의 정치가의 기능과 구별할 수 없다. 그러므로 윤리에 관한 그의 책들은 도덕적 삶에 진정으로 닿아 있는 한, 독단적이기보다는 시안적이고 시사적인 문학, 즉 더 깊은 종류의 소설과 드라마, 설교, 정치술과 자선, 사회 개혁 및 경제 개혁에 관한 책들과 점점 더 많이 연합해야 한다. 이런 식으로 다루어진 윤리적 논문은 방대하고 빛날 수 있지만, 가장 추상적이고 모호한 특징을 제외하고는 결코 최종적인 것이 될 수 없다. 윤리적 논문은 구식이고 명료하며 자칭 '과학적인' 형식을 점점 더 버려야 한다"(James, 1891: 350). 딜타이, 제임스, 시지윅은 어떤 확신을 만족시키기 위해서는 다른 확신을 희생할 수밖에 없다고 믿었다. 도덕적 행위란 선에 대한 경쟁하는 개념들 사이에서 고통스럽지만 피할 수 없는 선택을 행하는 것을 포함하기 때문이다(Kloppenberg, 1986: 116).[8]

정치적으로 중도의 철학자들은 사회주의와 자유주의라는 양극단을 비판하고 그 대안으로 사회민주주의와 진보주의를 제시한다. 맑스식의 사회주의와 벤담식의 자유주의는 많은 차이점에도 불구하고 경제가 사회 발전의 진정한 동력이라 믿는다는 점에서는 같다. 생산수단을 둘러

---

8) 역사를 선형적 발전 과정으로 본 듀이, 푸이예, 그린은 도덕에 관해서도 인간의 자기실현과 자기발전이라는 아리스토텔레스적 도덕학을 채택했다는 점에서 딜타이, 제임스, 시지윅과는 차이가 난다. 이들은 개인의 욕망과 사회의 요구 간의 조화를 보다 강조했다. 하지만 중도의 철학자들 모두는 불변하는 윤리 체계를 거부했다는 점에서는 동일하다(Kloppenberg, 1986: 116).

싼 투쟁 또는 자유 시장의 규칙이 미래를 궁극적으로 형성할 것이라고 믿는 것이다. 중도의 철학자들은 양 입장의 한계를 잘 알고 있었다. 예를 들어 다른 누구보다도 정치학에 관한 입장을 분명히 펼친 시지윅은 정치공동체에 대한 두 가지 이상이 존재한다고 본다. 하나는 사회주의적 이상을 취하는 사회주의자인데, 그들은 공정함에 대한 우리의 감정에 호소하지만 사회정책을 안내하기에는 너무나 유토피아적이고 불명확하다. 다른 하나는 개인주의적 이상을 취한 자유주의자인데, 그들은 자유를 올바른 사회관계의 궁극적 목적이자 규준으로 격상시키지만 그들의 자유 개념은 너무 피상적이어서 우리의 정의에 대한 감정을 해치기 때문에 사회 구성을 위한 견고한 토대를 제공하지 못한다. 따라서 둘 모두 불만스럽다. 중도의 철학자들의 영향을 받은 일단의 정치사상가들과 활동가들은 그 대안으로 사회민주주의와 진보주의를 주창했다. 사회민주주의의 핵심은 참여와 평등의 민주 원리를 시민 영역과 정치 영역으로부터 전체사회와 경제로 확대하여 혁명 없이 자유민주주의에서 사회민주주의로 전환하는 것이다. 진보주의의 핵심은 시장경제의 부정적인 자유 개념을 넓혀 공동의 선에 대한 개인의 책임을 강조하는 것인데, 진보적인 세금 정책이 그 구체적인 실천이다(Kloppenberg, 1986: 2부).

미학: 반계몽주의적 전통

이 시기 미학은 무신론과 물질론의 극단인 사드로 대표되는 반계몽주의 전통의 후계자로 나타난다. 가장 대표적인 경우는 초기 낭만주의의 일파 그리고 쇼펜하우어, 니체, 프로이트이다. 미학으로서의 초기 낭만주의는 두 번째 시기(1832/1848 ~ 1884)에 힘을 잃게 되고, 그 이후로 미학은 근대 유럽 문명의 비합리적 힘이 더 분명하게 나타나는 세 번째 시기(1884 ~ 1914)에 이르기까지 유럽 지식인들의 호응을 거의 얻지 못했다. 쇼펜하우어는 인간존재가 세계를 바라보는 범주인 표상(representation)뿐만 아니라, 삶의 의지(will‒to‒live), 즉 특정의 목적으로 추동시키는 무범주적 힘(categoryless forces)을 가진다고 주장했다. 쇼펜하우어에게 표상은 인간의 지성적인 주관이 대상을 인식함으로 생긴 결과이다. 인간의 지성적인 주관은 칸트가 말한 '물 자체'(thing‒in‒it‒self)를 인식할 수 없고, 인식했을 때는 이미 물 자체가 아니라 하나의 표상일 뿐이다. 따라서 인간의 세계는 물 자체가 아니라 표상의 세계이다. "세상은 나의 표상이다. 이것은 살아 있고 아는 모든 존재에게 유효한 진리다. 비록 인간만이 반성적이고 추상적인 의식(consciousness)으로 가져올 수 있기는 하지만. 만약 인간이 정말로 그렇게 한다면, 그에게 철학적 분별력이 생겨난 것이다. 그러면 그는 태양과 지구를 아는 것이 아니라 태양을 바라보는 눈과 지구를 느끼는 손만 알고 있다는 것이 분명하고 확실해진다. 즉 자신을 둘러싼 세계는 오직 표상으로서, 즉 또 다른 것을 준거로, 즉 표상하는 어떤 것과 관련해서만 존재하며 이것이 바로 자신이라는 것이 분명하고 확실해진다"(Schopenhauer, 1969: 3).

하지만 세상이 나의 표상일 뿐이라는 생각은 일방적인 해석이다. 세상은 또한 나의 의지이기도 하다. "모든 사람이 세상을 자신의 단순한 표상으로 받아들일 때 생기는 내면의 꺼림칙함은 이러한 고려가 진실과 달리 일방적이며 따라서 자의적인 추상화에서 비롯된 것임을 경고한다. [⋯] 모든 사람에게 끔찍하지는 않더라도 매우 심각하고 중대한 이 진리는 인간도 다음과 같이 말할 수 있고 또 말해야 한다는 사실이다. '세상은 나의 의지이다'"(Schopenhauer, 1969: 4).

그렇다면 이것이 어떻게 가능한가? "순수하게 그 자체로 간주되는 의지는 지식이 없으며 무기물과 식물성 자연과 그 법칙에서 그리고 우리 삶의 식물성 부분에서도 나타나는 것처럼 맹목적이고 저항할 수 없는 충동일 뿐이다. 표상으로서의 세계가 의지를 위해 개발된 것이라는 점을 추가함으로써 의지는 자신이 의지하고 있다는 것과 자신이 의지하는 것에 대한 지식을 얻는다. 즉 표상으로서의 세계가 존재하는 바로 그대로의 이 세계인 생명에 불과하다는 지식을 얻게 된다. 따라서 우리는 현상적 세계(phenomenal world)를 의지의 거울인 객관성이라고 불러왔다. 의지가 의지하는 것은 언제나 생명이기 때문에, 생명은 표상을 위한 그 의지의 표현에 불과하므로, 단순히 '의지'라고 말하는 대신 '삶의 의지'라고 말하는 것은 사소하고 단순한 용어중복에 불과하다"(Schopenhauer, 1969: 275). 사실 삶의 의지라는 용어는 당시 지배적이었던 생물학적이고 물리학적 개념을 철학적으로 번안한 것이었다. 세계 전체는 '의지'와 '표상'으로 이루어져 있다. 쇼펜하우어는 이후의 사상가들, 특히 니체와 프로이트에 영향을 미쳤다. 사실 니체와 프로이트는 '의지'를 보다 물질적인 개념으로 번안하여 거의 비사회적인 힘으로 만들어 놓았다.

존재론적으로 반계몽주의 전통은 객관적으로 존재하는 실재를 인정하지 않았고, 사회도 예외가 아니어서 그 객관적 실존을 잃어버리고 만다. 실재하는 것은 오로지 자연적 힘뿐인데, 쇼펜하우어는 이를 '삶의 의지'로, 니체는 '권력의지'로, 프로이트는 '드라이브' 또는 '리비도적 에너지'라 불렀다. 쇼펜하우어는 의지를 일종의 에너지로 보아 이 에너지가 다양한 방식으로 다양한 현상을 통해 자신을 표현한다고 주장했다. 따라서 의지는 모든 형태의 조직의 근저에 존재하면서 그것을 끊임없는 흐름의 상태로 만든다. 의지는 시간, 공간, 인과성과 같은 인지적 범주들을 초월하여 움직이기 때문이다. 쇼펜하우어의 이러한 형이상학적인 '의지' 개념은 미학의 특성을 잘 드러낸다. 의지는 존재론의 우선권을 빼앗아 인식론에 부여한다. 태양과 지구를 아는 것이 아니라 태양을 바라보는 눈과 지구를 느끼는 손을 아는 것이라 주장하는 쇼펜하우어에게 지각하는 주체(perceiving subject)와 무관한 대상은 존재하지 않는다. 양자역학의 발달은 이를 정확하게 확인한다. 하이젠베르크의 불확정성 원리는 입자의 위치와 속도를 동시에 결정할 수 없다는 걸 알려준다. 검출하는 입자가 상호작용하는 순간 관찰할 입자를 교란하기 때문이다. 따라서 관측되는 입자와 관측에 사용되는 실험 설정 사이에 의존성이 있다고 규정한다. 입자와 파동이 대립하는 것이 아니라 동시에 가능하다는 것이 밝혀졌다. 다시 말해 입자가 한 장소에 고착된 것이 아니라 파동한다는 것이 밝혀졌다. 특정한 실험을 통해 입자를 검출했을 때는 이미 파동이 최소화되었을 때다. 그 이전에는 입자가 모든 곳에 존재했다는 것을 의미한다. 이는 마치 물 자체인 의지가 모든 곳에 존재하면서 다양한 변이로 나타난다는 쇼펜하우어의 주장을 뒷받침한다 (Teutsch, 2020).

쇼펜하우어의 이러한 기본적인 주장을 따라 니체는 다음과 같이 주장한다.

이 세계, 시작도 끝도 없는 에너지의 괴물 [⋯] 하나인 동시에 다자이며, 이곳에서 증대되는 동시에 저곳에서 감소되는, 힘 그리고 힘의 파도의 놀이, 흐르면서 동시에 달려 나가는 힘의 바다, 영원히 변화하며, 영원히 되몰려오는, 썰물과 밀물의 형태를 띠며

터무니없는 회귀를 거듭하는 바다 […] 어떠한 만족, 혐오, 피로도 모르는 생성, 이 나의 디오니소스적 세계, 영원히 자기 창조적이고 영원히 자기 파괴적인 이중의 관능적인 쾌락의 신비한 세계, 나의 '선과 악을 넘어선,' 순환의 기쁨 그 자체 외에는 목적이 없는 세계… 세계는 권력에의 의지이다─그리고 그것 이외에는 아무것도 아니다. 그리고 당신들도 역시 이러한 권력에의 의지이다 ─그리고 그것 이외에는 아무것도 아니다(Nietzsche, 1968: 550).

반계몽주의 전통에 따르면 사람의 의지 또는 권력의지를 위계적인 조직 안에 가두어 놓으려는 모든 시도는 비자연적이다. 예를 들어 프로이트는 개인 주체로부터 본능적인 쾌락을 빼앗고 성욕에 제한을 두는 근대 세계를 비판했다. 근대 문명은 자유롭게 흐르는 무의식적 욕망에 질서를 부과하여 근대 개인을 스스로 무력해지는(self-nullifying) 존재로 만든다. 개인들의 성욕을 억눌러 결국은 그들을 자기통제하는 노동자들로 만들려는 것이 근대의 문명이다. 프로이트는 이것이 개인의 욕망과 사회적 필연성을 조화를 이루지 못하도록 만들어 결국 문화적 병리 현상으로 나타난다고 보았다(Elliot, 1994: 37).

인간존재에 대해서 반계몽주의 전통은 인간을 주로 '몸'으로 인식했다. 쇼펜하우어에 따르면, "모든 몸은 객관화된 의지, 즉 표상으로 되어 버린 의지이다. […] 모든 참된, 진정한 즉각적인 의지의 행위는 모두 그대로 직접적으로 몸이 현상한 행위이다. 그리고 특별히 다른 한편으로는 몸에 나타난 모든 인상은 또한 모두 그대로 직접적으로 의지에 나타난 인상이다"(Schopenhauer, 1969: 101). 쇼펜하우어는 마음 또는 지성을 몸에서 나온 자연적인 성장물이라 보았다. "표상의 세계, 우리의 경험의 대상들을 지배하는 공간, 시간, 인과성의 형식들, 그리고 우리가 그것으로부터 추상을 통해 얻는 개념과 판단, 이 모든 것은 단순히 표면일 뿐이고 그 밑에는 우리의 본성을 추동하는 힘, 즉 의지가 숨어있다. 우리는 사람의 목적들, 즉 생존, 양육, 재생산을 충족시키기 위해 지각하고, 판단하고, 이성적으로 사고하는 피조물로 성장한다"(Janaway, 1994: 40). 두뇌가 지성의 객관화라면 전체로서의 유기체는 의지의 객관화다. 전체로서의 유기체의 삶의 의지는 성이나 배고픔의 기관에서 가장 분명하게 표현된다. 이런 점에서 쇼펜하우어는 지성이 단지 삶에 복무하는 기능을 행사하기 때문에 합리적으로 아는 주체라는 개념을 비판했다. 그렇다고 쇼펜하우어가 지성의 작용이 어느 정도 자율성을 지닌다는 점을 부정한 것은 아니다. 다만 최종적인 분석에서 지성은 세계의 다른 모든 특성과 마찬가지로 의지의 발현이며, 따라서 의지의 지배에 노출되어 있다는 것이다(Mandelbaum, 1971: 323).

이와 마찬가지로 니체도 개별성을 몸의 지성과 다양성으로 보았다. "선각자와 현자는 말한다. 나는 완전히 몸이다. 그 이외에는 아무것도 아니다. 영혼은 몸에 관한 어떤 것을 지칭하는 하나의 단어일 뿐이다. 몸은 하나의 감각, 하나의 전쟁과 하나의 평화, 하나의 가축 떼와 하나의 양치기를 가진 위대한 이성이자 다원성이다. 너의 몸의 수단 또한 너의 작은 이성이다, 나의 형제여. 그것은 네가 '정신'이라 부르는 것인데, 그것은 너의 위대한 이성의 작은 도구이자 장난감이다. [...] 너의 사고와 느낌 뒤에는, 나의 형제여, 그 이름이 자아인 강력한 지배자, 미지의 현자가 있다. 그 현자는 너의 몸에 거주하고 있다. 그는 너의 몸이다"(Love, 1986: 29에서 재인용). 진정한 자아는 비사회적이고, 환원 불가능한 개인의 특수성이다. 진정한 자아는 사회적 자아, 즉 가축 떼 같은 에고(herd-like ego)와 모순된다. 인간존재와 인간사회는 도구주의적 합리주의 원리와 삶의 감각적 충족 사이에서 영원히 투쟁하고 있다. 우월한 문화는 몸의 드라이브를 표현할 수 있는 자원을 제공함으로써 특수성을 양육한다. 하지만 서구 문화는 몸의 드라이브를 너무나도 심하게 억압하여서 복종과 죄의식의 가축 떼 본능, 중병, 니힐리즘이 지배하게 되었다.

방법론적 차원에서 반계몽주의 전통은 계몽주의가 지닌 인식론 일반을 철저하게 비판한다. 우선 마음의 인지능력이 행하는 개념적 사고에 의존하는 합리주의적 계몽주의 전통을 비판한다. 진리에 대한 순수한 추구는 사실 삶의 의지 또는 권력의지라는 진짜 동기를 숨기는 가면이라고 보았기 때문이다. 니체는 지식, 즉 진리에 대한 과학적 추구를 권력의지와 연결한다. "정신도, 이성도, 사고 작용도, 의식도, 영혼도, 의지도, 진리도 존재하지 않는다. 그 모든 것은 아무 소용없는 허구이다. […] 지식은 권력의 도구로서 작용한다. 따라서 지식이 권력의 증대와 함께 늘어난다는 것은 명백하다"(Nietzsche, 1968: 106). 권력의지는 확대재생산을 이루려는 모든 유기체 또는 몸의 기본적 본능이다. 과학에 대한 우리의 신념은 아무런 객관적인 타당성을 가지고 있지 않다. 과학이 몸의 확대재생산을 돕도록 기능하는 한에서만 과학에 대한 우리의 신념이 유지되는 것이다. 니체의 계보학은 사실 서구 이성이 권력에의 추구에서 결국 굴복하고만 자기기만에 대한 탐색이다.

실증주의로 대표되는 경험주의적 계몽주의 전통 또한 격렬한 비판의 대상이 되었다. 니체는 우리가 존재 전부를 알 수 있다는 생각 자체를 받아들이지 않았다. 세계는 흐름의 상태, 즉 되어감(becoming)의 상태에 있기 때문이다. "되어감의 상태에 있는 세계는 엄밀한 의미에서

'파악될' 수 또는 '알려질' 수 없을 것이다. '파악'하고 '아는' 지성은 조잡한, 이미 만들어진 세계를 맞닥뜨린다. 이 세계는 단순한 현상으로부터 만들어졌지만, 이러한 종류의 현상이 삶을 보존하면 할수록 그만큼 더 견고해진다. '파악'하고 '아는' 지성이 만나는 세계는 바로 이러한 세계이며, 그 경우에만 '지식' 같은 것이 존재한다"(Nietzsche, 1968: 281). 이렇게 되어감의 상태에 있는 세계에서는 사회적 사실을 온전하게 파악하게 해주는 특권화된 자리란 존재할 수 없다. 따라서 니체는 말한다.

> 현상에 머물러서 "오로지 사실만이 존재한다."고 주장하는 실증주의에 맞서 나는 말한다. 아니다. 사실은 절대 존재하지 않는다. 오로지 해석만이 존재할 뿐이다. 우리는 어떠한 사실도 그 자체로 수립할 수 없다. 아마도 그러한 것을 원하는 것은 어리석은 짓이리라. "모든 것은 주관적이다." 너는 말할 것이다. 하지만 이조차 해석이다. [⋯] 세계는 달리 해석될 수도 있는 것이며, 그것은 배후에 아무런 의미도 가지지 않으며, 도리어 무수한 의미를 가지고 있다. 관점주의. 우리의 필요가 세계를 해석하게 만든다. 우리의 드라이브, 어떤 것에 찬성하고 어떤 것에 반대하는 우리의 드라이브가 바로 그것이다. 모든 드라이브는 일종의 지배욕이다. 각 드라이브는 자신의 관점을 가지고 있어, 다른 모든 드라이브들이 이 관점을 하나의 규범으로 따르도록 강제하고 싶어 한다 (Nietzsche, 1968: 267).

반계몽주의 전통이 원하는 것은 어떤 의미에서는 실재 그 자체를 되어감의 상태로 표상하는 것이다. 개념적 질서나 경험적 질서에 가두지 않고 되어감의 상태 그대로 표상하는 것인데, 이는 사실 불가능성이다. 표상은 되어감의 실재 그 자체가 결코 될 수 없는 것이다. 전통적인 의미에서의 '존재,' 또는 '물자체'는 존재하지 않는다. '되어감'만이 있을 뿐이다. "1. 되어감은 최종적인 상태를 겨냥하지 않으며, '존재' 속으로 흘러들어가는 일이 없다. 2. 되어감은 아무런 가상 상태도 아니며 아마도 존재의 세계야말로 가상일지도 모른다. 3. 되어감은 모든 순간에 있어서 가치를 동등시하고 있으며 그 가치의 총계는 고정불변이다. 즉 생성은 아무 가치도 전혀 가지고 있지 않다"(Nietzsche, 1968: 378). 그런 점에서 모든 해석이 허용되어야 한다. 왜 그러한가? 단 하나의 해석이 지배하는 세계, 즉 단 하나의 사회적 질서가 지배하는 사회는 실재의 되어감의 상태를 견뎌낼 수 없는 강박증의 발로이기 때문이다. "세계는 무한히 해석할 수 있다. 모든 해석이 생장의 징후이거나 몰락의 징후인 것이다. 타성은 통일(일원론)을 필요로 한다. 해석의 다수성이야말로 강력한 힘이 있다는 신호다. 세계에서 불온하고 불가해한 성격을 박탈하고자 욕망하지 마라!"(Nietzsche, 1968: 326) 니체는 외친다. "모든 것은 허위이다! 모든 것은 허용되어 있다!"(Nietzsche, 1968: 326)

역사의 방향에 관해서 반계몽주의는 어떠한 특정의 방향이 존재한다는 사실을 거부한다. 사회란 권력의지가 다양한 형태로 객관화된 것이며, 여기에 어떤 특정의 고정된 시간적 질서가 존재한다고 상정할 수 없다. 권력의지는 시간을 모르기 때문이다. 예컨대 니체는 계몽주의의 진보사관을 맹렬히 비난한다. "진보. 속지 말자. 시간은 앞으로 나간다. 따라서 우리는 시간 속에 있는 모든 것도 역시 앞으로 나간다고 믿고 싶어 한다. 발전이란 앞으로 나가는 것이라고. 가장 사려 깊은 자도 이러한 환각에 의해 길을 잃는다. 그러나 19세기는 16세기에 비해 진보를 이룩한 것이 아니며, 1888년의 독일 정신은 1788년의 독일 정신에 비해 퇴보했다. […] '인류'는 전진하지 않는다. 그것은 심지어 존재하지도 않는다. […] 인간은 동물보다 더 나은 진보를 이룩한 것이 아니다"(Nietzsche, 1968: 55). 근대 서구 문명은 계몽주의가 꿈꾸듯 개인의 자유와 복지를 낳은 것이 아니라, 유용하고, 일하는, 다루기 쉬운, 다목적적인 머리를 가진, 동질적인 동물들만 득실거리는 세계를 낳았다. 유용성만이 지배하는 이 동물들의 세계는 자기 주권을 지닌 개인들을 파괴했다. 이를 누가 감히 진보라 부르는가?

이러한 시각은 도덕적인 차원에서도 보편적인 윤리를 거부하는 입장으로 나타난다. 어떤 행위 유형이 다른 행위 유형들보다 뛰어나다고 선택할 수 있는 합리적인 토대란 존재하지 않는다. "도덕적 현상은 존재하지 않으며, 오로지 현상에 대한 도덕적 해석만이 존재할 뿐이다"(Nietzsche, 1966: 85). 인간은 각자 자신의 도덕을 창조해야만 한다. 자신의 도덕을 창조하는 자는 "명령하는 자, 본성상 '정복하는' 자, 즉 행동과 태도에서 폭력적인 자이다"(Nietzsche, 1989: 86). 이 정복자의 본성은 "운명과도 같아서 이유도, 고려도, 구실도 없이 나타난다. 이 본성은 번개 치듯이 너무도 가공스럽게, 너무도 급작스럽게, 너무도 설득력 있게, 심지어는 미움을 받을 정도로 '다르게' 나타난다. 이 본성의 작업은 형태를 본능적으로 창조하고 부과한다. 이는 있는 그대로의 가장 비자발적이며 무의식적인 예술가이다"(Nietzsche, 1989: 86). 이러한 점에서 니체는 예술에 세계를 만들어내는 지위를 부여했다(Megill, 1987: 31). 노예는 자신의 도덕을 창조하지 않고 주인의 도덕을 따르기만 한다. 니체는 그 무엇보다도 노예의 도덕이 지닌 정상화, 즉 하향 평준화 효과를 혐오했다. 주인의 도덕을 정상적인 것으로 받아들여 사는 노예는 가축떼 본능을 따라 사는 것이며, 따라서 이렇게 사는 것을 치욕으로 생각할 수 있는 용기와 엄중함이 필요하다(Nietzsche, 1968: 252).

이러한 시각이 정치적으로 나타날 때, 사회주의와 민주주의 모두 비판될 것이 틀림없다. "나는 다음을 반대한다. 1. 사회주의, 왜냐하면 이것은 '선, 진, 미'나 '평등권'을 순전히 소박하게 꿈꾸기 때문이다(아나키즘도 또한 이와 동일한 이상을 꾀하고 있으나, 더 잔인한 방식으로 그렇게 할 뿐이다). 2. 의회주의와 언론, 왜냐하면 이것은 가축 떼 동물을 주인으로 만드는 수단이기 때문이다"(Nietzsche, 1968: 397). 니체가 사회주의와 민주주의를 비판한 이유는 그것이 인간을 이류의 인간으로 전락시키고 그의 가치를 낮추기 때문이다. "가축 떼 본능은 중간과 평균을 최고이자 가장 가치 있는 것으로 평가한다. 이것은 다수자가 살아가고 있는 장소이며, 다수자가 살아가는 양식이자 방식이다. 이리하여 이 본능은, 모든 위계의 반대자가 되고, 아래로부터 위에로의 상승을 다수자로부터 소수자로 하강하는 것이라고 여긴다. 가축 떼는 자기 이하의 것이든 자기 이상의 것이든, 예외자를 자신을 적대하고 위해를 가할 그 무엇인가로 느낀다"(Nietzsche, 1968: 159). 니체는 삶에서 철학, 종교, 도덕을 해방시켜 오로지 권력의 양만이 서열을 정하는 사회를 창조하고 싶어 했다. "위계를 결정하고 위계를 폐기하는 것은 권력량뿐이다. 그것 이외에는 아무것도 없다"(Nietzsche, 1968: 457). 가장 강한 권력의지를 지닌 가장 강한 인간이 사회를 지배해야 한다. 이 인간은 예술가와 같이 작업하는 예술적 전제자이다. 가축 떼와 달리 예술가는 새로운 가치를 창조한다. 그는 사물들의 배열이 어떠해야 한다고 명령하는 입법자이다. 중간과 평균의 다수 속에 숨어 '공포'를 모르고 가축 떼처럼 몰려다니는 존재가 아니다.

고전 유럽사회학: 과학의 독단에 대한 도덕학의 비판과 보완

    대다수의 사회학자들은 맑스, 뒤르케임, 베버를 사회학이라는 새로운 분과학문을 창출한 창건자로 간주한다. 거기에는 여러 이유가 있겠지만, 맑스, 뒤르케임, 베버가 콩트나 스펜서와 비교해 볼 때 계몽주의의 독단을 대항계몽주의를 통해 비판하고 보완하려 했다는 점이 결정적이다. 근래에 와서는 이러한 노력이 19세기에만 나타나는 고유의 현상이 아니라는 점이 받아들여지고 있다. 소위 18세기의 사회학의 '선조들'도 모두 계몽주의의 극단을 대항계몽주의를 통해 보완하려고 시도했다는 점이 인정되고 있다. 기존에도 이미 몽테스키외와 루소 같은 프랑스 계몽주의자들이 사회계약론과 같은 극단적인 계몽주의를 보완하여 모던 사회과학의 기본적 그림을 그려 냈다는 점이 인정되어 왔다(Bury, 1920). 더 나아가 데이비드 흄(David Hume), 애덤 스미스(Adam Smith), 애덤 퍼거슨(Adam Ferguson), 존 밀러(John Millar), 케임즈 경(Henry Home, Lord Kames), 윌리엄 로버트슨(William Robertson)으로 대표되는 스코틀랜드 역사학파도 계몽주의의 극단을 비판하고 보완하려 했다는 점에서 사회학의 선조로 간주되고 있다(Eriksson, 1993: 251~276; Heilbron, 1995; Swingewood, 1991).

    맑스, 뒤르케임, 베버와 같은 사회학의 창건자도 이와 비슷하다. 계몽주의와 대항계몽주의는 사회학의 창건자의 작업을 가능하게 한 공동의 지적 터전으로서, 그들은 모두 계몽주의의 독단을 대항계몽주의를 통해 나름의 방식으로 비판하고 보완하려 했다(Seidman, 1983). 하지만 보다 자세히 보면 그 강조점이 다름을 알 수 있다. 그들은 경험주의적 계몽주의 전통은 거의 하나같이 거부한 반면, 합리주의적 계몽주의 전통은 '비판적으로나마' 받아들였다. 그들이 모두 귀히 여긴 것은 다름 아닌 대항계몽주의 전통이었다. 그렇다면 이들이 왜 한결같이 경험주의적 계몽주의 전통을 비판했을까? 그것은 수학적 물리학으로 대표되는 뉴턴의 과학을 인간사회에 적용했을 때, 즉 공리주의적 질서가 지배적으로 될 때, 인간사회에서 정신적, 문화적, 규범적 차원을 제거하고 물리적, 경제적, 도구적 차원만 남겨놓기 때문이었다. 이들이 상대적으로 합리주의적 계몽주의 전통은 받아들인 이유는 그것이 경험주의적 계몽주의 전통과 달리 인간사회에서 정신적, 문화적, 규범적 차원이 지니는 중요성을 강조하였기 때문이다. 그렇다고 보수주의자들처럼 인지적, 도덕적, 정서적 분류를 하나의 축으로 엮어낸 가장 포괄적이며 총체적인 분류 체계인 종교를 되살려 이 문제를 해결하려고 하지는 않았다. 동시에 그들은 공리주의적 질서를 극단적으로 거부하는 반계몽주의의 입장도 취하지도 않았다. 반계몽주의 입장은 새로운 질서의 수립을 가능하게 할 어떠한 견고한 토대도 제공하지 못한다고 보았기에 이를 거부했다. 그 결과 고전 유럽사회학 일반은 지금은 포스트모더니즘의 지적 선조로 간주되는 쇼펜하우어, 니체, 프로이트 같은 미학의 주창자들을 자신의 영토에서 실질적으로 축출했다. 대항계몽주의의 영향을 주로 받은 고전 유럽사회학의 창건자는 모더니티가 사실 내적인 인성을 지닌 창조적 예술가로 이루어진 도덕적 공동체를 창출할 것이라는 기대를 가지고 있었다. 그 정도와 색조에서 차이를 보이지만 사회학의 창건자는 모두 대항계몽주의를 통해 인간의 삶의 영역을 더 넓히고자 했다.

칼 맑스

사회의 성격에 관해 맑스는 당시 고전 정치경제학과 공리주의로 대표되는 경험주의적 계몽주의 전통에 반대했다. 고전 정치경제학은 (자본주의) 사회를 시장에서 노동과 임금을 교환하는 자유로운 상인들 사이의 상호작용으로, 그리고 불변의 법칙과 경제적 기능에 의해 지배되는 상호교환으로 보았다. 개인들이 맺은 계약들의 합계로 사회를 본 것이다. 공리와 사적 이해관계와 같은 초월적인 경제적 범주를 인간의 사회적·생산적 활동으로부터 분리하여, 그것을 영원한 것으로 일반화하고 인간의 성향에 기대어 설명했다. 맑스는 이를 비판함과 동시에, 정적이고 완전한 전체를 구성하기 위해 각 부분이 서로 평화적으로 공존하는 것으로 본 실증주의적 유기체론도 거부했다. 맑스의 사회관은 대항계몽주의가 꿈꾸는 완전한 민주주의 사회를 성취하기 위해 그 기본 동력을 아리스토텔레스적인 이론과학을 통해 설명했다는 점에 그 특징이 있다.[9] 아리스토텔레스의 존재론을 수용한 맑스는 사회가 그 잠재태로부터 현실태로 필연적으로 운동한다고 주장하고, 이러한 운동을 추동하는 가장 단순한 실체가 '노동'이라고 주장한다. 맑스는 이러한 노동 개념을 비코가 분명하게 제시한 도덕학의 기본 테제와 결합한다. "사회 그 자체가 인간을 인간으로 생산하는 것과 마찬가지로 사회도 인간에 의해 생산된다"(Marx, 1988: 104). 헤겔의 노동 개념과 마찬가지로 맑스의 노동 개념은 대상들을 유기적으로 인식된 생산 과정에 되돌리는 형

....

9) 이 책은 맑스를 아리스토텔레스의 이론과학의 현대적 버전으로 해석하지만, 맑스와 아리스토텔레스의 관계는 이보다 훨씬 더 복합적인 역사적 성격을 지닌다. 이에 대해서는 레빈(Levine, 2021)이 도움이 된다.

상을 부여하며 통일시키는 요소의 역할을 수행한다.

> 살아 있는 노동이 재료를 변형시킨다. 살아 있는 노동이 재료
> 에 실현되는 것이다. 이 변형은 노동을 목적으로 규정하며 합목적
> 적으로 활성화시킨다. 다시 말해 생명력 없는 대상에 형식을 외적
> 으로 부과하는 것이 아니다. 그 재료의 일관성의 이미지가 단순히
> 사라지는 것이 아니다. 이 변형은 그 재료를 일정한 형태로 보존
> 한다. 재료의 변형이 노동의 목적에 따르는 것이다. 노동은 살아
> 있는, 형식을 만드는 불이다(Marx, 1973: 360~361).

사회는 이 가장 단순한 실체인 노동으로부터 필연적으로 발전한다. 이 가장 단순한 실체는 플라톤적인 추상적 보편성이 아니다. 플라톤적인 존재론 대신에 아리스토텔레스적 존재론을 받아들인 맑스는 오로지 추상적 보편성이 아닌 구체적인 보편성만을 실체로 간주했다. 맑스는 보편성이 존재한다는 것을 부정하지 않았지만 이것이 실제로 구체적인 실체 안에 구체화되어 존재한다고 보았다(Pike, 1999: 36~37).

노동은 가장 근본적인 실체이다. 하지만 노동은 맥락에 독립하여 존재하는 추상적 이념이 아니다. 노동은 특정의 사회적 형식 속에서 행해지기 때문이다. 노동은 인간존재와 자연 사이의 상호작용의 매개체이다. 『독일 이데올로기』에서 맑스(Marx and Engels, 1995 : 48)는 인간의 필요(needs)를 충족시키기 위한 수단의 생산, 즉 물질적 삶 그 자체의 생산이 첫 번째 역사적 행위라고 주장함으로써 인간의 역사가 가장 근본적인 실체인 '생산적 노동'에서 발전되어 나왔다고 분명하게 말한다. 맑스는 이러한 필요의 충족이 새로운 필요를 낳는다고 주장한다. 이 지

점까지 인간은 그 자신만을 생산하기 위해 자신의 노동을 실행할 뿐이다. 하지만 역사의 발전을 이루게 됨에 따라, 인간은 다른 인간들을 만들어 종족을 퍼트린다. 남성과 여성의 관계, 부모와 아이의 관계, 즉 가족을 생산하게 된다(Marx and Engels, 1995: 48~49). 더 나아가 자신들의 존재를 생산하는 과정에서, 그들의 주어진 물질적 생산력의 발전 단계에 적합한 특정 관계인 생산 관계로 들어간다. 생산력은 노동력, 생산 수단, 생산 재료 등을 포함하며, 실제 생산력이 작동하기 위해서는 반드시 특정의 생산 관계 안에 들어가야 한다. 생산 관계는 생산력의 소유를 둘러싸고 형성된 개인들의 관계를 지칭하기에 반드시 생산력의 소유자와 비소유자로 구성된 계급 관계로 표현된다. 생산 관계의 총체는 진정한 토대인 사회의 경제 구조를 구성하고, 이 토대 위에 인간의 사회적, 정치적, 지적 삶이 형성된다(Marx, 1970: 20~21).

맑스에게 사회의 유형은 궁극적으로 노동이 어떻게 조직되는가에 달려 있다. 『독일 이데올로기』에서 맑스(Marx and Engels, 1995)는 노동을 조직하는 세 가지 기준을 제시한다. 생산 체제와 노동 분업, 자산 소유의 형태, 계급관계 체계. 이를 기준으로 맑스는 부족 사회, 고대 사회, 봉건 사회, 자본주의 사회라는 네 가지 유형의 사회를 발전 단계에 따라 제시한다. 이후 『자본론』에서 맑스는 사회의 다양한 경제적 형성체를 구분하는 기준은 잉여가치가 직접생산자로부터 추출되는 방식이라는 점을 분명히 밝힌다(Marx, 1990: 325). 맑스는 각 형태의 사회가 어떻게 기원하여 발전하고 정점에 달하며 마침내 더 발전된 유기적 형태로 변형되는가를 설명한다. 맑스는 자신의 시대인 자본주의 사회를 봉건 사회에서 공산 사회로 전화하는 전환기적 형태의 사회로 보았다. 맑스에 따르면 자본주의 사회는 유한한 삶의 길이를 가지는 일시적인 현상이다. 새롭게 발전 중인 생산력과 봉건적인 생산 관계 간의 갈등이 새로운 공산주의 사회를 형성하는 방향으로 나아갈 것이다. 거기에서는 가장 근본적인 실체인 노동이 마침내 그 자신을 완전히 실현할 것이다.

인간 본성에 대한 논의에서도 맑스는 당시 공리주의로 대표되는 경험주의적 계몽주의 전통을 비판했다. 공리주의에 따르면 인간은 공리의 극대화 원리를 따라 행위하는 일종의 반(半)기계로 치부된다. 『자본론』에서 맑스는 벤담으로 대표되는 공리주의를 비판한다(Marx, 1990: 758~759). 맑스는 또한 플라톤 전통에 속해 있는 합리주의적 계몽주의 전통의 인간관, 즉 모든 물질적 삶에서 해방된 추상적인 보편적 인간을 상정하는 시각도 비판한다. 개인의 사회적 성격을 강조하는 대항계몽주의 전통을 따라 맑스는 인성을 사회의 결과물·발전물로 보는데, 이를 설명하고 정당화하기 위해 아리스토텔레스적인 이론과학을 동원한다. 인간은 자기 창조적인 존재, 즉 동료와 살고 일하는 과정에서 세계와 자신에 대한 관념을 획득한 종적 존재(species-being)로서 독특하게 지니는 능력을 발전시킨 존재이다. '자기 창조적'이란 인간이 생산적 노동을 통해 그의 생존조건만이 아니라 그 자신을 생산·재생산하는 것을 뜻한다. 인간의 노동은 개념적으로 사고할 줄 아는 인간의 능력을 그 특징으로 한다. 맑스는 인간만이 자기 의식적이라는 점에 동의하였지만, 그에 덧붙여 '종'이라는 개념을 제출한다. '종'이라는 용어는 사실 아리스토텔레스의 '실체'에 상응하는 용어이다. '종'은 가능성의 범주로서 특히 인간을 다른 유기체에서 분리하는 잠재태를 지칭한다. 공산주의라는 조건 하에서 인간은 인간으로(quo man) 가능한 모든 것을 발전시키고 표현하게 될 것이다. 그런 점에서, 인간은 '종'이 되어 가는 과정에서 자기 의식적이 된다(Plamenatz, 1975: 68). 다시 말해 다른 존재들과 상이한 존재로서의 인간은 종적 인간 또는 공산주의적 인간이다(Ollman, 1971: 151). 종적 인간이란 인간이 다른 사람들을 의식하면서 자기 의식적이 된다는 말이다. 자기 의식적이 되어 가고, 다른 자아들을 의식하게 되어 자신을 동일한 종류의 존재의 하나로 인식하게 되는 것은 서로 긴밀하게 연결되어 있다. 다시 말해 분리 불가능하다. 따라서 인간은 자기 창조적, 자기 의식적, 그리고 세계 의식적(world-conscious) 존재이다.

맑스는 자신의 시대에 일어나고 있는 거대한 구조적 변동의 영향을 부정적으로 보았는데, 그 비판의 근거 역시 대항계몽주의다. 종적 인간으로서의 잠재태가 자본주의적 변형하에서 왜곡되기 때문이다. 맑스가 보기에 자본주의적 사회질서는 다른 모든 역량을 박탈당한 '경제학적 인간'(Homo Economicus)에 기반하고 있다. 자본주의적 질서에서 "생산은 인간을 단순히 상품으로, 상품인간으로, 상품의 역할을 하는 인간으로 생산하는 것에 그치는 것이 아니다. 정신적으로 그리고 물리적으로 비인간화된 존재로서 이 역할을 하도록 인간을 생산한다. 노동자와 자본가의 비도덕성, 기형, 우둔화가 바로 그것이다. 그 산물은 자기 의식적이고 자기 행동적인 상품이다"(Marx, 1987: 86). 하지만 맑스는 여기서 희망을 거두지 않았다. 이러한 인간의 출현은 사회가 공산주의적 질서로 발전하게 됨에 따라 인간의 존재가 완전히 실현되는 방향으로 나아가는 필연적인 단계로 나타난 것이다. 맑스는 모든 개인이 공산주의 사회에서 자신의 잠재태를 완전히 실현하게 될 것이라고 믿었다.

방법론적으로 맑스는 경험주의적 계몽주의 전통을 통속경제학이라 부르며 비판했다. 맑스에 따르면 통속경제학은 현상을 조절하고 설명하는 법칙에 대립하여 현상에만 집착하고 따라서 세계를 연결되지 않은 현상들의 취합으로 본다. 맑스는 또한 고전 정치경제학으로 대표되는 플라톤적 이론과학의 입장도 비판했다. 고전 정치경제학은 경제활동을 개인들의 실제적 활동을 넘어 존재하는 추상적인 범주로 사용한다. 아리스토텔레스적 본질주의를 따라 맑스는 사물의 진정한 본질, 즉 다른 모든 필연적인 운동을 발생시키는 본질을 탐구하고자 했다. 진정한 본질은 주어진 경제 체계의 고정된 속성이 아니라, 역사적 사회적 관계들로부터 연원하는 구체적인 보편성이다. 따라서 맑스는 구체적 보편성을 찾고자 집중하였고, 그것이 잠재태에서 현실태로 어떻게 필연적인 역사적 발전을 이루어 나가는가 탐구했다.

『정치경제학 비판 요강』에서 맑스는 추상에서 구체로 상승하는 자신의 방법론을 서술한다(Marx, 1973: 101). 맑스에게 추상은 텅 빈 보편성이 아니라, 가장 단순한 실체이다. 실체가 실체인 것은 잠재태에서 현실태로 필연적으로 운동하는 자신의 고유 법칙을 가질 때에 한해서이다. 맑스는 이러한 방법론을 가지고 자본주의를 연구했다. 맑스에게 자본주의의 가장 단순한 실체는 '상품'이다. 맑스는 자본주의가 어떻게 가장 단순한 자본주의적 사회 형식인 상품으로부터 필연적으로 발전되어 나오는지를 추적한다. 『자본론』에서 맑스는 기초적인 상품, 즉 "단순한, 개별적인, 또는 우연적인 가치 형태"로부터 시작한다. 이러한 기초적인 상품으로부터, 등가적 형식, 즉 사용 가치와 교환 가치의 모순적인 통일이 필연적으로 발전되어 나온다. 화폐는 단순히 이러한 모순적인 통일이 더 발전되어 나타난 표현일 뿐이다. 이러한 점에서 "단순한 상품 형식은 화폐 형태의 배종(germ)이다"(Marx, 1990: 163). 자본은 가치 형태가 발전 과정에서 획득한 최종적 형태이다(Marx, 1990: 247).

맑스의 이러한 본질주의적 방법은 역사적 방법과 밀접하게 연결되어 있다. 하지만 맑스의 역사적 방법은 역사적 자료들에 대한 비교를 통해 일반화를 얻어 내려는 단순한 비교 방법과는 다르다. 설명은 특정 종류의 변화에 내재하는 경향을 밝히는 것을 필요로 한다. "화폐, 노동 분업 등이 어떻게 발흥하였는가에 대한 단순한 역사적 설명은 시장 체계의 본질을 드러내 주지 못할 것이다. 변증법적인 본질주의적 설명과 역사적 설명 간의 차이는 시장 경제의 범주가 어떻게 존재하게 되었는가에 대한 단순한 역사적 설명은 그 범주들이 자연적이지도 않고 불가피하지도 않다는 부정적인 점만을 우리에게 남겨 줄 것이다. 우리는 이로부터 그 범주들이 나타나지 않을 수도 있었다는 점을 추론할 수 있다. 하지만 그 범주들을 어떻게 피할 수 있는지 또는 그들의 억압의 필연적인 형식이 무엇인지 아무것도 말해 주지 않는다. 발생론적인 또는 본질주의적 설명은 그것을 정확하게 드러내 준다. 이 설명은 본질로서의 가치 형태가 발생을 가질 뿐만 아니라 전형적인 삶의 과정, 그리고 쇠퇴와 소멸의 과정을 가진다는 시각을 열어젖힌다. 가치 형태를 완전히 실현한 사회의 형태는 그 본성상 다른 형태의 사회로 발전한다"(Meikle, 1985: 65). 이러한 역사적 방법은 대항계몽주의가 주창하는 역사적 방법과는 상당히 다른 것이 사실이다. 대항계몽주의가 주창하는 역사적 방법은 구체적인 문화에 배태된 인간이 만든 '비본질적인 사건'을 무시하지 않기 때문이다.

변화의 방향에 대해서 맑스는 역사 일반이 잠재태에서 현실태로 필연적으로 운동하고 있다고 믿었다. 이런 점에서 맑스는 진보에 대한 계몽주의 일반의 믿음을 공유한다. 맑스는 이러한 발전을 아리스토텔레스의 논리에 기대에 설명하는데, 이에 따르면 각 사회는 내재적인 갈등으로부터 필연적으로 발전한다. 맑스에게 이러한 내재적 갈등은 생산력과 생산 관계 간에 내재하고 있는데, 양자 모두 사실 실체인 노동에서 필연적으로 발전되어 나온 것이다. 앞에서 말했듯이, 맑스는 자신의 시대인 자본주의를 봉건주의에서 공산주의로 넘어가는 과도기로 보았다.『공산당 선언』에서 맑스는 어떻게 이러한 전환이 일어나는지 보여주려고 시도한다. 맑스는 부르주아 산업사회 또는 자본주의 사회가 생산력 면에서 인류 역사상 가장 발달한 체제라는 점을 인정한다(Marx and Engels, 1995: 59). 맑스는 청년기의 자본주의를 찬양하였지만, 자본주의가 점점 나이가 들어 지쳐 마침내 존재하기를 멈추게 될 것이라 믿었다. 이러한 신념은 사회를 유기적 전체로 보는 일반적 시각에서 나온다. 유기체는 발흥, 발전, 쇠퇴, 죽음이라는 변화의 사이클을 겪는다. 유기적 전체로서의 자본주의라고 예외일 수 없다. 맑스는 어떻게 자본주의가 발흥, 발전, 쇠퇴, 죽음을 맞게 되는지 추적한다. 맑스는 자신의 시대의 자본주의가 쇠퇴의 단계로 접어들고 있다고 믿었다. 하지만 특정 생산 양식의 쇠퇴는 더 발전된 형태의 사회를 위한 잠재적 재료가 된다. 따라서 자본주의적 생산 양식의 쇠퇴는 완전히 발달한 사회 형태를 위한 잠재적 재료가 될 것이다. 결국에 역사는 그 텔로스(telos)를 성취할 것이다.

이러한 시각의 도덕적 함의 역시 아리스토텔레스적이다.『니코마코스 윤리학』에서 아리스토텔레스는 선한 삶은 덕성에 따라 인간 삶의 활동이 이루어지는 것이라 했다. 이와 비슷하게 맑스는 선한 삶이 인간 종의 본성에 따라 인간 삶의 활동이 이루어지는 것이라 주장한다. 따라서 맑스는 역사적 과정 중에서 반드시 수립되어야 할 보편적 윤리를 제안하는 경향이 있다. 보편적 윤리는 인간존재의 본성에 뿌리를 박고 있다는 점에서 인간 종은 보편적 윤리의 배종이다. 이러한 점에서 맑스는 도덕을 맥락화한 대항계몽주의 전통과 다르다. 맑스 역시 도덕의 상대성을 인식하였지만, 그것을 전환기적인 또는 덜 발전한 도덕 형태로 간주했다. 맑스가 자본주의를 도덕적으로 비난한 이유는 자본주의가 인간 존재로부터 그 종의 본질을 박탈하여 선한 삶을 살지 못하도록 방해한다고 보았기 때문이다. 맑스는 공리주의를 자본주의 도덕의 전형, 즉 덜 발전된 도덕 형태로 보았다.

정치적으로 맑스는 경험주의적 계몽주의의 자유주의와 합리주의적 계몽주의의 전체주의 모두를 비판했다. 맑스에 따르면 자유민주주의는 사회에 대한 원자적 시각에 기초하고 있고 전체주의는 허위 추상, 즉 인간 개인에서 추상되어 동떨어져 있는 총체성에 터하고 있다. 양자에 대한 대안으로 맑스는 일종의 조합적 자유주의(corporate liberalism)를 제안하였는데, 이는 종으로서의 인간 개념에 기반하고 있다. 모든 인간은 선한 인간이 될 잠재태를 지니지만 형식적 민주주의하에서는 이 잠재태가 완전히 실현될 수 없다. 맑스는 진정한 참여민주주의, 즉 사회 제도, 정치 제도, 경제 제도의 완전한 민주주의를 제창하였는바(Seidman, 1983: 97), 여기에서는 인간의 종으로서의 인간 본질의 실현 과정이 다른 인간의 협동과 역사의 결과로 성취된다. 인간의 본질의 실현은 사회의 본질의 실현과 동일하다(Meikle, 1985: 135). 자유주의 이상을 지녔다는 점에서 맑스는 많은 자유주의자들과 공통된다. 다만 이러한 진정한 민주주의가 혁명적 변화라는 전제 조건을 통해 이루어질 수 있다고 본 점에서 차이가 날 뿐이다(Seidman, 1983: 101).

에밀 뒤르케임

사회의 성격에 대해 뒤르케임은 일단 경험주의적 계몽주의 전통을 거부한다. 반면 합리주의적 계몽주의 전통에서는 헤겔적 본질주의를 거부하고 실증주의적 유기체론은 받아들인다. 뒤르케임은 원래 독립적이고 격리된 개인들이 존재하였고 그래서 서로 협동하기 위하여 나중에 관계를 맺게 되었다고 가정하는 공리주의자들에 맞선다. 집합적인 삶은 개인적 삶으로부터 나오지 않고 오히려 개인적 삶이 집합적 삶으로부터 출현했다고 주장한다(Durkheim, 1984: 220~221). 뒤르케임은 사회는 독자적인 차원의 실재를 지닌 것으로 보아야 한다고 말한다. 하지만 헤겔적 본질주의와 달리 사회를 그 실체로부터 필연적인 발전을 하는 신비한 전체로 보지는 않았다. 대신 뒤르케임은 생시몽, 콩트, 스펜서로부터 나오는 실증주의적 유기체론의 전통을 따랐다(Martindale, 1981). 이들을 따라 뒤르케임은 사회를 살아 있는 유기체로 보고, 그것의 발전을 노동 분업의 법칙을 통해 설명할 수 있다고 보았다. 뒤르케임은 물론 노동 분업이란 용어가 아담 스미스의 경제학으로부터 나온 것이라는 것을 잘 알았지만, 그 함의를 경제 영역에만 좁히는 것을 원하지 않았다. 뒤르케임은 생물학은 노동 분업의 법칙이 모든 유기체에게 적용 가능하다는 점을 보여준다고 주장한다. 사회라고 예외일 수 없다(Durkheim, 1984: 2~3).

하지만 사회에서의 노동 분업은 유기체에서의 노동 분업과 완전히 같지는 않다. 사회는 유기체와 달리 "무엇보다도 관념, 신념, 그리고 온갖 종류의 감정의 복합적인 조합이며 이는 개인들을 통해 나타난다. 이러한 관념 중에서 도덕적 이상이야말로 사회의 주된 존재 이유이다"(Durkheim, 1953: 59). 다시 말해, 사회에서의 노동 분업은 개인들을 묶어 사회를 형성하도록 만드는 특유의 연대를 수반한다. 기계적 연대와 유기적 연대라는 은유를 즐겨 사용하던 뒤르케임은 후기에 갈수록 사회질서의 '상징적' 성격을 더욱 강조한다(Alexander, 1986: 91~107). 이전부터 '도덕적 이상'을 사회의 주된 존재 이유로 보아 온 뒤르케임은 후기에 가면 대항계몽주의의 대표적 후계자인 실용주의와의 만남을 통해 계몽주의 전통이 주장하는 일방적인 세속화 테제를 확실히 거부한다(Allcock, 1982: 27~51; Seidman, 1990: 277~304). 아무리 발전하여도 사회 세계에서 '종교적' 성격은 제거되지 않는다. 사회 세계의 질서는 단순히 기능적 통합만으로 이루어지는 것이 아니라, 반드시 종교적 또는 신화적 성격을 지닐 수밖에 없기 때문이다. 근대 세계에서도 '민주주의,' '진보,' '계급투쟁'과 같은 신화적 사고유형은 여전히 존재하면서 막강한 힘을 휘두른다(Durkheim, 1983). "종교는 성스러운 것, 즉 격리되고 금지된 것과 관련된 신념과 실천의 통일된 체계이다. 신념과 실천은 그것을 믿는 모든 사람들, 즉 교회라 불리는 하나의 도덕적 공동체를 만든다"(Durkheim, 1995: 44). 종교는 가용한 일련의 우연한 의미 작용 요소들을 접합(articulation)함으로써 성과 속으로 이분화된 사회적 현실을 구성하고, 그 안에 주체와 대상의 정체성을 마련한다. 이것이 의미하는 바는 인간은 항상 성과 속의 이분법적 상징적 분류 체계를 통해 실재를 구성하고, 그 안에 자신의 성스러운 정체성의 자리를 만든다는 것이다.

　이분법적 상징적 분류 체계는 단순한 관념 또는 표상의 체계라기보다는, '표상과 감정의 이중적 체계'이다. 이분법적 상징적 분류 체계는 집단의 성원들에게 단순히 성스러운 관념(ideas, representation)만을 불러내는 것에 그치는 것이 아니라 성스러운 느낌(feelings)을 일깨운다

(Durkheim, 1995: 327). 뒤르케임은 인간을 움직이는 것에는 인지적 사고만으로는 한계가 있고, 반드시 정서적 느낌들이 있어야 한다는 점을 알고 있었다. 집합 의례를 통해 느꼈던 극도의 흥분된 감정은 두려움과 존경심이라는 감정을 각인시킨다. 이러한 정서적 힘, 그것을 뒤르케임은 도덕이라 불렀다. 때문에 뒤르케임은 집합 의례의 핵심적 기능은 도덕적 공동체를 수립한다는 점에 있다고 주장한다. 도덕적 공동체는 성과 속이라는 이분법적 상징적 분류 체계가 사회적 차원에서 실현된 것이다. 이런 점에서 뒤르케임은 인간의 사회적 삶이 근본적으로 상징적임을 인정한 것이다.

인간의 본성에 대해 뒤르케임은 인간이 단지 물질로 구성되어 있다는 경험주의적 계몽주의 전통을 비판한다. 그 주된 이유는 인간에게서 정신적 또는 문화적 차원을 빼앗아 버리기 때문이다. 그렇다고 뒤르케임이 인간을 주로 정신으로만 구성된 존재로 보는 입장, 즉 인간의 본성을 선험적으로 정의하는 합리주의적 계몽주의 전통을 받아들인 것도 아니다. 합리적 경제이론은 인간을 불변하고, 사회적으로 탈맥락화된 본질적이고 추상적인 인간으로 정의한 반면, 헤겔적 본질주의는 단 하나의 세계 역사적 인간을 설정한다. 뒤르케임은 이러한 입장이 순전히 추론적인 것이어서 경험적으로 입증될 수 없다고 보았다. 대항계몽주의 전통을 따라 뒤르케임은 실제 인간의 사회적 상황과 상황지어짐을 강조하며 그 복합성을 인정한다(Miller, 1996: 25). 실제 인간은 사회에 통합된 한 부분이다.

뒤르케임은 인간존재가 두 부분으로 구성되어 있다는 오랜 믿음을 받아들인다(Durkheim, 1973: 152). 하지만 뒤르케임은 인간 본성의 이러한 이원론을 형이상학적 초월성에 의존하지 않고서 설명한다. 뒤르케임은 개인적 자아의 기원을 몸에, 그리고 사회적 자아의 기원을 사회에 놓았다(Durkheim, 1995: 274). 뒤르케임은 개인을 사회로 환원하지 않았다. 이것이 가능한 이유는 개인이 정신과 몸이라는 두 부분으로 구성되어 있기 때문이다. 영혼은 집합 의식의 일부이기 때문에 보편적이다. 반면 몸은 특정한 시공간을 점하기 때문에 특수하다(Durkheim, 1995: 273). 하지만 몸은 그 원천이 다르긴 하지만 사회에서 완전히 자유로운 것이 아니다. "열정과 이기적인 경향이 우리의 개인적인 체질에서 유래하며 우리의 합리적인 활동, 그것이 이론적이든 실천적이든, 우리의 사회적 기원에 의존한다는 것은 명백하다"(Durkheim, 1973: 162).

뒤르케임은 이러한 이원성이 사실은 그보다 보편적인 성과 속의 이분법적인 상징적 분류 체계의 한 표현이라고 주장한다. "우리의 본성의 이원성은 모든 종교의 토대인 사물을 성과 속으로 구분하는 원리의 특수한 한 경우일 뿐이며, 따라서 동일한 원리의 기반 위에서 설명되어야 한다"(Durkheim, 1995: 159). 영혼은 성스러운 것으로 분류되고 몸은 속된 것으로 분류된다. 다시 말해, 영혼은 다른 성스러운 사물들과 마찬가지로 그 자신을 개인들에게 고착시킨 집합적 이상이다. 이에 반해, 몸은 다른 속된 사물들과 마찬가지로 성스러움에 대한 정의가 남겨 놓은 잔여물이다.

뒤르케임은 영혼과 몸의 관계가 시대에 따라 변화할 수 있다고 주장한다. 자기 동일적 유형의 사회에서는 집합적 이상으로서의 영혼이 몸을 완전히 흡수하는 경향이 있어 진정한 개인이 출현하는 것을 막는다. 개인의 개인성은 완전히 영(zero)에 가깝게 되고, 개인의 인성은 그 정의상 완전히 사라지고 집합적인 존재 그 자체가 된다(Durkheim, 1984: 84). 이에 반해 다원주의적 유형의 사회에서는 영혼이 진정한 개인이 출현하는 것을 허용할 정도로 발전하는 경향이 있다. 인간의 성격은 노동 분업의 성격이 변화함에 따라 역사적으로 변화한다. 따라서 뒤르케임의 아노미 이론은 실존적인 현상이라기보다는 역사적인 현상으로 간주될 수 있다. 뒤르케임은 아노미를 자기 동일적 유형의 사회에서 다원적인 사회 유형으로 전환하는 시기에 발생하는 전환기적 현상으로 보았다.

방법론적 차원에서 뒤르케임은 서로 대립적인 것처럼 보이는 경험주의적 계몽주의 전통과 대항계몽주의 전통을 모두 제출했다. 『사회학적 방법의 규칙』과 같은 방법론적 저작에서 뒤르케임은 실재에 대한 객관적이고 보편적으로 타당한 기술을 제공하기를 추구하는 실증주의적 방법을 제안했다. 그와 반대로 『종교생활의 원초적 형태』와 같은 실질적 저작에서 뒤르케임은 모든 진리 주장의 타당성이 보편적이 아니라 역사적 맥락에 묶여있다고 주장한다(Gieryn, 1990). 언뜻 모순되는 것처럼 보이는 두 입장은 사실 그렇게 대립적이지 않다. 뒤르케임은 지식이 실재를 있는 그대로 반영한다는 소박한 실증주의자가 아니다. 실제로 뒤르케임은 프랑스 혁명의 원리들을 비판하는 글에서 계몽주의 전통이 보여 주는 환원론을 비판했다(Durkheim, 1973: 37~38). 단순한 추론 대신에, 뒤르케임은 감각 지각이 인간 지식의 출발점이라는 점을 인정한다. 하지만 뒤르케임은 연구자가 모든 설명을 현상 그 자체에 엄격하게 제한해야 한다는 경직된 실증주의자나 현상주의자가 아니다. 사회적 사실이 사물로서, 즉 개인 외부의 실재로서 연구되어야 한다는 뒤르케임의 유명한 방법론적 주장마저도, 경직된 의미에서의 실증주의 교의는 결코 아니다(Durkheim, 1951: 37~38). 뒤르케임이 말한 '사회적 사실'은 실증주의적 의미에서의 '물상화된' 성격을 강조하기 위한 것이 아니라, 심리학적이고 주관주의적인 지식관을 넘어서기 위해 사회적 사실의 집합주의적 또는 '도덕적' 성격을 강조하기 위한 것이다(Allcock, 1982: 228). 사회적 사실은 개인에 선재할 뿐만 아니라, 설득과 강제를 통해 개인을 통제한다. 사회적 사실의 이러한 힘은 그것이 개인을 만들고 개인에게 침투해 들어가고, 동시에 개인이 그것을 내면화했을 때만 가능하다. 이런 점에서 사회적 사실은 개인의 의식을 통해 존재한다.

그렇다면 어떻게 개인의 의식을 통해 존재하지 않는 자연적 사실을 탐구하는 것처럼 개인의 의식을 통해서 존재하는 사회적 사실을 탐구할 수 있는가? 『사회의 노동 분업』에서 뒤르케임은 자신의 방법론을 소개한다(Durkheim, 1984: 26). 뒤르케임은 사회적 연대와 같은 사회적 사실에 직접 다가갈 수 없으며, 그 객관화된 효과, 즉 법과 법 위반의 사회적 효과를 통해서만 접근할 수 있다고 주장한다. 이 점에서 뒤르케임은 관찰 가능한 피상적인 현상만을 탐구하는 실증주의자가 아니다. 그렇다고 선험적인 추론을 통해 추상적이고 거대한 관념의 체계를 건설하려는 합리주의적 계몽주의 전통을 받아들인 것도 아니다. 뒤르케임은 공간, 시간, 인과성과 같은 칸트의 선험적 범주가 사회에 그 기원을 두며 결코 하나의 결정적인 형태로 고정되어 있다고 보지 않았다. "그 범주들은 끊임없이 만들어지고 해체되고 다시 만들어진다. 시간과 공간에 따라 변화한다"(Durkheim, 1995: 14). 따라서 사회구조가 변하면 진리와 논리도 변한다.

역사의 방향에 대해서 뒤르케임은 기계적 연대에 기반한 사회에서 유기적 연대에 기반한 사회로 진보한다고 주장함으로써 역사가 진보의 방향으로 나아가고 있다는 계몽주의 일반의 주장을 받아들였다. 하지만 뒤르케임은 역사의 동력을 설명할 때 헤겔적 본질주의와 실증주의적 유기체론 모두를 거부했다. 역사의 변동에 목적론적 종국이 있다는 주장을 믿지 않았기 때문이다. 대신 뒤르케임은 경험주의적 계몽주의 전통과 대항계몽주의 전통을 조합하여 역사의 동력을 설명했다. 멜더스를 따라 뒤르케임은 개인들 간에 지리적 인접성을 높이는 인구의 증가가 매우 중요하다는 점을 강조했다. 하지만 뒤르케임은 인구의 증가를 도덕적 밀도와 연결시킴으로써 그 강조점을 달리한다. 인구밀도의 증가는 사람들 간의 빈번한 의사소통과 변형의 필요를 증대시킬 것이고, 이는 도덕적 밀도, 사회 내적 관계, 그리고 개인들 간의 계약 빈도를 증대시킬 것이라 보았다(Durkheim, 1984: 205).

도덕적 차원에서 뒤르케임은 칸트주의자들로 대표되는 합리주의적 계몽주의자와 공리주의자들로 대표되는 경험주의적 계몽주의자 모두를 비판했다. 그 주된 이유는 그들이 모두 윤리학을 일반원리로부터 연역하기 때문이었다(Hall, 1987: 134). 이에 대항하여 뒤르케임은 대항계몽주의 전통을 따라 도덕이 사회적 힘의 산물이라 주장했다. 칸트적인 의무와 공리주의자의 선이 모두 사회에 그 기원을 두고 있으며, 양자 모두 사회를 가능하게 하는 정치적 기능을 한다고 주장했다(Hall, 1987: 137). 그것은 결코 자연적 이성에서 나온 것도 아니며, 객관적이고 비역사적인 도덕적 현실도 아니다. 보편적 도덕 대신에 뒤르케임은 사회의 유형에 따라 다르게 나타나는 맥락적 도덕을 말한다. 공리주의적 개인들의 이해관계(interests)보다 더 높은 이해관계가 존재하지 않는 한 어떠한 공동체적 삶도 불가능하다고 뒤르케임은 분명히 주장한다(Durkheim, 1973: 44). 따라서 공리주의적 개인주의는 개인들을 묶는 진정한 도덕이 되지 못하며, 새로운 형태의 개인주의가 필요하다. 뒤르케임(Durkheim, 1957: 57, 115)은 이를 '도덕적 개인주의'(moral individualism)라 불렀다.

도덕적 개인은 정치적 공동체의 능동적인 성원들로서 그들의 의무와 욕망이 공동체 자체와 그 이익으로 향해져 있다(Cladis, 1992: 16~17). 개인의 욕망과 개인의 이성 간에 내재하는 칸트적인 갈등을 뒤르케임은 받아들이지 않는데, 그 이유는 대항계몽주의 전통을 따라 실천이성을 그 사회경제적 맥락 안에 위치짓기 때문이다.

정치적 차원에서 뒤르케임은 계몽주의 전통이 지니는 위험을 잘 인식하고 있었다. 공리주의로 대표되는 경험주의적 계몽주의 전통은 사회보다 먼저 존재하는 인간의 본성에 내재하는 것을 보호하는 제한된 역할을 한다고 뒤르케임은 보았다. 뒤르케임이 볼 때 개인의 권리는 자연권이 아니라 사회에 의해 주어진 시민권이다. 뒤르케임은 또한 헤겔적 본질주의로 대표되는 합리주의적 계몽주의 전통이 국가를 하나의 실체로 보아 모든 개인이 그것을 위해 존재하는 것처럼 오도했다고 비판한다. 뒤르케임이 보기에, 개인주의는 국가가 더욱 강해질수록 바로 그 이유 덕분에 사회질서의 주요 원리가 되어 간다(Durkheim, 1957). 개인과 국가 사이의 관계는 정적이고 고정된 관계가 아니라, 역동적이고 역사적인 관계이다. 과거에는 국가가 개인주의를 허용할 정도로 발전하지 않았지만, 현재의 전환기에는 개인주의가 더 복잡한 형태의 사회질서를 지지할 정도로 충분히 발전하지 않았다. 뒤르케임의 전 작업은 개인주의와 국가를 화해시키려는 노력으로 간주될 수 있다. 다가오는 시기에는 개인주의와 국가가 서로 모순되지 않으리라는 것이다(Hall, 1987: 154). 뒤르케임은 미래에는 모든 개인이 전체 사회에서 고유의 기능을 수행하는 동시에 도덕적으로 서로 묶이도록 고도로 분화된 사회가 나오게 될 것이라 믿었다.

막스 베버

사회의 성격에 관해 베버는 합리주의적 계몽주의 전통과 경험주의적 계몽주의 전통 모두를 거부한다. 우선, 변증법적이든 아니면 기능적이든 유기체적인 사회관 모두를 베버는 거부한다. 아리스토텔레스적 이론과학 모델과 달리 사회를 그 실체의 필연적인 발전으로 보지 않았다. 베버는 예비적인 개념화를 촉진하기 위한 수단으로 기능 분석의 불가피한 장점을 인정하였지만, 그것이 지닌 인지적 가치가 과장되고 그 개념이 정당하지 못하게 사물화되면 고도로 위험하다는 점도 역시 인식했다(Weber, 1978: 27). 베버는 사회에 대한 개인주의적 또는 명목론적 입장을 취했지만(Martindale, 1971: 1~12), 그렇다고 사회를 합리적인 원자적 개인들이 맺은 계약으로 보지는 않았다(Kalberg, 1994: 30). 살로몬(Salomon, 1935: 68)에 따르면, 베버는 사회의 개념 없이 그의 전 작업을 수행했다. 이는 논란의 여지가 있는 주장이지만, 베버가 '사회'라는 용어를 거의 사용하지 않은 것은 사실이다(Bendix, 1977: 476). 하지만 베버의 저작을 통해 우리는 그의 사회 개념을 재구성할 수 있다. 그 핵심은 베버가 대항계몽주의 전통을 받아들였다는 점이다. 베버는 사회 "집합체들이 반드시 개별 인간들의 특정한 행위들이 조직되어 나타난 결과와 양식으로서만 다루어져야 한다"(Weber, 1978: 13)고 주장했다. 이는 사회는 인간이 만든 유형이라는 대항계몽주의의 기본 주장에 기반한 것이다.

> 사회학에 '행위하는' 집합 인격체란 존재하지 않는다. 사회학이 '국가'나, '국민'이나, '주식회사'나, '가족'이나, '군대'나 또는 이와

비슷한 '구성체'를 운위할 때면, 오히려 사회학은 그로써 다만 개
개인의 사실상의 사회적 행위나 가능한 것으로 구성된 사회적 행
위가 일정한 양식으로 경과한다는 사정을 생각할 따름이다
(Weber, 1978: 14).

사회는 개인들의 '사회적 행위'의 산물이다. 행위는 다른 사람들의
행위를 고려할 경우에 한해 사회적이다. 따라서 사회적 행위는 상대방
에게 기대하는 행위에서 '동일한 지향'을 가진 개인들이 참여하고 있음
을 전제한다(Weber, 1978: 4).

베버에 따르면, 다른 모든 행위와 마찬가지로 사회적 행위도 네 가
지 방식으로 지향될 수 있다. 도구적으로 합리적인 방식, 가치 합리적
방식, 정서적 방식, 전통적 방식이 그것이다. 우리는 어떤 종류의 지향
이 행위자들의 사회적 행위를 주로 안내하는가에 따라 한 사회의 성격
을 가늠할 수 있다. 하지만 행위자들의 참여 없이는 행위의 어떠한 사
회적 경향도 사라지고 말 것이다(Kalberg, 1994: 25). 이러한 방식으로 베
버는 사회 개념에 어떠한 물화된 성격도 부여하지 않았다. 사회는 행위
자들의 참여 없이 자동적으로 작동하는 물화된 실체가 아니라, 행위의
경로가 행위자에 의해 반복적으로 이루어지도록 '행위를 유형화하는 양
식'(modes of patterning action)이다(Kalberg, 1994: 31~32).

인간의 본성에 대하여, 베버는 계몽주의 전통을 거부하고 대항계몽
주의 전통을 받아들였다. 베버는 인간존재가 어떤 종류의 배아적 실체
(embryonic substance)를 가지고 있음도 부정했다. 베버는 또한 쾌락주의
적인 물질론적 심리학으로 인간과 그의 동기를 보는 물질론적 일원론
도 거부했다. 베버에게 인간은 무엇보다도 문화적 존재다. 베버에 따르

면, "물질적 이해관계와 관념적 이해관계는 인간의 행위를 직접적으로 지배한다"(Weber, 1948: 280). 여기에서 이해관계(interests)는 목적(ends)을 의미한다. 이에 덧붙여, 인간은 그러한 이해관계 또는 목적을 추구하는 어떤 물질적인 수단과 관념적인 수단 또한 소유하고 있다. "유의미한 인간 행위의 궁극적인 요소들에 대한 모든 심각한 성찰이 말해 주는 것은 그것이 일차적으로 '목적'과 '수단'의 범주를 통해 지향된다는 것이다"(Weber, 1968: 52). 여기서 중요한 것은, 목적과 수단이 모두 문화적으로 주어진다는 점이다. 문화적으로 주어졌다는 것은, "세계의 의미가 세계에 고정되어 있지도 내재하지도 않는다는 것이다. 그것은 가변적이고 변화 가능한 구성물이다. 세계의 어떤 특징들을 주어진 행위의 수단이라 이름 붙이기도 하고 목적이라 이름 붙이기도 하는 것이다"(Wallace, 1994:, 16). 인간은 세계에 대해 고의적인 태도를 취하고 세계를 유의미하게 만들 능력과 의지를 겸비하고 있기에 문화적 인간이다(Weber, 1968: 81).

인간존재는 의미를 목적뿐만 아니라 대상에도 부여할 수 있다. 하지만 이러한 능력은 초월적 주체의 전(前)문화적 실체가 아니다. 따라서 베버는 초월적 주체라는 용어 대신에 인격(personality)이란 용어를 사용한다. 인격은 "전(前)문화적, 전(前)평가적 핵이 아니라, 가치에 닻을 내린 자아이다. 이 가치는 자아와 세계 사이를 매개할 뿐만 아니라, 그 자아의 활동의 의미를 정의한다. 더 나아가, 개인들이 세계에 대해 입장을 취할 수 있는 것은 바로 가치에 대한 이러한 관계를 통해서이다"(Turner, 1992: 58). 한 대상의 의미는 구체적인 사회에서 그것이 '수단'이나 '목적'의 역할로서 인간 행위에 관계를 맺는다는 점에서 정해진다. 하지만 베버는 인간존재의 '목적'으로 규정된 대상의 의미를 강조했는데, 그 이유는 '목적'에 의해 추동된 행위가 '수단'에 의해 추동된 행위보다 더 유의미하다고 믿었기 때문이다. 이러한 믿음은 사실 정신적 또는 문화적 갈망으로 행위하는 진정성을 지닌 개인을 더 높이 평가하는 대항계몽주의 전통을 따르는 것이다. "인간의 개별성은 일상의 실용적인 고려에서 분리된 신념을 고수함으로써만 실현될 수 있다. 아니, 다시 말하면 참된 개별성은 세속적 필연성에 대한 적응이 극복될 때에만 존재한다"(Schroeder, 1987: 213).

여기서 문제가 되는 것은 베버가 점증하는 합리화라는 특징을 보이는 서구 문명의 거대 규모의 구조적 변동이 인간존재로부터 그 진정된 개별성을 박탈하는 경향이 있다고 본 점이다. 베버에게 합리화란 주로 도구적 합리성이 증대하는 과정을 지칭하는데, 여기에서 인간은 점점 더 행위의 '수단'으로서의 대상의 의미에 사로잡힌다. 이렇게 대규모 구조적 변동이 인간존재에 미치는 영향을 부정적으로 본 것은 대항계몽주의 전통을 충실히 따르는 것이다. 쉴러(Schiller)의 용어인 '세계의 탈주술화'를 사용하여, 베버는 문화적 존재로서의 인간존재를 위협하는 합리화와 주지주의화(intellectualization)의 부정적인 측면을 강조한다(Weber, 1948: 155). 탈주술화란 간단히 말해 주술적이고 초자연적인 힘이 없는 세계를 말한다. 탈주술화는 절대적인 권위(신)를 끝장내고 가치의 다원주의 시대를 열었다. 하지만 역설적이게도 이는 탈주술화의 다른 쪽인 주지주의화로 나아갔다. 주지주의화는 "사회문화적 질서의 윤리적-정치적 전제로부터 형식절차적 유형의 합리성에 의해 정당화되는 일반 규칙과 명령에 기반한 사회적 질서로의 전이를 뒷받침한다"(Seidman, 1991: 155).

결과적으로 탈주술화와 주지주의화의 이중적 과정은 문화적 존재를 과학적 예측과 통제에 노출된 도구로 전락시킨다. 이는 새로운 종류의 인간, 즉 "관료제 시대에 완전히 적응한 인간, 다시 말해 가장 즉각적인 물질적 필요에 의해서만 정의되기 쉬운 자신의 지적 영역을 넘어선 목적을 더 이상 추구하지 않는 인간"(Mommsen, 1974: 20)의 출현을 알리는 것이다. 하지만 베버는 근대 과학의 발전이 파괴한 것은 인간존재에게 궁극적인 의미를 제공해 주던 전통적인 형이상학이지 "유의미한 코스모스에 대한 형이상학적 필요 그 자체"(Weber, 1948: 281)는 아니라는 점을 잘 알고 있었다. 베버는 이러한 필요를 인간 본성의 몰역사적인 보편적 범주 안에 놓지 않고 인간실존의 역사적으로 보편적인 조건, 즉 근대성 안에 놓았다. 근대성은 인간 실존의 무의미성(senselessness)을 보편적 조건으로 만들어 놓았다(Seidman, 1991: 154). 베버는 전통적이고 일원적인 윤리적-종교적 신념체계를 회복함으로써 이를 극복하는 것이 불가능하다고 보았다. 대신 인간이 스스로 각자 자신의 가치를 만들어야 한다는, 다소 니체적인 해결책을 제시했다. 그렇다고 베버가 니체를 미학으로 받아들인 것은 아니다. 베버를 문화적 비관주의자로 해석하는 이들, 예를 들어 프랑크푸르트학파를 따르는 이들은 단일한 종교적 신념체계가 이전에 존재하였는데 이제 그것이 무너졌기 때문에 비극적 세계에 빠졌다는 주장을 한다. 하지만 베버는 문화적 비관주의자의 반모더니즘도 부조리한 실존의 실존주의적 딜레마라는 일방적인 시각에도 굴복하지 않았다(Scaff, 1987). 베버는 또한 종교도 과학도 사회적으로 통일시키는 성격을 지닌 신념 체계(belief systems)를 산출할 수 없으며, 이는 가치의 분화를 낳아 자유를 증대시킨다고 보았다(Friedland, 2013; Weber, 1978). 베버는 가치가 개인적 의미의 원천이 되기 위해서 제도적 맥락 안에서 추구되어야 한다고 주장했다(Friedland, 2014).

방법론적 차원에서 볼 때 베버는 헤겔적 관념론과 실증주의로 대표되는 계몽주의적 전통을 비판했다. 헤겔적 관념론은 추상적 개념들이 실재의 총체성을 완전히 구명할 수 있다고 본 반면, 실증주의는 추상적인 일반원리와 법칙이 경험적으로 관찰 가능한 현상을 남김없이 밝힐 수 있다고 주장한다. 이에 대항하여 베버는 빈델반트(Wilhelm Windelband)와 리케르트(Heinrich Rickert)와 같은 신칸트주의자로 대표되는 대항계몽주의 전통을 따랐다. 이들에 따르면 실재는 지식 속에서 결코 재생산될 수 없는 사건과 과정의 복합적인 흐름이다. 따라서 베버는 특권화된 인식론이 따로 존재한다고 믿지 않았다. 지식은 실재를 어림하는 것이기 때문에 지식을 통해서는 실재의 단편만을 알 수 있을 뿐이다. 그렇다고 베버가 극단적인 상대주의적 인식론을 옹호한 것은 결코 아니다. 베버는 이념형을 통해 연구자가 인식론적 상대주의의 함정에서 벗어날 수 있다고 믿었다.

베버는 자연과학과 사회과학을 날카롭게 구분한 신칸트주의자 중 특히 딜타이의 주장을 정교하게 가다듬었다. 하지만 베버는 자연과학은 법칙적 방법을 따르고 문화과학 또는 인문과학은 개별성을 추구하는 방법을 따른다는 경직된 이원론을 받아들이지는 않았다. 베버가 보기에 자연과학과 사회과학은 모두 일반성과 개별성을 필요로 하지만, 양자 간의 관계를 인식하는 방식은 서로 다르다. 자연과학에서 개별성은 일반성의 구체적인 사례일 경우에만 유의미하다. 이와 달리 사회과학에서 일반성은 특정의 독특한 개별성을 밝히고 이해하는 수단일 뿐이다. 또한 사회과학이 다루는 주된 재료의 성격은 자연과학이 다루는 그것보다 훨씬 복잡하다. 그것은 개별적 행위자의 행위이다. 자연적 관찰에 더해 사회과학은 개별 행위자에게 동기를 부과하고, 그의 행위를 이 동기의 표현으로 해석해야 한다. 이해(Verstehen)는 바로 이것을 말하는 것으로, 그 핵심은 행위자의 사회적 행위를 맥락적으로 이해하는 것이다(Tucker, 1991: 49). 우리는 행위가 일어나는 맥락을 앎으로써 행위자들의 동기를 추론할 수 있다. 이는 사실 대항계몽주의의 핵심 주장이다. 역사는 인간이 만든다. 역사를 설명하려면 반드시 그것을 만든 인간의 자리로 우리 자신을 집어넣어 그의 눈으로 그것을 보아야만 한다.

베버는 사회과학자가 사용해야 할 독특한 맥락으로서 '이념형'(ideal types)을 제시한다. 맥락을 행위의 다양한 지향 방식을 가늠하게 해주는 일련의 이념형으로 전환하고자 한 것이다. 만약 사회과학자가 행위의 주관적 의미에만 자신을 한정한다면 상대주의의 함정에 빠질 수도 있다. 하지만 이념형은 결코 실재의 총체성을 모두 담으려고 고안된 것이 아니다. 이념형을 구성할 때 연구자는 그의 가치에서 볼 때 '실제적으로'(practically) 유용하게 보이는 어떤 독특하고 본질적인 특질들을 선택한다(Mommsen, 1974: 9). 하지만 자유롭게 선택하기 이전에 연구자는 그 독특하고 본질적인 특질을 발견하기 위해 깊이 상황을 분석해야 한다. 이념형을 구성하는 과정에 연구자의 가치가 개입된다는 의미에서 이념형은 실재의 총체성을 완전히 담는 객관적인 그림이 아니다. 어떤 의미에서는 실재의 총체성을 주관적으로 왜곡한 것이다. 이념형은 평균적인 성격을 명백하게 하려는 것이 아니라 문화 현상의 독특한 개별적 성격을 드러내기 위한 것이기 때문이다(Weber, 1968: 101). 문화 현상의 독특한 개별적 성격은 그에 관한 역사적 탐구를 통해 드러날 수밖에 없다. 선택하기 위해서는 특정의 역사적 순간에 그것이 지닌 '문화적 유의미성'을 인식함으로써만 가능하기 때문이다. 하지만 이념형은 특정 사회 현상의 독특한 성격을 논리적으로 정합적인 언명으로 만들어야 한다.

그렇다고 이 논리적으로 정합적인 언명이 순전한 객관적 토대, 즉 지식의 자명한 플라톤적 이념형인 것은 아니다. 오히려 사회현상의 독특한 개별적 성격을 이해하는 데 유용한 논리적—역사적 그리고 발견을 돕는(heuristic) 구성물일 뿐이다. 이념형이 일반적, 외적, 익명적, 객관적 사회적 행위의 형식을 제출하고자 시도하는 것은 특정한 문화 내부에 사는 주관적인 삶에 그것이 지니는 의미의 문제에 접근하기 위함이다.

역사 변화의 방향에 대해서 베버는 기계적이든 변증법적이든 '단계 이론'을 주창하는 계몽주의 전통을 거부했다. 그렇다고 베버가 자연 환경과 사회 환경에 대한 통제 능력을 증대시키는 쪽으로 인류가 발전해 왔다는 계몽주의의 기본 생각을 완전히 거부한 것은 아니다(Kolko, 1959: 1~20). 다만 이러한 발전에는 반드시 대가가 따른다는 대항계몽주의 전통에 귀 기울였을 뿐이다. 잘 알려지다시피, 베버는 당대 서구 사회가 합리화라는 거대 규모의 구조적 변형을 겪고 있다고 보았다. 합리화는 이중의 과정을 의미한다. "첫째로 사회적, 역사적 과정이 자연 세계와 사회 세계에 대한 통제력을 얻기 위해 계산과 기술적 지식에 갈수록 더욱 의존하게 되는 경향을 말한다. 둘째로 인간 행위가 세계를 이해하는 수단으로 주술적 사고에 대한 의존에서 벗어나 대신 즉각적으로 주어진 경험적 현실에 의존하게 되는 경향을 말한다"(Morrison, 1995: 218). 합리화는 서구 사회의 모든 영역에서 발견된다고 베버는 주장한다. 합리적인 법 체계와 형식적인 법 절차, 정부의 근대 관료제가 지닌 합리적인 행정 체계, 미술에서 선과 공간의 합리적 사용, 음악에서 합리적인 기보법 등이 그 예다(Weber, 1992: 13~31). 하지만 이러한 역사적 발전은 인류의 기원에서 시작되어 선형적으로 발전되어 나온 것이 아니다. 베버는 온갖 종류의 추론적인 역사 구성을 거부했다. 역사 과정

그 자체가 내재적인 의미를 지니고 있다고 믿지 않았기 때문이다. 오히려 역사적 변화란 끊임없는 사회과정과 우연적인 환경의 의도하지 않은 결과로 나타난다(Scaff, 1984).

이러한 시각이 갖는 도덕적 함의는 인성의 자발적인 결정 외에는 가치의 어떠한 토대도 없다는 일종의 자유주의로 나타난다. 베버는 합리화가 근대 세계의 인간을 도덕적 딜레마에 빠트린다고 보았다. 니체를 따라 베버는 절대적인 신이 제공해 왔던 안전은 사라졌지만 과학이 이 기능을 대체할 수는 없다고 주장했다. 칸트주의자로서 베버는 부분적이지만 우리에게 유관한 지식을 따라 우리 자신의 의미를 선택해야 한다고 주장했다. 이는 사실 대항계몽주의의 주된 메시지다. 어떤 종류의 절대적인 일원론적 신에도 기대지 않고 근대 개인은 그에게 유관한 가치를 선택하고 정당화해야 한다. 이야말로 서로 화해 불가능할 수도 있는 궁극적인 가치들이 서로 투쟁을 벌이는, 그리고 그 투쟁이 결코 최종적 결론을 낳지 않는 가치의 다신교 시대에 사는 근대 개인의 운명이다(Weber, 1948: 129~156).

이러한 관점은 정치적으로도 자유주의와 연관된다. 정치적 이력을 통해 베버는 왜 독일 사회가 경제적 성장에도 불구하고 자유주의 사회로 발전하지 않는가 질문했다. 베버는 형식적인 합리성으로 무장한 관료제적 엘리트들이 평범한 삶들을 지배하는 것을 목도했다(Weber, 1978: 16). 니체와 같은 여타의 독일 사상가들과 마찬가지로 베버는 일반 민중을 대량의 정치적 종복으로 효과적으로 축소하는 경향을 지닌 근대 관료제 국가의 발전에 대해 깊은 우려를 가지고 있었다(Turner, 1982: 367~391). 베버에게 국가란 무엇보다도 주어진 영토 내에서 폭력을 독점한 조직이며, 따라서 반드시 이 독점에 대한 정당화를 필요로 할 수밖에 없다(Weber, 1978: 56). 근대 국가는 법적−합리적 정당성에 기반하지만, 불행히도 이는 실질적인(substantive) 정당성과는 관계가 멀다. 법적−합리적 정당성을 체현한 법은 실질적인 가치에 의해 규범적으로 지지되는 것이 아니라, 합법적 폭력에 의해 강제로 실행되기 때문이다. 따라서 법 절차 지상주의가 만연할 수 있다. 이에 대항하여 베버는 일종의 자유주의를 주창하였는데, 이에 따르면 전문화된 직업 집단들의 각 성원은 개인적으로 선택한 가치를 각자의 제도적 영역에서 추구되는 세속적 '목적'으로 전환하여 실현하고자 한다(Seidman, 1991: 160).

04 모던 미국사회학과 과학

사회학: 확실성 추구와의 투쟁

지금까지 19세기 유럽에서 발흥한 고전사회학의 모체가 되는 유럽의 지성계를 조망하고, 고전 유럽사회학이 애초에 계몽주의의 독단을 대항계몽주의라는 대안을 통해 비판하고 보완하는 기획으로 출현하였음을 밝혔다. 이에 따르면 19세기 유럽의 지성계는 계몽주의 전통을 따르는 '과학', 대항계몽주의 전통을 따르는 '도덕학', 반계몽주의 전통을 따르는 '미학'이 상호 경쟁하는 복합적인 지형으로 구성되어 있다. 이러한 복합적인 지성계의 지형은 고전 유럽사회학을 발흥시킨 모체로 작용했다. 맑스, 뒤르케임, 베버는 과학 중에서 경험과학을 강도 높게 비판하는데, 그 이론적 자원을 주로 도덕학에서 끌어 왔고 때로는 이론과학의 전통을 빌리기도 했다. 그들이 한결같이 경험과학을 비판한 것은 수학적 물리학으로 대표되는 뉴턴의 과학을 인간사회에 적용했을 때 인간사회에서 정신적, 문화적, 규범적 차원을 제거하고 물리적, 경제적, 도구적 차원만 남겨놓는다고 보았기 때문이다. 경험과학이라는 지식 패러다임이 지배적으로 되어가는 상황에서 도덕학과 이론과학을 재도입함으로써 협소해진 지식의 지평을 넓히려 한 것이다. 하지만 그들은 미학을 경험과학에 대한 대안으로 진지하게 고려하지 않았다. 그 주된 이유는 미학을 전(前)사회적, 비(非)사회적, 더 나아가 반(反)사회적이라 보아 새로운 질서를 구축할 토대를 제공할 수 없다고 보았기 때문이다.

제4장에서는 이어서 모던 미국사회학이 사회학을 과학으로 수립하면서 미학을 사회학이론을 펼쳐나가는 데 사용하지 않았다는 점에서 고전 유럽사회학과 유사하다는 점을 보여줄 것이다. 미학을 제외하고 모던 미국사회학은 모든 유형의 지식의 패러다임을 활용하여 논의를 전개했다. 하지만 고전 유럽사회학과 달리 모던 미국사회학은 경험과학을 비판하지 않았다. 오히려 경험과학을 사회학을 위한 최고로 우월한 지식의 패러다임으로 치켜세웠다. 모던 미국사회학은 미국의 영웅적 개인주의 정신과 잘 들어맞는 한도 내에서 도덕학을 긍정적으로 받아들였다. 또한 모던 미국사회학은 이론과학을 받아들였지만 유럽과는 다른 양상을 보여주었다. 유럽에서는 맑시즘과 구조주의와 같은 '본질주의적 이론과학'이 사회학을 포함한 지성계에서 지배적인 위치를 차지했다. 하지만 미국에서는 본질주의적 이론과학이 사회학적 담론으로 자리를 잡지 못하였는데, 주된 이유는 미국 지성계를 지배한 세속화된 과학관이 본질주의적 이론과학의 목적론적, 비과학적 함의를 용인할 수 없었기 때문이다. 반면 '초월주의적 이론과학'은 목적론을 담고 있지 않아 모던 미국사회학에서 비교적 손쉽게 자리를 잡을 수 있었다. 경험과학과 초월주의적 이론과학이 서로 손을 잡고 모던 미국사회학에서 크게 성공을 거둔 것은 놀라운 일이 아니다. 왜냐하면 뉴턴이 이미 경험과 합리적 추론을 종합하여 자신의 과학관을 제출한 바 있기 때문이다. 결국 모던 미국사회학의 패권을 잡은 것은 과학이었다.

나는 모던 미국사회학의 발전을 시기별로 나누는 일반적 관행을 따라 그 발전을 네 단계로 나눈다. 1880년대에서 1915/1918년, 1919년에서 1945/1950년, 1945/1950년에서 1960년대 초반, 그리고 1960년대 초반에서 1980년대 초반. 우선 모던 미국사회학이 어떤 지식 패러다임을 주로 사용하여 사회학적 담론을 펼쳤는지 살펴본다. 특히 '주요' 모던 사회학자들이 어떤 지식 패러다임을 모델로 하여 논의를 전개했는지 지식사적 지도를 그리는 데 주력한다. 마지막으로 미학이 왜 모던사회학에서 지식의 패러다임으로 활용되지 못했는지 살펴본다.

첫 시기(1880년대 ~ 1915/1918)

고전 유럽사회학의 창건자들은 모두 유럽인이었지만, 사회학이 대학에서 독립된 분과학문으로 수립된 것은 미국에서였다. 스몰(Albion Small)은 1892년 시카고대학에서 사회학과를 개설하였고, 1895년에는 첫 번째 사회학 저널인 American Journal of Sociology를 창간했다. 헨더슨(Charles R. Henderson)과 빈센트(George Vincent)가 초창기 멤버였다. 나중에 스몰은 토마스(William I. Thoma), 파크(Robert E. Park), 그리고 버거스(Ernest W. Burgess)를 사회학과에 합류시켰다. 당시 실용주의는 시카고학파에 영향을 미쳤지만, 이 첫 시기 동안에는 사회학의 시카고학파를 형성시켰다고 말하기는 어렵다. "시카고대학에서 실용주의는 철학 학파를 형성했다. 하지만 사회학이나 정치학에서는 아직 그러하지 못했고, 한 세대가 흐른 후에야 발전된 것이다"(Bulmer, 1984: 32). 오히려 소위 시카고학파의 정신은 쿨리(Charles H. Cooley)에게서 발견된다고 할 수 있다. 사실 쿨리는 미시간대학에서 가르쳤고, 한 번도 시카고대학의 멤버였던 적은 없다. 하지만 "그의 정신적 존재는 그의 육체적 부재보다 더욱 중요했다"(Lewis and Smith, 1980: 162).

시카고학파와 더불어 또 다른 미국사회학의 창건자가 있다. 모두 아이비리그에서 가르친 섬너(William G. Sumner), 워드(Lester F. Ward), 기딩스(Franklin H. Giddings), 로스(Edward A. Ross)가 바로 그들이다. 워드는 거의 40년 동안 공직에 있었고, 나중에 브라운 대학으로 가서 가르쳤다. 그는 미국사회학회(American Sociological Society)[1]의 첫 번째 회장을 역임했다. 두 번째 회장인 섬너는 예일 대학에서, 세 번째 회장인 기딩스는 콜롬비아 대학에서 가르쳤다. 그리고 로스는 1900년 면직되기 이전까지 스탠포드 대학에서 가르쳤고, 면직된 지 몇 년 후에는 네브라스카 주립대학으로, 그리고 나중에는 위스콘신 주립대학으로 옮겨 30여 년 동안 가르쳤다(Bannister, 1987).

거의 대다수 초기 미국 사회학자들은 다윈과 스펜서류의 진화적 자연주의로부터 막대한 영향을 받았다. 힌클(Hinkle, 1980: 16~17)에 따르면 진화적 자연주의는 다음과 같은 세 가지 주의를 담고 있다.

> (1) 사회적 또는 사회관련 현상(이는 자연 안에 있는 한 영역이자 자연의 영역이며 사회적 힘도 포괄하고 있다)을 초자연적으로 설명하는 대신 자연적으로 설명하는 것이 가능하고 바람직하다. (2) 사회적 현상의 출현은 다른 보다 기본적이고 기초적인 또는 유전적인 현상, 상태, 조건에 의해 (인과적으로) 설명될 수 있다. 사회적 현상은 그것으로부터 점차로 발생한 것이기 때문이다. (3) 다윈(과 스펜서)류의 유기적 진화론은 인간 결사체 유형의 안정성 — 불안정성을 인간실존 조건에의 효과적인 적응 내지는 조정으로

---

1) 미국사회학회의 현재 이름은 American Sociological Association이지만, 처음에는 American Sociological Society였다. 하지만 그 약자가 ASS로 좋지 않은 느낌을 주기 때문에 바꾼 것이다.

해석하는 데 적절한 모델이다.

진화적 자연주의는 다윈의 진화론의 영국적 버전으로서, 다윈의 진화론을 개인주의적이고 결정론적으로 해석한 것이 특징이다. 이 버전은 미국이 영국에 지역적으로나 지적으로 모두 의존하고 있었기 때문에 1920년대까지 미국에서 지배적이었다(Connell, 1997: 1561). 초기 미국 사회학자는 이 중에서 개인주의적 특성만을 주로 받아들였다. 마틴데일은 사회에 대한 개인주의적 접근이 지배적이던 당시 미국의 사회적 분위기를 다음과 같이 기술한다.

> 미국의 특수한 환경은 전체론적 사회이론의 중요성을 처음부터 깎아내렸다. 미국은 한 번도 강력한 전통적인 귀족제를 가져본 적이 없다. 따라서 혁명이 미국을 중간계급의 손에 넘겨주었지만, 전통적인 귀족이나 활동적인 프롤레타리아의 반혁명에 대항해서 사회정치적 질서를 견고하게 할 긴박성이 없었다. 더군다나 거대한 대륙이 개발되기 위해 기다리고 있었다. 그 결과 유럽이 계몽주의 합리주의에서 낭만주의로, 자유방임 개인주의에서 사회학적 전체론으로 전화해간 것과 비견할 만한 철학적 이데올로기적 전망의 급격한 역전이 일어날 필요가 없었다(Martindale, 1966: 22).

초기 미국사회학자는 진화적 자연주의가 지닌 결정론적 속성을 제거하거나 최소화하고, 인류가 단순한 기원에서 복합적인 현재 또는 미래로 진보 내지는 진화한다는 신념을 유지하려고 했다. 그들은 '진행 중인 과정'을 강조함으로써 사회구조와 발전에 대한 유기체주의자의 물상화된 관점을 제거하고자 했다. 진행 중인 과정에 대한 이러한 강조는 과학적 지식의 도움으로 사회를 개혁하려는 당시 초기 미국사회학자의 열망에 잘 들어맞았다. 남북전쟁 이후 미국은 급속한 산업화와 도시화를 경험하였는데, 초기 미국 사회학자는 그 속에서 물질적 삶이 개선되는 것과 동시에 전통적인 프로테스탄트 도덕이 쇠퇴하는 것을 목격했다. 그들은 이러한 역사적 변화가 지닌 윤리적이고 정치적인 함의를 깊이 인식하고 있었다. 저명한 미국 사회학자의 대부분은 사실 프로테스탄트 종교가 지배적인 농촌 출신으로서, 자신이 하나님으로부터 선택받았다는 것을 믿기 위해서 모든 개인이 열심히 일해야 한다는 프로테스탄트 윤리 속에서 자라났다. 모든 개인은 자신이 하나님에게서 선택받았다는 것을 믿는 것 이외에는 다른 대안을 가지지 못한 채 자신의 길을 스스로 만들어 가야 하는 외로운 순례자가 되었다. 나 이외의 어떤 누구도 나 자신이 누구인지 그리고 무엇을 해야 하는지 결정할 수 없다. 이러한 프로테스탄티즘의 영웅적 개인주의는 미국 사회학자로 하여금 진보, 즉 인간은 과학적 지식을 사회에 적용함으로써 인류를 보다 나은 상태로 이끌 수 있다는 신념으로 나아가게 만들었다(Bannister, 1987; Greek, 1992).

하지만 초기 미국사회학자는 수많은 도시문제가 발생하고 프로테스탄트 윤리가 쇠퇴하는 것을 목격해야만 했다. 그들은 '과학적 지식'을 가지고 사회문제를 해결함으로써 전통적인 프로테스탄트 윤리를 보존하고자 했다. 그들은 인간조직에 대한 법칙을 발견할 수 있다고 믿었고, 이 법칙을 활용하여 사회를 진보적 상태로 만들 수 있다고 보았다. 몇몇 극단적인 자유주의자들을 제외하고, 산업화, 도시화, 이민이 낳은 혼돈을 목격한 대부분의 미국 사회학자들은 사회체계가 반드시 개혁되어야만 하며, 더 나아가 혁명 없이 개혁될 수 있다고 믿었다. 이러한 의미에서 초기 미국사회학자는 과학적인 동시에 도덕적이기를 원했다.

　당시 진화적 자연주의를 다르게 해석하는 두 진영의 사회학자들이 있었다. '사회적 힘 그룹'(social forces group)이 그 하나요, '상호작용론 그룹'(social interaction group)이 나머지 하나이다. 사회적 힘 그룹은 중력의 법칙과 같은 보편법칙을 찾고자 하는 뉴턴의 물리학을 모델로 한 '경험과학' 전통을 좇아 진화적 자연주의를 수정했다. 이러한 종류의 경험과학은 이론과학과 마찬가지로 추상적, 보편적 담론을 개진했다. 하지만 이 시기에는 아직 뉴턴 이후의 경험과학 모델의 주류가 된 통계학은 사용되고 있지 않았다. 경험과학을 따라 사회적 힘 그룹은 진화적 자연주의가 지닌 개인주의적, 행태주의적 측면을 강조했다. 어떤 기본적인 이해관계, 욕망 또는 힘은 인간존재에게 (거의) 보편적이어서 이것이 인간의 행위를 추동한다. 사회 또는 조직은 개별화된 이해관계, 욕망, 힘을 충족시키고자 노력하는 개인들의 상호작용으로부터 출현한다. 사회적 힘 집단은 사회가 지닌 견고하고 객관화된 성격 대신, 사회적 과정(개인들 안에 자리한 힘들 간의 지속적인 관계)을 강조했다. 이를 대표하는 학자는 스몰, 섬너, 워드, 로스이다. 기딩스 역시 경험과학을 사회학의 모델로 받아들였지만, 인간의 본성이 이기적, 개인주의적, 원자론적이라기보다는 사회적이라고 주장한 점에서 사회적 힘 집단과 차이가 난다. 더욱 결정적인 차이점은 기딩스가 통계학을 경험과학의 모델로 채택했다는 점이다. 비록 당시에는 지배력을 발휘하지는 못했지만, 기딩스는 이후 발전될 신실증주의 사회학의 선조가 되었다(Bannister, 1987).

　상호작용론 그룹은 주로 '도덕학'을 채택하여 진화적 자연주의를 수정했다. 이때 활용된 것이 실용주의이다. 실용주의는 세계가 그 자체로 구조화되고 결정되어 있다고 보는 관점을 거부하고, 우발성과 애매성을 주요 특징으로 하는 다원론적 세계관을 펼쳐보였다. 실재는 이미 만들어진 영원불변한 것이 아니라, 아직도 만들어지고 있다. 이렇게 비결정된 세계에서 인간은 지속해서 환경에 적응하고 상황의 필수적인 요구에 맞추어 자신의 행위를 변화시키며 자신의 실용적 필요를 충족시키기 위해 환경을 변형시키는 유연한 존재다(Shalin, 1986: 11). 개인과 환경은 서로를 상호 구성한다. 행위는 개인과 환경을 연결한다. 세계에 관한 지식은 영원한 진리에 관한 추론적인 추구도 아니요, 사실 자체에 대한 맹목적인 축적도 아니다. 지식은 인간이 환경에 더 잘 적응하도록 도와주는 도구이다. 따라서 중요한 것은 행위를 통해 세계를 경험하는 것이다. 이러한 지식은 부분적일 수밖에 없는데, 세계가 아직도 만들어지고 있기 때문이다. 역사도 진보하고 있는 것은 맞지만, 기계적으로 또는 선험적으로 이것이 결정되는 것은 아니다. 진보는 인간과 환경 사이의 상호작용에 달려 있다. 실용주의는 인간존재의 도덕적 자율성을 강조한다. 인간은 자신의 행위에 책임이 있다. 이러한 도덕은 다원주의적 사회조직을 전제하는 참여민주주의와 긴밀히 연결되어 있다(Joas, 1993: 18).

사실 실용주의는 단일한 학파가 아니다. 실용주의 일반은 개인에게도 사회에게도 우선권을 부여하지 않는다. 개인은 사회를 통해 설명되며, 사회는 개인을 통해 설명된다. 하지만 실용주의 내부를 자세히 보면 개인에 강조점을 두는 명목론적(nominalist) 실용주의와 사회에 우선권을 주는 실재주의적(realist) 실용주의를 가를 수 있다(Bannister, 1987). 퍼스(Charles S. Peirce)가 실재주의적 실용주의를 대표한다면, 제임스(William James)와 듀이(John Dewey)는 명목론적 실용주의에 가깝다(Lewis and Smith, 1980). 이러한 두 가지 실용주의 버전은, 비록 퍼스의 영향이 제임스와 듀이에 비해 미약하긴 했어도, 미국사회학자에게 영향을 미쳤다. 이로부터 심리적 상호작용론파와 사회적 상호작용론파가 발전되어 나왔다.

심리적 상호작용론파는 생물학적 소여에 대한 관심을 거두어들이고 사람들 사이의 상호작용의 실제 장을 사회조직의 일차적인 원천으로 간주했다. 생물학적 세계가 있다 해도 다양한 사회구조에 의해 얼마든지 다른 모습으로 변형되어 나타날 수 있다. 따라서 일련의 보편적인 '본능'이나 '힘'으로 구체적인 형태로 다양하게 나타나는 사회구조들을 설명하는 것은 불가능하다. 각 형태는 그 발생을 조건화하는 특정의 간개인적, 역사적 과정을 통해 해석되어야 한다(Lewis and Smith, 1980: 157~158). 심리적 상호작용론파는 세계는 완전히 닫힌 정착된 세계가 아니라 어떤 면에서는 비결정되어 있고 여전히 만들어지고 있는 열린 세계여서 불확실성, 선택, 가설, 신선함, 가능성이 필수적이라는 듀이의 주장을 받아들였다. 쿨리는 심리적 상호작용론파를 대표하는 사회학자이다. 쿨리는 생물학적 유기체론을 비판하고, 사회가 사람들이 서로 접촉하고 상호 영향을 줄 때 마음 속에 존재하게 된다고 주장한다(Cooley, 1922: 121).

사회적 상호작용론파는 관심을 의식에서 객관적인 세계로 옮긴다. 미드(George H. Mead)는 이러한 입장을 대표한다. 미드는 개인보다 사회에 우선권을 주었다. "전체(사회)는 부분(개인)보다 선행하지, 부분이 전체보다 선행하는 것이 아니다. 부분은 전체에 의해 설명되지, 전체가 부분에 의해 설명되는 것이 아니다"(Mead, 1962: 7). 심리적 상호작용론파와 달리 미드는 사회의 객관적 성격을 강조하였는데, 개인들은 타자들의 역할들을 취하면서 이 사회에 참여한다. 미드의 저서『마음, 자아, 그리고 사회』가 제자들에 의해 1934년에 출판되었지만, 그의 시각이 발전된 것은 일찍이 1900년 시카고 대학에서 '사회심리학' 강의를 하면서 부터이다(Morris, 1962). 듀이의 실용주의로부터 강력한 영향을 받은 미 드는 보편적 진리를 추구하는 보편적 탐구 대신에 구체적인 맥락 안에 벌어지는 구체적인 문제를 해결할 수 있는 지역화된 탐구(localized in - quiry)를 추구했다(Cook, 1993: 177~178).

두 번째 시기(1915/1918 ~ 1945/1950)

두 번째 시기에 미국사회학은 진보에 대한 낙관적 신념을 의심하기 시작하면서 사회문제를 통제하려는 노력을 기울이기 시작한다. 1차세 계대전이 일으킨 엄청난 폭력은 "'진보'를 연구의 대상, 지식의 대상으 로 당연하게 받아들이는 것"을 불가능하게 만들었다(Connell, 1997: 1533). 갈수록 속도를 더해가는 산업화, 도시화, 이민과 연관된 수많은 사회문제 또한 인간의 진보에 대한 낙관적 신념을 뒤흔들어 놓기에 충 분했다. 이와 동시에 미국은 거대 기업과 대규모 산업이 발전함에 따라 조직화된 관료제 사회로 변해가고 있었다. 거대 관료조직은 사회학자들 에게 사회세계를 설명하고, 예측하고, 통제할 수 있는 사회적 스킬을 고안해낼 것을 요구했다. 사회문제를 해결하는 것에 대한 대가로 거대 관료조직은 사회학자들에게 엄청난 연구자금을 지원했다. 사회문제를 다룰 수 있는 이론의 '효율성'이야말로 연구를 지원하는 기관의 주요 관 심사였다(Turner and Turner, 1990).

이러한 조건은 미국사회학자로 하여금 기계적인 진화론이든 유기체 적 진화론이든 온갖 진화론으로부터 거리를 두게 만들었다. 진화론은 인류의 기원과 진화에 관한 거대서사를 만드는 데에만 기여하지 사회문제를 해결하는 데에는 쓸모가 없는 것처럼 보였기 때문이다. 물론 여전히 진화론을 사용하는 학자들도 있기는 했지만, 급속히 세를 잃어갔다(Hinkle, 1994: 65~148). 많은 사회학자들이 자신들을 둘러싼 보다 구체적인 사회문제를 탐구하는 데 초점을 맞추기 시작했다. 연구자금 지원 기관의 요구에 발맞추어 미국사회학자는 사회문제를 설명, 예측, 통제할 수 있는 정교한 방법론적 전략들을 고안해내기 시작했다. '진정한 과학'으로서 사회학은 귀납적인 경험적 연구로 개념화되었다(Hinkle, 1994: 30). 사회학을 과학으로 전환하려는 노력은 사회로부터 거리를 두는 '객관적 연구'를 고취했다. 따라서 연구자는 자신의 주체성을 연구에 개입시키지 않는 것을 이상으로 삼게 되었다. 사회학은 갈수록 과학적 방법과 동일시되게 되었다(Bannister, 1987).

과학적 방법의 성격에 대해서는 '도덕학'을 모델로 한 실용주의 사회학과 '경험과학'을 모델로 한 신실증주의 사회학 두 진영이 서로 경합했다. 첫 진영인 실용주의 사회학은 소위 시카고학파에서 발전한다. 실용주의를 따라 시카고 사회학은 열린 우주 속에서 인간의 자유를 강조한다. 또한 행위 중에서 부딪히는 문제들을 정의하고 풀기 위해 인간이 활용하는 의식적 활동(합리성)을 강조한다. 여기에서 과학은 인간의 활동 중의 하나, 특히 문제를 해결하는 활동이다. 사회질서는 오로지 행위자들의 적극적인 참여를 통해서만 유지될 수 있다. 실용주의 사회학은 앞에서 보았듯이 심리적 상호작용론과 사회적 상호작용론으로 나뉜다.

심리적 상호작용론은 토마스, 엘우드(Charles A. Ellwood), 블루머(Herbert Blumer) 등을 통해 발전한다. 이 중 시카고에 실용주의 사회학의 전통을 심은 토마스가 대표적인 주자다. 토마스에게 사회는 다양한 상황들로 구성되어 있는바, 상황은 주체적인 차원('태도')과 객관적인 차원('사회적 가치') 모두를 담고 있다. 상황이란 개인이나 집단이 활동의 과정을 통해 다루어야 할 태도와 사회적 가치로 구성되어 있다. 모든 구체적 활동은 그런 점에서 문제적 상황의 해소라 할 수 있다. 문제적 상황을 해소하기 위해서는 먼저 '상황 정의'(the definition of the situation)를 해야 하며, 상황 정의는 모든 의지 행위에 전제된다(Thomas and Znaniecki, 1996: 68~69). 이렇듯 토마스는 사회와 인간에 대한 모든 물상화된 시각에 도전하고 주체적인 차원을 되살렸다. 그는 상황이 지닌 견고한 성격 대신에 상황을 정의하는 인간의 능력을 더욱 강조했다. 사회구조 또는 상황이 문제가 되는 것은 행위자에 의해 경험될 때문이다. 행위자는 사회구조를 상이하게 경험하기 때문에 사회구조는 다원적일 수밖에 없다. 이런 점에서 사회구조는 유연하고 역동적이어서 행위자에게 형성적 권능을 부여한다.

사회적 상호작용론은 파크(Robert E. Park)와 그 제자들에 의해 발전한다. 파크는 사회명목론과 사회실재론을 구분한 후, 사회를 심리적 상호작용을 통해 사회조직을 창출하는 독립적인 개인들로 구성된 것으로 보는 사회명목론을 거부한다. 그럼에도 파크는 사회의식이 형성되는 과정을 설명할 때에는 듀이, 쿨리, 토마스의 전통을 따른다. 의식과 사회구조 간의 관계라는 거시적 수준의 질문에서는 실재론자이지만, 실제 그가 행한 과정분석을 보면 명목론자이기도 하다(Lewis and Smith, 1980: 185~187). 이렇게 뒤섞인 그의 입장은 어느 하나로 정의하기 어렵게 만든다. 하지만 그의 제자들은 실재론자로서의 파크를 강조하여 '있는 그대로의 사회'(society as it is)를 탐구하고자 했다. "파크의 지도 아래, 도시 문화기술지, 즉 자연적 세팅에서 사회적 행위를 탐구하는 것이 시카고 대학에서 연구의 중심축이 되었다"(Lal, 1990: 2). 1920년대와 1930년대에 이루어진 도시 문화지기술지들, 예컨대 『부랑자』, 『골드코스트와 슬럼』, 『갱』, 『택시댄스 홀』, 『러시아 타운의 순례자』 등은 파크의 지도 아래 이루어졌으며, 곧 시카고의 주류로 자리잡았다(Bulmer, 1984). 이러한 연구의 가장 큰 특징은 연구자가 자신의 주위에 있는 사회에 대한 직접적인 지식으로부터 자료를 수집했다는 것이다. 이러한 연구에는 실재주의적 존재론이 밑바닥에 깔려 있다. "사회학자는 단지 더욱 정확하고, 책임감 있는 과학적 리포터일 뿐이다"(Bulmer, 1984: 91).

둘째 진영인 신실증주의 사회학은 주로 기딩스와 그의 제자들에 의해 발전한다. 과학과 과학적 방법에 대해 서로 대립하던 두 진영(통계학과 사례연구)이 20년대 후반에 가면 하나로 뭉치게 된다(Hinkle, 1994: 34). 1930년까지 미국사회학자는 주로 질적 방법을 사용하였고, 이에 비해 통계학은 거의 사용하지 않았다(Harvey, 1987: 74). 통계학을 일부러 배제했다기보다는, 양적 자료를 분석할 수 있는 통계방법이 아직 충분히 발전하지 못했기 때문이다. 하지만 1930년대 이후에는 통계방법이 세련화되면서 신실증주의 사회학이 갈수록 미국사회학을 지배하기 시작했다. 일부 사회학자들은 '조작주의'(operationaism)를 사회학에 도입하고자 시도했다. 조작주의는 1930년대 물리학자 브리지먼(P. W. Bridgeman)의 연구 덕분에 사회과학 분야에서 인기를 얻게 되었다. 그는 모든 개념은 단지 일련의 조작에 지나지 않는다고 주장했다(Swedberg, 2018: 24). 신실증주의 사회학은 실증주의 사회학과 마찬가지로 경험과학의 후예이지만, 절대적 진리(Truth) 대신에 지식의 축적을 통해 계속해서 수정되는 상대적 진리(truths)를 추구했다. 신실증주의 사회학을 주로 발전시킨 학자들은 차핑(F. Stuart Chapin, 1888~1974), 오그번(William F. Ogburn, 1886~1959), 런드버그(George A. Lundberg, 1895~1966) 등이다(Hinkle,

1994). 이 중에서 런드버그는 당대의 학자들이 뽑은 가장 대표적인 신실증주의 사회학자다(Timasheff, 1950). 신실증주의 사회학은 1930년대 이후 미국사회학의 주류를 차지하게 된다.

실용주의 사회학과 신실증주의 사회학은 과학적 '이론'보다 과학적 '방법'에 더 관심을 기울인다. 하지만 1930년대가 되면 미국사회학에도 '일반이론'(general theory)에 대한 관심이 출현한다. 소로킨(Pitirim Sorokin)과 파슨스(Talcott Parsons)가 이를 대표한다. 이 중에서 소로킨은 이후 미국사회학의 발전에 큰 영향을 끼치지 못한다. 모던 미국사회학의 주된 이론적 입장을 설정한 사람은 잘 알다시피 파슨스였다. 파슨스가 1937년『사회행위의 구조』를 출간하기 전까지만 해도 미국사회학은 방법 또는 방법론과 거의 동의어였다. 경험과학과 도덕학이 지배하는 풍토 속에서 이론과학이 자리를 잡기 어려웠다. 이론과학에 관한 관심을 미국사회학계에 되살려놓았다는 점에서 파슨스는 독보적인 존재다. 파슨스는 당대의 대부분의 사회학자들이 이론을 과학적 사회학을 수립하는 데 방해가 되기에 축출되어야 할 형이상학적 또는 미신적 잔재라고 간주하고 경험적 연구에 매몰되어 있는 것에 대해 비판적이었다. 이에 대항하여 파슨스는 모든 경험적 연구는 이미 일반화된 이론적 범주들을 준거로 하여 작동되고 있다고 주장했다.

파슨스는 온갖 종류의 경험주의(실증주의적 경험주의, 특수주의적 경험주의, 직관주의적 경험주의)뿐만 아니라 관념주의에도 대항하여 '일반화된 분석적 이론'(generalized analytic theory)을 제안했다. 일반화된 분석적 이론은 사실 초월주의적 이론과학을 사회학화한 것이라 할 수 있다. 초월주의적 이론과학이 인간과 사회의 정신적 차원을 보지(保持)하는 동시에 계몽주의의 지나친 물질주의를 비판한 것과 마찬가지로, 파슨스는 인간존재의 정신적 또는 규범적 차원을 보지하면서 극단적인 실증주의와 행태주의를 비판하고자 했다. 파슨스는 무생물 물질을 연구하는 물리과학을 모델로 하여 인간을 탐구하려는 실증주의는 인간을 탐구하는 데 부적절하다고 보았다. 파슨스는 마음의 구조와 그것의 외적 지시대상 간에 필연적인 관계가 존재한다는 이론과학의 기본적 주장을 받아들인다. "경험적 실재는 […] 사실적 질서이다. 경험적 실재의 질서는 어떤 점에서는 인간의 논리의 질서와 일치하는 성격을 지닌다"(Parsons, 1968: 753). 파슨스의 '행위 준거 프레임'(action frame of reference)은 칸트의 시간과 공간 범주에 해당하는 것으로서, 이를 통해 우리는 사물들을 경험하거나 조직한다고 주장한다. 구체적인 실체들은 "구성된 실체, 즉 운용되고 있고 준거 프레임의 구조에 의해 결정되는 구성물이다"(Parsons, 1968: 754~755). 이런 점에서 우리는 파슨스를 신칸트주의자라 부를 수 있다(Hinkle, 1994: 53).

두 번째 시기 동안에 미국사회학자는 자유주의 '이상'을 지켜내고자 하였지만, 전통적인 자유주의가 '세속적' 질서에서는 결점을 지니고 있다고 느꼈다. 도덕학과 경험과학의 기치 아래 작업하였던 미국사회학자는 자율적인 개인이라는 자유주의 이상을 가정하고 있었다. 대략 1930년대까지만 해도 그들은 규범적 차원에 관한 연구는 진정한 과학자인 자신들의 임무가 아니라고 보았다. 진정한 과학자는 규범적 차원을 초월한다고 보았기 때문이다. 하지만 실제로 그들이 한 것은 개인주의적 사회개념과 개혁정치가 특징인 미국 자유주의를 옹호한 것이었다. 미국 자유주의자가 볼 때 사회체계는 개인 사이의 자발적 합의에 의해 창출되고 유지되며, 사회문제는 개인적 차원에서 해결될 수 있는 것이다. 따라서 그들은 개인의 '태도'를 측정하는 방법을 고안하는 데 집중했다.

하지만 대공황, 노동운동 발흥, 파시즘과 나치즘 출현 등 1930년대 동안에 발생한 일련의 사건들에 직면하게 되자, 미국사회학자는 미국 자유주의가 위협받고 있다고 느끼게 되었다. 사회적 차원에서 이러한 위협감은 '조합적 자유주의'(corporate liberalism)가 힘을 얻도록 만들었다. 그 핵심은 시장을 관리하고 정부의 규제를 증대시키는 것인데, 조합적 자본주의 질서가 발흥하여 힘을 얻고 제도화하면서 자본가 계급 중 조합적 부문이 시장에서 절대적인 자리를 차지하게 되었기 때문이다 (Woodiwiss, 1993: 14). 파슨스의 자발적 행위이론은 조합적 자유주의가 전통적인 자유주의에 대한 대안으로 출현하기 이전에 고안되었다. 그 결과 파슨스는 전통적인 자유주의의 구조를 아래에서 작업했다. 하지만 그 후로 파슨스는 전통적 자유주의에서 조합적 자유주의로 이동하게 된다. 이런 점에서 이 시기 미국사회학자는 미국의 자유주의를 수호하려는 강한 '규범적 관심'을 가지고 있었다 할 수 있다.

세 번째 시기(1945 ~ 1960년대 초반)

세 번째 시기의 가장 큰 특징은 미국이 크게 번성했다는 것이다. 미국은 2차세계대전 이후 세계에서 가장 안정된 산업화된 사회로 떠올랐다. 미국은 사회적 생존과 성장이라는 근본적인 문제를 해결한 것처럼 보였다. 사회적으로 이 시기는 조합적 자유주의의 위대한 승리로 표현될 수 있을 것이다. 복지국가는 불완전한 시장을 성공적으로 관리하고 재정과 통화를 안정적으로 운용했다. 복지국가는 또한 과세정책을 통해 수입상에서의 경제적 불평등 문제를 해결한 것처럼 보였다. 복지국가는 자신의 힘을 넓혀 사회 일반에 의도적으로 개입했다. 그 결과 복지국가는 사회를 합리적으로 통제할 수 있는 행정능력을 지닌 엄청나게 많은 기술관료를 필요로 하게 되었다. 이에 발맞추어 수많은 응용사회학이 발달했다. 많은 미국사회학자는 통계학을 주로 사용하는 경험과학을 받아들여 복지국가가 연구하기를 요구하는 사회문제에 대한 경험적 연구를 수행했다. 이 시기야말로 통계학을 모델로 한 경험주의적 사회학이 미국의 주류사회학으로 제도화되었다. 이러한 제도화에는 콜럼비아 대학 사회학과가 큰 역할을 했다. 라자스펠트(Paul F. Lazarsfeld)와 머튼 (Robert K. Merton)으로 대표되는 콜럼비아 대학 사회학과는 변수 중심의 사회학 연구를 미국사회학의 주류로 제도화하는 데 결정적인 역할을 했다. 라자스펠트가 로젠버그(Morris Rosenberg)와 함께 편집해서 1955년 처음 펴낸 선집『사회 연구의 언어』는 '변수'(variable)를 '개념'(con‒cept) 수준으로 격상시켰다(Swedberg, 2018: 25). 라자스펠트는 어느 순서로 발을 움직이는지 문자 걷는 능력을 상실한 지네에 관한 우화로 이 책의 "서문"을 연다. 누가에게나 잘 알려진 이야기이지만, 여기에는 숨겨진 사정이 있다. 우선 어떤 연구자가 무슨 목적으로 어떤 지네에게 질문했는가. 이 연구에 참여한 다른 지네는 질문을 받고 어떤 모습을 보였는가. 어떤 지네들은 자신의 행동에 대한 나름 합당한 응답을 제공했을 것이다. 연구자는 이러한 응답을 바탕으로 '걷기 행태의 일반원리'(general principles of walking behavior)에 도달하기 위해 열심히 노력했다(Lazarsfeld and Rosenberg, 1955: 1).

라자스펠트가 이 우화를 인용한 것은 칼 헴펠이 1952년 펴낸『경험과학에서 개념 형성의 기초』에서 밝힌 경험과학의 두 가지 목적을 수긍하기 위한 것이다. "경험과학에는 두 가지 주요 목표가 있다. 하나는 우리 경험 세계의 특정 현상을 기술하는(describe) 것이고, 다른 하나는 이를 설명하고 예측할 수 있는 일반원리를 확립하는 것이다. 과학적 학문의 설명적이고 예측적인 원리는 가설적 일반화와 이론에 명시되어 있다. 그 원리는 개별 현상이 동조할 뿐만 아니라, 개별 현상의 발생을 체계적으로 예측할 수 있는, 일반적인 유형이나 규칙성을 특징으로 한다"(Hempel, 1952: 1). 이를 위해서는 언어의 일상적 사용과 과학적 사용을 엄밀하게 구분해야 한다. 개념을 검증 가능한 변수로 정의할 수 있는지가 기준점이다. 다시 말해 모든 개념은 검증 가능한 변수로 정의해야 경험과학의 목적에 부응한다.

『사회 연구의 언어』에 첫 번째로 실린 랜데커의 글은 헴펠의 이러한 정신을 충실히 따른다. 랜데커는 사회통합의 문제가 경험과학의 주제가 되려면 그 개념을 변수로 바꾸어야 한다고 주장한다. 이 변수들은 특정 조건에서 특정한 상관관계를 맺을 것이다.

> 현대의 경험적 관점에서 볼 때 사회통합의 문제는 더 오래된 사변적 관점에서 볼 때와 마찬가지로 도전적이다. 하지만 통합에 관한 질문의 종류에 변화가 생겼다. 요즘에는 다음과 같은 질문이 덜 적절해 보인다. 통합이란 무엇인가? 만약 이 질문을 던진다면, 다음과 같은 보다 효과적인 질문에 대한 준비일 뿐이다. 통합을 어떻게 측정할 수 있는가? 이 질문마저도 그 자체로는 흥미롭지 않고 단지 예비 단계일 뿐이며, 이는 다음과 같은 연구의 진정한 문제로 이어진다. 어떤 조건에서 사회통합이 증가하는가? 어떤 조건에서 사회통합이 감소하는가? 높은 수준의 통합의 결과는 무엇인가? 사회학은 이러한 종류의 문제를 지향하는 기초연구를 해야 한다(Landecker, 1955: 19).

라자스펠트는 개념을 변수로 변환시키는 방법에 몰두한다. 머튼도 이론이 유용하려면 개념에서 구체적인 현실로 나아가는 단계를 거쳐야 하며, 이를 위해서는 지표를 구성하는 것이 중요하다는 라자스펠트의 입장을 따른다. 여기에서도 개념이 수행하는 이론적 역할은 축소되고, 기껏해야 경험 현상을 지시하는 역할로 축소된다. 『사회 이론과 사회 구조』에서 머튼은 다음과 같이 말한다. "때때로 이론은 개념으로 구성 되어 있다고 하는데, 이러한 주장은 불완전하기에 참도 아니고 거짓도 아니고 단지 모호할 뿐이다. 확실히, 핵심 개념의 특정화(specificatin)와 명확화에 국한된 개념 분석은 이론 작업에서 불가결한 단계다. 그러나 지위, 역할, 게마인샤프트, 사회적 상호작용, 사회적 거리, 아노미 등 일 련의 개념은 이론 체계에 들어갈 수는 있지만 이론을 구성하지는 않는 다. […] 이론이 나타나기 시작하는 것은 그러한 개념들이 도식의 형태 로 상호 연관될 때뿐이다. 그러면 개념은 관찰되어야 할 것의 정의(또는 규정)를 구성한다. 개념은 변수이며, 이 변수들 사이에서 경험적 관계를 찾고자 한다"(Merton, 1968: 143). 이론이 검증 가능한 명제 사이의 관계 로 축소된다. 머튼은 후기에 가면 입장을 바꾸기는 하지만, 이 시기에 는 개념이 단순히 지표로 측정될 수 있는 변수에 그치는 것이 아니라 연구 지향을 안내하는 일반적 이론이라는 인식을 제대로 하지 못한다.

경험과학을 모델로 한 사회학이 지배하게 되면서, 이에 대항하는 입 장도 나온다. 파슨스의 '초월주의적 이론과학'과 밀스(C. Wright Mills)의 '실재주의적 도덕학'이 바로 그것이다. 맹목적 경험주의에 대해 비판하 던 파슨스는 이 시기에 오게 되면 놀랍게도 이러한 상황에 잘 적응한 다. 사실 파슨스의 기능주의는 미국 국내의 번영뿐만 아니라 2차세계대 전 이후 세계에 수립된 미국의 헤게모니를 반영하고 있다(Huaco, 1986).

파슨스는 사회구조를 상호지원하며 역동적인 평형상태로 나아가는 부분들의 체계로 보았다. 파슨스의 주된 관심은 사회체계 내부의 질서를 유지하는 것이었다. 사회를 평형상태로 보는 파슨스의 관점은 2차세계대전 이후 미국의 '순조로운' 발전에 대한 지적인 반응이었다. 사실 개인주의가 발달한 미국에서 일종의 전체론적 사회관이 자리를 잡기 어려웠지만, 파슨스에 이르러 비로소 미국에도 사회학적 전체론(sociological holism)이 자리를 튼 것이었다(Martindale, 1966: 23). 하지만 파슨스의 기능주의는 복지국가 이론과 내재적인 갈등상태에 있을 수밖에 없다. 복지국가 이론은 자기유지적인 사회체계가 존재한다고 가정하는 대신 교정되고 변화되어야 할 필요가 있는 사회적 불균형이 사회 안에 내재한다고 보기 때문이다(Gouldner, 1970: 348). 파슨스도 자신의 이론과 복지국가 이론 사이에 내재적인 갈등이 있다는 점을 인식하고, 하위체계들 사이에 사이버네틱 위계(cybernetic hierarchy)가 있다고 제안함으로써 이를 해소하려고 시도한다(Parsons, 1966).

여기에서 우리에게 중요한 것은 파슨스가 자신의 이론을 펼칠 때 초월주의적 이론과학을 전범으로 채택했다는 것이다. 파슨스의 기능주의는 사실 초월주의적 이론과학의 현대적 버전인 실증주의적 유기체론(positivistic organicism)의 개정판이라 할 수 있다. "개인과 그의 다양한 속성들을 일차적인 사회적 실재로 간주하는 온갖 사회적 행태주의와 반대로, 기능주의자들은 실증주의적 유기체론자들과 유사하게 집합체를 사회적 삶의 일차적 단위로 본다. 사회학적 기능주의는 사회적 삶은 유기적 체계들로 조직되어 있다는 전제에 기반한다. 그것은 또한 사회체계의 모든 부분은 전체 내부에 있는 기능적으로 독립된 관계의 집합 안에 배태되어 있다고 가정한다"(Martindale, 1966: 30).

자발적 행위이론을 완전히 폐기한 것은 아니지만(Turner and Beeghley, 1974), 파슨스는 그의 관심을 자발적인 행위자로부터 사회체계의 규범적 힘으로 돌렸다(Scott, 1963). 이러한 관심의 이동은 1951년에 발간된 『사회체계』 안에 들어 있는 논문 "가치, 동기, 그리고 행위체계"로부터 시작되었다(Parsons, 1951). 하지만 스멜서와 함께 쓴 책 『경제와 사회』가 출간되면서 보다 정교화된 기능주의 설명방식이 발전되어 나왔다(Brownstein, 1982; Parsons and Smelser, 1956). 파슨스는 자신의 이론을 보다 기능주의적이고 형식주의적인 용어로 가다듬었다. 자신의 '분석적 실재론'(analytic realism)에 기대어, 파슨스는 체계적인 현상세계를 가정하는 체계이론을 구축하는 데 집중한다. 이런 점에서 파슨스는 '관념의 질서와 연계'가 '사물의 질서와 연계'와 동일하다는 이론과학의 기본교의를 충실히 따르고 있다고 할 수 있다. 따라서 중요한 것은 관념의 질서와 연계를 수립하는 것이다.

개별적 관념이나 개념은 관념의 전 체계를 형성하는 다른 관념이나 개념에 체계적으로 연계되지 않는 한 유의미하지 않다. 따라서 개념은 자신이 속한 전체 담론체계와 정합적이어야만 한다. 중요한 것은 개별체가 아니라 집합체이다. 이러한 전체론적 입장은 파슨스가 초월적 이론과학의 충실한 후계자임을 잘 보여준다. '초월주의적 이론과학'을 따라 파슨스는 사회의 가장 추상적, 근본적, 보편적인 특질들을 포착하여 과거, 현재, 미래의 모든 사회를 이해하는 데 적용되는 '일반이론'(gen-eral theory)으로 만들고자 했다. 관념 또는 형상이 초월적이고 비물질적인 관념적 실체의 영역에 속하듯이, 파슨스의 이론은 사회적 이해관계나 도덕적 주장에 의해 물들지 않는 자율적인 지적 기획이며 그것을 정당화하는 유일한 기준은 그것이 드러내고자 하는 일반적 진리이다

(Seidman, 1994: 112~113).

밀스(C. Wright Mills)는 조합적 자유주의를 파워엘리트의 이데올로기라 비판하는데, 여기서 비판의 준거는 소기업가와 농부의 소규모 세계관이다. "짧게 말해 인간사회는 장인정신을 중심으로 조직되어야만 한다. 거기에는 소외되지 않은 인간존재의 중심적 경험이 있으며 그 뿌리에는 자유로운 인간의 발전이 있다. 사회문제를 정의하는 가장 유익한 방식은 그러한 사회가 어떻게 건설될 수 있는가 묻는 것이다. 가장 고귀한 인간의 이상은 훌륭한 장인이 되는 것이기 때문이다"(Mills, 1963: 386). 하지만 밀스가 볼 때 당대의 미국은 이러한 이상으로부터 동떨어져 있었다. 밀스는 미국을 기능적으로 통합된 체계 또는 잘 관리되는 복지국가로 보지 않고, 오히려 권력복합체가 중산층과 대중을 지배하는 착취체계로 간주했다. 밀스는 또한 경험지향적인 응용사회학과 파슨스의 기능주의가 이 착취체계를 조합적 자유주의란 이름으로 옹호한다고 비판했다. 라자스펠트의 '추상화된 경험주의'와 파슨스의 '거대이론'을 비판할 때, 밀스는 '실재주의적 도덕학'을 그 준거점으로 삼았다. 초기부터 밀스는 실용주의로부터 엄청난 영향을 받았다. 실용주의의 관점에서 보면 거대이론은 개인들을 고려하지 않기 때문에 쓸모없는 것이다. 자신의 박사학위 논문을 개정하여 출판한 『사회학과 실용주의』에서 밀스(Mills, 1964: 268)는 제임스를 인용함으로써 이러한 입장을 분명히 드러낸다.

절대자의 제국, 빌어먹을 거대 제국이여! […] 나에게 개인들을, 그들의 활동의 영역을 다오. […] 나는 거대함과 위대함의 모든 형태에 반대한다 […] 당신이 다루는 단위가 크면 클수록 펼쳐지는 삶은 더욱 공허하고 더욱 잔인하며 더욱 기만적이다. 따라서 나는 모든 거대한 성공과 거대한 결과에 반대한다. 대신 개인 안에서 항상 작동하는 영원한 진리의 힘을 찬성한다.

밀스는 거대이론이 실질적인 문제와 연관되지 않기 때문에 주어진 현상태를 옹호하는 이데올로기가 된다고 비판한다. 밀스는 또한 당시 라자스펠트로 대표되던 '경험과학' 지식 모델이 지닌 사소화하는 성격을 비판했다. 밀스는 추상화된 경험주의가 그 지향상 심리적이어서 보다 큰 사회구조와 연관을 맺고 있지 않은 사소한 것들만 탐구한다고 비판한 것이다. 비판의 준거점은 도덕학의 가장 큰 특징인 맥락주의다. 이러한 맥락주의는 명목주의적 실용주의와는 차이가 나는 것이다. 명목주의는 맥락의 '상황적' 속성을 강조한다면, 밀스의 맥락주의는 맥락의 '구조적' 측면을 강조한다. 명목주의는 사회과정의 미시적 과정에 초점을 맞추는데, 여기에서는 의미가 가장 중요한 사회학적 문제이다. 이와 대조적으로 밀스는 권력에 초점을 맞춘다. 밀스는 정치와 사회 현안으로부터 유리된 실용주의의 형식주의적 측면을 비판한 것이다(Mills, 1963).

네 번째 시기(1960년대 초반 ~ 1980년대 초반)

이 시기는 1950년대 성취한 모더니티가 위기에 처한 시기라 볼 수 있다. 1950년대에 주류사회학자는 인류역사상 처음으로 산업사회가 사회의 생존과 성장이라는 근본적인 문제를 해결했다는 자신만만한 믿음에 빠져 있었다. 하지만 1960년대 어느 시점부터 이러한 믿음이 부서지기 시작했다. 당대 유행했던 소위 '이데올로기의 종말'은 산업주의의 어두운 측면이 재발견되면서 거부되었다. 산업주의의 경제적 이익이 오염, 인구집중, 화석원료의 고갈 등 사회 전체적으로는 오히려 비경제적이라는 것이 드러났다. 산업주의의 주요한 세력인 합리화와 관료제화는 오히려 비효율성과 비합리성을 낳는다는 점이 밝혀지면서 막다른 골목에 몰렸다(Kumar, 1978: 187).

산업주의에 대한 이러한 낙관적 믿음이 쇠퇴하게 된 것과 발맞추어 시민권운동, 여성해방운동, 전쟁반대 학생운동, 신좌파, 히피 대항문화(섹스, 마약, 록큰롤), 게이·레즈비언 운동 등 신사회운동이 일어났다. 이러한 신사회운동은 조합적 자유주의 일반 그리고 더 구체적으로는 학문적 담론을 '백인·앵글로-색슨·프로테스탄트·남성·중산층·중년·이성애적 세계관'을 정당화하는 지배 이데올로기라고 비판했다. 신사회운동은 지식의 주체를 확장하여 아프리카계 미국인 연구, 페미니즘, 레즈비언·게이 연구, 문화연구 등 새로운 사회지식을 산출했다. 하지만 1980년대 초반까지만 해도 이러한 새로운 지식이 '과학'을 지식의 일차적 모델로 삼는 모던 미국사회학의 구조틀에 근본적으로 도전하지는 못했다. 그 이유는 새로운 지식이 여전히 '도덕학'을 과학에 대항하는 주된 지식의 범주로 채택하고, '미학'을 무시하였기 때문이다. 대항계몽주의가 계몽주의에 근본적인 도전이 아니라 보완적 측면이 강했던 것처럼, 주로 도덕학을 모델로 한 새로운 지식도 과학을 모델로 한 주류사회학에 근본적인 도전이 될 수 없었다. 그나마 이러한 새 지식은 사회학 외부에서 발전되어 나온 것이지, 사회학 내부에서 출현한 것이 아니었다. 다른 인문학과 비교해서 미국사회학 '일반'은 대체로 학문 밖에서 출현한 새로운 지식을 무시하는 경향이 있었다. 그러한 지식이 사회학을 '진정한 과학'으로 만드는 데 오히려 방해가 된다고 여겼기 때문이다.

그럼에도 일단의 사회학자들은 신사회운동으로부터 출현한 새로운 지식을 적극적으로 사회학 안으로 끌어들이려 했다. 그들은 새로운 지식을 '실재주의적 도덕학'으로 재해석했다. 페미니즘 사회학이 이를 대표한다. 모던 페미니즘 일반은 1960년대 후반에서 1970년대에 일어난 제2여성주의 물결로부터 출현했다. 페미니즘은 이 운동을 이론화하기 위해 철학, 역사학, 경제학, 인류학, 정치학, 심리학, 문학, 종교, 사회학과 같은 여러 학문들의 학제적 연구로서 발전되어 나왔다. 모던 페미니즘은 자유주의, 맑스주의, 급진주의, 사회주의, 정신분석학 등 여러 진영으로 구성되어 있다(Tong, 1989). 이러한 다양한 페미니즘이 '모던' 페미니즘인 이유는 그것이 계몽주의 전통으로부터 직접적으로 유래한 모던적인 과학 개념(합리주의적 토대주의와 경험적 인과모델)을 흉내내려 했기 때문이다(Clough, 1994).

합리주의적 토대주의는 사회와 참된 지식을 체계적으로 조직할 수 있는 기반으로 작용하는 근본적 토대를 발견하려고 시도한다. 모던 페미니즘 역시 사회에 존재하는 젠더 불평등의 근본적 토대를 발견하여, 그 위에 페미니즘 지식을 체계적으로 조직하려고 한다. 이러한 근본적 토대는 각 페미니즘마다 다른 이름을 가진다. 자유주의 페미니즘에게는 '일련의 관습적·법적 제한', 맑스주의 페미니즘에게는 '계급체계', 급진적 페미니즘에게는 '가부장체계', 사회주의 페미니즘에게는 '계급과 가부장제의 이중체계', 정신분석학적 페미니즘에게는 '오이디푸스 논리'가 근본적 토대의 이름이다. 이러한 토대주의에 따르면 젠더 불평등은 모든 사회현상을 지배하는 근본적인 법칙의 한 발현이다. 따라서 모던 페미니스트들은 이러한 근본적 법칙으로부터 연역하여 젠더 불평등에 관한 추상적인 거대 지식체계를 수립하고자 시도한다(Myers, Anderson and Risman, 1988).

　모던 페미니즘은 또한 원인이 측정가능한 변수의 수준에서 작동한다는 것을 믿는다. 여기에서 여성은 측정가능한 변수(젠더)로 축소된다. 모던 페미니스트는 젠더라 불리는 한 변수를 기존 변수들에 추가하여 젠더 불평등의 원인을 설명할 수 있는 일반이론을 수립하고자 한다. 연구는 연역적 논리형식을 사용하여 구성되는바, 여기에서 이론과 가설은 인과질서 속에서 검증된다. 이러한 경험적 연구는 젠더 불평등에 관한 지식을 확장하는 데 핵심적인 일로 간주된다. 모던 페미니스트들은 섹시즘(sexism)과 남성중심주의가 과학적 탐구에서 지배적인 것은 과학을 잘못 실행했기 때문이며, 따라서 페미니스트 학자가 이러한 편의를 제거한다면 더 나은 과학적 지식을 산출할 수 있다고 믿는다. 모던 페미니스트는 과학적 방법이 잘못 행해진 방식을 비판하고 있지, 과학에 관한 서구의 개념 그 자체에 도전하고 있지 않은 것이다.

　이러한 제2여성주의 물결이 거세지자 일단의 여성사회학자도 '여성이슈'를 탐구하기에 이른다. 1969년과 그다음 해에 있었던 미국사회학회에서는 일단의 여성사회학자가 여성사회학회(Sociologists for Women in Society, SWS)를 발족시켰다. 이 당시 많은 여성사회학자가 페미니스트 사회학의 성격에 대해 논의하였지만, 대세는 자유주의 페미니즘의 영향을 받은 여성사회학자가 차지했다. 계몽주의 전통을 따라 자유주의 페미니스트는 여성을 포함한 인간존재는 동일한 본성뿐만 아니라 행복을 추구할 동일한 권리를 가진다고 주장했다. 자유주의 페미니스트는 일련의 관습적·법적 제한이 여성이 공적 영역에 진입하지 못하도록 막으며, 따라서 여성을 남성주체와 같은 주체로 성장하는 것을 방해한다고 주장한다. 한마디로 말하면, 자유주의 페미니즘은 남성이 만든 세계에 참여하여 이를 완성할 수 있는 동일한 권리를 추구한다.

초기 페미니스트 사회학자는 여성이 공적 영역에서 배제된 것에 주목하고, 특히 학문 세계에서 왜 여성이 배제되고 주변화되어 있는지 묻는다. 이들은 사회학적 지식에 여성이 비가시적이거나 완전히 누락되어 있다는 것을 발견하고, 여성 '변수'를 덧붙이면 더 나은 과학적 지식을 산출할 수 있다고 주장한다(Acker, 1973: 936). 페미니스트 사회학자는 모던 남성 담론을 통해 젠더 불평등을 탐구하기에 이르는데, 그것이 바로 '섹스·젠더 역할'이라는 기능주의적 개념이었다. 파슨스(Parsons and Bales, 1955)는 일찍이 어떻게 행위해야 하는지에 대한 규범적 기대에는 크게 보아 남성적 규범과 여성적 규범으로 갈려져 있다고 주장했다. 핵가족 내에서 남성은 도구적 역할을, 여성은 표현적 역할을 기대받는다. 당시 페미니즘 텍스트가 없었기 때문에 페미니스트 사회학자는 이러한 남성적 담론을 가지고 섹스/젠더, 가사, 결혼, 육아 등 소위 여성 이슈를 탐구하기 시작했다(Chafetz, 1998: 159). 그들은 이를 구조적 문제라기보다는 남성과 여성의 섹스 차이라는 개인적 특성의 문제로 접근했다.

하지만 연구할수록 젠더 불평등은 단순히 섹스의 차이로 인해 발생하는 것이 아니라, 사회를 조직하는 원리 자체가 젠더 불평등을 야기하고 유지한다는 것이 드러났다. 따라서 젠더 개념 자체가 구조적 개념으로 변화하게 된다. 젠더화된 노동분업을 탐구함으로써 페미니스트 사회학자는 젠더 역할이 차이가 아닌 불평등을 체계적으로 생산한다는 것을 보여주었다. 섹스/젠더 역할에서 이제는 '젠더 계층화'로 관심이 이동하게 되었다. 맑시즘적 페미니즘과 사회주의 페미니즘이 이러한 변화를 추동한 주요한 힘이었다. 이제 페미니스트 사회학자는 여성이 일상에서 대면하는 사회구조 자체가 젠더화되고 불평등한 성격을 지니고 있음을 고발했다. 1980년대 동안에 미국사회학회는 여성의 전문 영역을 '섹스 역할'에서 '섹스와 젠더'로 이름을 바꾸었고, SWS는 그 자체로 공식적인 저널인 『젠더와 사회』(Gender & Society)를 펴내기에 이르렀다. 당시 있던 저널인 『섹스 역할』(Sex Roles)은 너무 심리학적이었고 『싸인』(Signs)은 너무 지나치게 인문학쪽으로 기울어져 있는 것처럼 느껴졌기 때문이다(Chafetz, 1998: 162).

페미니스트 사회학자는 일련의 사회구조적 배열에 여성이 불리한 위치에 처해 있다는 점을 양적 방법 또는 통계학적 방법을 통해 드러내기 시작했다. 하지만 그들은 사회학 이론은 말할 것도 없고 양적 방법의 남성적 성격에 대해서는 의문을 던지지 않았다. 대신 '남성의 도구'를 통해 수집한 자료를 분석함으로써 젠더 불평등 체계를 비판하는 데 힘을 쏟았다. 하지만 그들은 곧 남성의 도구는 남성의 실재를 측정하기 위해 고안된 것이기에 이를 통해 여성의 실재를 파악하는 데 한계가 있음을 깨닫게 된다. 따라서 여성 자신의 이론과 도구가 필요하다는 걸 절실히 느끼게 된다. 예를 들어 초도로우(Nancy Chodorow)는 『모성의 재생산: 정신분석학과 젠더 사회학』에서 정신분석학을 통해 미국의 남성 사회학을 비판한다. 여기서 중요한 것은 그녀가 정신분석학에서 본질주의적이고 보편주의적 요소를 제거했다는 점이다. 그렇게 함으로써 정신분석학을 '실재주의적 도덕학'으로 변화시켰다. 초도로우는 젠더 불평등에 관한 일반이론을 수립하려고 하는 대신에, 여성억압을 서구 모던 산업자본주의 사회라는 역사적으로 특수한 상황 안에 넣어 이해하려고 했다. 초도로우는 이러한 특수한 상황에 만연한 여성억압의 기원을 추적하여, 그것이 여성이 어머니노릇을 전담하는 가족구조에 있다고 주장한다. 이는 역사적 필연이 아닌 특수한 발전이며 따라서 이를 변화시킬 수 있다. 하지만 이는 법적 제한을 제거하는 것으로 간단히 해결할 수 있는 것이 아니다. 오히려 그것은 여성의 억압을 재생산하는 무의식적 기제를 변화시킴으로써 가능한 것이기 때문이다. 초도로우가 정신분석학을 이론적 무기로 사용한 이유가 여기에 있다. 하지만 초도로우는 무의식을 본질화하지 않고, 이를 역사적으로 변화하는 구성물로 보았다. 이런 점에서 초도로우는 실재주의적 도덕학을 채택하여 자신의 이론을 펼쳤다고 할 수 있다(Chodorow, 1978).

신사회운동은 또한 파슨스의 기능주의가 더는 지탱될 수 없는 사회 분위기를 조성했다. 사회가 통합된 체계로 보이지 않았기 때문이다. 상징적 상호작용론, 연극론, 현상학적 사회학, 일상성원방법론[2], 교환이론, 갈등이론 등 파슨스의 기능주의에 도전하는 많은 사회학 이론이 쏟아져 나왔다. 크게 보아 상징적 상호작용론, 연극론, 현상학적 사회학, 일상성원방법론은 '도덕학'을 새로운 지식의 패러다임으로 채택했다고 할 수 있다(Lewis and Smith, 1980: 247). 이 이론들은 모두 의미를 사회학적 문제에서 가장 중요한 문제로 간주하고 언어를 사회적 의미의 일차적 원천으로 간주했다(Lemert, 1979). 상징적 상호작용론이라는 용어를

---

2) ethnomethodology는 보통 민속방법론이나 민간방법론(김광기, 2000)이라고 번역되어 왔는데, 나는 이를 일상성원방법론이라고 부르자고 제안한 바 있다. "이 용어는 ethno + method + ology로 구성되어 있다. ethno는 엘리트의 초월적인 외부자 시각과 대립되는 의미에서 일상(mundane)을 살아가는 성원의 내재적인 시각을 지칭한다. 엘리트 과학자의 세계를 특화하는 초월적 현상학의 세계가 아니라, 일상을 살아가는 성원의 내재적 현상학의 세계를 지칭하는 것이다. method는 일상성원들이 개인으로서가 아니라 자신이 참여하고 있는 일상의 실재의 성원으로 안정적 질서를 만들어가는 방법을 의미한다. 방법론적 개인주의와 단절하고, 일상을 살아가는 성원으로서 사람들이 서로에게 가시적인 방법을 통해 안정적인 질서를 만들어 가는 방법을 뜻하는 것이다. ology는 바로 이러한 과정을 탐구하는 것을 뜻한다"(최종렬, 2016: 43~44).

만들어낸 블루머는 상호작용의 맥락을 강조하는 도덕학을 통해 사회학을 경험과학으로 만들고자 원했다. 블루머는 당대의 주류사회학자들이 주로 사용하는 '정의적 개념'(definitive concept)에 대항하여 '감성적 개념'(sensitizing concept)을 주창했다. 정의적 개념은 동일한 범주에 속해 있다고 여겨지는 사물들에서 공통의 속성을 정확하게 지칭하도록 고안된 개념이라면, 감성적 개념은 경험적 사건들에 접근할 때 준거가 되고 안내자가 되는 일반적 개념이다. 정의적 개념은 무엇을 보아야 할지를 미리 규정하지만, 감성적 개념은 어느 방향을 보아야할지를 단지 제안할 뿐이다. 감성적 개념을 쓸 수밖에 없는 이유는 사회질서는 상징을 사용하는 자아들의 끊임없는 상호작용으로 이루어져 있어 정의적 개념으로 포착하는 데에는 한계가 있기 때문이다(Blumer, 1969).

사회학에 연극론을 고안한 고프만(Goffman, 1959)은 이론과학과 경험과학 모두를 비판한다. 고프만은 지식체계를 수립하려고도 하지 않았고, 사회세계에 대한 '사실'을 발견하려고 하지 않았다. 오히려 고프만은 비체계적인 자연적 관찰, 참여관찰, 메타포를 주로 사용했다(Manning, 1992). 고프만에게 사회적 질서는 결코 물상화될 수 없는 이중적 성격을 지니는 것이다. 우선 사회적 질서는 사회적 상호작용을 통해 성취되는 것일 뿐만 아니라, 이후 진행될 상호작용의 토대이기도 하다. 이것이 무대전면에서 이루어지는 사회적 질서이다. 하지만 사회질서는 무대후면이라는 또 다른 성격을 지니고 있어, 무대 전면에서 이루어지는 사회적 질서의 사물성을 뒤흔들어 놓는다. 고프만이 이런 시각을 갖게 된 것은 사회세계가 열린 과정에 있다는 '도덕학'을 자신의 지식의 모델로 삼았기 때문이다.

이 점에 있어서는 버거와 루크만(Berger and Luckmann, 1966)의 현상학적 사회학이나 가핀켈(Garfinkel, 1967)의 일상성원방법론도 마찬가지이다. 버거와 루크만은 사물화된 사회질서에 반기를 들고, 사회적 질서가 외면화, 객관화, 내면화라는 변증법적 과정을 통해 끊임없이 생성되는 열린 과정이라는 점을 보여주었다. 가핀켈 역시 사물화된 사회질서 개념을 전면적으로 비판한다. 사회적 질서는 사회구조에 대한 상식적 지식을 공유한 개인들이 서로 적극적인 상호작용 의례에 참여함으로써 이루어진다. 만약 이러한 상호작용 의례에서 조금이라도 위반이 일어난다면, 사회적 질서는 심각하게 도전받을 것이다. 가핀켈은 '위반실험'을 통해 사회적 질서가 사실 얼마나 견고한 것인지 역설적으로 보여주기도 한다. 하지만 핵심은 사회적 질서는 성취되는 것이지 사전에 주어지는 것이 아니라는 점이다.

이에 반해 호만스의 교환이론과 콜린스의 갈등이론은 뉴턴적 과학을 지식의 일차적 모델로 채택하는 실증주의 사회학을 되살려냈다. 신실증주의 사회학에 의해 그 생명이 다한 것처럼 보였던 실증주의 사회학이 되살아난 것은 당대 새로운 매스 커뮤니케이션 테크놀로지의 급속한 발전과 긴밀히 연관되어 있다. 1969년 달에 첫 번째 착륙한 사건은 이제 기술자와 과학적 인간이 이끌어갈 새로운 공간의 시대를 연 것처럼 보였다. 테크놀로지적 결정론과 결합된 새로운 낙관주의가 광범하게 확산되었다. 이러한 새로운 맥락 아래에서 사회변동에 대한 새로운 관심이 출현했다. 미래학이 당대의 유행이 되었다. 1950년대 이데올로기의 종말을 외쳤던 많은 사회과학자는 후기산업 사회를 새로운 미래로 제출했다. 미래학과 관련된 수많은 책이 쏟아져 나왔다. 이중 다니엘 벨(Daniel Bell)이 대표적인 인물이다. 사회학자이자 2000년 위원회 의장이기도 했던 벨은 튀르고와 콩도르세와 같은 계몽주의의 직접적인 지적 후계자일 뿐만 아니라, 보다 직접적으로는 생시몽, 콩트, 스펜서와 같은 19세기 진화론자의 후계자이기도 했다. 이전 학자들이 산업사회를 인류발전의 최종단계라 보았다면, 벨은 여기에 후기산업사회라는 새로운 단계를 덧붙였다(Bell, 1973). 하지만 테크놀로지의 진보에 대한 낙관적 믿음이라는 기본적인 논리는 같다. 이러한 맥락 아래 '경험과학'으로 무장한 실증주의 사회학이 발전할 사회적 분위기가 만들어졌다. 실증주의 사회학은 과학적 지식으로 인간과 사회를 이해, 예측, 통제할 수 있는 사회학자의 능력에 자신감을 보였다.

호만스의 교환이론과 콜린스의 갈등이론은 '경험과학'과 '초월주의적 이론과학'을 종합했다. 몇 가지 분명한 원리로 모든 것을 설명하려 한다는 점에서 이들은 뉴턴적 과학을 충실히 따른다고 할 수 있다. 호만스가『사회적 행태: 원초적 형태』를 1961년에 출간한 이후로, 교환이론은 사회학은 말할 것도 없이 사회과학 일반에 넓게 퍼져나갔다. 교환이론은 사실 거의 모든 경험적 연구에서 사회학에 깊은 영향을 끼쳤다(Alexander, 1987b: 157). 1950년에 출간된 이전 저작인『인간집단』(Homans, 1950)에서 호만스는 경험적 일반화에 더 관심을 쏟았지만,『사회적 행태』에서는 경험적 일반화를 넘어 연역적 사유를 통해 인간행위를 설명하고자 했다. 이를 위해 호만스는 스키너의 행태심리학으로부터 높은 수준의 명제를 빌려왔다. 이는 사실 뉴턴이 환원주의(경험과학)와 연역주의(이론과학)를 결합한 것을 본뜬 것이다. 뉴턴의 물리학이 조직화한 전체를 그것의 가장 단순한 단위로 환원한 것처럼, 호만스의 교환이론은 사회를 개인적인 행태로, 그리고 더 나아가 개인의 행태를 개별적인 동물의 행태로 환원했다. 개별적인 동물의 행태는 모든 행태 중에서 가장 단순한 단위이며, 따라서 그에 대한 기본 명제는 모든 행태에 일반적으로 적용될 수 있다.

호만스는 이러한 기본적 명제를 그의 연역체계에서 그 자체로는 결코 설명될 수 없는 제일원리로 간주했다. "우리가 더욱 더 일반적인 명제들로 옮겨가게 되면, 우리는 과학사의 어느 시점에 가면 그 자체로는 설명될 수 없는 명제들에 도달하게 된다"(Homans, 1967: 26). 그렇다면 제일원리는 창조되거나 다른 과학으로부터 빌려와야만 한다. 호만스는 이 과정을 '귀납'이라 부른다. 이 과정은 지난한 것이고, 결코 성공을 보장받지는 못한다. 귀납을 통해 얻은 제일원리는 경험세계에 그 지시대상을 가지고 있으리란 보장이 없다는 말이다. 이런 점에서 호만스는 '초월주의적 이론과학'의 창시자 격인 플라톤주의자라 할 수 있다. 하지만 호만스는 여기에서 멈추지 않고 설명하기를 원했다. 호만스에게 설명이란 보다 일반적인 명제들로부터 경험적인 명제들을 이끌어내는 과정이다(Homans, 1961: 10). 설명은 확실한 논리규칙을 가지고 있다. 뉴턴의 물리학이 운동의 세 법칙으로 만물의 운동을 설명하는 것처럼, 호만스의 교환이론은 인간행태에 대한 다섯 가지 일반적인 심리학적 명제를 통해 모든 사회적 행태를 설명하려 한다. "나의 전략은 연역적 설명이 귀납적으로 도달되어야만 한다는 것이다"(Homans, 1961: 10).

1975년에 출간된 저서 『갈등 사회학: 설명적 과학을 향하여』에서 콜린스는 사회학을 과학으로 변화시키고자 시도한다. 그는 과학을 엄밀한 측정과 주의 깊은 주장으로 등치하는 나이브한 실증주의를 비판한다. 그는 또한 보편성을 찾고자 하는 기능주의도 비판하는데, 왜냐하면 진정으로 보편적인 현상은 어떠한 검증가능한 방식으로도 설명될 수 없고 오로지 그에 관해 추론될 수만 있기 때문이다(Collins, 1975: 6). 콜린스는 '경험과학'과 '초월주의적 이론과학'을 통합한다. 진정한 과학은 일반화된 설명을 제공해야 한다. 과학의 본질은 다른 것 대신에 하필 특정의 것을 발생하게 만드는 조건을 제시하는 능력이다(Collins, 1975: 2). 다시 말해 과학의 진정한 설명은 현상의 변이를 낳는 조건을 제시하는 것이다. 진정한 과학의 이상은 몇 가지 명확한 원리로 모든 것을 설명하는 것이다. 이러한 원리는 계속해서 다른 현상들에 적용되어서 그 설명능력을 검증받아야 한다. 보편적 원리를 만드는 것만으로는 불충분하며, 반드시 특정의 사건이 발생하고 다른 것은 발생하지 않는 조건을 명시해야만 한다. 변이에 대한 그러한 진술이 없는 한, 설명이 옳은지 그른지 알 길이 없다.

과학의 승리

모던 미국사회학이 활용한 지식의 패러다임을 중심으로 그 발전과정을 간단히 줄이면 다음과 같다. '경험과학'은 첫 번째 시기에 '사회적 힘 그룹'에 의해 발전되었다. 스몰, 섬너, 워드, 로스는 뉴턴의 물리학의 모델을 채택했다. 그들은 뉴턴과 마찬가지로 중력의 법칙과 같이 사회와 인간을 지배하는 보편적인 법칙을 발견하고자 했다. 사회적 힘 그룹은 사람에게 어떤 일을 하도록 추동하는 기본적인 이해관계, 욕망, 또는 힘이 보편적으로 존재하며, 이러한 기본적인 사회적 힘을 통해 인간의 행위를 설명할 수 있다고 주장했다. 경험과학은 두 번째 시기에 런드버그와 같은 신실증주의적 사회학자들에 의해 발전되었다. 사회적 힘 그룹과 달리 신실증주의적 사회학자는 절대적인 보편법칙을 발견하려는 뉴턴적인 물리학을 채택하지 않았다. 대신 경험적 일반화를 구축하는 것을 목적으로 하는 통계학을 제일의 지식모델로 채택했다. 신실증주의적 사회학은 그 이후로 계속해서 미국사회학의 주류를 형성했다. 실증주의적 사회학도 네 번째 시기에 호만스의 교환이론과 콜린스의 갈등이론을 통해 되살아난다. 뉴턴의 물리학을 따라 그들은 소수의 일반명제를 통해 모든 사회적 행위를 설명하고자 했다.

'도덕학'은 퍼스, 제임스, 듀이로 대표되는 실용주의와 긴밀히 연결되어 있다. 전체적으로 보아 실용주의는 개인에게도 사회에게도 무조건적인 우월성을 부여하지 않았지만, 명목론적 실용주의와 실재주의적 실용주의로 구분될 수 있다. 명목론적 실용주의가 비결정성을 그 특징으로 하는 세계를 형성하는 인간의 능력을 강조한다면, 실재주의적 실용주의는 사람들의 삶을 형성하는 맥락적으로 규정된 현실을 강조한다. 이는 사회학에서도 그 모습을 드러낸다. 명목론적인 실용주의 사회학은 두 번째 시기에 쿨리와 토마스에 의해 발전되었다. 이후에 명목론적 실용주의 사회학은 블루머의 상징적 상호작용론, 고프만의 연극론, 가핀켈의 일상성원방법론, 버거와 루크먼의 현상학적 사회학 등으로 발전되어 나타난다. 명목론적 실용주의 사회학은 의미가 가장 중요한 사회적 문제가 되는 사회과정의 미시적 차원에 집중하는 경향이 있다. 실재주의적 실용주의 사회학은 첫 번째 시기와 두 번째 시기 동안에 미드와 파크에 의해 발전되었다. 그 후에는 권력에 좀 더 많은 주의를 기울인 밀스와 긴밀히 연결된다. 밀스는 정치와 긴박한 사회문제로부터 거리를 두는 실용주의의 형식주의적 측면을 비판했다. 밀스를 통해 실재주의적 실용주의 사회학은 맑시즘, 페미니즘, 게이-레즈비언 사상, 아프리카계 미국 사상과 같은 다양한 비판적 사상을 포괄하는 방향으로 발전했다. 이러한 비판적 사상들이 어느 정도 맑시즘에 의존하고 있는 것은 사실이지만, 그것의 본질주의적 이론과학의 측면은 수용하지 않았다.

'이론과학'은 두 번째 시기와 세 번째 시기 동안에 파슨스에 의해 발전되었다. 학문의 초기에서부터 파슨스는 공리주의로 대표되는 경험과학 지식모델에 매우 비판적이었다. 실증주의적 유기체론의 전통을 따라 파슨스는 일종의 초월주의적 이론과학을 그 대안으로 제출했다. 그는 현상들의 체계적인 세계를 가정하고 또 그에 상응하는 체계이론을 만들고자 노력했다. 이러한 점에서 파슨스는 관념들의 질서 및 연계는 사물들의 질서 및 연계와 동일하다는 이론과학의 기본테제를 충실히 따른다. 따라서 중요한 것은 개별자들의 체계이지 개별자들 그 자체는 아니다. 개별적인 관념이나 개념은 그것이 속한 주장들의 총체적 체계와 체계적으로 연결되지 않는 한 중요하지 않다. 플라톤의 이데아와 마찬가지로 파슨스의 관념들의 체계는 이 체계에 속하지 않는 개별적인 사물들보다 더 중요하다. 파슨스의 기능주의는 사회의 가장 추상적이고 근본적이며 보편적인 특성들의 표현이다.

그렇다면 '미학'은 어디로 간 것인가? 미학은 모던 미국사회학 내에서 자리를 잡지 못하고, 사회학 외부의 예술 담론에서 발전했다. 미학은 사회적인 것의 경계를 넘어서려 하며, 그 임무는 사회적인 것의 성스러움을 모독하는 것이며, 따라서 사회적인 것과 비사회적인 경계를 해체한다. 사드와 카프카 등의 전통을 이어받은 모더니즘과 아방가르드가 이러한 미학적 모델을 따른다고 할 수 있지만, 예술이라는 영역 내부에서 미학적 실천을 행한다는 점에서 한계가 있다. 가치의 분화와 하위 영역의 자율성의 성취라는 모더니티의 이상에서는 예술이 과학과 윤리로부터 독립된 자율적 영역으로 간주되기 때문이다. 이는 또한 자본주의의 상품논리에서 벗어난 독자적인 영역을 설정하려는 모더니즘 예술의 노력이기도 했다. 예술은 반표상주의적(anti-representational)이고 형식주의적인 독자적인 미학의 성격을 유지하였고, 그 성격상 엘리트적이고 권위주의적이며, 결과적으로 보수적이기까지 했다(Bertens, 1995).

이렇듯 사회적 맥락으로부터 자유로운 비사회적, 더 나아가 반(反)사회적 영역 안에 미학을 놓았기 때문에, 모던 사회학은 이로부터 거의 영향을 받지 않았다. 이 시기 어떤 미국 사회학자도 반계몽주의 전통을 대표하는 사드와 니체를 사회학의 지식 패러다임으로 발전시키려는 체계적인 노력을 기울이지 않았다. 모던 미국사회학자의 주된 관심사는 소위 "사회는 어떻게 가능한가?"라는 고전 사회학의 문제를 이론적으로 해결하는 데 바빴다(Denzin, 1991: 22). 이러한 질문은 사회를 총체적인 체계로 보고, 경험의 거시적 차원과 미시적 차원을 연계시킬 수 있는 모델을 수립하는 일로 나타났다(Alexander, Giesen, Münch, and Smelser, 1987). 이는 궁극적 차원에서 볼 때, 사회세계를 수학적 물리학의 세계처럼 투명한 체계로 만들어 설명하고 예측하고 통제하려는 계몽주의 세계관을 충실히 따른 결과이다. 이러한 투명한 기계적인 세계에서 존재와 비존재의 경계를 의문시하는 존재론, 사고(로고스, 언어)와 존재(사물, 자연)의 상응을 거부하는 인식론, 과거, 현재, 미래의 상향적인 직선적 시간관을 부정하는 윤리론을 주창하는 미학이 설 자리를 찾기는 어려웠을 것이다.

이 모든 것이 의미하는 것은 무엇인가? 이후 미국사회학의 발전을 보면 경험과학을 모델로 한 신실증주의적 사회학이 더욱 확고하게 주도권을 잡아나가는 모습이 보인다. 일단의 학자들이 사회학이 공중으로부터 격리된 전문 과학자들만의 경력쌓기의 비밀스런 교의로 변질되었다는 비판을 하고 있지만 대세를 뒤집기에는 역부족이었다(Agger, 2000).

큰 흐름을 볼 때 고전 사회학자들이 붙잡고 씨름했던 '의미의 문제'는 미국사회학계에서 주변화되거나 축출되었다. 도덕학을 모델로 채택한 비주류 사회학자들이 이러한 상황에 도전하기는 했지만 큰 성공을 거두지는 못했다. 거시적 구조에 미시적 행위를 맞서게 하는 것이 고작이었다. 이러한 대적은 거시와 미시를 이어 일반이론을 구축하려는 노력을 낳았다는 점에서 어느 정도 성공적이었다고 할 수는 있지만, 수학적 물리학의 세계관에 터한 사회학을 근본적으로 변형시키는 데에는 역부족이었다.

이러한 상황에 근본적인 도전을 던진 것은 다름 아닌 1980년대 중반 이후 급격하게 진행된, 소위 포스트모더니티라 불리는 사회세계의 급격한 변화였다. 일단의 미국 사회학자는 이러한 변화를 과학적 세계에 대한 미학적 도전으로 받아들였고, 이러한 도전에 대응하기 위해 유럽에서 전해져 온 포스트구조주의 등 반계몽주의 전통을 받아들여 포스트모던 사회학으로 발전시키기에 이른다(Dickens and Fontana, 1994; Choi, 2004). 여기서 앞장선 것은 도덕학, 그중에서도 명목론적 실용주의를 지식의 전범으로 채택했던 일군의 비주류 사회학자였다. 이들은 포스트구조주의 언어 모델을 사회 존재론과 사회학적 방법론으로 수용한다. 정보 사회론과 소비자 사회론의 기호학적 버전을 수용한 이들은 대중 커뮤니케이션 담론이 시각적 이미지를 생산하여 구술과 활자매체에 토대를 둔 기존의 문해력 형식을 대체하고 있다고 주장한다. 가장 대표적인 학자는 리차드슨(Laurel Richardson), 덴진(Norman K. Denzin), 클러프(Patricia T. Clough)다.

리차드슨(Richardson, 1990, 1991a, 1991b, 1991c)은 포스트모더니티의 도전을 주로 인식론적이고 방법론적인 차원에서 받아들인다. 인식론과 방법론을 벗어난 존재론과 윤리학·정치학이 독자적으로 존재한다는 것을 부정한다. 존재론과 윤리학·정치학은 어떻게 들려지고 씌어지느냐에 달린 것이지, 그 자체의 독자적인 객관적 실재가 아니다. 리차드슨은 지식을 논리과학적 양식과 서사적 양식으로 나눈다. 논리과학적 지식은 내가 이 책에서 정의한 과학에 해당한다면, 서사적 양식은 도덕학과 미학의 결합이라고 할 수 있다. 도덕학만으로는 과학에 대적할 수 없다고 여겼기 때문에 미학을 우군으로 삼아 함께 과학에 맞서려는 것이다. 결국 논리과학적 양식과 서사적 양식의 위계를 해체하여 그동안 표상될 수 없었던 타자에게 목소리를 주고자 한다. 미학을 원군으로 삼은 서사적 양식은 과학/서사, 사실/허구, 명백한 언어/수사, 객관성/주체성의 위계적 이분법을 해체한다. 이를 통해 확실성을 추구하는 과학이 잠재운 수많은 타자의 목소리를 다양한 미학적 타자로 표상한다.

덴진(Denzin, 1991, 1993, 1996)은 도덕학으로 대표되는 실용주의를 미학으로 대표되는 포스트구조주의로 재해석한다. 포스트모던 세계는 실재하는 사물의 체계가 아니라 표상의 체계로 구성된다고 주장한다. 전자매체의 대중 커뮤니케이션 산업이 생산한 실재의 이미지가 실재를 대체한 것이 주된 원인이다. 실재의 이미지는 하나의 언어로서 실재를 표상하는 것이 아니라 하나의 텍스트를 생산한다. 문제는 완결된 전체가 아니라 항상 다른 텍스트의 일부가 된다는 점이다. 이 텍스트의 최종 의미를 결정하도록 조직하는 총체적인 저자는 존재하지 않는다. 따라서 최종적인 의미는 결정되지 않고 계속 미끄러진다. 그 과정에서 총체적인 텍스트에서 포상될 수 없었던 타자들이 표상되게 된다.

클러프(Clough, 1992, 1996, 2000a, 2000b)는 포스트구조주의를 수용하여 텔레테크놀로지 시대에 자연/테크놀로지, 몸/기계, 실제/가상, 생물/

무기물의 이항대립을 차연적인 관계로 이론화한다. 데리다(Derrida, 1982)가 만든 차연(différance)이란 용어는 '다르다'는 동사와 '연기하다'는 동사를 결합한 신조어다. 언어의 본성이 공간적으로 다르면서 시간적으로 지연되는 이중의 성격이 있다는 말이다. 텔레테크놀로지는 차연, 즉 기표들의 무한한 환유적 연쇄(…+y+z+a+…)의 흐름을 근본 논리로 하고 있다. y의 의미는 이전에 있던 흔적(…)을 준거로 하여 정해지지만, 곧이어 새로운 기표인 y가 인접함으로써 안정된 의미가 흔들린다. 이를 다시 바로잡아도 새로운 기표인 z, a, b, c 등이 무한하게 덧붙여지면서 그 의미가 미래로 지연된다. 이 과정에서 표성될 수 없었던 미학적 타자가 출몰하게 된다.

과학에 대한 이러한 미학적 도전은 모던 미국사회학이 표상할 수 없었던 타자를 사회학적 담론으로 표상할 수 있는 길을 열었다는 점에서 의미가 있다. 그 과정에서 확실성을 추구하는 과학의 윤리적·정치적 함의를 만천하에 폭로하였다. 포스트모던 담론이 전 세계를 휩쓸면서 과학으로 대표되는 계몽주의 기획에 대한 근본 성찰이 잇달아 일어난 덕분이었다(Baudrillard, 1983; Harvey, 1989; Jameson, 1984; Lyotard, 1984). 이와 발맞추어 학문의 세계에서 '언어적 전환'을 이어받은 '문화적 전환'이 광범하게 일어나면서 과학적 언어의 특권적 지위에 도전한 덕분이었다. 이제 문화는 인식론적으로나 역사적으로 사회관계와 정체성을 구성하는 힘으로 간주되었다(Nash, 2001). 사회학 안에서는 기존의 문화분과 사회학(sociology of culture)을 뛰어넘은 문화사회학(cultural sociology)이 발전되어 나와 그동안 주변으로 밀렸던 사회적 삶의 의미를 연구의 중심으로 가져오기도 했다(Alexander, 2003; 최종렬, 2009a).

하지만 이러한 흐름은 대세를 형성하지 못했다. 신자유주의 흐름이

전지구적으로 확산하면서 과학이 다시 지배적인 지식 패러다임으로 힘을 발휘하기 시작했다. 신자유주의는 지역마다 다르게 나타날 수 있지만 하나의 분명한 핵심 테제를 지닌다. 광범하게 나타나는 문제적 이슈를 시장을 기반으로 해서 해결책을 모색한다. 시장은 고전적 자유주의처럼 자유방임을 하면 저절로 균형을 잡아가는 것이 아니다. 오히려 강한 국가와 세계은행과 IMF와 같은 국제기구가 적극적으로 개입하여 '자유 시장'을 만들어야 한다(Lave, Mirowski and Randalls, 2010: 661).

지식이 자유 시장 모델에 따라 존재론적, 인식론적, 윤리적·정치적 이슈를 해결해야만 한다. 이제 지식은 진리 추구가 아니라 '지식 경제'로서 의미가 있다. 강한 국가가 대학을 비롯한 학문장에 적극적으로 개입하여 지식 경제로 이루어진 자유 시장으로 만든다. 지식은 상품으로 생산되어 사고 팔리고 사유화된다. 자유 시장의 승자가 되기 위해서는 지식도 다른 상품과 마찬가지로 고도의 생산성, 효율성, 혁신, 경쟁력을 갖추어야 한다(Davidson-Harden, 2013).

전 세계적으로 대학은 신자유주의적 구조조정으로 근본적인 변화를 맞고 있다. 비학문적 행정 구조의 대규모 확장, 관리자와 교수진 간의 임금 격차 확대, 교수진의 비정규직화, 캠퍼스 서비스의 외주화, 학생과 민간 부문 주체들을 교육과 연구의 학습자나 수혜자가 아닌 고객으로 재개념화하기 등이 그 예다(Jemielniak and Greenwood, 2015: 72). 경영화된 시장주의가 학과와 학자를 평가하고 순위를 매기는 이데올로기적 수단으로 전락하였고, 학자들은 시장에서 단가를 올리려는 경쟁에 내몰려 연구실 안에만 틀어박혀 있는 실정이다. 테일러식 조직, 즉 밀폐된 조직단위와 통제구조로 인해 대학은 내부와는 소통을 안 하면서 외부의 온갖 평가 기관과 보조를 맞추려고 하고, 중앙 집중화된 행정으로 전략적 계획을 쌓는 데 몰두하고 있다. 각 학과는 자원의 배분권을 지닌 중앙 행정기구만 쳐다보고 있다. 중앙 행정기구는 각 학과가 전국적 또는 국제적 리그에서 차지하는 순위와 끌어 모은 연구기금에 따라 학과를 평가하고 서열화하는 데 여념이 없다. 그 결과는 참혹하다. 학자는 대학에서도 소외되고 실제로 살아가는 외부세계와도 단절된 초사회적·초문화적 개인으로 전락한다. 학자의 이론과 방법론은 그의 삶과 아무런 관련이 없다(Levine and Greenwood, 2011).

이는 단순히 대학 제도의 문제로 끝나지 않는다. 이 책에서 경험과학으로 정의한 지식 패러다임이 산학협력이란 이름으로 학문의 세계에서 이전보다 더 큰 지배력을 확대하고 있다. 이는 머튼의 과학사회학으로 시작되어 미국화된 부르디외류의 과학장·교육장 분석에서 득세한 과학주의 모델을 따르고 있다. 견고하게 닫힌 지식장이라는 실증적 세계에서 행위자는 자신의 자원을 최대한 활용하여 더 나은 사회적 지위를 얻기 위해 제로섬 게임에 몰두한다. 과학장에서는 지적 탁월성(intellectual excellence)이 인간이 추구해야 할 가장 높은 목표다. 명제적 진리를 아는 것이 단 하나의 유일하게 내재적으로 가치 있는 사태라 여긴다. 그 결과 명제적 진리를 획득하는 방법으로서 모든 종류의 파괴행위를 정당화한다. 비밀을 캐내기 위해 자연을 쥐어짜야 한다는 베이컨의 관점이 정당화된다. 감정, 상상력, 행위로부터 인간을 떼어놓는 잘못된 지식인 교육이 출현한다. 대학은 이러한 인식론 중심의 탐구 패러다임의 본향으로, 지적 탁월성에 헌신하는 아리스토텔레스적 제도다(Heron and Reason, 1997). 이는 정확히 현재의 대학제도의 모습을 지칭하고 있다. 연구중심대학이란 이름으로 사실 지적 탁월성만을 추구하고 가치론적 차원을 배제하고 있다.

05 한국사회학과 미학

사회학: 확실성 추구와의 투쟁

과학적 설명의 빈곤

지식의 유형을 분석적 차원에서 과학, 도덕학, 미학으로 나누었을 때, 현재 사회학을 지배하는 지식의 패러다임은 계몽주의 전통을 따르는 과학이다. 이는 특히 '사회학의 수학화'를 향해 달려온 앵글로−미국적 사회학에서 전형적으로 나타난다. 미국사회학의 수학화를 날카롭게 비판하는 벤 애거의 말을 직접 들어보자.

> 내가 여기서 관심을 두는 것은 고도로 수식적이고 방법론 중심적인 사회학의 코드를 해독하는 것이다. 그 코드는 우리가 현재 직면한 곤경에 대해 관심을 끌 만한 내용을 사실상 전혀 언급하지 않는 주장을 수학으로 내놓는다. 이 곤경을 짧게나마 나열하면 다음과 같다. 빈곤, 지구 온난화, 비산업국에서의 엄청난 인구 증가, 핵 확산과 테러, 성 차별과 인종 차별, 환경 파괴, 영혼 없는 교외화, 의미 상실, 청소년 소외, 정치적으로 발전하는 국가와 지역에서의 민주주의의 불평등한 발전, 국내 및 세계 자본주의의 혼

란과 무계획적 성격.

ASR(American Sociological Review)에 실린 논문은 나보다 사회 통계와 연구 방법에 대해 훨씬 더 많이 알고 있는 고도로 지적이고 잘 훈련된 전문가들이 작성, 검토, 편집하지만, ASR 논문이나 다른 주요 미국 사회학 저널에 실린 기사 중 이러한 긴급한 사회적 관심사에 대해 언급하는 경우는 거의 없다. 대신, 대부분의 사회학 저널 논문은 독자와 학장, 연구비 지원 기관에게 사회학이 진정한 과학의 지위를 획득했다는 걸 설득하기 위해 쓰여진다. 이를 통해 1970년대에 사회학과 학부 및 대학원 등록이 감소하고 연구비 지원 기회가 줄어들며 사회학 취업 시장이 사실상 사라지면서 촉발된 사회학의 제도적 영향력 상실을 만회하려고 한다. 나는 대학과 사회가 우리 자신과 종종 난폭하게 돌아가는 우리의 사회 제도를 이해하기 위해 사회학을 필요로 한다고 굳게 믿는다. 하지만 사회학자들이 오귀스트 콩트가 원래 기획했던 '사회 물리학'처럼 학술지 논문에 사회적 세계를 사실상 얼어붙게 만드는 수학화되고 매우 수식적인 담론을 써서 스스로를 설득력 있게 주장한다고는 믿지 않는다. 이 실증주의적인 학술지 담론은 이론적 주장과 개념적 사고를 방법론의 테크닉으로 대체한다. 사회학이 주변 사회 세계에 관여하는 것을 막고, 방법과 통계에 대한 고급 교육을 받지 못한 사람들에게는 사회학이 이해 불가능할 것이라는 점을 사실상 보장한다. 사회학은 자기 자신에게만 말을 걸 위험에 노출되어 있다. 유럽 창건자들이 서사적이고 종종 논쟁적인 에세이와 책을 써서 공적 차원을 활성화한 반면 미국 사회학은 이게 부족하다(Agger, 2000: 21).

왜 이렇게 된 것일까? 사회학이 도덕학과 미학을 버리고 과학을 모델로 해서 발전해왔기 때문이다. 과학의 목적이 설명이라면, 과학의 설명을 지배해 온 모델은 헴펠(Hempel, 1965)의 용어를 사용하면 '연역적-법칙적 설명 모델'과 '귀납적-통계적 설명 모델'이다. 이에 따르면 과학적 설명은 '설명하고자 하는 현상을 설명하는 문장'인 설명항(explanans)과 '현상을 설명하기 위해 덧붙여진 문장의 종류'인 피설명항(explanandum)으로 구성된다. 설명항은 그 자체로 참인 일반법칙이며, 피설명항은 이 일반법칙에서 도출되는 논리적 논증이다.

연역적-법칙적 설명 모델은 아래의 식으로 표현된다(Hempel, 1965: 299).

$$\left.\begin{array}{l} L_1, L_2, ..., L_m \\ C_1, C_2, ..., C_n \end{array}\right\} \text{설명항}$$

$$E \qquad \text{피설명항}$$

표 1. 연역적-법칙적 설명 모델

연역적-설명적 모델에서는 일반법칙의 특징을 갖는 원리가 피설명항을 포섭한다. 위의 <표 1>에서 두 번째 줄에 있는 $C_1, C_2, ..., C_n$은 관련된 특정 사실을 기술하는 하나의 진술 또는 일련의 진술이다. 헴펠이 예로 든 진술은 다음과 같다. "실온의 물로 가득 찬 유리잔에 얼음 덩어리가 떠 있는데, 부분적으로 표면 위로 솟아 있다. 얼음이 서서히 녹으면서 유리잔 안의 물이 넘칠 것으로 예상할 수 있다. 실제로 수위는 변하지 않는다"(Hempel, 1965: 298). 그렇다면 이러한 현상을 어떻게 설명할 수 있을까? 헴펠은 이를 설명하려면 일반법칙이 동원되어야 한다고 말한다. 맨 위에 위치한 $L_1, L_2, \cdots, L_m$이 바로 일반법칙이다. 헴펠은 일반법칙의 예로 아르키메데스의 원리를 제시한다. 이에 따르면, 액체 속에 떠 있는 고체 물체는 물체 자체의 무게와 같은 양의 액체를 대체한다. "따라서 얼음 덩어리는 물에 잠긴 부분이 대체하는 물의 부피와 같은 무게를 갖는다. 녹는 것은 관련된 무게에 영향을 미치지 않으므로 얼음이 변하는 물은 얼음 자체와 같은 무게를 가지므로 처음에 얼음의 물에 잠긴 부분이 대체한 물과 같은 무게를 갖는다. 무게가 같으면 변위된 물과 부피도 같으므로 얼음이 녹으면 처음에 얼음의 물에 잠긴 부분이 차지했던 공간을 채우기에 충분한 물의 양이 생성된다. 따라서 수위는 변하지 않는다"(Hempel, 1965: 298).

이러한 연역적-법칙적 설명 모델은 뉴턴이 이미 17세기에 성취한 것이다. 뉴턴의 보편법칙은 아래처럼 단순한 도식으로 표현된다.

$$f = ma \ \cdots\cdots \ (1)$$

f는 힘(force), 즉 물체가 행사한 힘인 에너지이고, m은 질량(mass), a는 가속도(acceleration)이다. 이 법칙은 '설명'과 '예측'을 위한 연역체계로 사용될 수 있다.

$$f_1 = Mm/d_2 \ \cdots\cdots \ (2)$$

M은 큰 물체의 질량이고, m은 작은 물체의 질량이다. d_2는 거리(distance)의 제곱이다. 여기에서 중력의 두 물체는 질량에 비례하고 두

물체의 거리의 제곱에 반비례해서 서로 끌어당긴다.

(1)과 (2)로부터 아래 (3)이 연역된다.

$$ma = Mm/d_2 \cdots\cdots (3) \text{ 경험적 등식}$$

이 등식에서 m을 공분하면 작은 물체의 가속도는 큰 물체의 질량과 두 물체 간의 거리의 제곱으로 표시된다.

$$a = M/d_2$$

여기에서 f는 제거된다. 애초에 f는 조작적으로 정의되지 않았기 때문에 경험적으로 직접 검증할 수 없었다. 하지만 결론에서는 f 대신에 경험적 등식이 오기 때문에 경험적으로 검증할 수 있게 된다. 이처럼 뉴턴은 일반법칙이 경험적 자료를 설명할 수 있다는 점을 보여줌으로써 이성과 경험이 서로 모순되지 않는다는 것을 입증했다.

문제는 사회세계에서는 수학적 물리학의 세계처럼 설명항으로 전제하는 자명한 일반법칙을 찾기 어렵다는 것이다. 사회세계는 수학적 법칙을 예외 없이 따르는 물리적 세계가 아니기 때문이다. 따라서 통계학이 발달하기 시작한 1930년대 이후로는 이 일반법칙을 필연성이 아닌 개연성의 법칙으로 바꾸었다. 헴펠이 귀납적-통계적 설명의 예로 든 것은 연쇄상 구균에 감염되었다가 페니실린 주사를 맞고 회복한 환자 존 존스다. 이 경우 존 존스의 회복을 일회적인 사건이 아니라 페니실린 치료와 연쇄상 구균의 퇴치 사이에 일반적인 연관으로 수립하고자 할 경우 어떻게 될까?

귀납적-통계적 설명 모델은 아래와 같이 표현된다(Hempel, 1965:

382).

(3a) 존 존스의 특정 질병 사례(j라고 하자)는 다량의 페니실린으로 치료(P_j)한 중증 연쇄상구균 감염 사례(S_j)다. S와 P가 공존하는 경우 회복의 통계적 확률 $p(R, S \cdot P)$는 1에 가깝다. 따라서 이 사례는 회복(R_j)할 것이 사실상 확실하다.

이러한 논증은 다음의 도식화로 표시할 수 있다.

(3b) $p(R, S \cdot P)$는 1에 가깝다.

$S_j \cdot P_j$

- -

(그러므로) 그것은 R_j일 것이 사실상 확실하다(매우 그럴법하다).

연쇄상 구균 감염의 경우 언제나 페니실린을 주사하면 회복된다는 일반법칙에 호소할 수 없다. 다만 페니실린을 주사할 경우 어떤 높은 비율이나 확률로 치료가 될 것이라는 통계적 법칙에 호소할 뿐이다. 이는 연역적 – 법칙적 설명의 사례와 달리 존 존스가 페니실린을 맞았다는 진술과 이러한 통계법칙으로 구성된 설명항은 존 존스가 회복되었다는 피설명진술을 연역적으로 확실하게 함축하지는 못한다. 단지 사실상(practically) 높은 가능도(likelihood)와 유사확실성(near – certainty)으로 함축할 수 있을 뿐이다.

현재 사회과학에서는 연역적 – 법칙적 설명 모델을 곧이곧대로 믿고 활용하는 학자는 거의 없다. 실험실을 통제할 수 없고, 개념을 정확한 등급(class)으로 정의할 수 없으며, 논리나 수학과 같은 형식적 계산법을 사용할 수 없는 사회과학에서는 연역적 – 법칙적 설명 모델을 그대로 사용하는 것이 거의 불가능하기 때문이다(Freese, 1980). 하지만 귀납적-통계적 설명 모델은 여전히 막강한 힘을 발휘하고 있다. 아니 귀납적-통계적 설명 모델은 양자역학의 도움을 받아 과학적 설명의 왕도를 차지하게 되었다. 이는 매우 아이러니한 현실이다. 뉴턴의 수학적 물리학이 과학의 세계에서 휘두르던 힘이 양자역학의 도전으로 힘을 잃었지만, 사회학을 사회 물리학(social physics)으로 만들려는 실증주의자의 꿈은 더욱 강해지고 있기 때문이다(Agger, 2000). 양자역학은 입자의 위치와 운동량을 동시에 측정하는 것은 불가능하다고 알려준다. 관찰할 수 있는 모든 물리량은 예측할 수 없는 변동을 겪기에 그 값이 정확히 정의되지 않는다. 이렇게 양자역학이 가르쳐줘도 실증주의 사회학자는 꿈쩍도 하지 않는다. 여전히 변수 중심의 경험연구에 몰두한다. 왜 그런가? 무엇보다도 양자 효과가 원자 영역에서만 드러나기에, 사회적 삶을 탐구하는 사회학자에게는 별로 상관이 없다고 생각한다. 원자를 넘어선 거시의 세계에서는 여전히 뉴턴의 수학적 물리학이 친숙하고 당연한 배경지식으로 받아들여진다. 관찰이 관찰 대상에 전혀 개입하지 않는다고 본다. 관찰 대상은 그 자체로 존재하는 객관적 실재라고 여겨지기 때문이다. '불확정성의 원리'를 주창한 하이젠베르크(Heisenberg, 1989: 43~44)는 이를 '독단적 실재론'(dogmatic realism)이라고 비판한다. 이는 양자역학 이후에도 여전히 물리학자가 받아들이는 현상학적 의미의 '자연적 태도'(natural attitude)다. 믿음의 유보가 아니라 의심의 유보!(Schutz, 1962) 상식적이며 친숙한 배경이 없다면, 새로운 것을 알 방도가 없기 때문이다.

더 중요한 것은 방법론적 차원이다. 양자역학은 한 대상(과 운동)에 대한 정확한 예측이 불가능하다는 것을 알려주지만, 대안의 상대적 확률을 정확하게 명시하는 것이 가능하다는 점 또한 알려준다. 양자역학은 이제 통계학이 되었다. 더 엄밀하게 측정할 수 있는 도구를 만드는 데 집중할 뿐, 불확실성이 자연에 내재해 있다는 점을 존재론적 차원에서 좀처럼 받아들이려 하지 않는다. 전자는 어떨 때는 입자로 관찰될 수 있고 어떨 때는 파동으로 관찰될 수 있다. 하지만 입자와 파동이 동시에 관찰될 수는 없다. 실험자의 목적에 따라 전자가 입자로 나타날 수도 있고 파동으로 행동할 수도 있다. 양자역학이 나온 이후 이러한 아이러니가 자연에 내재해 있다는 사실을 존재론적 차원에서 부정할 수 있는 물리학자는 없다. 그럼에도 이러한 불확실성을 이겨내기 위해 방법론적 차원에서 확실성 추구에 몰두한다. 하이젠베르크마저도 파동, 입자, 위치와 같은 양자역학의 언어가 갖는 의미가 한정적이고 모호하다며 수학적 언어로 도피한다. "이렇게 모호하고 체계적이지 않은 언어 사용이 우리를 어려움에 빠뜨릴 때 물리학자는 수학적 도식 그리고 그 도식이 실험적 사실과 맺는 명확한 상관관계 속으로 물러서야 한다"(Heisenberg, 1989: 123).

이러한 실증주의자의 꿈은 통계 방법의 전문화로 사회학의 주류를 차지하고 있다. 특히 계산 통계 물리학(computational statistical physics)이 발달하면서 양자역학이 불러일으킨 불확실성의 문제를 수학으로 풀 길이 열리면서 그 꿈은 더욱 퍼져가고 있다. 기본 아이디어는 다음과 같다. 철의 자성 원자는 자기 방향이 서로 평행하도록 작은 거리에서 순서를 정한다. 마찬가지로 증기 안에 있는 물 분자도 비가 올 때 스스로 작은 방울들로 형성된다. 이러한 효과를 '자기 조직화'(self-organization) 또는 '출현'(emergence)이라고 한다. 자기조직화 또는 출현은 종종 서로 다른 많은 단순한 요소로 구성된 '복잡 시스템'에 전형적으로 나타난다.

이것은 단일 요소의 속성에서는 볼 수 없는 효과를 전체적으로 생성한다. 전체는 그 부분들을 단순히 중첩해놓은 것이 아니다. 문제는 복잡 시스템의 자기 조직화를 설명하는 방정식과 더불어 이를 실제로 계산할 수 있는 컴퓨터 시뮬레이션이 발달했다는 점이다. 물리학 이외의 다른 모든 영역에서도 계산 통계 물리학을 활용해서 자기 조직화 또는 출현에 해당되는 현상을 계산할 수 있게 되었다. 자연 선택을 통한 생물학적 진화, 지진 발생, 언어의 분포와 진화, 선거, 의견 확산, 테러가 그 예이다(Stauffer etc., 2006).

사회학도 예외가 아니어서 소위 복잡성 과학이 기존 경험과학 모델을 주도했던 뉴턴의 수학적 물리학을 빠르게 대체하고 있다. 사회 연결망 분석과 컴퓨터 모델링이 가장 대표적인 예다. 많은 사회학자가 복잡성 과학의 도구를 자신의 작업에 통합하기 시작했다. 왈러스타인(Wallerstein, 2005)은 벨기에의 물리학자 프리고긴(Prigogine)의 작업을 세계체계이론 이론에 통합했다. 애보트(Abbott, 2001)는 프랙탈(fractals), 자기 유사성(self-similarity), 혼돈(chaos)을 사회 과학의 구조와 역학에 적용했다. 루만(Luhmann, 1995)은 사회적 자기생산(social autopoiesis) 개념에 기초하여 현대 사회 이론을 구축했다. 카스텔(Castells, 2000)은 네트워크 개념을 사용하여 세계화 이론을 개발했다(Castellani and Hafferty, 2009: vii~viii).

문제는 연역적-법칙적 설명 모델과 귀납적-통계적 설명 모델이 같은 논리 구조를 지닌다는 것이다. 귀납적-통계적 설명 모델에서는 경험적 일반화가 공리(axioms)로 대표되는 일반법칙의 자리를 차지한다. 일반법칙이 선험적으로 가정된 것이든, 경험적 일반화를 거쳐 만들어진 것이든 피설명항을 설명항에서 논리적으로 연역하는 구조, 즉 포괄적 법칙 모델을 사용한다는 점은 같다. "과학적 설명의 논리적 구조는 무엇인가? 우리는 하나의 통상적인 견해에서, 즉 특정한 사건이나 규칙성은 하나 이상의 일반적인 법칙 아래 포함될 수 있다는 생각에 기반한 포괄적 법칙 모델(the covering-law model)에서 시작할 수 있다"(리틀, 2021: 64). 이론화의 목표는 세계의 기본 속성에 대한 기본 법칙이나 원리를 개발하는 것이다(Turner J, 1992: 169~170). 문제는 설명항에서 논리적으로 연역할 수 없는 피설명항은 무의미하거나 부조리한 것으로 전락해 사회세계에서 누락된다는 것이다. 피설명항이 검증 또는 반증 가능한 사실로 축소되기 때문이다.

호만스(Homans, 1961)의 교환이론은 일찍이 이를 잘 보여주었다. 호만스는 사회학에서도 자연과학에 맞먹는 연역체계를 구성할 수 있다고 본다. 호만스(Homans, 1961: 36)의 가치명제를 보자.

1. 가치명제: 어떤 사람의 행위의 결과가 그 사람에게 더욱 가치가 있다면 (즉 보상의 정도가 높다면), 그 사람은 그 행위를 더욱 실행할 것이다.
2a. 어떤 한 중국인에게는 차가 우유보다 더 가치 있다.
3a. 그러므로 중국인은 우유를 얻을 수 있는 행위보다 차를 얻을 수 있는 행위를 더욱 취할 것이다.

이러한 연역체계에서는 경험적으로 직접 검증할 수 없는 가치명제에서 출발한다. 가치명제가 조작적으로 정의되지 않았기 때문에 경험적으로 검증할 수 없는 것이다. 하지만 3a에 오게 되면 경험적으로 검증할 수 있는 명제가 된다. 그 이유는 2a라는 경험적 사실이 삼단 연역체계 안에 들어오기 때문이다.

이러한 설명 모델은 전혀 새로운 것이 아니다. 아리스토텔레스는 『시학』에서 이미 플롯을 통해 묘사된 사건들이 '필연적으로 또는 개연적으로' 서로 이어져야 한다고 주장함으로써 과학적 설명의 틀을 제시한 바 있다(Vellemen, 2003: 1). 뉴턴의 과학적 설명과 이를 따르는 계몽주의의 과학적 설명은 아리스토텔레스의 시각을 근대적 버전으로 바꾸었을 뿐이다. 그런 점에서 과학적 설명에 대한 서구인의 꿈은 장기간의 역사적 궤적을 갖는다(Ruben, 1990; Woodward, 2003).

과학적 설명 모델은 미국사회학을 지배하고 있다. 가장 대표적인 것이 변수 중심의 설명이다. 수리사회학자로 이름 높은 영국의 사회학자 피터 아벨(Abell, 1984: 310~312)은 이를 잘 설명한다. 변수 중심의 설명은 무엇보다도 특정 사건의 발생을 설명하려고 한다. 특정 사건의 발생은 어떤 주어진 분석 단위가 종속 변수 Y에 대해 갖는 특정한 값으로 표시된다. 이를 설명하려면 동일한 분석 단위가 지정된 독립변수 X_i에게 갖는 값을 찾아야 한다. 모집단과 같은 다른 유사 분석 단위에 대해서도 동일한 작업을 수행해야 한다. 이는 아래의 도식으로 표시된다.

$$Y = f(X_i, X_2, \cdot\ \cdot\ \cdot\ ) \ \cdots\cdots \ (1)$$

이 도식은 설명을 위해서는 일반화가 필요하다는 사실을 바로 드러낸다. 특정 분석 단위가 Y값을 갖는 이유를 설명하려면 X변수와 Y변수를 연결하는 일반화, 즉 지정된 함수의 모수를 알아야 한다. 지정된 함수는 인과적 설명을 제공하는 것으로 해석될 수 있다. 함수 관계에 대한 인과적 해석은 설명과 일반화 사이의 필요한 연결을 더욱 강조한다. 일반화 없이는 인과관계를 불러일으킬 수 없기 때문이다. 한마디로 말해 일반법칙에 버금가는 일반화가 있어야 왜 특정 사건이 발생했는지 설명할 수 있다.

하지만 일반화가 없으면 어떻게 하는가? 그럴 경우에는 단지 한 가지 사례에 대한 연구를 넘어 일반화를 수립할 정도로 충분하게 많은 수의 사례를 연구해야 한다. 함수 (1)이 n개의 독립 변수를 갖는 가산-선형(additive-linear) 형식으로 지정될 수 있다고 가정하면 아래의 방정식을 얻을 수 있다.

$$Y = C + \sum_{i=l}^{i=n} \beta_i X_i \ \cdots\cdots \ (2)$$

변수 β_i값은 Y를 인과적으로 결정하는 데 있어 각 X_i 변수의 상대적 중요성을 나타낸다. 방정식 (2)를 확률적 형태로 바꾸어 적절한 회귀식을 구하면 다중 상관 계수(multiple correlation coefficient)와 부분 상관 계수(partial correlation coefficients)는 각각 모든 X_i 변수의 설명력과 Y를 결정하는 데 있어 각 X_i의 상대적 중요도를 측정할 수 있는 척도를 제공한다. 이러한 모델은 관계를 선(호)으로, 변수를 점으로 표시하는 경로 다이어그램으로 표현할 수 있다. 방정식 (2)는 $(n+1)$개의 호가 각각 Y로 이어지는 것으로 표현할 수 있는데, 여기에서 이 호들은 각각 Y에 결정적인 영향을 미치기에 충분한 것으로 가정된다. X_i 변수 간의 가능한 상호 관련성으로 이동하면 해당 다중 방정식 모델도 일부 또는 모든 Xi 쌍 사이에 호가 있는 경로 다이어그램으로 나타낼 수 있다.

미국사회학은 바로 이러한 변수 중심의 설명이 대세를 형성하고 있다.[1] 주류사회학자들은 현상을 시각적으로 표현하여 그 근본적인 속성과 상호 연관성을 드러내는 방식인 '모델링'을 따라 작업한다. 위에서 설명한 '경험적 인과 모델'(empirical-analytical models)은 일반적으로 측정된 변수 간의 상관관계를 선형적(linear), 시간적 순서로 나열해서 설명한다. 종속 변수의 분산을 일련의 독립 변수와 개입 변수의 관점에서 설명하고자 한다. 반면 '추상적 분석 모델'(abstract-analytical models)은 생산, 권력 집중화, 차별화 등과 같은 맥락 없는 개념을 개발한 다음 그 관계를 시각적 그림으로 표현한다. 이러한 관계는 일반적으로 인과 관계로 표현되는데, 다양한 가중치와 패턴(피드백 루프, 주기, 상호 효과 및 기타 비선형적(non-linear) 연결 표현)을 포함하는 복잡한 관계로 나타난다(Turner J, 1992: 171).

모델링은 사회학의 수학화를 지향하는 미국 주류사회학에서 대표적인 과학적 설명 방식으로 자리 잡았다(Agger, 2000). 회귀방정식은 종속변수와 독립변수를 연결시켜 각각의 가중치를 계산할 수 있게 해준다. 회귀방정식은 이론의 위치로 상승하여 인과적으로 발생한 것으로 간주되는 사회적 행위를 설명한다. 특히 1971년부터 발간되고 있는 『수학사회학 저널』(Journal of Mathematical Sociology)이 전문 사회학자에게 유용한 모델과 수학적 기법을 계속 제공하면서 모델링을 사회학이 활용하는 주된 과학적 설명 방식으로 퍼트리고 있다.

미국사회학의 절대적인 영향 아래 성장해 온 한국사회학에서도 자

----

1) 변수 중심의 설명방식에 대한 대안으로 장 이론(field theory)도 새로운 힘을 발휘하고 있다. 부르디외(Bourdieu, 1992)의 장 이론, 조직 장(organizational fields)에 대한 신제도주의적 접근(DiMaggio and Powell, 1983), 전략적 행위 장(strategic action fields) 모델(Fligstein and McAdam, 2012), 네트워크 분석(White 1992) 등이 대표적인 예다(Kluttz and Fligstein, 2016). 미시적 행위나 거시적 구조 대신 중범위 차원의 장의 특성이 사회적 행위를 결정한다는 일종의 물리학적 사회학을 주창한다. 과학적 설명의 여러 버전을 소개한 책으로는 리틀(2021)을 볼 것.

연스레 과학적 설명 모델이 지배적인 위치를 점하게 되었다(이기홍, 2016, 2021a, 2021b).[2] 대표적인 학술지『한국사회학』을 보면 과학적 설명 모델을 따르는 경험 연구가 상당한 수를 차지하고 있다. 특히 가설 연역적 방법을 사용한 연구가 대세를 형성했다(이기홍, 2021a). 한국사회학이 수리사회학으로 나아가 과학적 지위를 얻어야 한다는 주장도 나온다(김우식, 2014). IMF 외환 위기 이후 신자유주의 시장 모델이 학계로까지 확산되면서 논문 편수로 학자의 등급을 매기게 되었다(이기홍, 2019). 과학적 설명 모델을 따라 경험적 연구를 쏟아내는 학자가 평가에서 유리한 위치를 점하게 된다. 대학도 정부의 지침에 따라 평가를 잘 받기 위해 논문을 대량으로 쏟아내는 학자를 주로 뽑는다. 과학적 설명 모델을 따르는 양적 방법론 연구자들이 대거 교수로 발탁될 객관적 상황이 조성되었다.

이러한 모습은 경험과학의 물신주의가 지배하고 있는 미국사회학의 모습과 크게 다르지 않다(이기홍, 2018). 거시와 미시를 연결하여 일반이론을 만들려는 이론과학 모델을 따르게 되면, 사회학은 실제 삶으로부터 추상화되어 공론(空論)이 되기 십상이다. 현재 이런 이론과학의 꿈은 상당히 약해진 것은 사실이다. 하지만 경험과학의 꿈은 여전히 살아 학계를 지배하고 있다. 연구의 전범을 따라 이미 예측된 결과를 새로운 방법으로 얻으려는 경험과학 모델을 따르게 되면, 사회학은 방법론 내

....

2) 물론 한국사회학이 미국사회학의 축소판이라 할 정도로 완전히 종속되어 있다는 것은 아니다. 실제로 2011년부터 2018년까지 KCI와 SSCI에 사회학 분야로 출판된 논문들을 분석한 결과 한국 사회학계와 국제사회학계의 지식 담론 구조가 다르다는 연구 결과가 있다(김란우·송수연, 2020). 하지만 이는 연구 주제의 측면에서 본 것이고, 미국판 과학적 설명 양식이 한국사회학을 지배하고 있는 것은 틀림없는 사실이다. 특히 신자유주의 바람을 타고 SSCI논문으로 학자의 업적을 평가하는 시스템으로 만들면서 미국 중심의 과학적 설명 양식의 지배는 더욱 강화되었다(강명구, 2008).

지는 사회공학으로 협소화된다. 이렇게 되면, 사회학이 실제 삶으로부터 추상화되고 그 지평이 좁아지는 것으로 끝나는 것이 아니라 결국 인간의 삶마저도 추상화되고 협소하게 될 것이다. 실제로 대학제도는 갈수록 사회학자들에게 실험실에서 연구에 몰두하는 과학자가 되라고 요구하고 있다. 사회의 공적 이슈로부터 단절된 채 과학장 안에서 주어지는 보상을 추구하라고 무한경쟁을 부추기고 있다. 실제 이 모델을 따라가게 되면 대학은 경영화된 시장주의에 함몰된다.

이런 상황에서는 사회학사 또는 고전사회학의 기획에 대한 고려가 거의 이루어질 필요가 없다. 이는 사회학 연구의 지평을 검증 가능한 명제와 경험적 사실의 세계로 쪼그라트린다. 과학을 경험적 환경과 형이상학적 환경의 연속선의 시각에서 정의하는 알렉산더(Alexander, 1982: 3)는 이를 이해하는 데 도움을 준다.

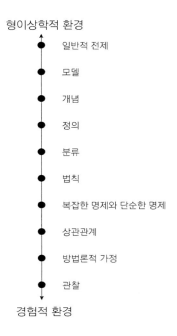

형이상학적 환경

● 일반적 전제

● 모델

● 개념

● 정의

● 분류

● 법칙

● 복잡한 명제와 단순한 명제

● 상관관계

● 방법론적 가정

● 관찰

경험적 환경

표 2. 과학적 연속선과 그 구성요소

과학은 경험적인 조건적 세계와 비경험적인 형이상학적 세계라는 두 가지 구별되는 환경의 맥락에서 발생하는 지적 과정으로 볼 수 있다. 알렉산더는 이러한 지적 과정을 수평적인 연속선으로 표현했지만, 이를 더 잘 이해하기 위해서는 수직적인 연속선으로 표현하는 것이 필요하다. 학문공동체에서 연구하는 과학자는 이러한 수직적 연속선 상을 오가며 지적 탐구를 실행한다. 위쪽으로 갈수록 형이상학적 환경으로 올라가며, 밑으로 갈수록 경험적 환경으로 내려간다. 경험과학은 이 중에서 주로 경험적인 조건적 세계에 관한 확실한 지식을 구축하는 데 주된 관심을 쏟는다. 위로 최대한 올라간들 고작 법칙에 머문다. 이 법칙은 그 아래에 있는 명제, 상관관계, 방법론적 가정, 관찰을 포괄할 때에만 설명력을 지닌다.

이렇게 볼 때 경험과학은 지적 과정을 경험적 환경에 최대한 가까운 현상으로 축소한다. 그 결과 그 위에 있는 분류, 정의, 개념, 모델, 일반적 전제를 지적 과정에서 배제한다. 우리가 지적 과정을 '이론이 안내하는 탐구'(theory guiding inquiry)(Blumer, 1969: 141)라고 할 때, 경험과학의 이론이란 법칙에 그치고 만다. 법칙 위쪽에 있는 '일반적 전제'는 불필요한 형이상학적 골칫거리 정도로 취급된다. 또한 이론적 활동을 맑스, 뒤르케임, 베버, 파슨스와 같은 위대한 이론가에 대한 주석달기로 축소한다. 그러면서 정작 사회 세계가 어떻게 작동하는지 '설명'하지 않는다(Turner J., 1992: 168).

하지만 사회학이 이러한 경험과학 모델을 따라 연구를 진행하면 탐구 지평이 심하게 쪼그라든다. 우선 알렉산더(Alexander, 1987a: 11~57)의 말대로 경험과학에 집중하는 한 사회학은 고전이 필요 없을지도 모른다. 경험과학을 지향하는 실증주의 사회학자들은 세계에 대한 객관적 지식을 축적하면 그만이지, 왜 굳이 이미 오래전에 죽은 자들의 텍스트를 고려해야 하는지 의문시할 것이다. 그 텍스트가 과학적으로 유관한 것이라면 이미 오래 전에 검증되어 현대 이론에 통합되었을 것이고, 그렇지 않았다면 반증되어 단순히 역사적 관심으로 사라졌을 것이라 믿을 것이다. 그들은 토마스 쿤(Kuhn, 1962)이 말하는 정상과학 안에서 연구의 전범, 즉 성공적인 경험적 연구의 구체적인 예들을 따라 연구를 되풀이할 것이다.

실제로 한국의 사회학과 대학원에서는 사회학이론이나 사회학사를 제대로 가르치지 않는다. 공부하기 어려운 것은 둘째치고, 이를 주제로 해서는 논문을 쓰기 어렵기 때문이다. 어떻게든 경험과학을 모델로 해서 논문으로 바꾸어야 하는데, 사회학이론이나 사회학사는 오히려 방해가 된다고 여긴다. 이러한 점을 고려할 때 사회학이론 연구에 천착하는 김덕영(2003, 2007, 2012, 2016, 2017, 2019)과 한국사회학의 지성사를 쓴 정수복(2022a, 2022b, 2022c, 2022d)은 독보적이다. 이들은 왜 남들이 제대로 알아주지도 않는 이러한 고된 작업을 마다하지 않을까? 사회학이론이나 사회학사가 메타 이론으로서 중요한 역할을 한다고 보기 때문이다. 이론이 생산적이려면 이론적 활동을 안내해야 하는 기본 전제(presuppositions)의 윤곽을 그리는 것이 필수적이기 때문이다. "적절한 이론화가 이루어지기 전에 여러 가지 근본적인 질문을 해결하는 것이 필요하다. 인간 활동, 인간 상호작용, 인간 조직의 본질은 무엇인가? 이론을 발전시키는 데 가장 적합한 절차는 무엇이며 어떤 종류의 이론이 가능한가? 사회학 이론이 집중해야 할 핵심적 이슈나 결정적 문제는 무엇인가?"(Turner J, 1992: 167).

실증주의를 따르는 학자들은 이러한 메타 질문들이 사회학이론을 오래되고 해결 불가능한 철학적 논쟁으로 끌어들인다고 불만을 표한다.

관념론 대 유물론, 귀납 대 연역, 주관주의 대 객관주의가 그 예다. 사회학의 창건자에 관한 연구가 불가피하게 이러한 철학적 논쟁에 엮여 불필요한 일에 열정을 낭비하게 만든다고 말한다. 이는 사회학이론을 발전시키기는커녕 오히려 질식시킨다고 비난한다. 하지만 형이상학적 환경에 관한 이론적 논의와 사회학 창건자에 관한 연구는 사회학이론을 발전시키는 데 막강한 힘을 발휘한다. 사회학이론은 문제의식, 연구질문, 연구대상, 연구방법론, 자료수집, 자료해석, 자료분석, 글쓰기에 이르기까지 연구의 전 영역을 틀지우고 안내한다. 이때 형이상학적 환경에 관한 이론적 논의와 사회학 창건자에 관한 연구는 새로운 사회학 이야기를 만들어낼 수 있는 문화자원을 제공한다. 이러한 새로운 이야기는 새로운 문제적 상황이 불러일으키는 의미의 문제에 답할 수 있도록 도와준다.

불행히도 한국의 교육현실에서는 형이상학적 환경에 관한 이론적 논의와 사회학 창건자에 관한 연구가 엄청나게 쪼그라들어 있다. 특히 1999년부터 추진된 대학원 양성사업인 BK(Brain Korea) 21은 경험과학을 모델로 한 논문 쓰기를 대학원생에게 강요하는 촉발제가 되었다. 장학금을 받은 대가로 대학원생에게 업적을 생산하라고 압박하니 제대로 사회학이론 훈련도 받기 전에 논문 싣는 것부터 배운다. 당연히 방법론 중심의 교육이 이루어지고, 그중에서도 경험과학을 모델로 한 논문 쓰기 교육이 지배적일 수밖에 없다. 실제로 어떤 사회학자는 대학원 수업 시간에 SSCI[3]에 논문 싣는 법을 가르친다고 자랑한다고 한다. 자신이

---

3) 사회과학의 SSCI(Social Science Citation Index)는 자연과학의 SCI를 본 따 만든 것이다. SCI는 Science Citation Index의 약자로 과학자들이 쉽게 찾아볼 수 있도록 과학 논문을 한군데 모아놓은 데이터베이스다. 원래 1960년대 미국의 민간 과학정보연구원이 세워 운영하다가 현재는 거대 글로벌 기업이 도맡아 막대

SSCI에 논문 싣는 과정에서 겪었던 절차와 난관을 설명하면서 이를 돌파하고 결국 논문을 출판할 방법을 가르친다는 것이다. 나는 이런 교육도 필요하다고 생각한다. 하지만 이게 전부 또는 시급한 당면과제가 되어서는 안 된다고 생각한다. 대학원생이 깊이 공부하기도 전에 논문 쓰는 법부터 배워 빨리 노동시장에 나가 교수가 되도록 교육하는 것이 어찌 대학원 교육의 본질일 수 있겠는가? 실제로 현재 사회학관련 주요 학술지를 보면 경험과학을 모델로 해서 쓴 대학원생의 논문이 다수 실려있다. 거기에는 으레 BK 21 사사 표기가 들어가 있다. 이러한 논문 출간을 지렛대 삼아 BK 21 대학원생은 미국으로 유학을 간다. 그곳에 가서도 역시 경험과학을 모델로 한 논문 쓰기 훈련을 받아 한국에 돌아와 학계에 자리잡는다. 경험과학에 토대를 둔 '방법 물신주의'가 한국사회학계에 어두운 그림자를 드리우는 주된 원인이다.

아래는 3명의 박사과정생과 수료생이 함께 써서 『한국사회학』에 발표한 논문이다.[4] 이 연구는 개인이 자국의 인권상황을 평가하는 데 영향을 미치는 요인이 무엇인지를 국가수준 변수와 개인수준 변수로 나누어 탐색한다. 국가별로 인권상황에 대한 긍정평가 비율이나 인권상황 평가의 평균값이 상당히 다르기에 이러한 차이를 설명하기 위해 아래

한 이윤을 챙기고 있다. 세계화 바람을 등에 업은 교육 당국은 글로벌 사기업이 만든 지표를 토대로 대학의 세계화 정도를 재고 차등 지원해 왔다. 등록금 동결로 한 푼이라도 아쉬운 대학은 더 많은 재정 지원을 얻어내기 위해 SSCI 학술지에 영어 논문을 실은 학자를 우대하기 시작했다. 외국 지표를 무기로 단기 성과 내라고 윽박지르는 국가 정책탓이다. 이후 기존 학자는 물론 학문 후속세대마저도 독창적인 문제를 제기하려고 노력하는 대신 스펙용 논문 싣는 '방법' 터득에 몰두하게 되었다.

4) 이 연구를 수행한 특정 연구자들을 비판하거나 폄하하려는 것이 아니다. 다만 경험과학을 모델로 해서 설명을 하는 논문의 예시로 이 글을 선택했을 뿐이다. 그럼에도 이 글을 읽는 독자가 개인적인 비판이나 폄하로 여길 수도 있기에, 저자의 이름을 밝히지 않는다.

의 가설을 설정한다.

가설 1. 각 국의 인권지표와 각 국의 인권상황평가는 양의 상관관계를 가질 것이다.

가설 2. 각 국의 민주주의지표는 각 국의 인권상황평가와 양의 상관관계를 가질 것이다.

가설 3. 개인의 민주주의 인식과 인권상황평가는 아래와 같은 상관관계를 가질 것이다.

　3-1. 소속 국가의 민주주의 수준에 대한 평가는 인권상황평가와 양의 상관관계를 질 것이다.

　3-2. 민주주의를 중요하다고 생각할수록 민주주의 수준에 대한 평가와 인권상황평가의 상관 정도가 더 강할 것이다.

　3-3. 경제적 민주주의를 민주주의 요소로 중요하게 판단할수록 인권상황을 부정적으로 평가할 가능성이 높아질 것이다.

가설 4. 개인의 사회경제적 지위가 높을수록 인권상황평가를 부정적으로 평가할 가능성이 높아질 것이다.

가설 5. 개인의 사회경제적 지위와 인권상황평가와의 상관관계는 해당 국가의 인권지표가 좋을수록 약화될 것이다.

연구자들은 자료의 다층적 성격을 적절히 반영하기 위해 다층 순서형 로짓 분석(multi level ordered logit analysis)을 도입하고, 위의 가설을 4개의 통계모형을 활용하여 검정한다. 다시 말해, 연구자가 구성한 4가지 모델이 위의 가설을 지지하는지 또는 기각하는지 검정한다. 최종적으로는 이러한 검정의 결과가 지닌 함의를 따져본다. 문제는 이러한 함의가 변수들간의 상관관계라는 방법론적 가정 안에서만 논의된다는 점이다. 물론 변수들 간의 상관관계를 탐구하는 것이 유독 중요한 사안이 있을 수 있다. 그럼에도 이러한 연구는 변수들 간의 상관관계 이상의 주제를 사회학의 연구 지평에서 사라지게 만든다.

아래 연구는 한 사회학자가 모델링을 설명양식으로 활용해서 『한국사회학』에 발표한 논문이다.[5] 이 연구는 개인이 보유한 자원의 양과 준거집단(지역주민)의 경제적 자원의 양의 관계에 의해 행복이 상대적으로 조절되는지 알아보고자 한다. 이를 위해 위계선형모형의 수준간 상호작용항(cross-level interaction term)을 중심으로 분석한다. 구체적으로는 개인변수인 개인의 가구소득에 대해 그 효과를 조절하는 집단수준 변수인 지역평균소득 변수의 수준간 상호작용 효과를 분석에 포함한다. 행복에 대한 가구소득 효과가 지역평균소득 수준에 의해 유의미하게 차이가 나는지 분석하기 위함이다. 이를 수식으로 나타내면 다음과 같다.

$$y_{ij} = \beta_{0j} + \beta_{1j}{}^*(\text{가구소득}) + e_{ij}$$
$$\beta_{0j} = \gamma_{00} + u_{0j}$$
$$\beta_{1j} = \gamma_{10} + \gamma_{11}{}^* W_j$$

위의 수식에서 β_{1j}는 집단수준변수 W에 의해 조절되는 효과를 가정한다. 행복에 대한 가구소득의 효과 β_{1j}를 조절하는 상위수준 집단변

5) 이 연구도 마찬가지로 저자의 이름을 밝히지 않는다. 나는 모델링도 실증주의적 설명의 한 방식이라고 존중한다. 따라서 모델링을 설명 양식으로 삼아 연구를 수행했다고 해서 실증주의적 편향에 빠졌다고 무작정 비판하려는 의도는 없다. 다만 모델링에만 집중할 경우 누락될 수밖에 없는 사회적 삶의 문화적 의미에 우려를 표하는 것이다.

수 W로 지역 평균소득변수를 투입한다.

가구소득을 로그로 변환하여 아래와 같은 로그가구소득 모형을 만든다.

$$y_{ij} = \beta_{0j} + \beta_{1j} \times (로그가구소득 - 전체평균) + \beta_{2j}(지역평균소득) + \Sigma x_{ij} + e_{ij}$$
$$\beta_{0j} = \gamma_{00} + u_{0j}$$
$$\beta_{1j} = \gamma_{10} + \gamma_{11} \times (지역평균소득)$$

또한 소득효과를 절대소득분위 계층별로 구분하여 소득수준에 따라 상대소득 효과에 차이가 있는지를 분석하기 위해 아래처럼 절대소득분위별 계층모형을 만든다.

$$y_{ij} = \beta_{0j} + \sum_{k=2}^{7} 소득분위별계층_{kj} + \beta_{7j} \times 지역평균소득 + \sum x_{ij} + e_{ij}$$
$$\beta_{0j} = \gamma_{00} + u_{0j}$$
$$\beta_{1j} = \gamma_{10} + \gamma_{1j} \times 지역평균소득$$
$$\beta_{2j} = \gamma_{20} + \gamma_{2j} \times 지역평균소득$$
$$\beta_{3j} = \gamma_{30} + \gamma_{3j} \times 지역평균소득$$
$$\beta_{4j} = \gamma_{40} + \gamma_{4j} \times 지역평균소득$$
$$\beta_{5j} = \gamma_{50} + \gamma_{5j} \times 지역평균소득$$
$$\beta_{6j} = \gamma_{60} + \gamma_{6j} \times 지역평균소득$$

우선 행복의 변량이 지역별로 유의미한 차이를 보이는지 기초모형을 분석한다. 행복감의 변량을 시군구 단위와 개인 단위로 분리해서 분석한 결과, 시군구 단위에서 유의미한 차이가 나타난다는 것을 확인한다. 로그가구소득 모형을 통해 검정한 결과 가구소득이 행복과 유의미한 정(正)적인 효과가 유지됨을 확인한다. 마지막으로 절대소득분위별

계층모형을 통해 검정한 결과 가구소득효과가 지역평균소득에 의해 조절되어 행복에 대한 소득의 상대적 효과가 존재한다는 사실을 밝힌다. 이어 이러한 검정 결과가 함의하는 바를 논의한다. 문제는 그러한 논의가 주로 이 논문이 활용한 모형 안에서 이루어진다는 것이다.

위의 두 논문이 보여주듯 경험과학을 모델로 해서 사회학 연구를 실행하면 사회적 삶의 '통계적 의미'는 밝힐 수 있을지언정, 그것이 지닌 풍부하고 복잡한 '문화적 의미'는 드러내기 어렵다. 방정식과 모델이 일반법칙의 자리를 차지하고, 경험적 자료는 이 일반법칙에 포섭되어 설명된다. 이렇게 문화적 의미를 밀쳐두고 나면, 사회학이론이나 사회학사를 공부할 필요조차 없어진다. 대신 실증적으로 자료를 검정할 수 있는 방법(론)에 몰두하면 된다. 하지만 형이상학적 환경으로 올라갈수록 경험과학이 도저히 다룰 수 없는 사회적 현상이 존재한다. 이러한 현상은 과학적 설명 모델로는 결코 설명할 수 없다. 설명한다 해도 극히 한정된 현상에 머물 것이다. 그런데도 사회학은 왜 경험적 환경과 관련된 사회현상에 관한 과학적 설명에 몰두하는 것일까? 과학적 설명에만 몰두하면 사회적 삶에 어떤 일이 벌어지는가?

확실성 추구의 대가

대항계몽주의라는 용어를 만든 벌린은 자신이 계몽주의의 적들에 관심을 쏟게 된 이유를 다음과 같이 밝히고 있다.

왜 나는 비코와 헤르더에 관심을 가지는가? 근본적으로, 나는 자유주의적 합리주의자다. 계몽주의의 가치, 즉 볼테르, 헬베시우스, 홀바흐, 콩도르세와 같은 사람들이 가르친 것은 나에게 깊은 공감을 불러일으켰다. 그들은 인간 경험의 사실에 관한 한 너무 협소했고 때로는 틀렸을 수도 있다. 하지만 그들은 위대한 해방자들이었다. 그들은 사람들을 공포, 어둠, 광신, 괴기적 시각으로부터 해방시켰다. 그들은 잔혹함에 반대했다. 그들은 억압에 반대했다. 미신과 무지, 그리고 사람들의 삶을 파괴하는 엄청나게 많은 것들에 맞서 싸웠다. 그런 점에서 나는 그들의 편이다. 하지만 그들은 너무 독단적이고 너무 단순하다. 내가 그 반대의 시각에 관심을 두게 된 것은 그것을 이해함으로써 나 자신의 시각을 다듬을 수 있다고 생각했기 때문이다. 영민하고 뛰어난 적은 종종 계몽주의 사상에서 나타나는 오류 또는 천박한 분석을 정확히 지적해준다(Berlin and Jahanbegloo, 1992: 70).

계몽주의의 오류 또는 천박한 분석은 무엇인가? 그것은 서구의 지식사에서 주류의 입장을 차지해 온 과학이라는 지식 패러다임이 공유해온 다음과 같은 당연시된 독단들이다.

(a) 모든 참된 질문에는 단 하나의 참된 답, 유일한 답이 있다. 다른 모든 답은 진리에서 이탈한 것이며 거짓이다. 그리고 이 답은 이론의 질문 또는 사실뿐만 아니라 가치에 관한 관찰된 질문에도 적용된다. 동시에 행위와 느낌, 즉 실천의 질문에도 적용된다.

(b) 그러한 질문에 대한 참된 답들은 원리상 알 수 있다.

(c) 이러한 참된 답들은 서로 충돌할 수 없다. 하나의 참된 명제은 다른 참된 명제과 양립할 수 없기 때문이다. 이러한 대답은

반드시 함께 하나의 조화로운 전체를 형성해야만 한다. 어떤 이들에 따르면, 이 답들은 하나의 논리적 체계를 형성하는데, 그 안의 각 요소는 다른 요소들을 논리적으로 수반하고 또 그들에 의해 수반된다. 다른 이들에 따르면, 그 관계가 부분들과 전체의 관계이거나, 아니면 최소한 각 요소가 다른 모든 요소와 완벽하게 양립할 수 있는 관계다(Berlin, 1991: 209).

이러한 인식론적 독단들은 존재론적으로 "모든 인간에게, 모든 장소에, 항상 타당한 참된, 불변하는, 보편적인, 무시간적인, 객관적인 가치가 존재한다"(Berlin, 1976: 251)는 보편주의적 일원론을 전제한다. 그런 점에서 존재론과 인식론은 정확히 일치한다. 존재와 로고스를 일치시키려는 서구 과학의 오랜 꿈이 계몽주의에서도 여전히 관철되는 것이다. 이는 툴민(Toulmin, 1990)이 아주 설득력 있게 보여주었듯이, 사회 갈등을 촉발하고 강화할 수도 있는 애매성과 불확실성을 제거하여 완벽한 합리적 세계를 구성하려는 윤리적·정치적 기획에서 비롯된 것이다. 이 기획이 얼마나 많은 가치를 양립불가능하다는 이름으로 억압, 축출, 제거하였는지, 모던 시대에 서구 문명이 저지른 문명말살과 인종청소만 보아도 쉽게 알 수 있다. 벌린과 바우만이 왜 그다지도 계몽주의의 독단을 혐오하였던가? 유대인으로서 자신들이 청소의 대상이 되었기 때문이다. 한쪽에게는 확실성 추구가 다른 쪽에게는 존재 말살의 공포가 될 수 있다.

문제는 이것이 결코 우발적인 것이 아니라는 것이다. 계몽주의자들처럼, 과학을 모델로 하여 사회를 구성하려고 하는 한 타자의 말살 내지 훈육은 결코 피할 수 없는 것처럼 보인다. 앞에서 보았듯 이론과학에서 타자의 표상은 '논리적으로 불가능'하다. 제일원리로부터 다른 모든 명제들이 필연적으로 나와서 최종적으로 절대적으로 확실한 지식의 거대한 추상적인 체계를 수립하기 때문이다. 경험과학에서 타자의 표상은 '경험적으로 부조리'하다. 타자는 현재 경험과학자가 그것을 낳은 원인을 모르기 때문에 임시로 이름 붙여놓은 무지의 개념이기 때문이다. 그런 점에서 과학은 필연적인 존재가 필연적으로 존재하게 된 과정을 설명하려고 한다. 한 단계 양보하면, 개연적인 존재가 개연적으로 존재하게 된 과정을 설명하려고 한다. 서구지성사 전반이 존재(Being)에 목을 매단 이유가 여기에 있다.

그렇다면 필연적·개연적이지 않은 타자는? 서구 주류지성사는 순수 타자를 훈육하여 존재의 부정태·변형태인 비존재(non-Being)로 만들어버렸다. 과학은 타자를 '설명'하고 '예측'해서 결국 궁극적으로는 '통제'하는 것을 그 목적으로 한다. 수학적 물리학이라는 자연과학을 흉내 낸 계몽주의는 이를 위해 타자를 물리적, 양적, 수학적 존재로 전환한다. 그렇게 되어야만 타자를 수학적 모델로 설명하고 예측하며, 더 나아가 통제할 수 있기 때문이다. 베버의 '쇠우리'(iron cage), 프랑크푸르트학파의 '지배'(domination), 푸코의 '훈육'(discipline)은 모두 수학적 물리학을 사회적 차원에서 실현하고자 한 계몽주의 진보 기획의 퇴보적 성격을 고발한다.

계몽주의 기획을 따른 모던의 핵심은 존재론, 인식론, 윤리학·정치학을 과학화하여 중세 시대 이후 파괴되어버린 종교적 '확실성'을 과학이라는 새로운 형식으로 다시 수립하는 것이다. 이러한 문제의식은 아주 새로운 것 같지만, 어떤 면에서는 전혀 낯설지 않다. 중세 기독교의 이론과학도 헬레니즘적 세계가 불러일으킨 불확실성과 애매성을 제어하여 '확실성'을 수립하려고 하였기 때문이다. 그렇다고 모던이 중세와 아주 동일한 것은 아니다. 지식의 패러다임이란 면에서 볼 때, 모던의 진정한 새로운 특징은 '경험과학'을 통해 불확실성과 애매성을 제어하여 확실성을 수립하려고 했다는 점에 있다. 실증주의 또는 신실증주의에서 만개한 경험과학은 인간 주체와 대상을 기계적으로 또는 통계적으로 결정된 정상 구조로 만들고자 한다. 그 세계에서는 인간의 행위가 단 하나의 또는 최소의 보편적인 법칙을 따라 운동하는 무한 인과 연쇄로 나타나며, 따라서 그것을 인과성으로 설명, 예측, 통제할 수 있는 것으로 여긴다. 이렇듯 이론과학과 경험과학은 중세와 모던을 가르는 중요한 차이이지만, 존재와 사고와 언어를 일치시키려 한다는 점에서는 전적으로 동일하다. 존재의 불확실성과 애매성을 추상적인 개념적 사고와 일치시키고, 이를 마치 표준적인 기하학적 용어처럼 투명하고 단성적인 의미를 지닌 언어로 재현하고자 하는 것이다.

여기서 근본적인 질문이 하나 나오게 된다. 왜 서구인들은 불확실성과 애매성을 그렇게도 쉽게 거부하고 제거하려 드는가? 이러한 질문은 인식론적이기도 하지만 본질적으로는 윤리적·정치적인 것이다. 확실성 추구가 지닌 이러한 성격을 실용주의는 분명히 드러낸다. 존 듀이는 『확실성 추구』에서 서구 형이상학의 역사를 되어감(becoming)과 변화(change)의 세계와 반대로 선험적으로 존재하는 존재(Being) 또는 실재(Reality)의 영역을 가정함으로써 안보(security)를 얻으려는 과정으로 보았다.

확실성 추구는 보장된 평화, 즉 위험 그리고 행위가 드리우는
두려움의 그림자로 인해 제한되지 않는 대상을 추구하는 것이다.

인간이 싫어하는 것은 불확실성 자체가 아니라 불확실성이 우리를 악의 위해에 빠뜨린다는 사실이기 때문이다. 즐거움이 보장된다면 경험하게 될 결과의 세부 사항에만 영향을 미치는 불확실성은 아무런 고통도 주지 않을 것이다. 그러한 불확실성은 모험의 묘미와 다양성의 즐거움을 가져올 것이다. 완전한 확실성에 대한 추구는 순수한 앎만으로도 충족될 수 있다. 이것이 가장 오래된 철학적 전통이 내린 평결이다(Dewey, 1929b: 8).

듀이는 '관조'(contemplation)에 대한 그리스인의 존경과 노예제라는 사회적 제도 사이에 연관성이 있음을 보여준다. 확실성 추구와 원시적 존재의 고통스러운 불안 사이에는 연결고리가 있다. 삶의 조건에 대한 인간의 통제는 매우 불완전하고 사건의 진행을 예측하는 인간의 능력은 극히 제한적이다. 순수한 사유가 절대적인 확신을 가지고 궁극적인 실재를 파악할 수 있는 형이상학적 영역에서 현실로부터 어떤 이상적인 피난처를 만드는 것이 필수적이다. "확실성, 보증은 우리가 살고 있는 세상처럼 불확실성과 위험으로 가득 찬 세상에서 엄청난 가치를 지니고 있다. 그 결과 확실성을 가질 수 있는 것은 무엇이든 궁극적인 존재(ultimate Being)로 간주되고, 그 외의 모든 것은 단지 현상적인 것, 극단적인 경우에는 환상적인 것으로 여겨진다"(Dewey, 1929a: 25~26).

확실성 추구는 불안한 인간 실존으로부터 안전 지대로 도망가기 위한 노력이다. "안보에 대한 필요성은 사람들로 하여금 불안정하고 변동하는 것을 최소화하고 통제하기 위해 정규적인 것에 집착하도록 강요한다"(Dewey, 1929a: iv). 보편주의적 일원론에서는 불확실성과 애매성은 불안정하고 변동하는 것이다. 불확실성과 애매성은 어떤 가치들은 다른 가치들과 양립 불가능할 수도 있다는 점, 즉 통약 불가능성을 말한다. "우리의 경험이 유한하고 일시적이며 오류와 갈등, 모순으로 가득 차 있다는 것을 솔직하게 인정하는 것은 역사 속에서 드러나는 자연을 구성하는 대상과 연결의 불안정한 불확실성을 인정하는 것이다"(Dewey, 1929a: 59). 하지만 과학은 도대체 이를 인정하려고 하지 않는다. 그래서 과학은 가치의 중립성과 객관성이란 이름으로, 윤리학과 정치학을 인간의 지평에서 제거하여 마치 거대한 추상적인 개념 체계와 같은 투명한 사회 체계를 만들려고 한다. 하지만 인간세계는 본질에서 '자의적' 성격에 노출되어 있기에 불확실성과 애매성을 완전히 제거할 수 없다. 이 때문에 역설적이게도 인간은 윤리적·정치적 존재일 수 있는 것이 아닌가.

경험과학을 고수하면 과학적 지식으로 표상되지 않는 타자를 소외, 배제, 말살하는 윤리적·정치적 문제가 발생한다. 이는 확실성을 추구하는 계몽주의 기획을 맹목적으로 따를 때 불가피하게 나타나는 현상이다. 확실성 추구는 세상의 변화가 기존의 이야기로는 더는 이해, 설명, 예측, 통제되지 않을 때 생기는 불안과 공포를 제거하고자 한다. 더 정합적으로 질서 지워진 이야기를 만들어 그 안에 자신의 안정된 자리를 만들고자 한다. 앞에서 보았듯 17세기의 확실성 추구는 30년 전쟁의 와중에서 노출된 정치적, 사회적, 이론적 혼란에 대처하기 위한 응전이었다. 이 응전은 수학적 상징체계에 기초한 보편언어가 투명한 의미를 제공하여 다양한 사람들 사이에 대화를 가능하게 하고 같은 이해에 도달하게 할 것이라는 꿈에 기초하고 있다.

그렇다면 이러한 확실성 추구가 서구인의 생존에 실제로 도움이 되었는가? 이러한 질문은 많은 논란을 낳을 것이 틀림없다. 서구의 주류 지식인들은 거의 1960년대까지 이러한 확실성 추구가 인간세계에 평화로운 질서를 가져오리라는 점을 의심하지 않았다. 포스트모던 전환(postmodern turn)이 일어나고서야 비로소 이러한 확실성 추구의 신화가 도전받게 되었다. 지식의 차원에서 볼 때, 이는 계몽주의 시대 이래 모던 서구 지식인들이 세계를 쓰고 읽고 통치하는 데 자신감을 상실한 것과 긴밀히 연결된다. 대표적인 포스트모던 이론가 중의 한 명인 지그문트 바우만은 다음과 같이 말한다.

> 모더니티의 가장 두드러진 특징인 권력/지식 증후군이 설정된 것은 바로 계몽주의 시대였다. 이 증후군은 근대 초기에 발생한 두 가지 새로운 발전의 결합된 산물이었다. 하나는 미리 예상된 질서 모델에 따라 사회 시스템을 형성하고 관리하는 데 필요한 자원과 의지를 갖춘 새로운 유형의 국가 권력의 출현이다. 그리고 구현에 필요한 실천을 갖춘 완전한 모델을 생성할 수 있는 상대적으로 자율적이고 자체 관리되는 담론의 확립이다(Bauman, 1987: 2).

국민국가 권력의 출현과 이러한 권력을 구현할 수 있는 자율적인 담론의 결합이 바로 모더니티를 만들었다. 여기에는 국민국가와 결탁해서 모던 세계관과 전략을 만들어낸 입법자(legislator) 지식인의 역할이 필수적이었다. 모던 세계관은 다음과 같은 특징을 지닌다.

> 일반적으로 모던 세계관은 본질적으로 질서정연한 총체성이며, 확률의 고르지 않은 분포 패턴의 존재는 사건에 대한 일종의 설명을 가능하게 하며, 이것이 맞다면 예측의 도구인 동시에 (필요

한 자원이 있다면) 통제의 도구가 될 수 있다(Bauman, 1987: 3).

입법자로서의 모던 지식인은 이러한 세계관을 실현하는 전략을 만들어낸다.

> 전형적으로 지식인 작업의 모던 전략은 '입법자' 역할의 은유로 그 특징이 잘 드러나는 전략이다. 이는 의견 논쟁을 중재하고, 의견을 선택하며, 선택된 의견을 정확하고 구속력이 있도록 하는 권위 있는 진술을 만드는 것으로 구성된다. 이 경우 중재 권한은 사회에서 지식인이 비지식인보다 더 잘 접근할 수 있는 우수한(객관적) 지식에 의해 정당화된다. 그러한 지식에 대한 접근은 진리의 성취, 타당한 도덕적 판단의 도달, 적절한 예술적 취향의 선택을 보장하는 절차적 규칙 덕분에 더 좋아졌다. 그러한 절차적 규칙은 적용의 산물과 마찬가지로 보편적인 타당성을 갖는다. 지식인 전문가(과학자, 도덕 철학자, 미학자)는 그러한 절차적 규칙을 사용함으로써 사회질서의 유지와 완전화에 직접적이면서도 핵심적으로 유관한 지식을 집합적으로 소유하게 된다(Bauman, 1987: 4~5).

나의 구분에 따른다면 입법자는 과학을 모델로 해서 세상을 해석하고 예측하고 통제하는 공학적인 과학자다. 콩트가 말한 실증적 철학자가 바로 그다. 입법자로서의 지식인의 역할은 단순히 인식론적 차원에 머물지 않고 윤리적·정치적 결과를 낳는다. 바우만의 책『근대성과 홀로코스트』는 이를 잘 보여준다. 바우만에 따르면, 홀로코스트는 단순히 유대인 학살이나 전근대의 야만으로의 회귀를 뜻하는 것이 아니다. 오히려 과학을 통해 질서를 만들려는 모더니티의 기획과 연결되어 있다. "유대인들은 명확성과 싸우는 세상의 불투명성, 확실성을 갈망하는 세상의 애매성이었다"(Bauman, 1989: 57). 유대인이 학살당한 것은 과학을 통해 모던 질서를 만들려는 데 방해가 되는 불투명성이자 애매성, 즉 이방인이었기 때문이다. "유대인은 짐멜이 말하는 이방인의 전형이었다. 항상 겉으로는 익숙한 것을 이질적인 물체처럼 관찰하고 아무도 묻지 않은 질문을 던지고, 의심할 수 없는 것에 의문을 제기하고, 도전할 수 없는 것에 도전한다"(Bauman, 1989: 54). 홀로코스트와 같은 인종주의는 일회적인 역사적 사건으로 끝나지 않는다. "홀로코스트의 가능성은 모던 문명의 특정한 보편적 특성에 뿌리는 내리고 있었다"(Bauman, 1989: 83). 확실성 추구를 핵심으로 하는 모더니티의 기획이 지속되는 한 유대인과 같은 이방인의 범주는 계속해서 만들어지고 배제되고 절멸될 것이다.

바우만은 이제 입법자 모델로 지식인을 보아서는 안 된다고 말한다. 포스트모던 상황은 입법자 모델에 더 이상 적합하지 않기 때문이다. 우선 포스트모던 세계관은 모던 세계관과 다르다.

세계에 대한 전형적인 포스트모던 시각에서는 상대적으로 자율적인 실천에 의해 생성되는 무수히 많은 질서 모델들이 원리상 존재한다고 본다. 질서는 실천에 선행하지 않으므로 실천의 타당성을 외부에서 측정하는 척도가 될 수 없다. 수많은 질서 모델은 각자 그 자신을 타당하게 만드는 실천의 관점에서만 의미가 있다. 각각의 경우, 타당화는 특정 전통 내에서 개발된 기준을 도입하며, 이러한 기준은 '의미의 공동체'의 습관과 신념에 의해 유지되고 그

외 다른 정당성 테스트를 인정하지 않는다(Bauman, 1987: 4).

이런 포스트모던 세계관에서는 지식의 상대주의는 이론과 실천을 통해 투쟁하고 극복해야 할 문제가 아니다. 지식이 공동체가 지지하는 전통에 내재되어 있는 것으로 지식의 상대주의를 본다면, 이는 결코 극복할 수 없는 세계의 지속적인 특성이기 때문이다. 바우만은 이제 지식인의 입법자적 역할을 버리고 '통역자'(interpreter)의 역할을 채택하자고 말한다.

> 지적 작업의 전형적인 포스트모던 전략은 '통역자' 역할의 은유로 그 특징이 가장 잘 드러난다. 이 전략은 하나의 공동체에 기반한 전통 안에서 만들어진 진술을 다른 전통에 기반한 지식 체계 내에서 이해할 수 있도록 번역한다. 이 전략은 최선의 사회 질서를 선택하는 것이 아니라 자율적(주권적) 참여자 간의 의사소통을 촉진하는 데 목적이 있다. 이는 소통 과정에서 의미의 왜곡을 방지하는 것과 관련이 있다. 이를 위해 번역이 이루어질 이질적인 지식 체계(예로는 기어츠의 '두꺼운 기술')에 깊이 침투할 필요성과 메시지가 (발신자가 투자한 의미와 관련하여) 왜곡되지 않고 (수신자가) 이해하는 데 필요한 두 대화 전통 사이의 섬세한 균형을 유지해야 할 필요성을 촉진한다(Bauman, 1987: 5).

내가 볼 때 이러한 주장은 과학 대신 도덕학을 모델로 해서 지식인의 모델을 정하자는 것과 같다. 하지만 바우만은 바로 이어서 통역자의 역할이 입법자의 역할과 대립되는 것은 아니라고 말한다.

포스트모던 전략은 지식인 자신의 전통에 대한 보편주의적 야망을 포기하는 것을 수반하지만, 자신의 전통에 대한 지식인의 보편주의적 야망을 포기하는 것은 아니다. 여기에서 그들은 의견 논쟁을 중재하고 구속력이 있는 진술을 할 수 있는 절차적 규칙에 대한 입법을 통해 메타전문적 권위를 유지한다. 그러나 새로운 어려움은 입법 실천의 영역 역할을 할 수 있는 공동체의 경계를 어떻게 긋는가 하는 것이다(Bauman, 1987: 5).

하지만 이렇게 도덕학을 통해 과학을 조절할 수 있는 것인지, 설사 그렇다 하더라도 충분한 것인지 의문이 든다. 이러한 의문의 생성에는 지금까지 쓰이고 읽히기만 했던 타자들이 과학적 언어의 한계에서 출몰했다는 점이 결정적이다. 계급, 인종, 민족, 젠더, 섹슈얼리티, 몸 등 기존 국민국가 틀 안에서 존재했던 온갖 사회적 범주의 타자들이 과학적 언어의 한계에서 출몰하고 있다. 더 나아가 코로나19 팬데믹을 비롯한 온갖 팬데믹의 단속적인 출몰은 근대국민가적 사회의 인간 중심 패러다임의 한계를 드러낸다. 백신과 마스크와 같은 비인간 존재와의 결합을 통해 인간이 이동성과 안전을 확보했던 새로운 경험은 인간뿐 아니라 비인간 바이러스 및 사물과 인간이 공존 상황에 있다는 것을 확연히 드러냈다. 이 모든 타자의 출몰을 과학적 언어에 가두는 것이 다시는 불가능해진 시대에 접어들었다. 그럴수록 삶은 더욱 악화된다. 파르메니데스 이래 존재와 사고와 언어를 일치시키려는 과학이 얼마나 서구인의 삶의 지평을 협소화하고 경직시키는지, 그리고 더 나아가, 금세기의 제국주의적 침탈이 보여주듯, 타자의 삶을 파괴하고 말살하는지, 아직도 더 많은 증거가 필요할까? 또한 근대의 역사가 알려주듯, 도덕학만으로는 이러한 과학의 잔혹한 힘을 효과적으로 제어할 수 없다는 것을 얼마나 더 확인해야 할까?

서사적 설명

인간은 물질적 환경과 형이상학적 환경 사이를 오가는 존재다. 물질적 환경과 관련된 삶을 이해하고 해석하고 설명하고 통제하려면 과학적 설명 양식을 활용하는 것으로 충분할지도 모르겠다. 하지만 형이상학적 환경과 관련된 삶을 이해하고 해석하고 설명하려면 다른 설명 양식이 필요하다. 이는 다름 아닌 서사적 설명 양식이다. "서사는 인간이 자신의 경험을 시간에 따라 유의미한 에피소드로 구성하는 일차적인 방식이다"(Richardson, 1990: 118). 그냥 어떤 사건이 즉흥적으로 일어난 것하고, 어떤 것을 이어서 일어난 것은 분명한 차이가 있다. 앞에 사건은 우발적으로 발생한 것이라 그 의미를 알 수 없다. 뒤의 사건은 앞의 사건과의 연관 속에서 일어난 것이기 때문에 그 의미를 앞의 사건과의 관계 속에서 파악할 수 있다.

하지만 이렇게 사건들을 시간순으로 엮는 것이 서사의 전부가 아니다. 서사는 반드시 어떤 결론으로 나아가고 있다고 말해야 한다. 이를 위해서는 행위자가 필요하다. 서사는 행위자를 목적과 의도를 가진 존재로 본다. 이러한 목적과 의도는 일련의 사건을 통해 펼쳐진다. 이렇듯 서사는 일련의 사건을 단순히 시간순으로 나열하는 것에 멈추지 않는다. 오히려 그것을 이해할 수 있는 전체로 조직해서 이야기함으로써 단순히 정보를 전달하는 것을 넘어 이해할 수 있도록 한다. 이것은 플롯의 힘이다. 그런 점에서 서사는 설명의 한 장르라 볼 수 있다(Velleman, 2003).

벨리먼(Velleman, 2003: 2)은 스토리(story)와 플롯(plot)을 구분한 포스터의 예를 들어 이를 설명한다.

> "왕이 죽고 왕비가 죽었다." 이것은 스토리다. "왕이 죽고 왕비가 슬픔에 잠겨 죽었다." 이것은 플롯이다. […] 왕비의 죽음을 생각해 보자. 왕비의 죽음이 스토리 안에 있는 경우, 우리는 "그리고 나서?"(and then?)라고 말한다. 왕비의 죽음이 플롯 안에 있으면, 우리는 "왜?"(why?)라고 묻는다(Foster, 1927: 139).

"왕이 죽고 왕비가 죽었다."라는 스토리는 설명을 요구하지 않는다. 왕의 죽음과 왕비의 죽음을 단순히 시간순으로 나열했기 때문이다. 따라서 "왜?"라는 질문을 일으키지 않고, 따라서 왕비의 죽음을 설명할 필요도 없다. 반면 "왜?"라는 질문은 설명을 요구한다. 왕비의 죽음이 왕의 죽음이 불러일으킨 슬픔 때문에 일어났다고 말한다면 "왕비가 왜 죽었는가?"라는 물음에 대한 설명이 된다. 플롯의 힘이다. 슬픔이 왕비의 죽음과 왕의 죽음 사이를 연계라는 인과적 고리가 되기 때문이다. 두 죽음 사이의 연관성을 죽음(설명하고자 하는 결과)에 이르는 과정으로 제시하는 것이 바로 서사적 설명이다(Roth, 1988: 1).

물론 사람들은 일련의 사건들을 연대기로 조직해서 별다른 문제 없이 일상을 살아간다. 하지만 위기를 불러일으키는 사건이 발생하면 설명을 해야 한다. 이때 사람들은 일반법칙에 그 사건을 포섭하는 과학적 설명을 하지 않는다. 오히려 범주적 설명에 의지한다. 이미 이 세상에 존재하는 범주 또는 전형을 통해 이해 불가능한 사건을 해석하고 설명한다. 플롯을 구성할 서사적 능력이 없기에 분류도식을 따라 이해 불가능한 사건을 범주화하는 것이다. "플롯구성(emplotment)이 없다면 사건이나 경험은 분류도식만을 따라 범주화될 것이다"(Abbott, 1988: 601).[6] 이는 현상학적 사회학이 충분히 밝힌 바다(Schutz, 1932, 1962).[7]

문제는 기존의 전형으로도 설명되지 않는 사건이 벌어진 경우다. 이 경우 사람들은 점이나 종교 같은 신비주의적 설명에 호소한다. 대개 어떤 일어난 사건에 대한 사후적 해석이라 결과를 통해 원인을 설명한다. 이것도 시간을 특정한 방식으로 구성한 플롯이 있기에 일종의 서사적 설명이긴 하다. 하지만 문제는 이것이 동어반복(tautology)이라는 점이다. 믿는 자에게는 설명이요, 그렇지 않은 자에게는 설명이 아니다. 설

---

6) 범주적 설명(categorical explanation)과 서사적 설명을 구분한 폴킹혼(Polkinghorne, 1988: 21)의 논의는 이를 이해하는 데 도움이 된다. "왜 그는 생명보험에 가입했을까?" 이러한 질문에 대해 범주적 설명에서는 다음과 같이 답할 것이다. "그는 백인 남성이고 40~50대 연령대에 속하며 이 연령대에 속하는 사람들은 70%의 경우 생명보험에 가입하는 사람들의 범주에 속하기 때문이다." 생명보험 가입이라는 사회적 행위를 범주화의 결과로 설명하는 것이다. 하지만 플롯구성의 관점에서는 일련의 사건을 시간을 지닌 이야기로 구성하여 이러한 질문에 답할 것이다. "지난주에 산책하는데 정말 숨이 차더라. 나이가 오십 가까이 되니까 그런 거 같아. 심각하게 고민하다가 오늘 생명보험에 가입했어." 이 말은 에피소드가 있는 삶의 이야기다. 일어난 사건(생명보험 가입)의 이유를 그 전에 일어난 사건(숨이 참)을 바탕으로 명확하게 설명한다. 폴킹혼은 사회적 행위를 범주화의 결과 대신 플롯구성의 맥락에서 보아야 한다고 말한다.

7) 전형과 전형화는 일상적인 사회생활의 언어와 사회과학의 언어 모두에서 광범하게 존재한다는 것은 일찍부터 인식되어 왔다. 전형과 전형학(typologies)을 통해 세계를 인식하고 구조화하는 전형화는 행위자가 자신의 상황을 지향할 때 반드시 필요한 측면이다. 전형화는 자아를 구조화하고 역할을 개념화하는 데 중요하며, 더 나아가 제도화와 사회구조의 발전에 필수적이다(McKinney, 1969). 그렇다고 전형화가 서사적 설명을 대체할 수는 없다. 그럼에도 그 어느 때보다 복잡한 사회라는 현 상황에서도 전형을 통한 범주적 설명은 광범하게 사용된다. 현재 많은 사람들은 임상 심리학이 활용하는 종류의 범주적 설명에 빠져든다. 예를 들어 자신의 삶을 MBTI로 설명한다. 이는 무시간적인 설명방식으로 시간 속에서 그 성격이 드러나는 인간의 행위를 무력하게 만든다. 인간의 삶이 시간 속에서 이루어지는 행위에 달린 것이 아니다. 원형으로 굳어진 본질적인 심리범주가 인간의 삶을 주조하기 때문이다.

명이 순전히 믿음의 영역으로 후퇴해서 신비주의를 북돋운다.

물론 사람들은 설명을 요구하는 사건들을 필연성이나 개연성으로 엮어 서사적 설명을 하기도 한다. 문제는 필연성이나 개연성으로 엮을 수 없는 사건들이 너무 많이 발생한다는 것이다. 특히 지금은 인간이 자신의 삶을 필연성이나 개연성을 통해 이해할 수 있는 전체로 만들어 이야기하기 어려운 시대다. 전례를 찾기 어려운 상황이 속출해서 사람들을 극한의 실존적 위기로 몰아넣고 있다. 전례를 찾기 어렵기에 현재 겪고 있는 실존적 위기가 무엇을 의미하는지 알 길이 없다. 따라서 사람들은 이러한 상황이 왜 발생하는지, 또 그 의미는 무엇인지 사회학자에게 설명해달라고 요구한다. 하지만 사회학은 과학적 설명에 몰두하느라 서사적 설명을 무시한다. 사건들을 일반법칙에 포섭하지 않은 채 그들 간의 연관을 설명하는 서사적 설명은 진정한 설명이 아니라고 보는 것이다.

서사적 설명이 진정한 설명이 아니라고 보는 시각은 헴펠(Hempel, 1942)이 이미 1942년에 출간한 논문 "역사에서 일반법칙의 기능"에서 주장한 바다. 헴펠은 역사적 사건에 대한 서사적 설명이 제공하는 것은 진짜 설명이 아니라 '설명 스케치'라고 낮춰 부른다. 이러한 스케치는 관련성이 있는 것으로 간주되는 법칙 및 초기 조건에 대한 다소 모호한 표시로 구성되며 본격적인 설명으로 전환하려면 추가적인 경험적 연구를 통해 빈틈을 채워야 한다. 이때 설명 스케치는 추가적인 경험적 연구의 방향을 제시할 수는 있다. 하지만 설명 스케치는 진정한 과학적 설명, 즉 연역적-법칙적 설명처럼 실증적 검증을 허용하지 않는다. 이것이 설명 스케치와 과학적 설명을 나누는 기준이다.

헴펠의 이러한 주장을 따라 실증주의 지향을 지닌 많은 학자들은 서사적 설명을 과학적 설명보다 정확성의 순도가 떨어지는 짝퉁 설명 정도로 취급해 왔다. 사실 서사적 설명이나 과학적 설명 모두 실재를 사건과 가능성의 분기적 연속(branching sequence of events and possibilities)으로 구성하는 점에서는 같다. 서사적 설명이 실재를 시작, 중간, 끝이 있는 이야기로 구성한다면, 과학적 설명은 독립 변수, 매개 변수, 종속 변수가 있는 모델로 구성한다(Abbott, 2007: 71). 문제는 이중 과학적 설명을 진짜로 보고 서사적 설명을 낮춰보는 것이다. 하지만 그렇게 하면 안 된다. 서사적 설명은 과학적 설명의 아류가 아니라 독자적인 형태의 설명이라고 보아야 한다(Bevir, 2000).

그렇다면 물어야 한다. 서사적 설명의 특징은 무엇인가? 피설명항과 설명항을 필연성 또는 개연성으로 묶는 것이 서사적 설명의 다인가? 그럼 일반법칙만 활용하지 않을 뿐이지 과학적 설명과 뭐 그리 다르겠는가? 필연성이나 개연성으로 묶을 수 없는 현상은 어떻게 설명할 것인가? 한마디로 말해 서사적 설명은 피설명항과 설명항을 필연성 또는 개연성으로만 묶지 않는다. 필연성이나 개연성 보다 더 큰 범주를 사용하는데, 그것이 바로 '은유'다. 은유는 다양한 폭으로 정의할 수 있다. "가장 넓은 의미에서 은유는 어떤 것을 그것 이외의 다른 것, 즉 지금까지 제출된 주장을 통해 보는 것이다. 그런 점에서 모든 지식은 은유적이다"(Brown, 1977: 77). 은유를 이렇게 넓게 정의하면 말 그대로 과학을 포함한 모든 이야기는 은유적일 수밖에 없다. 더 좁게 정의할 수도 있다. "좁은 의미에서 은유는 예시적 장치(illustrative device)로 이해될 수 있다. 여기에서는 준거의 한 수준 또는 프레임으로부터 온 용어가 다른 수준이나 프레임 안에서 사용된다"(Brown, 1977: 78). 리차드 하비 브라운은 시카고 학파의 대표자격인 로버트 파크의 도시 연구를 예로 든다.

"로버트 파크는 말한다. '우리의 위대한 도시는, 도시 연구자들이 지금 까지 배워왔듯이, 잡동사니(junk)로 가득 차 있다. 그 중 많은 부분은 인간이다.' '잡동사니'라는 용어를 인간의 준거로 해서 사용함으로써, 즉 인간을 잡동사니로 봄으로써 관례적인 기술이 표현할 수 없는 임팩트와 풍부한 의미를 전달한다"(Brown, 1977: 78).

넓게 정의하든 좁게 정의하든, 은유는 어떤 것이 다른 어떤 것을 통해서 자신의 의미를 창출하는 의미화 실천(signifying practices)이다. 의미화 실천은 다름 아닌 언어다.

> 언어는 어떻게 작동할까? 간단한 대답은 언어는 표상 (representation)을 통해 작동한다는 것이다. 본질적으로 이러한 모든 실천이 '언어처럼 작동한다'고 말할 수 있는 이유는 … 우리가 말하고자 하는 것을 대신하거나(stand for) 표상하기 위해, 그리고 생각, 개념, 아이디어, 느낌을 표현하거나 소통하기 위해, 어떤 요소를 사용하기 때문이다. 음성 언어는 소리를, 문자 언어는 단어를, 음악 언어는 음계의 음표를, '몸의 언어'는 신체적 제스처를, 패션 업계는 의상을, 얼굴 표정의 언어는 이목구비를 배열하는 방법을, 텔레비전은 디지털 또는 전자적으로 제작된 화면의 점을, 교통 신호등은 빨간색, 녹색, 호박색을 사용한다. '무언가를 말하기 위해'(Hall, 1997: 5).

의미화 실천의 하나인 은유는 특히 어떤 것과 다른 것을 유사성을 통해 엮는다. "은유의 수사학은 단어를 그 준거 단위로 삼는다. 따라서 은유는 발화에 대한 단일 단어의 구상(figure)으로 분류되며 유사성의 비유(tropes of resemblance)로 정의된다. 구상으로서 은유는 단어의 의미를 대체하고 확장한다. 은유의 설명은 치환 이론에 근거를 두고 있다"(Ricoeur, 1981: 1). 은유는 비유(trpoes), 즉 담론의 구상(具象)에 관한 이론이다. 어떤 것을 유사하다고 여겨지는 다른 어떤 것으로 대체하여 의미를 확장한다. 은유를 활용하는 이유는 물론 이전에는 말할 수 없던 무언가를 말하기 위해서다. 이렇게 보면, 설명도 은유라는 의미화 실천의 하나다. 은유는 피설명항과 설명항을 '유사성'을 통해 연결함으로써 새로운 의미의 적합성을 만들어내기 때문이다. 이때 피설명항과 설명항의 유사성이 너무나 명확하면 둘을 연결해도 새로운 의미가 창출되지 않는다. 무언가 새로운 것을 말하지 않는 셈이다. 이렇게 보면, 필연성이나 개연성으로 묶인 피설명항과 설명항은 유사성이 너무나 확실해서 의미의 긴장을 낳지 않는다고 할 수 있다. 확실성이 의미의 긴장을 제거하면 서사적 설명은 피설명항과 설명항의 인과적 관계를 '지시'(des-ignation)하는 것에 머문다.

실증주의에서 활용하는 서사적 설명은 이를 인과적 설명이라 부른다. '지시' 기능을 '예측'이라 부르며 환영한다. 예를 들어 기상학에서는 방금 전 인근지역의 기상 조건을 기반으로 해서 이곳의 기후를 예측한다. 그럴 경우 예측이 들어맞을 가능성이 높다. 인근 지역의 기상 조건이 이곳의 기후를 '지시'하는 것이며, 이는 '예측'이라 부를 수 있다. 예측을 뒤집으면, 이곳의 기후가 왜 이렇게 되었는지 인과적으로 '설명'할 수 있다. 이러한 설명과 예측을 기반으로 해서 이후의 행위를 통제할 수 있다. 비가 온다고 예측되면, 우산을 들고 나갈 수 있다. 이렇듯 '설명-예측-통제'라는 실증주의의 삼박자가 함께 간다.

인과적 설명도 사실 서사적 설명의 한 양식이다. "설명의 한 방식으로서 인과적 서사는 왜 그런 스토리 라인을 갖게 되었는지에 대한 설명 (그것이 아무리 환상적이든 암시적이든)이다. 인과적 서사를 사용하면 실제 사건에 대해 일련의 '플롯 가설'을 테스트한 다음, 가설화된 플롯과 사건이 어떻게 그리고 어떤 조건에서 교차하는지를 조사할 수 있다"(Abbott, 1988: 601). 사회학에서 서사의 인과적 설명력을 주창하는 피터 아벨(Abell, 1984, 1993, 2003, 2004, 2009)은 이러한 생각을 잘 가다듬었다.8) 아벨(Abell, 2009: 38)은 사회학을 비롯한 사회과학을 인과적 기제를 추구하는 학문으로 해석한다. 인간사는 인과적으로 발생할 수 없다고 느끼기에 사회학에서 인과성 개념을 완전히 삭제하기를 원하는 일부 인문지향적인 사회학자들과 달리 아벨은 인과적 기제를 추구하는 것을 사회학의 임무로 본다. 대신 아벨은 '확실성 추구'(quest for cer-tainty)를 '인과적 기제 추구'(quest for causal mechanims)로 사회학의 임무를 바꾼다. 사회학이론의 목적도 '예측'(prediction)에서 '추측'(conjecture)으로 바꾼다. 아벨은 서사적 설명이 이를 가능하게 할 것으로 본다. 아벨은 서사를 다음과 같이 정의한다.

> 모든 행위는 적어도 네 가지 의미에서 특징적으로 상황지어져 있다. 첫째, 모든 행위는 동일한 행위자 및/또는 다른 행위자가 실행한 이전 행위(및 그 산물)의 (보통 부분적인) 결과의 하나이거나 바로 그 결과다. 둘째, 행위는 이전 행위의 결과가 아닌 일련의 상황에 따라 달라질 수 있다. 셋째, 행위를 구성하는 신념, 가치, 정동 등은 행위자의 사전 사회화에서 유래한다. 넷째, 행위자는 다른 행위자가, 동시에 또는 차후에, 무엇을 할 수 있을지 전

---

8) 아벨의 서사적 설명에 대한 논의는 『수학 사회학 저널』(Journal of Mathematical Sociology)이 1993년 특집호로 펴낸 18(2~3)를 참조할 것.

략적 계산에 들어갈 수 있다. 상호 연결되고 사회적으로 상황지어진 행위(및 비(非)행위)의 구조는 특정 산물의 생성을 해설(또는 설명)한다. 나는 이러한 구조를 서사라고 부른다(Abell, 1993: 94).

일단 서사는 일련의 인간 행위와 관련되어 있다. 지금 나의 행위는 그 이전의 나 또는 누군가의 행위의 산물이다. 물론 전적으로 그런 경우도 있지만, 최소한 부분적으로도 그러하다. 그렇다고 나의 행위가 사물처럼 고정된 것은 아니다. 나의 행위는 항상 특정 상황 속에서 일어나기 때문에 상황이 바뀌면 나의 행위도 영향을 받는다. 행위는 신념, 가치, 정동(affect) 등으로 구성되어 있는데, 이는 행위자가 사회화를 통해 획득한 것이다. 행위자는 다른 행위자의 자극에 반응하는 수동적인 존재가 아니다. 다른 행위자가 자신과 동시에 또는 차후에 무엇을 할 것인지 고려하기 때문이다. 이러한 전략적 상호작용은 자극-반응으로 이루어진 패라메트릭 상호작용(perametric interaction)과 구분된다. 전략적 상호작용에는 신념, 가치, 정동 등을 활용하여 행위(actions)와 비행위(forbearances)를 선택할 수 있기 때문이다. 상호연관되고 사회적으로 상황지어진 행위와 비행위의 구조는 특정 산물(행위)의 발생을 설명하는 것으로 간주할 수 있다. 이것이 바로 서사다.

서사적 설명은 예측 대신 추측을 가능하게 하는 인과적 설명이다. 아벨(Abell, 2003)은 대표적인 합리적 선택이론가인 콜만(Coleman, 1990)이 추측을 가능하게 하는 인과적 설명을 제시했다고 본다. 실제로 콜만(Coleman, 1990: 13~18)은 이론의 목적이 어떠하든 목적적 행위(purposeful action)에 대한 상식적인 개념 외에는 그 어떤 것도 필요하지 않다고 단언한다. 행위자의 관점에서 자신의 행위가 합리적인가 아닌가를 판단하는 방식으로 그 행위를 합리적으로 설명해야 한다. 어떤 사람이 비합리적 또는 몰합리적 행위를 하는 것처럼 보이는 것은, 그가 진짜 비합리적으로 또는 몰합리적으로 행위하고 있다기보다는, 관찰자가 그의 관점에서 그의 행위를 합리적인 것이라고 보지 못하기 때문에 벌어진 일이다. 목적적 행위를 하는 모든 행위는 행위자의 관점에서 보면 합리적이다. 연구자는 행위자의 관점에서 그의 행위의 합리성을 따져보아야 한다.

아벨은 콜만의 이러한 주장을 보다 엄밀한 형식으로 바꾸고자 한다. 그는 콜만의 도식을 확장하여 다섯 가지 수준에서 이를 설명한다. 아래는 아벨(Abell, 2003: 256)이 제시한 도식이다.

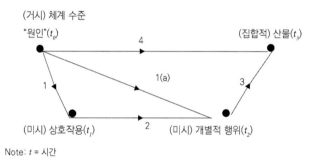

표 3. 확장된 콜만의 도식

<표 3>에서 위쪽은 거시적인 체계 수준을 나타내고, 아래쪽은 미시적인 상호작용 차원과 행위 차원을 나타낸다. 화살표는 원인이 결과에 영향을 미치는 것을 나타낸다. 여기서 아벨이 '영향을 미치다'(influ-ence)라는 용어를 쓰는 것은 '결과를 낳는 원인이 되었다'(cause)는 강한 인과적 표현을 피하기 위함이다. 아벨은 도식의 네 점 모두 이론적으로 기술된 경험적 상태를 나타낸다고 가정하면 각 화살표는 경험적 관계

를 묘사해서 결국 상태가 어떻게 관련되는지를 보여주는 '추측 이론'을 불러일으킬 수 있다고 주장한다.

여기에는 다섯 가지 수준이 있다. 첫째, 사회체계가 체계에 영향을 미치는 경우인데, 유형 4가 이를 나타낸다. 예를 들어, 공동체의 크기가 그 공동체의 사회적 정체성에 어떤 영향을 미치는지 물을 수 있다. 공동체의 크기도 행위 수준이 아니라 사회 체계 수준이고, 공동체의 사회적 정체성도 집합적이라는 점에서 체계 수준이다.

둘째, 체계가 개별적 상호작용에 영향을 미치는 경우인데, 유형 1이 이를 나타낸다. 위의 예를 다시 들면, 공동체의 크기가 상호작용의 유형, 즉, 누가 누구와 상호작용하는가에 어떻게 영향을 미치는지 물을 수 있다.

셋째, 체계가 개별적 행위에 영향을 미치는 경우인데, 유형 1a가 이를 나타낸다. 공동체의 규모가 상호작용과 별개로 개인의 행위에 어떻게 영향을 미치는지 물을 수 있다.

넷째, 개별적 상호작용이 개별적 행위에 영향을 미치는 경우인데, 유형 2가 이를 나타낸다. 예를 들어, 상호작용 유형이 개인의 행위에 어떻게 영향을 미치는지 물을 수 있다.

다섯째, 개별적 행위가 체계에 영향을 미치는 경우인데, 유형 3이 이를 나타낸다. 예를 들어, 개인의 행위가 체계 수준의 사회적 정체성에 어떻게 영향을 미치는지 물을 수 있다.

콜만과 마찬가지로 사회학자답게 아벨은 도식 상단에 있는 체계 수준의 산물을 주로 설명하고자 한다. 체계 수준의 원인이 어떻게 특정한 집합적 산물에 영향을 주었는지 설명하고픈 것이다. 여기에는 세 가지 행로가 있다. 첫째, 유형 4로 가는 길. 둘째, 유형 1(a) → 유형 3으로

가는 길. 셋째, 유형 1 → 유형 2 → 유형 3으로 가는 길. 사회학자라면 첫 번째 길이 두 번째 길 및 세 번째 길과 독립해서 이루어지는지 알고자 할 것이다. 하지만 잘못하다가는 유형 4로 가는 길이 인간의 행위 없이 거시적 차원에서 이루어지는 것처럼 보일 수 있다. 따라서 행위 차원을 다루는 두 번째 길과 세 번째 길을 고려하지 않을 수 없다.

아벨은 행위(action)를 의도성(intentionality)을 기준으로 행태(be-havior)와 구분한다. 행위는 한마디로 말해 '의도적 행태'(intentional be-havior)다. 의도가 얼마나 의식적인가 무의식적인지가는 답하기 어려운 문제이기에 일단 열어둔다. 그럼에도 의도성 개념 없이는 행위를 말할 수 없고, 행위 개념 없이는 어떤 상태가 다른 상태로 전환한 것을 설명할 길이 없다. 결국 "사회적 인과성의 패턴을 생성하려면 개인 행위 운동 에너지가 필수적"(Abell, 2003: 259)이라는 결론에 도달한다.

이는 '방법론적 개인주의'를 정당화한다. 방법론적 개인주의는 '구조주의'와 '출현'(emergence) 문제 모두를 해결할 수 있다. 아벨은 구조주의라는 단어가 여러 목적으로 사용되었지만 이를 위 그림에서 유형 2가 본질적으로 무작위적이라는 의미로 해석한다. 미시적 상호작용이 미시적 행위에 무작위적으로 영향을 미치는 것, 그것이 바로 구조주의다. 출현은 위 그림에서 유형 3이 하나의 개별적 행위가 여러 개의 거시적 산물로 나타나는 현상으로 해석한다. 대개 사람들은 여러 개의 개별적 행위가 모여 하나의 거시적 산물을 낳을 것으로 기대하는데, 출현은 이와 달리 거꾸로다.

이런 식으로 아벨은 개인의 행위를 중심으로 하는 서사 개념을 활용하여 체계 수준의 거시적 원인이 집합적 산물을 낳는 것을 인과적으로 설명한다. 위 그림에서 유형 4를 유형 1(a) → 유형 3으로 가는 길과 유형 1 → 유형 2 → 유형 3으로 가는 길을 통해 설명한 것이다. 두 설명 모두 개별적 행위가 중심을 차지한다. 방법론적 개인주의를 활용하여 일반법칙 없이도 인과적 설명이 가능하다는 것을 보여준 것이다. <표 3>은 사회적 행위를 해석적으로 이해해서 그 원인과 결과를 설명하도록 도와주는 도식이다. 여기에서는 어떤 사회적 사실이 다른 사회적 사실에 인과적 영향을 미친다는 점이 강조된다.

서사는 행위를 상호 연결하기 위한 것이다. 이렇게 상호연결하는 이유는 상호연결의 산물을 설명하기 위한 것이다. 각 연결은 필수불가결한 연계로 이루어진 사회적 결정(social determination)의 경로다. 서사는 정확할 수도 있고 부정확할 수도 있다. 지정된 행위의 쌍이 맺는 올바른 연계로 안내하면 서사는 정확하다. 정확한 서사는 사회적 결정의 길을 바르게 그려준다. 이러한 사회적 결정의 경로가 바로 산물을 설명한다(Willer, 1993: 192).

이렇게 보면 행위 연계를 포함하고 있는 서사 구조가 있으면 인과적 설명이 가능하다. 이 행위 연계에는 어떤 특정 시간 속에 있는 세계의 상태가 인간 행위에 의해 다른 특정 시간 속에 있는 세계의 상태로 변형되어 있다. 이 경우 서사 연계에서 인과성을 관찰했다고 말할 수 있다(Abell, 2004: 293). 이렇게 되면 단 하나의 사례도 인과적으로 설명할 수 있다. 일반법칙이나 다른 사례와의 비교 연구 없이도 인과적으로 설명할 수 있게 된 것이다. 인과적 설명, 비교 방법, 일반화라는 실증주의적 삼위일체가 해체되었다. 인과적 설명이 비교와 일반화 이전에 이루어졌기 때문이다.

사회적 결정의 경로, 즉 서사 구조가 산물을 설명한다는 아벨의 서사적 설명은 설명항과 피설명항이 유사성으로 관계 맺으면서 시간적으로 인접해 있는 경우 매우 큰 설득력을 지닌다. 이는 데이비드 흄(David Hume)이 1748년 출판한 『인간 이해력에 관한 탐구』에서 정의한 '원인'(cause) 개념과 크게 다르지 않다.

> 원인을 다음과 같이 정의할 수 있다. 원인이란 다른 대상을 뒤에 따라 나오게 하는 하나의 대상, 또는 앞선 대상에 유사한 모든 대상들에게서 두 번째 대상에 유사한 대상들이 뒤따라 나오는 경우에서의 앞선 하나의 대상이다. 달리 말하면, 원인이란 첫 번째 대상이 존재하지 않았다면 두 번째 대상이 결코 존재할 수 없는 경우에서의 첫 번째 대상이라고 정의할 수 있다(흄, 2012: 133).

이를 두고 흄이 원인을 두 가지로 정의했다며 두 개념이 같은지 다른지 학자들 사이에 의견이 분분하다(한상훈, 2023). 하지만 한 가지 분명한 것은 원인이라고 하는 대상과 이를 따라 나오는 다른 대상이 유사성으로 관계 맺으면서 시간적으로 인접해 있다는 사실이다. 이는 사실상 은유의 일종이다. 두 행위 사이에 유사성이 너무나 많아 둘을 연계하면 시간순으로 행로를 설명할 수는 있지만, 새로운 의미는 창출되지 않는다. 그런 점에서 새로운 의미를 창출하지 못하는 죽은 은유라 말할 수 있다. 하지만 그렇지 않은 경우가 사회적 삶에서는 너무나 많다. 이런 경우 아벨의 서사적 설명은 힘을 발휘하기 어렵다. 기존의 사회적 결정의 행로 말고 다른 행로로 설명을 요구한다. 이때는 의미의 혁신을 일으켜 새로운 의미를 창출하는 또다른 종류의 서사적 설명이 필요하다.

유사성으로 엮인 피설명항과 설명항 사이에 의미의 긴장이 고조된 은유의 경우 새로운 의미가 창출된다. 그러면 은유는 언어의 지시적 기능이 포착하지 못하는 실재의 양상·특성·가치를 드러낸다. 실증주의 언어로 포착할 수 없는 실재의 양상이 은유를 통해 '현상'하는 것이다. 무언가 새로운 것을 말하게 된 것이다. 은유의 이러한 재기술 (redescription) 능력은 실재의 존재론적 변화를 가져올 수 있다. "은유의 힘을 잘 표현하고 있는 '~처럼 보다'(seeing-as)는 가장 심층적인 존재론적 수준에서 '~처럼 존재하는 것'(being-as)을 드러내줄 수 있다"(Ricoeur, 1984: xi).

현재 한국인의 사회적 삶은 위기에 봉착해 있다. 하지만 그것이 어떤 의미를 지니는지 헤아리지 못한다. 헤아린다 해도, 표현할 언어를 알지 못한다. 사회학자가 계급, 지위, 권력, 혈족, 인종, 민족, 젠더, 섹슈얼리티, 몸, 지역, 교육 등 온갖 사회(학)적 범주로 한국인의 삶을 기술하고 분석하고 설명하는데도 그들에게 큰 울림을 주지 못한다. 피설명항인 사회적 삶과 설명항인 사회적 범주가 필연성이나 개연성으로 묶이기 때문이다. 둘의 유사성이 너무나 커서 의미의 긴장을 낳을 수 없다. 실증주의 언어로 포착할 수 없는 실재의 양상이 드러나지 않는다. 사회학자의 관심이 온통 인식론적 진리에만 가 있어 사회적 삶의 의미에 대해 도통 말해주지 않는다. 사회학자가 형이상학적 환경에 관해 관심이 없고, 오로지 경험적 환경에만 집중한 탓이다. 여기에 아벨처럼 선형적인 인과적 서사 구조를 동원해서 설명한다 해도 새로운 의미는 창출되지 않는다.

형이상학적 환경에서 제일 중요한 것은 '가치'다. 가치는 실체라기보다는 특정한 사회적 행위를 '성'과 '속'으로 평가하는 세계관을 제공하는 가치론적 – 실존적 상징체계(a system of axiological – existential symbols)다. 실존적으로 길을 잃었을 때 어디로 가는 것이 좋은지 가치론적 질문을 던진다. 무엇이 내재적으로 가치가 있는가? 그 자체로 목적이 될 정도로 가치가 있는 인간의 조건이 무엇인가? 존재론(무엇이 실제, 즉 진정으로 거기에 존재하는가?), 인식론(그렇게 존재하는 것에 진실한 지식의 본성은 무엇인가?), 방법론(어떤 방법을 통해 진리에 도달할 수 있는가?)의 질문은 모두 '진리'와 관련되는 질문이다. 이와 달리 가치론적 질문은 존재의 가치, 어떤 인간의 사태가 그 자체로 가치 있는 것인가에 관한 질문이다(Heron and Reason, 1997).

가치론적 질문에 답하려면 서사적 설명을 해야 한다. 서사적 설명의 핵심은 피설명항과 설명항을 은유로 묶어 새로운 의미를 창출하는 것이다. 시인 이성복이 말하는 '극지'는 가치론적 질문에 대한 서사적 설명의 좋은 예가 된다.

> 시가 지향하는 자리, 시인이 머물러야 하는 자리는 더 이상 물러설 수도 나아갈 수도 없는 '극지'이고, 그 지점에 남아있기 위해서는 무작정 버티는 것 외에 다른 방법이 없습니다. 시는 머리가 아니라 다리로 쓰는 것이며, 시가 있는 자리는 다른 사람의 눈을 통해서가 아니라, 자기 삶을 연소함으로써 밝힐 수 있습니다(이성복, 2015: 12).

자기 삶을 연소해야만 밝힐 수 있는 자리, 시의 자리! 이성복은 안나푸르나 등반에서 조난당한 젊은 대원의 일기를 신문에서 우연히 접하고 나서 이러한 생각이 떠올랐다고 말한다. 그 대원은 사고당하기 전날 밤 칼바람이 부는 텐트 안에서 다음과 같은 명징한 언어를 써 내려갔다.

> 입이 벌어질 정도로 어마어마한 남벽(南壁) 아래서 긴 호흡 한

번 내쉬고, 우리는 없는 길을 가야 한다. 길은 오로지 우리 몸속에 있다는 것을 깨달으며, 밀고 나가야 한다. 어떤 행운도 어떤 요행도 없고, 위로도 아래로도 나 있지 않은 길을 살아서 돌아와야 한다(이성복, 2015: 35~36에서 재인용).

앞뒤 위아래로 철저히 고립된 상태를 벗어나는 데에는 계급, 지위, 권력, 혈족, 인종, 민족, 젠더, 섹슈얼리티, 몸, 지역, 교육 등 그동안 설명항으로 역할을 해왔던 온갖 사회(학)적 범주는 아무런 힘도 발휘하지 못한다. 그런데도 살아서 돌아가야 한다면 무엇을 의지해야 하는가? 세상이 온통 깜깜 절벽일 때 나는 어떻게 살아야 하는가?

이성복(2015: 9~10)은 시인 육사(陸史)를 들어 말한다.

시대적 고난과 운명의 표상인 육사의 시는 저에게 언제나 시가 있어야 하고 떠나서는 안 될 자리로 남아 있습니다. 특히 「절정」과 「광야」는 그분이 살았던 삶 전체를 아우르는 열쇠말인 동시에 시가 머물고 지켜야 하는 자리가 아닌가 합니다. 이 시들은 당시의 곤핍한 상황을 이야기함과 동시에, 애초에 시라는 장르가 '절정'과 '광야'라는 사실을 준엄하게 드러내 보입니다. 육사의 시는 어떤 임계점, 혹은 극한점에서 씌어진 것으로서, 시라는 것이 사람이 더 이상 살 수 없는 '극지'의 산물이자 '극지' 그 자체라는 사실을 보여주었습니다.

우선 극지란 안나푸르나 꼭대기처럼 사람이 살 수 없을 정도의 극한의 사회 물리적 조건이다. 그런 점에서 소수자가 점한 사회적 자리라

할 수 있다. 기존의 사회학도 이를 계급, 지위, 권력, 혈족, 인종, 민족, 젠더, 섹슈얼리티, 몸, 지역, 교육 등 사회(학)적 범주에 따라 분류되는 소수자의 자리에서 발화해야 한다고 주장한 바 있다. 맑스주의, 페미니즘, 퀴어이론, 탈식민주의 이론, 인종연구, 장애연구(disability studies)가 대표적인 예다. 이는 안나푸르나 꼭대기와 극한의 사회물리적 조건이 '극지'라는 유사성으로 묶일 때 발생한 의미의 긴장으로 현상한 새로운 의미이다. 하지만 둘 사이의 유사성이 상대적으로 크기 때문에 심대한 의미의 긴장이 발생하지 않는다. 이러한 의미를 붙잡고서는 조난당한 삶을 헤쳐나갈 수 없다. 둘 사이의 의미의 긴장을 더 높여야 하는데, 이럴 경우 은유는 아이러니로 변한다. 아이러니는 '대립물의 은유'(a met-aphor of opposites), 즉 어떤 것을 그것의 안티테제로 표상하는 것이다. 어떤 것을 그것의 관례적인 맥락에서 추출하여 대립적인 맥락 안에 넣는 것이다. 그렇게 하면 평상시에는 볼 수 없었던 것이 보인다(Brown, 1977: 172).

이성복은 극지를 극한의 사회물리적 조건에서 뽑아내어 안나푸르나 등반에서 조난당한 젊은 대원의 실존적 맥락 안에 넣는다. 사회물리적 조건과 실존적 맥락이 묶이자 의미의 긴장이 발생하고 새로운 의미가 창출된다. 이제 극지는 극한의 사회 물리적 조건으로부터 솟구쳐 올라 이르게 된 '어떤 높은 정신의 경지'를 말하게 된다. 극지에 서자 그동안 누락되었던 인간의 형이상학적 환경에 관한 이야기가 중심에 들어선다. 이는 니체가 『비극의 탄생』에서 역설했던 '비극'의 힘에 해당한다. 니체에게 비극은 지식과 과학을 향한 끊임없는 아폴론적인 낙관적 추진력과 정반대되는 디오니소스적 예술인 바, 사람들에게 존재의 공포를 응시하도록 강제해서 일시적으로나마 그들을 현상계 위로 끌어올린다. 비극은 지상의 만족에 대한 갈증에서 벗어나 다른 존재와 더 높은 기쁨을 상기시켜 준다(Jacobs, 2001: 236).

> 디오니소스적 예술 역시 존재의 영원한 욕망과 기쁨을 우리에게 확신시키고자 하지만, 우리는 이 기쁨을 겉으로 드러나는 것이 아니라 그 이면에서 찾아야 한다. 우리는 존재하게 된 모든 것은 반드시 고통스러운 파괴에 대비해야 한다는 것을 인식해야 한다. 우리는 개별 존재의 공포를 응시해야 하지만 공포에 얼어붙어서는 안 된다. 디오니소스적 예술이 주는 형이상학적 위안은 변화하는 형상(figures)의 혼란에서 우리를 잠시나마 벗어나게 해주기 때문이다. 잠시 동안 우리는 진정한 원초적 존재 그 자체로 존재에 대한 무한한 탐욕과 욕망을 느낀다. 투쟁, 고뇌, 외양의 파괴, 이 모든 것이 이제 우리에게 필연적인 것처럼 보인다. 셀 수 없이 많은 존재의 형태가 삶을 던지고 밀어붙이는데, 마치 세계－의지(the world－Will)의 풍요로운 비옥함인 듯하다. 우리는 이 고통의 맹렬한 찌르기에 찔리는 바로 그 순간, 헤아릴 수 없는 원초적인 존재의 기쁨과 하나가 되어 디오니소스적 황홀경 속에서 이 기쁨이 파괴될 수 없는 영원한 것이라는 암시를 받는다(Nietzsche, 1999: 80~81).

이제 인간은 극악한 현실을 초월하는 극지에서 노래를 부르는 시인이 된다. 자기 삶을 연소해야만 밝힐 수 있는 자리에서 그 어떤 사회범주도 효력을 발휘할 수 없다.

사회학자는 이성복처럼 새로운 '은유'를 창출하여 의미의 혁신을 일으키는 노래를 만들어야 한다. 은유는 애매성이라는 인간의 실존적 조건을 활짝 열어젖힌다. 어떻게 살아갈 것인지는 어떤 가치론적 질문을 던지느냐에 달려 있다. 가치가 가치론적-실존적 상징체계인 이유다. 이러한 가치론적-실존적 상징체계를 활용하여 새로운 서사를 만들어서 살아가야 한다. 리쾨르는 서사가 미메시스 기능을 지닌다고 말한다. 이는 플롯을 창안함으로써 가능해진다. "플롯을 통해 목적·원인·우연이 하나의 전체적이고 완전한 행위의 시간적 통일성 내부에서 규합된다. 서사를 은유에 근접하게 만드는 것은 바로 이러한 이질적인 것의 종합이다"(Ricoeur, 1984: ix). 일찍이 아리스토텔레스는 "플롯은 행위의 미메시스다."라고 말했다. 알파요 오메가이자, 자신에 의해 자신이 정의되는 실체인 신은 행위를 하지 않는다. 행위하지 않는 신에게는 플롯이 없다. 반면 인간은 시간 속에서 자신의 삶을 펼쳐나가는 행위자다. 그의 속성은 무시간적인 본질에 의해 사전에 결정되지 않는다. 오히려 행위를 통해 시간 속에서 드러난다.

행위의 미메시스는 세 가지로 구분된다. 먼저 미메시스 1의 차원에서 어떤 행위자의 행위를 모방하려면 그것이 지닌 의미론적 차원, 상징적 차원, 시간적 차원에 대한 전이해(pre-understanding)가 있어야 한다. 의미론적 차원은 행위의 의미가 언어처럼 고유의 계열체적 질서와 통합체적 질서를 가지고 있는 것으로 본다. 우리가 외국에 나가면 외국인의 행위가 어떤 의미를 지니는지 잘 파악하지 못하는 것은 그것이 지닌 의미론적 차원을 모르기 때문이다. 상징적 차원은 행위의 의미가 상징을 통해 매개된다는 것을 말한다. 상징은 누구나 활용할 수 있는 공적 상징체계인데, 이에 관한 전이해가 없으면 이 상징을 활용해서 들려준 이야기의 의미를 알 도리가 없다. 시간적 차원은 시간이 자연적으로 선형적(linear) 성격을 지니는 것이 아니라 행위자의 '마음 씀'(care)에 따라 달라진다는 것을 의미한다. 인간의 시간은 일직선의 연대기로 진행되는 것이 아니라, 마음 씀에 따라 달리 구성된다는 현상학적 가르침이 이를 의미한다.

미메시스 1은 사실 플롯을 구성하려는 사람들이라면 누구나 하는 작업이다. 문제는 미메시스 2이다. 미메시스 2는 시적 형상화, 즉 '마치 ~인 것 같은'(as if) 영역으로 진입하는 것이다. 무엇보다도 연대기적 시간과 비연대기적 시간을 다양한 비율로 종합하는 시간적 특성이 가장 중요하다. 비연대기적 차원은 사건을 이야기로 변형시키는 형상화 차원(configurational dimension)이다. 우선, 선형적으로 연속한 것처럼 보이는 사건을 하나의 유의미한 전체로 형상화한다. 이는 무한한 계기로 이루어진 사태처럼 보이는 것에 일종의 종결감(sense of ending)을 가져다준다. 시작 속에서 결말을 보고, 결말 속에서 시작을 읽어내면서 연대기적 시간관을 뒤집는 '마치 ~인 것 같은' 역전된 시간 경험을 가능하게 해준다.

미메시스 3은 미메시스의 여정이 완성된다는 것을 의미한다. 서사에는 화자가 있고, 그 안에 인물과 사건이 있으며, 또 이를 듣는 청자가 있다. 이 셋이 결합하지 않으면 서사의 여정은 끝날 수 없다. "미메시스 3은 텍스트의 세계와 청중이나 독자의 세계가 교차함을 나타낸다. 그러므로 시를 통해 형상화된 세계와 실제 행위가 그 안에서 발생하고, 그 독특한 시간성을 펼치는 세계가 여기서 교차하는 것이다"(Ricoeur, 1984: 71). 청중이나 독자는 작품의 세계에서 소통하며 그것이 지시하는 공동의 지시대상에 들어간다. 언어로 옮겨진 경험의 세계, 궁극적으로는 작품이 그 앞에 펼쳐놓은 세계와 시간성으로 들어간다. 결국 그 세계를 시간적 차원에서 재의미화한다. 서사의 장르는 화자·작품·독자를 특정 방식으로 관계 맺도록 한다. 로망스, 비극, 희극, 아이러니와 같은 서사 장르는 청중이나 독자에게 특정의 '마치 ~인 것 같은' 경험을 하도록 돕고 이를 통해 자신의 삶을 재구성하도록 이끈다. 이는 자연적으로 흘러가는 선형적 시간 개념을 뒤집는 체험이고, 이 체험은 주어진 현실을 넘어서는 힘을 준다.

서사를 통한 의미의 혁신은 결국 글쓰기를 통해 가능하다.

> 글쓰기를 통해 우리가 나아가는 길은 세상 어디에도 없는 길이에요. 이 길은 오직 우리 자신이 만들어내야 하므로, 우리 몸속에 숨겨져 있다고 할 수 있어요. 가령 거미 같은 곤충을 보세요. 자기 몸속에서 토해낸 실을 밟고 공중에서 옮아가잖아요. 그처럼 이 길은 오직 우리 자신 속에서만 만들어질 수 있어요(이성복, 2015: 36).

기어츠는 베버와 마찬가지로 인간을 자신이 뿜어낸 의미의 망(webs of significance) 안에 걸려있는 동물(거미)이라고 보고, 그러한 의미의 망을 문화로 정의한다. 그는 문화분석이 법칙을 추구하는 실험과학이 되어서는 안 되고 의미를 추구하는 해석과학이 되어야 한다고 주장한다. 표면적으로 불가해한 듯이 보이는 사회적 현상들을 밝히는 것이 해석이다(Geertz, 1973: 5). 인간도 거미에 비견될 수 있다. 거미는 스스로 실을 만들어낼 수 없다. 자신의 몸 외부에서 구한 먹이를 소화해서 이를 실로 뿜어내어 거미줄 망을 만들고 그것을 타고 돌아다닌다. 인간이 쓰는 글은 자신의 내면에서 뽑아 올린 것이지만, 원재료는 외부에 있는 공적 상징체계에서 왔다.

미메시스 1은 이것을 정확하게 지적하고 있다. 사회학자는 서사적 설명을 제공하려면 우선 미메시스 1을 실천해야 한다. 이미 우리에게는 공적으로 가용한 상징체계가 많이 있다. 정수복(2007)의 말을 빌리면, 한국인에게는 공적으로 가용한 문화적 문법이 있다. 강신표(2014)의 표현으로 하면, 한국인에게는 공적으로 가용한 상징체계로서 대대문화문법이 있다. 정수복과 강신표는 한 개 또는 여러 개의 공적 상징체계(문화범주와 문화구조)가 한국인들의 행동을 설명하는 강력한 장치로 본다. 그런 점에서 구조주의 인류학이나 인지적 인류학과 유사하다. 하지만 우리는 구조가 행위를 결정한다는 이러한 입장에서 한발 더 나아가 행위자가 구조를 사용하는 점에 주목해야 한다. 행위자들이 자신들에게 가용한 공적 상징체계를 사용해서 자신들의 삶을 살아갈 때마다 현실로 되살아난다. 사용하려면 제대로 익혀 제 것으로 해야 한다. 같은 공적 상징체계라도 사람마다 쓰임새가 따로따로인 까닭이다(Swidler, 1986, 2002, 최종렬, 2009b). 인간은 제 것으로 숙성시킨 공적 상징체계를 다시 외부로 뿜어내어 이야기를 만들어내고, 이 이야기를 타고 돌아다닌다.

이 지점에서 우리는 도덕학을 필요로 한다. 도덕학은 무엇보다도 해석학이다. 사람들의 말과 행위를 유의미한 텍스트로 본다. 해석에서 설명으로 나아가고, 다시 설명에서 해석으로 나아가는 지난한 해석학적 순환을 통해 공적 코드를 재구성해내야 한다. 그것이 바로 기어츠가 말한 '두꺼운 기술'이다. "방법론적으로 볼 때 두꺼운 기술은 비상징적 사회관계를 '괄호치고'(bracket) 순수하게 문화적인 텍스트를 재구성하는 것을 요구한다. 이는 내적인 동력을 가진 문화 구조(cultural structure)를 재구성하는 작업, 다시 말해 공적으로 존재하는 코드를 재구성하는 작업이다"(최종렬, 2007a: 18).

이제 미메시스 1은 미메시스 2로 나아가야 한다. 이러한 전환에는 미학의 도움을 받아야 한다. 사회학자는 표상될 수 없는 것을 표상하려는 행위자의 의미화 실천을 원재료로 하여 그에 관한 지난한 해석학적 순환을 통해 다양한 공적 코드를 재구성해내야 한다. 우리의 연구의 출발점은 우리가 이 세상 안에 존재한다는 것을 출발점으로 삼는다. 이 세상에 존재한다는 것은 이 세상에 관여한다는 것이고, 이는 우리가 서로 함께 이 세상의 실재를 창조한다는 것을 뜻한다. 그렇게 창조된 세계를 무관심하게 내버려 두는 것이 아니라 관여한다는 것이며, 이러한 관여에 책임을 진다는 것을 의미한다. 그 세계가 인간의 조건을 열악하게 몰아간다면, 공동의 창출자인 우리는 그 세계를 변화시킬 책임과 의무가 있다. 그렇다면 우리가 어떤 세계에 관여하는 것으로 인식하고 이야기하느냐가 관건이다. 어떤 사람들은 최소한의 세계에만 관여한다고 여겨, 그것에 관여하지도 않고 책임을 지려고 하지도 않기 때문이다. 사회학자인 우리에게 가치 있는 것은 인간의 조건을 상징의 세계로 간주하고, 의미화 실천을 통해 인간의 지평을 넓히는 것이다. 이는 물론 인간의 삶을 풍요롭게 만들기 위해서다.

이는 미메시스 3에서 성취된다. 이 단계에 이르면 글쓰기가 변형적이라는 사실이 확연히 드러난다. 글이 쓰는 자, 대상, 읽는 자 모두를 변형시키기 때문이다. 시인 이성복(2015: 21)의 말을 다시 들어보자.

> 대상이 아예 냉랭하게 자기를 닫고 있는 건 아닐 거예요. 침묵
> 이 말의 일종이라 하듯이, 빈 구멍으로서의 대상 또한 전혀 없는
> 것이라 할 수 없겠지요. 어쩌면 그건 '장'(場)이라는 개념으로 설

명할 수 있을지 몰라요. 어떻든 '말의 빛'이 스칠 때 대상 또한 변화하면서 자신의 일부를 그 빛 속에 실어 보내는 것 아닐까 해요. 숫돌에 낫을 갈 때 끼얹는 물로 인해 낫도 숫돌도 자기의 일부를 잃어가듯이, '말의 빛' 때문에 시의 화자도 대상도, 그리고 독자들까지도 변화되는 것 아닐까요.

사회학자도 시인처럼 변형적 글쓰기를 해야 한다. 그러려면 자신의 언어를 지시적 기능으로 한정해서는 안 된다. 만약 언어가 현실을 직접 지시하는 기능으로만 사용된다면, 이 세상은 감각적·정서적·미학적·가치론적 차원을 지니지 않은 답답한 실증주의자의 사실의 세계로 추락할 것이다. 살아 있는 경험을 재창조하고 정서적 반응을 일으키는 글쓰기를 해야 한다. 그러려면 텍스트 안에서 자신의 체험에 관해 이야기하고 독자가 이를 읽고 정서적으로 그 이야기를 되살려 체험하도록 해야 한다. 이는 물론 쉬운 일이 아니다. 낫과 숫돌이 갈리는 것처럼 장구하고도 미세한 노력이 뒤따라야 한다. 낫과 숫돌이 조금씩 서로 갈려나가듯, 사회학자가 극지에 서서 체험적 앎을 쌓고 이를 연소하여 이야기를 뿜어내면 독자와 함께할 공론장이 만들어진다. 자연적인 것처럼 보이는 사건, 시공간, 인물도 극적으로 재구성하여 서사하면 생생하게 살아 숨 쉬는 공론장이 된다.

사회학은 미학적 공론장이다. 공론장은 단지 의사 결정에 이르는 합리적 절차 기제로 그치지 않는다. 미학적 공론장에서 필요한 것은 일상사에 대한 합리적인 의사 결정이 아니라 '마치 ~인 것 같은' 영역으로 진입해 사회의 도덕적 삶에 대해 논의하는 것이다. '확실성 추구' 대신에, 사회학은 바로 이러한 미학적 공론장으로 청중을 초대한다. 화자,

이야기, 청중이 하나로 혼융되는 새로운 미학적 세계를 체험하도록 한다. 이를 통해 문제적 상황에 관해 새롭게 서사할 수 있는 역량을 함께 키운다. 아무 이야기도 없는 사물에서 깨어나 각자 자신의 고유한 이야기를 가진 독특한 인간으로 또 다른 독특한 인간 앞에 '인간으로' 현상한다. 비로소 이 세상은 우리 모두 인간으로 현상할 수 있는 거주할 만한 세상이 된다.

결국 서사적 설명은 피설명항과 설명항을 필연성이나 개연성 또는 한 단계 더 나아가 선형적인 서사 구조로 엮지 않고서도 이야기를 만들어낸다. 피설명항과 설명항을 유사성으로 엮는 것만으로 충분히 청중의 감정을 움직여 문제가 된 어떤 상황이 해결되었다는 종결감을 불러일으킨다. 피설명항과 설명항의 연쇄가 청중에게 '감정적 운율'(emotional cadence)을 완성시킨다. 서사적 설명을 주창한 벨리먼(Velleman, 2003: 6)의 말을 들어보자. "어떤 살인 사건이 났을 때 적절한 응징이 뒤따르면, 우리는 분노가 충족되었다고 느낀다. 이러한 두 사건은 인과적 연쇄를 따르지 않지만, 감정적 해결을 제공하므로 인과적 또는 확률적 연결이 없음에도 불구하고 관객에게 의미를 지닌다." 원인과 결과(cause and effect)라는 인과적 연쇄를 통하지 않고서도 관객은 문제적 상황이 종결되었다는 느낌을 갖는다. 원인과 정동(cause and affect)이라는 감정적 연쇄가 생긴 것이다. 서사적 설명에서는 종결이 필연성이나 개연성에서만 오는 것이 아니다. 기대된 것이기는 하지만 완전히 예측 가능한 것은 아닌 결말로 이끌기 때문이다.

그렇다면 서사적 설명에는 왜 종결감이 필요한 것일까? 인간의 정동(affect) 자체가 종결감을 요구한다는 주장이 있다. 브룩스(Brooks, 1992: 4장)는 프로이트를 따라 죽음, 즉 에너지의 평형상태로 되돌아가려는 힘과 가지 못하게 하는 힘 사이의 긴장이 플롯을 추동한다고 주장한다. 플롯을 추동하는 힘은 본능의 보편적 속성, 그리고 아마도 유기적 생명 일반의 보편적 속성은 이전의 상태를 회복하려는 유기적 생명에 내재된 충동에 있다. 이러한 반복 강박은 에너지의 평형상태를 계속해서 회복하려는 운동이다. 동일성과 차이가 동시에 영겁회귀하는 것과 유사하다. 빌리만은 스토리를 구성하는 운율은 생물학적으로 프로그램된 패턴인 정동의 각성과 해소라고 주장한다. 인간은 이야기를 내장을 통해 몸으로 이해한다. 문제는 이러한 정동이 그 자체로 통시적 성격을 지닌다는 것이다. "정동의 통시적 특성은 아리스토텔레스의 시학에서 두드러지게 나타나는데, 특히 드라마가 공포와 연민을 유발한 다음 적절한 카타르시스에 이르게 해야 한다는 그의 요구에서 두드러진다. 그러나 아리스토텔레스는 비극의 감정적 변덕과 비극의 무토스, 즉 플롯의 구조를 시작, 중간, 끝의 요소로 분석하는 것 사이에 명시적인 연관성을 찾지 못했다. 내가 일반화하고자 하는 브룩스의 논지는 감정의 통시적 특성이 아리스토텔레스의 플롯 분석의 기초가 된다는 것이다. 시작, 중간, 끝은 궁극적으로 감정의 각성과 해결이라는 측면에서 정의되어야 하기 때문이다"(Velleman, 2013: 14).

하지만 사회학자로서 나는 결말의 본질을 이렇게 정동으로 환원하는 것을 곧이곧대로 받아들일 수는 없다. 대신 종결감이 필요한 것은 인간실존의 근본적인 조건인 '행위의 문제'와 '질서의 문제'를 해결해주기 때문이라고 본다. 인간은 구조가 온전하게 갖추어지지 않은 채 태어난다. 신체구조와 정신구조 모두 '일반적으로' 결정되어 있을 뿐, 구체적으로 어떻게 구조화될 것인가는 열려 있다. 계급, 지위, 권력, 혈족, 인종, 민족, 젠더, 섹슈얼리티, 몸, 지역, 교육과 같은 사회적 범주로 대표되는 사회구조도 마찬가지다. 사회구조도 인간의 삶을 '일반적으로' 결정한다. 한날 같은 시간에 태어난 쌍둥이도 비슷하면서도 결국 다른 삶을 살아간다. 이렇게 보면 인간실존의 독특한 특성은 DNA로 대표되는 생물학적 구조와 사회적 범주로 대표되는 사회구조에 의해 일반적으로 결정된다는 점에 있다. 물론 인간존재가 온전히 인식하지 못하는 체계적 관계에 의해 그의 삶이 결정된다. 하지만 문제는 일반적으로 결정되기에 '과소결정'된다는 것이다. 인간에게 주어진 시간은 한정되어 있다. 태어남과 죽음 사이의 한정된 시간을 어떻게 유의미하게 살아갈 것인가? 인간은 주어진 한정된 시간에 질서를 주기 위해 종결감을 주는 이야기를 추구한다. 미래를 예측할 수 없기에 어떻게 행위할 것인지 문제에 봉착한다. "사람들은 인물과 사건을 이야기로 배열함으로써 과거에 대한 이해, 미래에 대한 기대, 그리고 어떻게 행위해야 하는지에 대한 일반적인 이해를 발전시킬 수 있다"(Jacobs, 2002: 206).

이런 점에서 행위의 문제와 질서의 문제는 모든 시대에 보편적으로 존재하는 실존적 문제일 수 있다. 인간의 실존 자체가 행위의 문제와 질서의 문제에 봉착하도록 일반적으로 짜여 있기 때문이다. 자연의 유전자와 사회의 구조가 인간의 삶을 '일반적'으로만 결정할 뿐 특정한 문제적 상황에 부닥쳤을 때 어떻게 대처하라고 '구체적'으로 안내하지 못한다. 이것이 인간 실존의 '미학적' 속성이다. 애매성을 특징으로 하는 인간 실존의 미학적 속성은 역설적으로 어떻게 행위할 것인가라는 문제를 야기한다. 동시에 같은 상황에 있는 다른 사람의 행위와 자신의 행위를 어떻게 조정할 것인가라는 질서의 문제도 던져준다. 하지만 이 두 문제는 과학혁명으로 종교적 질서가 무너진 근대에 와서 전면화되기 시작했다. 중세의 서구인에게 인간은 피조물이고, 예수를 믿어야만 구원받을 수 있는 죄인이다. 행위의 자율성이 없는 피조물이자 죄인이니 어떻게 행위할 것인가 질문할 필요성을 못 느낀다. 행위의 문제가 중심이 될 수는 없다. 여러 행위를 어떻게 함께 묶을 것인가 하는 질서의 문제도 불필요하다. 하나님이 만든 성스러운 질서, 즉 존재의 위대한 연쇄가 있으니 질서의 문제도 중심이 될 수 없다.[9]

종교적 질서가 붕괴한 근대에는 인간 실존의 미학적 속성이 전면적으로 드러난다. 중세에는 본질이 실존에 앞섰다면, 근대에는 실존이 본질에 우선한다. 인간은 항상 이미 행위하고 있는 동시에 항상 세상과의 관계를 유지하고 조정하는 과정에 있다. 이것이 바로 근대에 새로 출현한 '사회'의 근본 속성이다. 사회를 탐구하기 위해 만들어진 사회학에서는 행위의 문제와 질서의 문제가 가장 일반화된 전제적 문제(presuppositional questions)가 되었다. "모든 사회이론은 본질적으로 행위의 문제에 대한 응답과 그러한 여러 행위가 어떻게 상호 연관되고 질서를 갖게 되는가 하는 질문에 대한 응답을 결합한다"(Alexander, 1982: 90).

사회학은 인간이 닥친 문제적 상황에 반응한다. 현재 인간이 닥친 문제적 상황은 한마디로 말해 "행위와 질서가 미학화되었다"는 것이다. 기존의 익숙한 이야기로는 가늠할 수 없는 애매성과 우발성이 행위와 질서에 가득하다. 행위의 문제는 무엇보다도 정체성의 문제로 나타난다. 자아가 통합되고 투명하기보다는 다중적이고 혼성적이어서 불투명하고 때로는 모순적인 성격을 지닌다는 점이 갈수록 두드러지고 있다.

---

9) 이 점에서 중세에 이미 시대를 앞서 행위의 문제를 전면화한 토마스 아퀴나스는 각별히 주목받아야 한다. 특히 클레이크(Clake, 1994)의 주장을 사회학적으로 재고찰할 필요가 있다. 이에 따르면 모든 실존적 존재는 본질적으로 행위를 통해 스스로 소통하고 스스로 표현하며 스스로를 드러낸다. 이는 행위의 문제와 질서의 문제를 정확히 표현한 것으로 볼 수 있다.

'본질적인' 단일 정체성을 가정하는 것이 한층 어려워지고 있다. 이런 상황에서 "나는 누구인가?"라는 질문은 본질적 범주를 통해 답해질 수 없다. 오히려 정체성은 자아의 서사(narrative of the self)가 되었다. "우리가 누구인지 알기 위해 우리는 자아에 관해 이야기한다"(Hall, 1996: 346). 나의 자아의 서사는 다른 자아에게 들려주는 이야기다. 이야기하려면 공유된 문화자원이 필요하다. 그중 가장 대표적인 것이 집합적 서사다. 사람들은 자신이 활용할 수 있는 집합적 서사를 자신만의 고유한 자아의 서사로 변주해서 말한다.

인간에게 문제적 상황은 다른 사람과 함께 처해 있는 상황이다. 인간은 '상황 속에 있는 행위자'다. 질서의 문제는 상황 속에 있는 행위자들이 누구와 함께 상호작용할 수 있는가 하는 문제다. 다시 말해 누가 우리인지 상징적 경계를 결정하는 연대의 문제다. 이는 개인의 정체성과 집단의 정체성을 연결하는 문제다. 서사는 이를 위한 많은 문화적 자원을 제공한다. 그럼에도 집합적 서사는 행위자 개인이 마음대로 통제할 수 있는 것이 아니다. 이전 세대가 만들어 놓은 문화구조와 같은 것이기 때문이다. 문제는 이러한 문화구조를 활용할 수 있는 화용 능력이다. 문화구조를 활용하여 함께 인간으로 현상할 수 있는 세계를 만들어야 한다.

미학으로서의 서사 사회학

문제적 상황은 행위의 문제와 질서의 문제를 낳는다. 이 두 문제는 인간에게 분석능력의 한계(analytic capacities), 인내력의 한계(limits of powers of endurance), 도덕적 통찰의 한계(limits of moral insights)를 각인

시킨다(Geertz, 1973: 100). 먼저 분석능력의 한계는 인간에게 무엇이 참이고 거짓인지 구분할 수 없는 '인지적 혼란'을 야기한다. 공적으로 가용한 상징체계인 상식, 과학, 철학적 사색, 신화, 종교를 통해 경험 세계를 그리고 설명하는 데 반복해서 실패하게 되면 인간은 인지적 혼란에 빠진다. 시간, 공간, 사물, 사람을 묶어주었던 기존의 시간적 연관관계가 뒤틀리거나 아예 해체되었다. 이 때문에 시간, 공간, 사물, 사람을 일련의 정합적인 과거, 현재, 미래로 엮기가 어려워졌다. 불안이 극대화되고 이를 해소해야 한다. 이럴 때는 새로운 인지적 지도인 세계관을 마련해야 한다. 세계관은 자연, 자아, 사회에 대한 개념, 즉 사물이 실제로 존재하는 방식에 대한 그림이다. 여기에는 질서에 대한 가장 포괄적인 생각이 담겨 있다(Geertz, 1973: 89).

인내력의 한계는 '정서적 고통'을 초래한다. 인간에게 정서적 고통은 피할 수 없다. 나이 들고 병들고 죽어가고 잊히는 것이 야기하는 정서적 고통은 누구도 피할 수 없다. 살아가면서 누구나 토너먼트의 최종 승자처럼 항상 승승장구할 수는 없다. 실패는 누구나 겪으며 그것이 일으키는 좌절감은 피할 수 없다. 타자가 나를 무시하고 막 대할 때 굴욕감과 모멸감은 피할 수 없다. 사랑하는 사람이 고통당하고 죽어가는 모습을 속절없이 지켜볼 수밖에 없어 무력감과 상실감에 빠진다. 이러한 정서적 고통은 회피하려고 한다고 해서 회피할 수 있는 것이 아니다. 회피할 수 없다면 어떻게 감내할 것인가가 중요해진다. 그러려면 고통을 고통받을 만한 것으로 만들어야 한다. 무엇을 인지적으로 안다는 것은 그것을 특정의 정서 속에서 안다는 것이기도 하다. 이 역시 감정을 표현하게 해주는 공적 상징체계를 활용해야만 가능하다. 이를 통해 정서적 고통에 어떤 형태를 부여한다. 침울하거나 즐겁게, 엄격하거나 호탕하게. 여러 형태로 정서적 고통을 견딜만한 것으로 만든다(Geertz, 1973: 89).

도덕적 통찰의 한계는 인간을 '윤리적 딜레마'에 빠트린다. 이는 악의 문제와 관련된다. 인내력의 한계가 인간의 감정적 생활을 지배하는 상징적 자원이 적절한 것인가 묻도록 만든다면, 악의 문제는 행위를 안내하는 규범적 지침을 제공하는 상징적 자원이 적절한 것인가 묻는다. 왜 선한 자는 망하고, 악한 자는 흥하는가? 선해서 망한 것인가, 망해서 선해진 것인가? 악해서 흥한 것인가, 흥해서 악해진 것인가? 현재 있는 것(사실)과 반드시 있어야 할 것(당위) 사이의 깊은 간극은 인간을 윤리적 딜레마에 빠트린다(Geertz, 1973: 107~108). 악한 사실의 세계를 따라 살아가며 흥할 것인가? 아니면 선한 당위의 세계를 따라 살아가며 망할 것인가? 어떤 삶이 좋은 삶인가? 왜 우리는 망할 것을 알면서도 선한 약속 지키려 노력하는가? 인간의 존엄은 무엇인가?

어떤 사건을 경험했는데 아무런 규칙을 발견할 수 없을 정도로 괴이하게 불투명하다. 어떤 말도 내뱉을 수 없을 정도로 강력하고 사정없는 정서적 고통을 당하는데도 그 의미를 도저히 가늠할 수 없다. 엄청난 사악한 일이 벌어지는데도 어안이 벙벙하게 불가사의하다. 어떠한 경험적 규칙성도 존재하지 않는다. 어떠한 감정의 형식도 존재하지 않는다. 어떠한 도덕적 정합성도 존재하지 않는다(Geertz, 1973: 107~108). 이 모든 것은 '의미의 문제'를 불러일으킨다. 의미의 문제는 "인간 차원의 무지, 고통, 불의의 피할 수 없음을 긍정하거나 적어도 인식하는 동시에 이러한 비합리성이 세계 전체의 특징임을 부정하는 문제다"(Geertz, 1973: 108).

이러한 의미의 문제를 해결하는 데 기존 이야기가 힘을 발휘하지 못할 때 바로 의미의 혁신이 필요하다. 무엇보다도 새로운 은유를 창출해야 한다. 인간은 은유를 통해 살아간다(Lakoff and Johnson, 1980). 사실 사회학의 창건자는 모두 뛰어난 새로운 은유를 창출하여 의미의 혁신을 가져왔다. 맑스(Marx, 1970)는 당시 발달하고 있던 정치경제학의 언어를 활용하여 '토대'와 '상부구조'라는 건축학적 은유를 창출했다. 이후 맑스를 따르는 학자들은 이러한 건축학적 은유가 안내하는 길을 따라 사회를 물질론적 관점에서 탐구했다. 뒤르케임(Durkheim, 1984)은 당시 발달하고 있는 생물학의 언어를 활용하여 '유기적 연대'라는 생물학적 은유를 창출했다. 이후 뒤르케임을 따르는 학자들은 이러한 생물학적 은유가 안내하는 길을 따라 사회를 유기체의 관점에서 탐구했다. 베버(Weber, 1990: 123)는 외적 선(external goods)에 대한 고려가 성인의 망토처럼 언제든지 벗어버릴 수 있는 가벼운 것이야 했는데 자본주의 운명이 그 망토를 쇠우리로 바꾸어놓았다는 은유를 사용했다. 이러한 관료제적 은유를 따르는 베버주의자들은 아무리 저항해도 포획을 벗어날 수 없는 쇠우리의 관점에서 현대 사회를 탐구했다.

"사회는 유기체다." "사회는 전쟁터다." "사회는 언어다." "사회는 시장이다." "사회는 연극이다." 이렇듯 사회학에는 은유가 편재한다(리그니, 2018). 나는 은유가 실증주의적 과학언어가 드러내지 못하는 실재의 감각적·정서적·미학적·가치론적 차원을 활짝 열어젖힌다는 점에 특히 주목한다. 은유는 평상의 시간을 멈춰 세워서 미학적 상황을 일시적으로 전면화한다. 인지적 혼란, 정서적 고통, 윤리적 딜레마가 의미의 문제를 극지로 몰고 간 덕분이다. 이때 서사적 설명이 요청된다. 서사는 인간이 닥친 문제적 상황에 대한 인지적, 도덕적, 미학적 설명을 제공한다. 이는 무엇보다도 장르 구성을 통해 이루어진다. 은유가 비유

(tropes)를 통해 의미를 혁신한다면, 서사는 장르를 통해 의미를 혁신한다. 장르는 시간적이고 공간적인 관계들을 '플롯'과 '캐릭터'에 연결함으로써 서사적 사건들을 구체적으로 만든다.

먼저 플롯. 어떤 사건들이 특정한 과정으로 돌입하는 것이 마치 그 사건과 과정에 내재한 특정한 역학에 의해 자연적으로 이루어지는 것처럼 보일 수 있다. 이 때문에 사건들 사이의 어떤 사건이 더 중요한 것인지 변별해내기가 쉽지 않다. 하지만 플롯이 만들어지면 다르다. "개별 사건의 의의와 역할을 식별하는 구성 테마를 일반적으로 서사의 '플롯'이라고 한다. 플롯은 특정 사건이 이야기의 전개와 결과에 기여하는 바를 강조하고 인식함으로써 연대기 또는 사건의 목록을 도식화된 전체로 변환하는 기능을 한다. 플롯이 제공하는 의의를 인식하지 못한다면 각 사건은 불연속적이고 분리된 것으로 보일 것이며, 그 의미는 범주적 식별이나 시공간적 위치로 제한될 것이다"(Polkinghorne, 1988: 18~19). 플롯구성은 일련의 사건들을 정합적인 이야기의 에피소드로 바꾼다. 플롯은 수많은 사건들 중 특정 사건을 이야기의 소재로 선택한다. 어떤 사건은 고르고 어떤 사건은 선택하지 않는가? 어떤 사건은 집중적으로 서사하고 어떤 사건은 가볍게 서사하는가? 어떤 사건은 길게 서사하고 어떤 사건은 스치듯 지나가는가? 선택 기준, 서사 강도, 서사 지속에 대한 질문에 답하다보면, 그 이야기 안에 들어가 있는 각 사건에 대한 가치 평가를 가늠할 수 있다(Jacobs, 2002: 213).

다음은 캐릭터. 사건이 서사로 플롯화되면서 이야기 속 다양한 캐릭터 간의 상징적 관계가 형성된다. 캐릭터는 한 사회의 근본적인 문화 코드를 통해 구성된다. 이 문화 코드는 성과 속의 이항 대립으로 구성된다(Alexander and Smith, 2011). 서사가 사회적 삶을 강렬함으로 채울 수 있는 것은 캐릭터를 유사성과 차이의 이항대립적 관계로 조직하기 때문이다. 특정의 행위 영역에서 캐릭터는 주인공과 적대자, 영웅과 악당, 동지와 반대자, 주체와 객체, 기증자와 수신자, 친구와 적으로 조직된다. 이렇듯 캐릭터의 복잡성을 이항 대립으로 단순화하면 서사의 명확한 목적과 반대가 보인다(Jacobs and Sobieraj, 2007: 7). 캐릭터는 각자 자신이 성스러운 속성을 체화하고 있고, 상대방은 속된 속성을 체화하고 있다고 주장한다. 이 때문에 강하게 대립하는 캐릭터는 한 사회의 깊은 문화적 코드를 극화하여 대중의 삶에 대한 지속적인 정서적 투자 가능성을 높인다(Jacobs, 2002: 216~218).

프라이(Frye, 1971)는 『비평의 해부』에서 서구문학의 전통에는 로망스, 비극, 희극, 아이러니라는 네 가지 원형 서사가 있다고 밝힌다. 각 장르는 플롯, 캐릭터, 예상되는 결말이 다르다. 로망스의 플롯은 선한 영웅이 악한 반영웅에 맞서 온갖 어려움을 뚫고 결국 최종적으로 승리하는 어드벤처 형식을 취한다. 중간에 우여곡절이 있지만 결국은 상승하는 시간구조를 가지고 있다. 주인공 인물인 영웅은 엄청난 권력을 가지고 있으며 동시에 자신이 처해 있는 환경보다 뛰어나다. 일상을 지배하는 자연법칙이 일부 멈춰있다. 일반인에게는 부자연스러운 용기나 인내가 그에게는 자연스럽다. 반영웅인 적은 분명하게 설정되고 종종 영웅과 비슷한 권력을 가지고 있다. 영웅은 반영웅에 맞서 싸우면서 온갖 어려움을 겪지만 결국 승리한다. 선이 악을, 미덕이 악습을, 광명이 암흑에 맞서 싸워 이기는 초월적 드라마다. 청중은 영웅이 자신들이 결코 이룰 수 없는 소망을 대신 성취해주는 것으로 보기 때문에 그에게 강한 정서적 동일시를 느낀다.

비극의 플롯은 주인공이 반영웅에 맞서 싸우다 결국 비극적으로 패배하는 하강적 시간구조를 지닌다. 악한 세상에서 소외되어 있는 주인공은 강력한 힘을 지니고 있음에도 불구하고 그보다 더 강력한 악한 반영웅에 패배한다. 악한 사회의 근본 도덕법칙을 위반하여 결국 파국으로 몰린다. 이 법칙은 불변하는 영원한 것이어서 바꿀 수가 없다. 이에 맞서는 삶은 시련을 겪을 수밖에 없다. 주인공이 겪는 시련과 고통은 어찌해볼 수 없는 불가피한 운명처럼 느껴지기 때문에, 관객은 이를 예상하고 두려움과 동시에 비장감 또는 '엄숙한 공감'을 느끼게 된다. 선한 영웅이 악한 사회에 의해 좌절당하고 결국 자기가 속해 있는 사회에서 고립된다. 관객은 연민과 공포의 감정에 휩싸이다가 다시 그 감정이 정화되는 것을 느낀다. 여기에는 인간의 비극적 조건에 대한 일종의 체념어린 수용이 깔려있다.

희극의 플롯은 일시적으로 흐트러진 질서를 다시 회복하는 시간구조를 가진다. 주인공은 다른 사람 그리고 자신의 환경보다 뛰어나지 못하다. 우리처럼 평범하거나 그 이하의 사람이다. 주인공이 행하는 행동은 악한 것이 아니라 어리석거나 우스꽝스러운 것이다. 주인공은 다시 화해하거나 회복하고 싶은 질서가 있는데, 또 다른 희극적 인물이 이를 가로막고 나선다. 하지만 희극에서 주인공과 이에 맞서는 방해꾼 간의 싸움은 결코 진지하거나 엄중하지 않다. 못난 우스꽝스런 인물끼리 싸워봐야 관객에게는 웃음만 안길 뿐이다. 마지막 주인공의 정체성의 발견과 화합의 장면이 극의 성공 여부를 가름한다. 결국 희극은 주인공이 원하는 질서를 희극적으로 해결하면서 끝난다. 물론 이는 완전히 해결이라기보다는 질서를 방해하는 세력과 일시적으로 화해한 것이다. 인간 상호 간의 화해와 세계와 사회에 대한 인간의 화해가 이루어진다.

아이러니의 플롯은 대립물을 지속해서 인접시킴으로써 안정된 질서를 전복하는 시간구조를 가진다. 영웅으로 알려진 주인공이 사실은 일반인보다 뛰어나지 못하다. 그의 행위를 통해 청중은 굴욕·좌절·부조리의 정경을 경멸에 찬 눈초리로 내려다본다. 주인공과 거리를 두고 보기에 패러디와 풍자가 지배한다. 주인공은 결국 패배를 맞이할 수밖에 없고 혼란하고 무질서한 세계가 초래한다. 주인공이 외면적으로 드러낸 말과 실제 그 의미 사이에 괴리가 있기에 청중은 냉소에 빠진다. 하지만 냉소를 느끼는 과정에서 청중은 자기성찰성을 극대화하게 된다. 기존에는 볼 수 없는 진실을 발견하기도 한다.

서사적 설명은 한 마디로 말해 플롯구성(emplotment)을 통한 설명이다. "전승된 이야기의 종류를 파악하여 이야기의 '의미'를 제공하는 것을 플롯구성을 통한 설명이라고 한다"(White, 1973: 7). 어떤 일련의 사건을 특정 장르로 구성해서 이야기를 만들면, 그 특정 장르를 통해서 이야기를 설명했다고 할 수 있다. 서사적 설명의 궁극적 목적은 청중으로 하여금 '마치 ~인 것 같은' 미학적 경험을 하도록 추동하고, 이를 통해 자신의 삶을 재구성하도록 돕는 데 있다. 미학적 경험은 인지적 혼란, 정서적 고통, 윤리적 딜레마라는 인간이 겪는 다차원적인 고통을 새롭게 볼 수 있는 '역치'(liminal) 공간을 활짝 열어젖힌다. 사회구조에서 각자에게 주어진 고정된 자리에서 일시적으로 이탈하여 애매모호한 실존 상태에 놓이게 된다(Turner, 1969). 이러한 실존 상태는 자연적으로 흘러가는 '선형적인'(linear) 시간 개념에 도전한다.[10]

---

10) 예를 들어 경험적 인과 모델에서 사용되는 선형적인 인과 설명은 '일반적인 선형적 실재'(general linear reality)를 가정한다. 선형적 모델은 실제 사회세계가 선형적으로 구성되어 있는 실재를 표상한다고 가정한다(Abbott, 1988). 여기에서는 원칙적으로 시간을 거꾸로 또는 앞으로 투사할 수 있다. 하지만 시간을 거스르거나 미래로 투사한다고 해서 자연스레 미학적 경험이 뒤따르는 것은 아니다. 형식적 논리─수학적 추론으로 파악된 관계는 그대로 유지되기 때문이다

서사적 설명은 미학적 경험을 가능하게 한다. 미학적 경험은 선형적으로 구성된 시간 체험을 뒤집고, 이 체험은 주어진 현실을 넘어설 수 있는 힘을 준다. 이러한 초월적 힘은 사회적 삶의 주어진 의미를 변형하도록 돕는다. 서사적 설명의 힘은 사회적 삶에서 광범하게 나타난다. 원인과 결과가 필연성이나 개연성으로 묶이는 인과적 설명만으로는 종결감을 주지 않는 사건이 너무나 많이 발생하기 때문이다. 이때는 서사적 설명이 필요하다. "이야기의 결론은 매력의 극이다...그러나 서사적 결론은 추론할 수도, 예측할 수도 없다. 우리의 관심이 수천 가지 우발성에 의해 움직이지 않는다면 이야기는 없다. [⋯] 그러므로 결론은 예측 가능하기보다는 수용 가능해야 한다. 결론부터 그에 이르는 에피소드까지 되돌아보면 이 결말에는 이러한 종류의 사건과 일련의 행위가 필요하다고 말할 수 있다. 그러나 이러한 뒷모습은 우리가 이야기를 따라가면서 기대하는 목적론적 움직임에 의해 가능해진다"(Ricoeur, 1981: 170). 여기서 중요한 것은 결론이 수용 가능해야 한다는 것이다. 이는 새로운 의미의 창출을 통해서 가능하다. 우선 이럴 때는 새로운 은유를 창출해서 과학적 설명으로는 도저히 드러나지 않던 실재의 감각적·정서적·미학적·가치론적 차원이 현상하도록 만들어야 한다.

예를 들어, '굴대 문명' 관심을 되살려 작금의 야만의 시대를 초월하자는 박영신(2014a, 2014,b, 2017, 2020)의 주장은 은유의 이러한 특성을 잘 보여주고 있다. 박영신은 현 시대를 베버의 '쇠우리'라는 은유를 통해 정의하고, 이에 대한 대척점으로 굴대[11) 문명이라는 은유를 제시한

(Polkinghorne, 1988: 21).

11) 사회학계에서는 굴대(axis)는 '기축'(基軸)이란 한자어로 번역해서 사용해 왔는데(김상준, 2007, 2013a, 2013b; 박희, 2014; 송재룡, 2022), 나는 박영신을 따라 한글인 '굴대'라고 번역한다. "'굴대'란 '수레의 두 바퀴를 가로질러 수레가 바로

다. "오늘날의 이 숨 막히는 문화와 의식의 세계에 일대 변형의 운동을 일으키기 위해서는 위대한 독창성을 낳은 굴대문명으로 돌아가 그것과 대화할 수 있어야 한다. 실제로 이 길 이외에 다른 것이 보이지 않는다. 굴대의 문명과 종교가 남긴 유산을 다시금 주목하게 되는 것은 물질의 욕구충족에 매달려 사는 이 새로운 야만의 시대를 돌파해 갈 수 있는 가능성을 여기에서 보게 되기 때문이다"(박영신, 2014: 35).

굴대 문명이라는 아이디어는 애초에 베버의 종교사회학에서 온 것이다. 베버는 비록 굴대 문명이라는 용어를 명확하게 사용한 것은 아니었지만, 2천 년 전 위대한 문명의 여명기에 지구상에 여러 고등종교가 출현한 사실에 주목한다. 이 고등종교는 폭력, 욕구, 이해관계가 얽힌 일상적인 세계와 명확히 구분되는 영적 영역을 구축한다. 영적 영역에 대한 지향(저 세상적 지향)과 일상적 영역에 대한 지향(이 세상적 지향) 사이의 갈등이 일반화될 때 의미의 문제가 발생한다(Weber, 1978).

제2차 세계대전의 폐허를 겪은 후 굴대 문명이라는 용어를 분명하게 정의한 야스퍼스(Jaspers, 1953)는 베버의 이러한 생각을 가다듬었다. 기원전 일천 년쯤 전 세계에 거의 동시다발적으로 현실의 경험적 세계와 다른 초월적 상징세계가 존재한다는 믿음이 발전되어 나왔다. 초월적 상징체계를 통해 인간 의식이 자신을 사유의 대상으로 삼으면서 성찰성이 극대화된다. 인간은 자신의 한계를 자각하면서 초월의 명료함 속에서 절대자를 경험했다. 아이젠슈타트(Eisenstadt, 1982)는 이러한 전통을 이어받아 모든 '굴대 운동'에 공통된 근본적인 충동은 '초월을 향한

놓이도록 하고 나아가 움직여가도록 힘을 실어주는 막대'를 이르는데, 세계역사의 '굴대'라는 것도 가장 중요하고 중심을 이루는 인류 역사의 밑받침 대를 가리키며 그것 없이는 역사의 수레바퀴가 제대로 굴러가지 못할 만큼 삶을 다스리고 이끌어가는 힘의 토대를 뜻하는 낱말이다"(박영신, 2014: 19~20).

긴장'이라는 점을 밝힌다. 굴대 시대 이전에는 초월적 질서와 세속적 질서가 긴장을 갖지 않고 상동적이었다. 반면 굴대 시대에 접어들면 이 세상 또는 저 세상 현실을 초월하는 더 높은 도덕적 또는 형이상학적 질서가 존재하게 된다.

박영신은 굴대 문명이라는 은유를 사용함으로써 사회적 삶에 '초월성'을 다시 들여오는 의미의 혁신을 일으킨다. "굴대 문명은 초월의 영역과 현실의 영역을 하나로 뭉뚱그려놓지 않고 이 두 영역을 날카롭게 갈라놓았다. 이 두 영역 사이에 어쩔 수 없는 긴장이 일게 되고 분열과 대립이 생기는 것은, 의미의 문제를 저버리지 못하는 인간으로 남아 있는 한 회피하지 못하고 맞닥뜨릴 수밖에 없는 인간의 숙명이다"(박영신, 2014b: 120). 이렇게 보면 현 시대의 위기는 알렉산더가 말한 경험적 환경과 관련된 문제를 해결한다고 해서 극복되는 것이 아니라는 것이 분명해진다. 오히려 형이상학적 환경으로 솟구쳐 올라 의미의 문제와 정면으로 씨름해야 길이 보인다. 이는 다름 아닌 미학의 영역이다. 이는 구체적으로는 국민국가 틀 안에서 상상되어 왔던 '선'과 '정의'를 초월하여 전지구적 차원에서 새롭게 상상하는 것이다.

사회학자는 이렇게 은유가 드러낸 실재의 감각적·정서적·미학적·가치론적 차원을 이야기의 자원으로 삼아 다양한 장르의 서사를 만들어내야 한다. 현재 과학적 설명은 인간의 경험적 환경과 관련된 사회적 행위를 주된 연구 대상으로 삼는다. 이 과정에서 도구주의적이고 제도주의적 접근이 지배적 흐름을 형성한다. 하지만 행위가 아무리 도구주의적이고 제도에 의해 결정된다 하더라도 감정과 의미의 지평 안에 배태되어 있다. 감정으로 충전된 의미는 행위에 앞서 있다.[12] 이러한 의

....

12) 애보트는 설명을 목적으로 하는 서사 사회학에 맞서 서정 사회학(lyrical

미가 패턴을 제공해서 그 안에서 특정한 행위가 이루어지도록 안내한 다(Alexander, 2011: 477). 이러한 의미의 패턴 가운데 강력한 것이 바로 서사다. 서사적 설명은 이미 문학 유형(Griswold, 1992), 사회이론 (Alexander, 1994), 추모 과정(Wagner-Pacifici and Schwartz, 1991; Olick, 1999), 시민사회(Jacobs, 1996), 봉기(Jacobs, 2001), 연대(Jacobs and Smith, 1997), 사형제(Smith, 1996), 집합적 정체성(Jacobs, 2002), 트라우마 (Alexander, 2012), 시장(Alexander, 2011), 공공정책(Jacobs and Sobieraj, 2007), 아이콘(Alexander, 2010a), 선거(Alexnader, 2010b), 사이버공론장(최 종렬, 2007b), 촛불집회(최종렬, 2011), 이민자 사회통합(Stewart, 2012; 최종 렬, 2015), 게이트(최종렬, 2017), 지역청년의 삶(최종렬, 2018), 지역여성의 삶(최종렬, 2021) 등에서 활발하게 사용되고 있다.

"어떤 역사가는 어쩔 수 없이 자신의 서사를 구성하는 일련의 전체 이야기를 포괄적이거나 원형적인 이야기 형식으로 구성하기도 한다. 예

---

sociology)을 주장한다. "서정 사회학과 서사 사회학 사이의 주된 역학적 차이 는 작가의 의도가 다르기 때문에 발생한다. 서사적 작가는 무슨 일이 일어났는 지 우리에게 말해주고 아마도 그것을 설명하려고 노력한다. 서정적 작가는 한 순간에 나타나는 사회적 과정의 일부에 대한 자신의 강력한 반응을 우리에게 이야기하는 것을 목표로 한다. 이는 서사적 작가가 사건의 연쇄에 대해 알려주 는 반면 서정적 작가는 우리에게 이미지의 덩어리를 제공한다는 것을 의미한다. 서사적 작가는 추상적인 미메시스를 통해 현실을 보여주려 하고, 서정적 작가는 구체적인 감정을 통해 현실을 느끼게 하려는 것이다. 이는 서사적 작가는 자신 의 미메시스 모델을 만드는 기교를 강조하는 반면, 서정적 작가는 자신이 연구 하는 세계에 대한 열정의 생생함을 강조한다는 의미이다"(Abbott, 2007: 76). 나는 애보트의 이러한 구분에는 동의하지만, 서사 사회학과 서정 사회학을 대립 적으로 보는 시각은 받아들이지 않는다. 물론 애보트가 잘 기술하고 있듯이 서 구 역사에서 서정은 서사에 비해 낮게 평가받고 심지어 사회세계에서 배제되어 온 것이 사실이다. 서정은 사실 미학에 해당되는 것이기 때문이다. 하지만 나는 장르의 차원에서 볼 때, 서정과 서사의 대립은 해소된다고 본다. 특정 장르가 환기하는 서정 없이는 아무리 뛰어난 서사적 설명도 청중에게 종결감을 심어줄 수 없다.

를 들면, 미슐레는 모든 역사 저작을 로망스 모드로 썼으며, 랑케는 희극 모드로, 토크빌은 비극 모드로, 그리고 부르크하르트는 풍자로 썼다"(White, 1973: 8). 사회학자도 다르지 않다. 사회학자는 다양한 장르의 서사를 만들어 청중에게 들려주어야 한다. 인지적 혼란, 정서적 고통, 윤리적 딜레마가 야기한 의미의 문제에 서사적 설명으로 답해야 한다. 청중이 이를 듣고 미학적 경험을 하고 이를 통해 자신의 사회적 삶의 의미를 재구성하고 변형하도록 도와야 한다. 장르는 스토리가 어떻게 전개될지, 이야기 속 다양한 캐릭터에게 무슨 일이 일어날지, 캐릭터와 어떤 종류의 관계를 채택해야 할지 기대하도록 만든다. 그런 점에서 장르는 미래를 선취하는 능력이 있다. 물론 이러한 기대는 유동적이고 유연하다. 장르의 생산자와 소비자가 모두 공유하는 일련의 기대는 명확한 논증이기보다는 '가족 유사성'(family resemblances)에 가깝다(Jacobs, 2001: 226).

인간은 불확실한 미래를 확실성이 아니라 가족 유사성을 띠는 특정의 장르로 이야기된 방식으로 경험한다. 로망스, 비극, 희극, 아이러니가 서사의 원형적 장르라고 한다면, 사회적 삶이 모두 곧이곧대로 이 장르대로 구성되는 것은 아니다. 현실에서는 다양한 혼합장르가 나타날 수 있다. 또한 장르는 하위 장르로 계속 분화한다. 그만큼 현실은 복합적이기 때문이다. 그럼에도 불구하고 네 가지 원형 장르는 문제적 상황을 해결하는 데 도움을 주는 방법론적 패러다임으로 기능할 수 있다.[13]

---

13) 왜 프라이의 분류법을 사용하여 장르를 로망스, 비극, 희극, 아이러니로 한정하느냐는 비판이 있을 수 있다. 물론 프라이의 분류법이 장르를 구분하는 유일한 길은 아닐 것이다. 메타역사로 유명한 화이트(White, 1973: 8)도 이 점을 잘 알고 프라이의 분류법이 전설이나 탐정소설 같은 2차적인 문학 장르에는 적합하지만 『리어왕』, 『잃어버린 시간을 찾아서』, 『실낙원』 같은 복잡한 구조를 지니고 있고 다양한 해석이 가능한 작품을 평가하기에는 너무 경직되고 추상적이라

"방법론적 의미에서 패러다임은 문제 해결 모델을 제공하고 결과적으로 연구를 이끄는 기능을 한다. 따라서 서사 형식은 연구를 안내하는 데 얼마나 유익한지, 문제 해결을 위한 자원이 되는지를 기준으로 평가할 수 있다"(Roth, 1988: 12). 문제적 상황에 대한 단 하나의 확실한 정답을 찾기 위해 과학적 설명으로 도피하면 안 된다. 서사적 설명은 단 하나의 확실한 정답을 제공하지 않는다. 오히려 장르 구성을 통해 패턴을 찾고 그 안에서 문제적 상황에 대한 해결책을 모색한다. 그 해결책이 역사적으로 우발적일 수 있다는 점을 명확히 인식한다. 또 다른 역사적 시기에, 또 다른 우발성으로, 또 다른 해결책이 만들어질 수 있다. 타자를 설명하고, 예측해서, 결국 통제하려는 확실성 추구와의 투쟁! 사회학은 미학에 의해 추동되는 윤리적·정치적 기획이 되어야 한다.

는 비판이 있다고 말한다. 그럼에도 역사가는 소설가나 극작가와 달리 복잡한 국면을 구성하지 않으려는 경향이 있기에 가장 일반적인 형식을 따라 플롯을 구성하려는 경향이 있다고 말한다. 이 점에서 프라이의 분류법은 상당히 유용하다고 말한다. 나는 이러한 지적은 사회학자에게도 해당한다고 생각한다. 문제적 상황에 처한 행위자가 이를 해결하는 데 활용하는 이야기의 장르는 일상생활을 안내하는 이야기의 장르와 달리 분명하게 나타날 필요가 있다. 그래야 문제적 상황을 분명하게 특정 장르로 정의하고, 그 안에서 문제적 상황을 해결해나갈 것이다. 하지만 또 다른 문제가 있다. 프라이가 서구의 신화와 전설 문학에서 도출한 네 가지 원형 장르가 한국에 적용될 수 있는가 하는 문제다. 나는 서구의 신화와 전설 문학이 서구에만 한정되지 않고 지구상의 인류가 끊임없이 교류하면서 함께 만든 공동의 문화자산이라 믿는다. 프라이는 이러한 공동의 문화자산에서 네 가지 원형 서사 장르를 이념형적으로 구축했다. 나는 이를 방법론적 패러다임으로 삼아 한국의 사회적 삶을 탐구할 수 있다고 여긴다. 물론 한국의 맥락에서 발전된 독특한 장르적 성격이 있다. 그런 점에서 한국인이 사회적 삶을 구성할 때 활용하는 한국 특유의 장르 역시 함께 탐구할 필요가 있다. 마침 대중서사장르회는 한국 대중서사의 장르를 탐구하는 일련의 책을 펴냈다. 멜로드라마(대중서사장르회, 2007), 역사허구물(대중서사장르회, 2009), 추리물(대중서사장르회, 2011), 코미디(대중서사장르회, 2013), 환상물(대중서사장르회, 2016). 신화와 전설 문학, 더 나아가 소설 보다 갈수록 대중서사가 사회적 삶의 의미를 구성할 때 막강한 힘을 발휘하는 현실을 고려해보면 사회학자가 대중서사장르를 배우고 활용하는 것은 매우 중요한 일이다.

도움받은 글

강명구. 2008. "SSCI와 한국사회과학의 향방: 지식생산의 식민성을 넘기 위한 몇 가지 제안."『한국사회과학』30(1): 207~246.

강신표. 2014.『우리 사회에 대한 성찰적 민족지: 대대문화문법과 한국의 문화 전통 연구』. 세창출판사.

김광기. 2000. "고프만(Erving Goffman), 가핑켈(Harold Garfinkel), 그리고 근대성: 그들의 1950년대 초기 저작에 나타난 근대성을 중심으로."『한국사회학』34(2): 217~239.

김덕영. 2003.『논쟁의 역사를 통해 본 사회학: 자연과학·정신과학 논쟁에서 하버마스·루만 논쟁까지』. 길.

김덕영. 2007.『게오르그 짐멜의 모더니티 풍경 11가지』. 길.

김덕영. 2012.『막스 베버: 통합과학적 인식의 패러다임을 찾아서』. 길.

김덕영. 2016.『사회의 사회학: 한국적 사회학 이론을 위한 해석학적 오디세이』. 길.

김덕영. 2017.『루터와 종교개혁: 근대와 그 시원에 대한 신학과 사회학』. 길.

김덕영. 2019.『에밀 뒤르케임: 사회실재론』. 길.

김란우·송수연. 2020. "한국 학계의 고유성은 존재하는가? 한국 사회학과 국제 사회학의 지식 담론 구조 비교를 중심으로"『한국사회학』54(4): 1~40.

김상준. 2007. "중층근대성: 대안적 근대성 개요."『한국사회학』41(4): 242~279.

김상준. 2013a. "보편의 우회─기축시대, 막스 베버, 근대성 이론."『현대사회와 베버 패러다임』. 나남.

김상준. 2013b. "유교 윤리성의 비판성: 21세기 문명 재편의 한 축."『사회사상과 문화』28: 49~79.

김우식. 2014. "한국 사회학의 위기의 원인과 처방에 대한 이론적 논의."『사회와이론』25: 331~362.

김현주. 2022. "아우구스티누스의 계층적 우주론 고찰: 죄론을 중심으로."『한국조직신학논총』 67: 51~89.

뉴턴, 아이작. 2023.『프린키피아』. 배지은 옮김. 승산.

대중서사장르회. 2007.『대중서사장르의 모든 것: 멜로드라마』. 이론과실천.

대중서사장르회. 2009.『대중서사장르의 모든 것: 역사허구물』. 이론과실천.

대중서사장르회. 2011.『대중서사장르의 모든 것: 추리물』. 이론과실천.

대중서사장르회. 2013.『대중서사장르의 모든 것: 코미디』. 이론과실천.

대중서사장르회. 2016.『대중서사장르의 모든 것: 환상물』. 이론과실천.

데카르트, 르네. 1998. "철학의 원리."『방법서설/성찰/정념론』. 김형효 옮김, 삼성출판사, 311~407쪽.

리틀, 대니얼. 2021.『사회과학의 방법론: 사회적 설명의 다양성』. 하홍규 옮김. 한울.

박영신. 2014a. "'굴대 시대' 이후의 문명사에 대한 학제간 연구 관심."『현상과인식』 38(1/2): 17~39.

박영신. 2014b. "베버의 쇠우리: 삶의 모순 역사에서"『사회이론』 46: 105~143.

박영신. 2017. "인간의 한계와 굴대 문명의 재귀: 지식 행위를 새김."『현상과인식』 41(3): 16~43.

박영신. 2020. "베버의 그늘 밑에서: '굴대 문명' 관심의 되살림과 그 쓰임."『사회이론』 58: 1~34.

박희. 2014. "동아시아의 다중 근대성과유교 근대화 담론."『아시아연구』 17(2):113~151.

손은실. 2018. "토마스 아퀴나스의 사랑론."『중세철학』 24: 75~106.

송재룡. 2022. "생태적 전환 문명과 종교: 제2의 기축시대 테제와 연관해."『Oughtopia』 37(1): 39~67.

스티글러, 스티븐. 2005.『통계학의 역사』. 조재근 옮김. 한길사.

신창석. 2000. "『신학대전』의 윤리적 기초."『철학논총』 22: 293~309.

아우구스티누스. 2016. 『고백록』. 성염 역주. 경세원.

이기홍. 2016. "사회과학에서 법칙과 설명." 『경제와사회』 111: 269~318.

이기홍. 2018. "양적 방법은 미국사회학을 어떻게 지배하게 되었나?" 『사회와 이론』 32: 7~60.

이기홍. 2019. "누가 1등인가?: 등위평가의 사회학." 『사회과학연구』 58(2): 265~297.

이기홍. 2021a. "'가설 – 검증'과 설명의 추구." 『경제와사회』 129: 118~154.

이기홍. 2021b. "'정치적 성공, 지적 실패': 수량사회학의 사회학." 『사회와 이론』 40: 95~132.

이성복. 2015. 『극지의 시』. 문학과지성사.

장욱. 2003. 『토마스 아퀴나스의 철학』. 동과서.

정수복. 2007. 『한국인의 문화적 문법: 당연의 세계 낯설게 보기』. 생각의 나무.

정수복. 2022a. 『한국 사회학과 세계 사회학: 한국 사회학의 지성사 1』. 푸른역사.

정수복. 2022b. 『아카데믹 사회학의 계보학: 한국 사회학의 지성사 2』. 푸른역사.

정수복. 2022c. 『비판사회학의 계보학: 한국 사회학의 지성사 3』. 푸른역사.

정수복. 2022d. 『역사사회학의 계보학: 한국 사회학의 지성사 4』. 푸른역사.

최종렬. 2003. "포스트모던: 모던에 대한 미학적 도전." 『사회와 이론』 2(1): 207~258.

최종렬. 2004a. "과학, 도덕학, 미학의 역사적 관계: 고대 그리스 사상에서 르네상스 휴머니즘까지." 『사회와 이론』 4(1): 267~339.

최종렬. 2004b. "계몽주의, 대항계몽주의, 반계몽주의." 『사회와 이론』 4(2): 123~181.

최종렬. 2005a. "고전 유럽사회학의 지적 모체: 19세기 유럽 지성계의 지형." 『사회와 이론』 6(1): 35~81.

최종렬. 2005b. "고전 유럽사회학: 계몽주의의 독단에 대한 대항계몽주의의 비판과 보완," 『현상과 인식』 29(4): 139~170.

최종렬. 2007a. "서론: 뒤르케임주의 문화사회학." 『뒤르케임주의 문화사회학: 이론과 방법론』. 이학사. 15~74쪽.

최종렬. 2007b. "사이버 공론장에서의 포스트모던 집합의례: 문갑식 기자의 블로그 사건 담론 경합을 중심으로." 『문화와사회』 3: 195~261.

최종렬. 2009a. 『사회학의 문화적 전환: 과학에서 미학으로, 되살아난 고전사회학』. 살림.

최종렬. 2009b. "탈영토화된 공간에서의 베트남 이주여성의 행위전략: 은혜와 홍로안의 사랑과 결혼 이야기." 『한국사회학』 43(4): 107~146.

최종렬. 2010. "모던 미국사회학과 과학주의." 『사회와이론』 16: 7~46.

최종렬, 2011. "사회적 공연으로서의 2008 촛불집회." 『한국학논집』 42: 227~270.

최종렬. 2015. "이자스민과 사회적 공연: 사회통합 장르로서의 멜로드라마." 『문화와 사회』. 18: 433~491.

최종렬. 2016. "극지의 문화사회학: 무엇을 할 것인가?" 『문화와사회』 20: 35~77.

최종렬. 2017. "이게 나라냐?: 박근혜 게이트와 시민영역." 『문화와사회』 23: 101~153.

최종렬. 2018. 『복학왕의 사회학: 지방 청년들의 우짖는 소리』. 오월의봄.

최종렬. 2021. 『니는 내맹쿠로 살지 마래이』. 피엔에이월드.

한상훈. 2023. "'인과혁명'의 발전과 인과관계론의 재검토." 『저스티스』 196: 61~104.

흄, 데이비드. 2012. 『인간 이해력에 관한 탐구』. 김혜숙 옮김. 지식을만드는 지식.

Abbott, Andrew. 1988. "Transcending General Linear Reality." *Sociological Theory* (6): 169~186.

Abbott, Andrew. 2001. *Chaos of Disciplines*. Chicago, IL: University of Chicago Press.

Abbott, Andrew. 2007. "Against Narrative: A Preface to Lyrical Sociology." *Sociological Theory* 25(1): 67~99.

Abell, Peter. 1984. "Comparative Narratives, Some Rules for the Study of Action." *Journal for the Theory of Social Behaviour* 14: 309~332.

Abell, Peter. 1993. "Some Aspects of Narrative Method." *The Journal of Mathematical Sociology* 18(2−3): 93~134.

Abell, Peter. 2003. "The Role of Rational Choice and Narrative Action Theories in Sociological Theory: The Legacy of Coleman's Foundations." *Revue Française de Sociologie* 44(2): 255~273.

Abell, Peter. 2004. "Narrative Explanation: An Alternative to Variable−Centered Explanation?" *Annual Review of Sociology* 30: 287~310.

Abell, Peter. 2009. "A Case for Cases: Comparative Narratives in Sociological Explanation." *Sociological Methods & Research* 38(1): 38~70.

Abraham, Joseph H. 1973. *The Origins and Growth of Sociology*. Baltimore, Maryland: Penguin Books.

Acker, Joan. 1973. "Women and Social Stratification: A Case of Intellectual Sexism." *American Journal of Sociology* 78(4): 174~83.

Aertsen, Jan A. 1993. "Aquinas's Philosophy in Its Historical Setting." Pp. 12~37 in Norman Kretzmann and Eleonore Stump (eds.). *The Cambridge Companion to Aquinas*. New York: Cambridge University Press.

Agger, Ben, 2000. *Public Sociology: From Social Facts to Literary Acts*. Lanham, MD: Rowman & Littlefield Publishers.

Alexander, Jeffrey C. 1982. *Theoretical Logic in Sociology Volume One: Positivism, Presuppositions, and Current Controversies*. Berkeley, CA: University of California Press.

Alexander, Jeffrey C. 1986. "Rethinking Durkheim's Intellectual Development : On the Complex Origins of a Cultural Sociology." *International Sociology* 1(1): 91~107.

Alexander, Jeffrey C. 1987a. "The Centrality of the Classics." Pp. 11~57 in Anthony Giddens and Jonathan Turner (eds.). *Social Theory Today*. Stanford, CA: Stanford University Press.

Alexander, Jeffrey C. 1987b. *Twenty Lectures: Sociological Theory Since World War II*. New York: Columbia University Press.

Alexander, Jeffrey C. 1994. "Modern, Anti, Post, and Neo: How Social Theories Have Tried to Understand the 'New World' of 'Our Time'." *Zeitschrift für Soziologie* 23(3): 165~197.

Alexander, Jeffrey C. 2003. *The Meanings of Social Life: A Cultural Sociology*. Oxford: Oxford University Press.

Alexander, Jeffrey C. 2010. "Celebrity—Icon." *Cultural Sociology* 4(3): 323~336.

Alexander, Jeffrey C. 2010b. The Performance of Politics: *Obama's Victory and the Democratic Struggle for Power*. Oxford: Oxford University Press.

Alexander, Jeffrey C. 2011. "Market as Narrative and Charater." *Journal of Cultural Economy* 4(4): 477~488.

Alexander, Jeffrey C. 2012. *Trauma: A Social Theory*. Cambridge, UK: Polity.

Alexander, Jeffrey C. and Philip Smith. 1993. "The Discourse of American Civil Society: A New Proposal for Cultural Studies." *Theory and Society* 22: 151~207.

Alexander, Jeffrey C., Bernhard Giesen, Richard Münch, and Neil J. Smelser (eds.). 1987. *The Micro—Macro Link*. Berkeley, CA: University of California Press.

Allcock, John B. 1982. "Emile Durkheim's Encounter with Pragmatism." *The Journal of the History of Sociology* 4: 27~51.

Allison, David. 1999. "Transgression and Its Itinerary." Pp. 201~227 in Deepak Narang Sawhney (ed.). *Must We Burn Sade?* Amherst, NY: Humanity Books.

Anderson, Graham. 1993. *The Second Sophistic: A Cultural Phenomenon in the Roman Empire*. New York: Routledge.

Aristotle. 1941. *The Basic Works of Aristotle*. New York: Random House.

Bannister, Robert C. 1987. *Sociology and Scientism: The American Quest for Objectivity, 1880—1940*. Chapel Hill, NC: The University of North Carolina Press.

Barrett, Harold. 1987. *The Sophists: Rhetoric, Democracy and Plato's Idea of Sophistry*. Novato, CA: Chandler & Sharp Publishers.

Baudrillard, Jean. 1983. *In the Shadow of the Silent Majorities*. New York, NY: Semiotext(e).

Bauman, Zygmunt. 1987. *Legislators and Interpreters: On Modernity, Postmodernity and Intellectuals*. Ithaca, NY: Cornell University Press.

Bauman, Zygmunt. 1989. *Modernity and the Holocaust*. Ithaca, NY: Cornell University Press.

Becker, Carl L. 1963. *The Heavenly City of the Eighteenth—Century Philosophers*. Clinton, MA: The Colonial Press.

Bell, Daniel. 1973. *The Coming of Post-Industrial Society.* New York: Basic Books.

Bendix, Reinhard. 1977. *Max Weber: An Intellectual Portrait.* Berkeley, CA: University of California Press.

Berger, Peter L. and Thomas Luckmann. 1966. *The Social Construction of Reality: A Treatise in the Sociology of Knowledge.* Garden City, NY: Doubleday.

Berlin, Isaiah and Ramin Jahanbegloo. 1992. *Conversations with Isaiah Berlin.* New York: Scribner.

Berlin, Isaiah. 1976. *Vico and Herder: Two Studies in the History of Ideas.* New York: The Viking Press.

Berlin, Isaiah. 1979. "The Counter-Enlightenment." Pp. 1~24 in *Against the Current.* New York: The Viking Press.

Berlin, Isaiah. 1991. *The Crooked Timber of Humanity: Chapters in the History of Ideas.* New York: Alfred A. Knopf.

Berlin, Isaiah. 1993. *The Magus of the North: J. G. Hamann and the Origins of Modern Irrationalism.* New York: Farrar, Straus and Giroux.

Berlin, Isaiah. 1999. *The Roots of Romanticism.* Princeton, NJ: Princeton University Press.

Bertens, Hans. 1995. *The Idea of the Postmodern: A History.* New York: Routledge.

Bevir, Mark. 2000. "Narrative as a Form of Explanation." *Disputatio* 9: 10~18.

Bierstedt, Robert. 1978. "Sociological Thought in the Eighteenth Century." Pp. 3~38 in Tom Bottomore and Robert Nisbet (eds.). *A History of Sociological Analysis.* New York: Basic Books.

Blumer, Herbert. 1969. *Symbolic Interactionism: Perspective and Method.*

Berkeley: University of California Press.

Bock, Kenneth. 1978. "Theories of Progress, Development, Evolution." Pp. 39~79 in Tom Bottomore and Robert Nisbet (eds.). *A History of Sociological Analysis*. New York: Basic Books.

Bourdieu, Pierre. 1992. *The Rules of Art: Genesis and Structure of the Literary Fi eld*. Stanford: Stanford University Press.

Broćić, Miloš and Daniel Silver. 2021. "The Influence of Simmel on American Sociology Since 1975." *Annual Review of Sociology* 47: 87~108.

Brooks, Peter. 1992. *Reading for the Plot: Design and Intention in Narrative*. Cambridge, MA: Harvard University Press.

Brown, Richard Harvey. 1977. *A Poetic for Sociology: Toward a Logic of Discovery for the Human Sciences*. Chicago: The University of Chicago Press.

Brownstein, Larry. 1982. *Talcott Parsons's General Action Scheme: An Investigation of Fundamental Principles*. Cambridge, MA: Schenkman.

Bulmer, Martin. 1984. *The Chicago School of Sociology: Institutionalization, Diversity, and the Rise of Sociological Research*. Chicago: University of Chicago Press.

Burke, Peter. 1985. *Vico*. New York: Oxford University Press.

Burnet, John. 1914. *Greek Philosophy: Part I, Thales to Plato*. London: Macmillan.

Burrow, John Wyon. 1970. *Evolution and Society*. Cambridge: Cambridge University Press.

Burrow, John Wyon. 2000. *The Crisis of Reason: European Thought, 1848~1914*. New Haven: Yale University Press.

Bury, J. B. 1920. *The Idea of Progress: An Inquiry into Its Origin and*

Growth. St. Martin's Street, London: Macmillan and Co., Limited.

Bury, J. B. 1958. "The Age of Illumination." *The Cambridge Ancient History* 5: 376~397.

Castellani, Brianand Frederic William Hafferty. 2009. *Sociology and Complexity Science: A New Field of Inquiry*. New York: Springer.

Castells, Manul. 2000. *The Rise of the Network Society*. Oxford, MA: Blackwell Publishers.

Chafetz, Janet S. 1998. "From Sex/Gender Roles to Gender Stratification: From Victim Blame to System Blame." Pp. 159~164 in Kristen A. Myers, Cynthia D. Anderson, and Barbara J. Risman (eds.) *Feminist Foundations: Toward Transforming Sociology*. Thousand Oaks, CA: Sage.

Chodorow, Nancy. 1978. *The Reproduction of Mothering*. Berkeley, CA: University of California Press.

Choi, Jongryul. 2004. *Postmodern American Sociology: A Response to the Aesthetic Challenge*. Lanham, ML: University Press of America.

Cladis, Mark S. 1992. *A Communitarian Defense of Liberalism : Emile Durkheim and Contemporary Social Theory*. Stanford, California : Stanford University Press.

Clake, Norris S.J. 1994. *Explorations in Metaphysics: Being−God−Person*. Notre Dame: University of Notre Dame Press.

Clark, Mary T. 1994. *Augustine*. Washington, DC: Georgetown University Press.

Clough, Patricia T. 1992. *The End(s) of Ethnography: From Realism to Social Criticism*. Newbury Park, CA: Sage.

Clough, Patricia T. 1994. *Feminist Thought: Desire, Power, and Academic Discourse*. Cambridge, MA: Blackwell.

Clough, Patricia T. 1996. "A Theory of Writing and Experimental Writing in the Age of Telecommunications: A Response to Steven Seidman." *The Sociological Quarterly* 37(4): 721~733.

Clough, Patricia T. 2000a. *Autoaffection: Unconscious Thought in the Age of Teletechnology*. Minneapolis, MN: University of Minnesota Press.

Clough, Patricia T. 2000b. "The Technical Substrates of Unconscious Memoty: Rereading Derrida's Freud in the Age of Teletechnology." *Sociological Theory* 18(3): 383~398.

Coleman, James. 1990. *Foundations of Social Theory*. Cambridge, MA: The Belknap Press of Harvard University Press.

Collins, Randall, 1975. *Conflict Sociology: Toward an Explanatory Science*. New York: Academic Press.

Comte, Auguste. 2009. *A General View of Positivism*. New York: Cambridge University Press.

Conford, Francis MacDonald. 1957. *Plato's Cosmology: The Timaeus*. New York: The Bobbs—Merrill.

Conford, Francis MacDonald. 1966. *Before and After Socrates*. New York: The Cambridge University Press.

Connell, R. W. 1997. "Why Is Classical Theory Classical?" *American Journal of Sociology* 102(6): 1511~1557.

Cook, Gary, A. 1993. George Herbert Mead: *The Making of a Social Pragmatist*. Urbana and Chicago: University of Illinois Press.

Cooley, Charles. 1922. *Human Nature and the Social Order*. New York: Charles Scribner's Sons.

Crocker, Lester G. 1959. *An Age of Crisis: Man and World in Eighteenth Century French Thought*. Baltimore: The Johns Hopkins Press.

Crowley, Sharon. 1979. "Of Gorgias and Grammatology." *College

Composition and Communication 30(3): 279~283.

Davidson—Harden, Adam. 2013. "What Is Social Sciences and Humanities Research 'Worth'? Neoliberalism and the Framing of Social Sciences and Humanities Work in Canada." *Policy Futures in Education* 11(4): 387~400.

De Romilly, Jacqueline. 1992. *The Great Sophists in Periclean Athens.* New York: Oxford University Press.

Dewey, John. 1929a. *Experience and Nature.* London: George Allen & Unwin.

Dewey, John. 1929b. *The Quest for Certainty: A Study of the Relation of Knowledge and Action.* London: George Allen & Unwin, Ltd.

Denzin, Norman. 1991. *Images of Postmodern Society: Social Theory and Contemporary Cinema.* London: Sage.

Denzin, Norman. 1993. "The Postmodern Sensibility." *Studies in Symbolic Interaction* 15: 179~188.

Denzin, Norman. 1996. "Sociology at the End of the Centurt." *The Sociological Quarterly* 37(4): 743~752.

Derrida, Jacques. 1982. *Margins of Philosophy.* Chicago: University of Chicago Press.

Descartes, Rene. 1970. *The Philosophical Works of Descartes Volume 1.* New York: Cambridge University Press.

Dickens, David R. and Andrea Fontana. 1994. *Postmodernism and Social Inquiry.* New York: The Guilford Press.

Dilthey, Wilhelm. 1976. *Dilthey: Selected Writings.* Cambridge: Cambridge University Press.

DiMaggio, Paul and Walter W. Powell. 1983. *The Iron Cage Revisited: Institutional Isomorphism and Collective Rationality in Organizational*

Fields. American Sociological Review 48 (2): 147~160.

Durkheim, Emile. 1951. *Suicide : A Study in Sociology*. New York: The Free Press.

Durkheim, Emile. 1995. *The Elementary Forms of Religious Life*. New York: The Free Press.

Durkheim, Emile. 1953. *Sociology and Philosophy*. Glencoe, IL: Free Press.

Durkheim, Emile. 1957. *Professional Ethics and Civic Morals*. London: Routledge.

Durkheim, Emile. 1973. "The Dualism of Human Nature and Its Social Conditions," Robert N. Bellah (ed.). *Emile Durkheim on Morality and Society*. Chicago : The University of Chicago Press.

Durkheim, Emile. 1983. *Pragmatism and Sociology*. Cambridge, UK: Cambridge University Press.

Durkheim, Emile. 1984. *The Division of Labor in Society*. New York: The Free Press.

Eisenstadt, Shmuel N. 1982. "The Axial Age: The Emergence of Transcendental Visions and the Rise of the Clerics." *European Journal of Sociology* 23(2): 294~314.

Elders, Leo. 2009. "The Aristotelian Commentaries of St. Thomas Aquinas." *The Review of Metaphysics* 63(1): 29~53.

Elliot, Anthony. 1994. *Psychoanalytic Theory: An Introduction*. Cambridge, MA: Blackwell.

Ellwood, Charles A. 1971. *The Story of Social Philosophy*. Freeport, NY: Books For Libraries Press.

Emery, Gilles OP and Matthew Levering (eds.). 2015. *Aristotle in Aquinas's Theology*. Oxford: Oxfoed University Press.

Eriksson, Björn. 1993. "The First Formulation of Sociology: A Discursive Innovation of the 18th Century." *Archives of Europeenes De Sociologie* XXXIV: 251~276.

Fine, William F. 1979. *Progressive Evolutionism and American Sociology, 1890~1920.* Ann Arbor, MI: UMI Research Press.

Fligstein, Neil and Doug McAdam. 2012. *A Theory of Fields.* New York: Oxford University Press.

Foster, E. M. 1927. *Aspects of the Novel.* New York: Harcourt Brace and Company.

Foucault, Michel. 1977. *Discipline and Punish: The Birth of the Prison.* New York: Vintage Books.

Freese, Lee. 1980. "Formal Theorizing." *Annual Review of Sociology* 6: 187~212.

Friedland, Roger. 2013. "The Gods of Institutional Life: Weber's Value Spheres and the Practice of Polytheism." *Critical Reserch on Religion* 1(1): 15~24.

Friedland, Roger. 2014. "Divine Institution: Max Weber's Value Spheres and Institutional Theory." *Research in the Sociology of Organizations.* 41: 217~258.

Frye, Northrop. 1971. *The Anatomy of Criticism: Four Essays.* Princeton, NJ: Princeton University Press.

Garfinkel, Harold. 1967. *Studies in Ethnomethodology.* Englewood Cliffs, NJ: Prentice—Hall.

Geertz, Clifford. 1973. *The Interpretation of Cultures.* New York, NY: Basic Books.

Giddens, Anthony. 1978. "Positivism and its Critics." Pp. 237~286 in Tom Bottomore and Robert Nisbet (eds.). *A History of Sociological Analysis.*

New York: Basic Books.

Gieryn, Thomas F. 1990. "Durkheim's Sociology of Scientific Knowledge." Pp. Peter Hamilton (ed.). *Emile Durkheim : Critical Assessments Vol. 4.* New York: Routledge.

Gilson, Etienne. 1936. *The Spirit of Medieval Philosophy.* New York: Charles Scribner's Sons.

Gilson, Etienne. 1966. *The Christian Philosophy of St. Thomas Aquinas.* New York: Random House.

Goffman, Erving. 1959. *The Presentation of Self in Everyday Life.* New York: Anchor Books.

Goodman, Anthony and Angus MacKay (eds.). 1990. *The Impact of Humanism on Western Europe.* New York: Longman.

Gordon, Scott. 1991. *The History and Philosophy of Social Science.* London: Routledge.

Gouldner, Alvin W. 1970. *The Coming Crisis of Western Sociology.* New York: Basic Books.

Grafton, Anthony. 1990. "Humanism, Magic and Science."pp. 99~117 in Anthony Goodman and Angus MacKay (eds.). *The Impact of Humanism on Western Europe.* New York: Longman.

Grafton, Anthony. 1991. *Defenders of the Text: The Traditions of Scholarship in an Age of Science, 1450－1800.* Cambridge, MA: Harvard University Press.

Greek, Cecil E. 1992. *The Religious Roots of American Sociology.* New York: Garland.

Griswold, Wendy. 1992. "The Writing on the Mudwall: Nigerian Novels and the Imaginary Village." *American Sociological Review* 57: 709~724.

Gulley, Norman. 1962. *Plato's Theory of Knowledge.* London: Methuen &

Co Ltd.

Guthrie, W. K. C. 1965. *A History of Greek Philosophy Vol. 2.* New York: The Cambridge University Press.

Guthrie, W. K. C. 1971. *The Sophists.* Cambridge: Cambridge University Press.

Hall, Robert T. 1987. *Emile Durkheim: Ethics and the Sociology of Morals.* Westport, CT: Praeger.

Hall, Stuart. 1996. "Ethnicity: Identity and Difference." Pp. 341~356 in Eley, Geoff and Ronald Grigor Suny (eds.). *Becoming National: A Reader.* New York: Oxford University Press.

Hall, Stuart. 1997. "Introduction." Pp. 1~12 in Stuard Hall (ed.). *Representation: Cultural Represetntation and Signyfying Practices.* London: Sage.

Harris, Errol E. 1995. *The Substance of Spinoza.* Atlantic Highlands. NJ: Humanities Press.

Harvey, David. 1989. *The Condition of Postmodernity: An Inquiry into the Origins of Cultural Change.* Cambridge, MA: Blackwell.

Harvey, Lee. 1987. *Myths of the Chicago School of Sociology.* Brookfield, VT: Avebury.

Havelock, Eric A. 1957. *The Liberal Temper in Greek Politics.* New Haven: Yale University Press.

Hegel, G. W. F. 1977. *Phenomenology of Spirit.* Oxford: Oxford University Press.

Heilbron, Johan. 1995. *The Rise of Social Theory.* Minneapolis, MN: University of Minnesota Press.

Heisenberg, Werner. 1989. *Physics and Philosophy: The Revolution in Modern Science.* London: Penguin Books.

Hempel, Carr. 1942. "The Function of General Laws in History." Journal of Philosophy 39: 35~48.

Hempel, Carl. 1952. *Fundamentals of Concept Formation in Empirical Science*. Chicago: University of Chicago Press.

Hempel, Carr. 1965. *Aspects of Scientific Explanation and other Essays in the Philosophy of Science*. New York: The Free Press.

Heron, John and Peter Reason. 1997. "A Participatory Inquiry Paradigm." *Qualitative Inquiry* 3: 274~294.

Hinkle, Roscoe. 1980. *Founding Theory of American Sociology, 1881 − 1915*. Boston: Routledge & Kegan Paul.

Hinkle, Roscoe. 1994. *Developments in American Sociology, 1915 − 1950*. Albany, NY: State University of New York.

Holbach, Baron de. 2001. *The System of Nature or Laws of the Moral and Physical World Volume 1*. Kitchener: Batoche Books.

Homans, George. 1950. *The Human Group*. New York: Harcourt, Brace.

Homans, George. 1961. *Social Behavior: Its Elementary Forms*. New York: Harcourt, Brace & World.

Homans, George. 1967. *The Nature of Social Science*. New York: Harcourt, Brace & World.

Huaco, George A. 1986. "Ideology and General Theory: The Case of Sociological Functionalism." *Comparative Studies in Society and History* 28(1): 34~54.

Hulme, Peter and Ludmilla Jordanova. 1990. "Introduction." Pp. 1~15 in Peter Hulme and Ludmilla Jordanov (eds.). *The Enlightenment and Its Shadow*. New York: Routledge.

Hutchinson, D. S. 1995. "Ethics." Pp. 195~232 in Jonathan Barnes (ed.). *The Cambridge Companion to Aristotle*. New York: Cambridge

University Press.

Jacobs, Ronald N. 2001. "The Problem with Tragic Narratives: Lessons from the Los Angeles Uprising." *Qualitative Sociology* 24(2): 221~243.

Jacobs, Ronald N. 2002. "The Narrative Integration of Personal and Collective Identity in Social Movements." Pp. in 205~228 in Melanie C. Green, Jeffrey J. Strange, and Timothy C. Brock. M (eds.). *Narrative Impact: Social and Cognitive Foundations.* Mahwah, NJ: Lawrence Erlbaum Associates.

Jacobs, Ronald N. 1996. "Civil Society and Crisis: Culture, Discourse, and the Rodney King Beating." *The American Journal of Sociology* 101(5): 1238~1272.

Jacobs, Ronald N. and Philip Smith. 1997. "Romance, Irony, and Solidarity." *Sociological Theory* 15(1): 60~80.

Jacobs, Ronald N. and Sarah Sobieraj. 2007. "Narrative and Legitimacy: U.S. Congressional Debates about the Nonprofit Sector." *Sociological Theory* 25(1): 1~25.

James, William. 1891. "The Moral Philosopher and the Moral Life." *International Journal of Ethics* 1(3): 330~354.

Jameson, Fredric. 1984. "Postmodernism: The Cultural Logic of Late Capitalism." *New Left Review* 146: 53~93.

Janaway, Christopher. 1994. *Schopenhauer.* New York: Oxford University Press.

Jarratt, Susan C. 1991. *Rereading the Sophists: Classical Rhetoric Refigured.* Carbondale and Edwardsville: Southern Illinois University Press.

Jaspers, Karl. 1953. *The Origin and Goal of History.* New Haven, CT: Yale University Press.

Jemielniak, Dariusz and Davydd J. Greenwood. 2015. "Wake Up or Perish: Neo—Liberalism, the Social Sciences, and Salvaging the Public University." *Cultural Studies ↔ Critical Methodologies* 15(1): 72 ~82.

Joas, Hans. 1993. *Pragmatism and Social Theory*. Chicago: University of Chicago Press.

Jones, Greta. 1980. *Social Darwinism and English Thought: The Interaction between Biological and Social Theory*. New Jersey: Humanities Press.

Kalberg, Stephen. 1994. *Max Weber's Comparative—Historical Sociology*. Chicago: The University of Chicago Press.

Kelley, Donald R. 1991. *Renaissance Humanism*. Boston, MA: Twayne Publishers.

Kennedy, George E. 1999. *Classical Rhetoric and Its Christian and Secular Tradition from Ancient to Modern Times*. Chapel Hill, NC: The University of North Carolina Press.

Kerferd, G. B. 1984. *The Sophistic Movement*. New York: Cambridge University Press.

Kerferd, G. B. 1997. "The Sophists." Pp. 244~270 in C. C. W. Taylor (ed.). *From the Beginning to Plato*. New York: Routledge.

Klauder, Francis J. 1994. *A Philosophy Rooted in Love: The Dominant Themes in the Perennial Philosophy of St. Thomas Aquinas*. Lanham, MD: University Press of America.

Kloppenberg, James T. 1986. *Uncertain Victory: Social Democracy and Progressivism in European and American Thought, 1870~1920*. New York: Penguin Books.

Kluttz, Daniel N. and Neil Fligstein. 2016. "Varieties of Sociological Field Theory." Pp. 185~204 in Seth Abrutyn (ed.). *Handbooks of Sociology and Social Research.* Memphis, TN: Springer.

Kolko, Gabriel. 1959. "A Critique of Max Weber's Philosophy of History." *Ethics* 70: 1~20.

Kristeller, Paul Oskar. 1979. *Renaissance Thought and Its Sources.* New York: Columbia University Press.

Kuhn, Thomas. 1962. *The Structure of Scientific Revolution.* Chicago: The University of Chicago Press.

Kumar, krishan. 1978. *Prophecy and Progress: The Sociology of Industrial and Post-Industrial Society.* New York: Penguin Books.

Kumar, Krishan. 1991. *Prophecy and Progress: The Sociology of Industrial and Post-Industrial Society.* New York: Penguin Books.

Lacan, Jacques. 1993. *The Seminar of Jacques Lacan Book III: The Psychoses 1955-1956.* New York: W·W·Norton & Company.

Laidlaw-Johnson, Elizabeth A. 1996. *Plato's Epistemology: How Hard Is It to Know?* New York: Peter Lang.

Lakoff, George and Mark Johnson. 1980. *Metaphors We Live By.* Chicago: University of Chicago Press.

Lal, Barbara B. 1990. *The Romance of Culture in an Urban Civilization: Robert E. Park on Race and Ethnic Relations in Cities.* New York: Routledge.

Landecker, Werner S. 1955. "Types of Integration and Their Measurement." Pp. 19~27 in Lazarsfeld, Paul Felix and Morris Rosenberg (eds.). *The Language of Social Research: A Reader in the Methodology of Social Resarch.* New York: The Free Press.

Lange, Frederick Albert. 1950. *The History of Materialism and Criticism of Its Present Importance.* New York: The Humanities Press.

Lave, Rebecca, Philip Mirowski and Samuel Randalls. 2010. "Introduction:

STS and Neoliberal Science." *Social Studies of Science* 40(5): 659~675.

Lazarsfeld, Paul Felix and Morris Rosenberg. 1955. "General Introduction." Pp. 1~12 in Lazarsfeld, Paul Felix and Morris Rosenberg (eds.). *The Language of Social Research: A Reader in the Methodology of Social Resarch*. New York: The Free Press.

Lemert, Charles C. 1979. *Sociology and the Twilight of Man: Homocentrism and Discourse in Sociological Theory*. Carbondale and Edwardsville, IL: Southern Illinois University Press.

Levine, Donald N, Ellwood B. Carter and Eleanor Miller Gorman. 1976a. "Simmel's Influence on American Sociology I." *American Journal of Sociology* 81(4): 813~845.

Levine, Donald N, Ellwood B. Carter and Eleanor Miller Gorman. 1976b. "Simmel's Influence on American Sociology II." *American Journal of Sociology* 81(5): 1112~113.

Levine, Morten and Davydd Greenwood. 2011. "Revitalizing Universities by Reinventing the Social Sciences: Bildung and Action Research." Pp. 27~42 in Norman K. Denzin, and Yvonna S. Lincoln (eds.). *The Sage Handbook of Qualitative Research*. 4th edition. Thousand Oaks, CA: Sage.

Levine, Norman. 2021. *Marx's Resurrection of Aristotle*. Cham, Switzerland: Palgrave Macmillan.

Lewis, David J. and Richard L. Smith. 1980. *American Sociology and Pragmatism: Mead, Chicago Sociology, and Symbolic Interactionism*. Chicago: University of Chicago Press.

Love, Nancy S. 1986. *Marx, Nietzsche, and Modernity*. New York: Columbia University Press.

Lovejoy, Arthur O. 1964. *The Great Chain of Being: A Study of the*

History of an Idea. Cambridge, MA: Harvard University Press.

Luce, John V. 1992. *An Introduction to Greek Philosophy.* New York: Thames and Hudson.

Luhmann, Niklas. 1995. *Social Systems.* Stanford CA: Stanford University Press.

Lyotard, Jean-François. 1984. *The Postmodern Condition: A Report on Knowledge.* Minneapolis, MN: University of Minnesota Press.

McKinney, John C. 1969. "Typification, Typologies, and Sociological Theory." *Social Forces* 48(1): 1~12.

Mali, Joseph. 1992. *The Rehabilitation of Myth: Vico's 'New Science.'* New York: Cambridge University Press.

Mandelbaum, Maurice. 1971. *History, Man, & Reason: A Study in Nineteenth-century Thought.* Baltimore, MA: Johns Hopkins Press.

Mandrou, Robert. 1979. *From Humanism to Science: 1480-1700.* Atlantic Highlands, NJ: Humanities Press.

Mannheim, Karl. 1971. "Conservative Thought." Pp. 260~350 in Kurt H. Wolff (ed.), *From Karl Mannheim.* New York: Oxford University Press.

Manning, Philip. 1992. *Erving Goffman and Modern Sociology.* Stanford, CA: Stanford University Press.

Martin, Christopher. 1988. *The Philosophy of Thomas Aquinas.* London: Routledge.

Martindale, Don. 1966. *Institutions, Organization, and Mass Society.* Boston: Houghton Mifflin Company.

Martindale, Don. 1971. "Max Weber on the Sociology of Culture and Theory of Civilization." *International Journal of Contemporary Sociology* 8: 1~12.

Martindale, Don. 1981. *The Nature and Types of Sociological Theory.*

Boston: Houghton Mifflin Company.

Marx, Karl. 1970. *A Contribution to the Critique of Political Economy.* New York: International Publishers.

Marx, Karl. 1973. *Grundrisse. Middlessex*, England: Penguin.

Marx, Karl. 1987. *Economic and Philosophic Manuscripts of 1844.* Buffalo, NY: Prometheus.

Marx, Karl. 1988. *The Communist Manifesto.* New York: W. W. Norton.

Marx, Karl. 1990. *Capital Vol 1.* New York, NY: Penguin.

Marx, Karl and Friedrich Engels. 1995. *The German Ideology.* New York: International Publishers.

Maurer, Armand. 1964. *Medieval Philosophy.* New York: Random House.

Maus, Heinz. 1962. *A Short History of Sociology.* New York: The Citadel Press.

Mead, George H. 1962. *Mind, Self, and Society: From the Standpoint of a Social Behaviorist.* Chicago: University of Chicago Press.

Megill, Allan. 1987. *Prophets of Extremity: Nietzsche, Heidegger, Foucault, Derrida.* Berkeley and Los Angeles, CA: University of California Press.

Meikle, Scott. 1985. *Essentialism in the Thought of Karl Marx.* La Salle, IL: Open Court.

Merton, Robert K. 1968. *Social Theory and Social Structure.* New York: Free Press.

Miller, Watts W. 1996. *Durkheim, Morals and Modernity.* Montreal & Kingston, Canada: McGill−Queen's University Press.

Mills, C. Wright. 1963. *Power, Politics and People.* New York: Oxford University Press.

Mills, C. Wright. 1964. *Sociology and Pragmatism: The Higher Learning in America.* New York: Paine−Whitman Publishers.

Mommsen, Wolfgang. 1974. "The Universal Historian and the Social Scientist." *The Age of Bureaucracy*. Oxford: Basil Blackwell.

Morgan, Vance G. 1994. *Foundations of Cartesian Ethics*. New Jersey: Humanities.

Morris, Charles W. 1962. "Introduction: George H. Mead as Social Psychologist and Social Philosopher." Pp. ix~xxxv in George H. Mead. Mind, *Self and Society from the Standpoint of a Social Behaviorist*. Chicago: University of Chicago Press.

Morrison, Ken. 1995. *Marx, Durkheim, Weber : Formations of Modern Social Thought*. Thousand Oaks, CA: Sage.

Myers, Kristen A., Cynthia D. Anderson, and Barbara J. Risman (eds.). 1988. *Feminist Foundations: Toward Transforming Sociology*. Thousand Oaks, CA: Sage.

Nash, Kate. 2001. "The 'Cultural Turn' in Social Theory: Towards a Theory of Cultural Politics." *Sociology* 35(1): 77~92.

Nauert, Charles G. 1995. *Humanism and the Culture of Renaissance Europe*. New York: Cambridge University Press.

Neel, Jasper. 1988. *Plato, Derrida, and Writing*. Carbondale: Southern Illinois University Press.

Newton, Isaac. 1846. *Newton's Principia: The Mathematical Principles of Natural Philosophy*. New York: Daniel Adee.

Nietzsche, Friedrich. 1966. *Beyond Good and Evil: Prelude to a Philosophy of the Future*. New York: Vintage Books.

Nietzsche, Friedrich. 1968. *The Will to Power*. New York: Vantage Books.

Nietzsche, Friedrich. 1989. *On the Genealogy of Morals and Ecce Homo*. New York: Vintage Book.

Nietzsche, Friedrich. 1999. *The Birth of Tragedy*. Cambridge, NY:

Cambridge University Press.

Nisbet, Robert A. 1966. *The Sociological Tradition*. New York: Basic Books.

Notomi, Noburu. 1999. *The Unity of Plato's Sophist: Between the Sophist and the Philosopher*. New York: Cambridge University Press.

Roth, Paul A. 1988. "Narrative Explanations: The Case of History." *History and Theory* 27(1): 1~13.

Olick, Jeffrey K. 1999. "Genre Memories and Memory genres: A Dialogical Analysis of May 8, 1945 Commemorations in the Federal Republic of Germany." *American Sociological Review* 64: 381~402.

Ollman, Bertell. 1971. *Alienation : Marx's Conception of Man in Capitalist Society*. New York: Cambridge.

Osler, Margaret J. 1994. *Divine Will and the Mechanical Philosophy: Gassendi and Descartes on Contingency and Necessity in the Created World*. New York: Cambridge University Press.

Parkinson, G. H. R. 1977. "Hegel, Pantheism and Spinoza." *Journal of the History of Ideas* 38: 449~459.

Parsons, Talcott and Robert F. Bales. 1955. *Family, Socialization and Interaction Process*. Glencoe, Ill: Free Press.

Parsons, Talcott. 1951. *The Social System*. New York: The Free Press.

Parsons, Talcott. 1966. *Societies: Evolutionary and Comparative Perspectives*. Englewood Cliffs, NJ: Prentice–Hall.

Parsons, Talcott. 1968. *The Structure of Social Action: A Study in Social Theory with Special Reference to a Group of Recent European Writers Vol. 1 and Vol. 2*. New York: Free Press.

Parsons, Talcott and Neil Smelser. 1956. *Economy and Society*. London: Routledge.

Pecharroman, Ovid. 1977. *Morals, Man and Nature in the Enlightenment: A study of Baron d'Holbach's Work.* Lanham, MD: University Press of America.

Pike, Jonathan E. 1999. *From Aristotle to Marx : Aristotelianism in Marxist Social Ontology.* Brookfield, Vermont: Ashgate.

Plamenatz, John. 1975. *Karl Marx's Philosophy of Man.* Oxford: Clarendon.

Plato. 1944. *The Republic.* New York: The Heritage Press.

Plato. 1955. *Plato's Phaedo.* London: Routledge & Kegan Paul Ltd.

Plato. 1956. *Protagoras.* Indianapolis, IN: The Bobbs‑Merrill.

Plato. 1977. *Timaeus and Critias.* New York: Penguin Books.

Polemics, J. 1994. "The Postmodernist Critique of Science: Ii It Useful?" *Journal of the Elisha Mitchell Scientific Society* 110(3/4): 113~120.

Polkinghorne, Donald E. 1988. *Narrative Knowing and the Human Sciences.* Albany, NY: State University of New York Press.

Porter, Roy. 1990. *The Enlightenment.* Atlantic Highlands. NJ: Humanities Press.

Randall, John Herman Jr. 1954. *The Making of the Modern Mind.* Cambridge, MA: The Riverside Press.

Rankin, H. D. 1983. *Sophists, Socratics and Cynics.* Totowa, NJ: Barnes & Noble Books.

Richardson, Laurel. 1990. "Narrative and Sociology." *Journal of Contemporary Ethnography* 19(1): 116~135.

Richardson, Laurel. 1991a. "Value Constituting Practices, Rhetoric, and Metaphor in Sociology: A Reflective Analysis." *Current Perspectives in Social Theory* 11: 1~15.

Richardson, Laurel. 1991b. "Speakers Whose Voices Matter: Toward

Feminist Postmodernist Sociological Praxis." *Studies in Symbolic Interaction* 12: 29~38.

Richardson, Laurel. 1991c. "Postmodern Social Theory: Representational Practices." *Sociological Theory* 9(2): 173~179.

Rickman, H. P. 1979. *Wilhelm Dilthey: Pioneer of the Human Studies*. London: Paul Elek.

Ricoeur, Paul. 1981. *The Rule of Metaphor: Multi−Disciplinary Studies of the Creation of Meaning in Language*. Toronto: University of Toronto Press.

Ricoeur, Paul. 1984. *Time and Narrative*. Volume 1. Chicago: University of Chicago Press.

Rist, John M. 1994. *Augustine: Ancient Thought Baptized*. New York: Cambridge University Press.

Robinson, Timothy A. 1995. *Aristotle in Outline*. Indianapolis, IN: Hackett Publishing Company.

Rorty, Richard. 1995. *Philosophy and the Mirror of Nature*. Princeton, NJ: Princeton University Press.

Ruben, David−Hillel. 1990. *Explaining Explanation*. London: Routledge.

Sade, Marquis de. 1965. *The Marquis de Sade: Justine, Philosophy in the Bedroom and Other Writings*. New York: Grove Press.

Saiedi, Nader. 1993. *The Birth of Social Theory: Social Thought in the Enlightenment and Romanticism*. Lanham, MD: University Press of America.

Salomon, Albert. 1935. "Max Weber's Sociology." *Social Research* 2(1): 60~73.

Sawhney, Deepak Narang. 1999. "The Encyclopedia of the Embodied Earth." Pp. 79~97 in Deepak Narang Sawhney (ed.). *Must We Burn*

Sade? *Amherst*, NY: Humanity Books.

Scaff, Lawrence. 1984. "Weber before Weberian Sociology." *British Journal of Sociology* 35: 190~215.

Scaff, Lawrence A. 1987. "Fleeing the Iron Cage: Politics and Culture in the Thought of Max Weber." *The American Political Science Review* 81(3): 737~756.

Scarre, Geoffrey. 1996. *Utilitarianism.* New York: Routledge.

Schmaltz, Tad M. 2014a. "Introduction to Efficient Causation." Pp. 3~19 in Schmaltz, Tad M. (ed.). *Efficient Causation: A History.* Oxford: Oxford University Press.

Schmaltz, Tad M. 2014b. "Efficient Causation: From Suárez to Descartes." Pp. 139~164 in Schmaltz, Tad M. (ed.). *Efficient Causation: A History.* Oxford: Oxford University Press.

Schopenhauer, Arthur. 1969. *The World as Will and Representation.* 2 Volumes New York: Dover Publications.

Schroeder, Ralph. 1987. "Nietzsche and Weber: Two 'Prophets' of the Modern World." Pp. 207~221 in Sam Whimster and Scott Lash (eds.). *Max Weber, Rationality and Modernity.* London: Allen & Unwin.

Schutz, Alfred. 1932. *The Phenomenology of the Social World.* London: Heinemann Educational Books.

Schutz, Alfred. 1962. Collected Papers 1: *The Problem of Social Reality.* Netherlands: Martinus Nijhoff/The Hague.

Schwendinger, Herman and Julia R. Schwendinger. 1974. *The Sociologists of the Chair: A Radical Analysis of the Formative Years of North American Sociology (1883~1922).* New York: Basic Books.

Scott, John F. 1963. "The Changing Foundations of the Parsonian Action Scheme." *American Sociological Review* 28: 716~735.

Scott, Kermit T. 1995. *Augustine: His Thought in Context.* New York: Paulist Press.

Seidman, Steve. 1994. *Contested Knowledge: Social Theory in the Postmodern Era.* Cambridge, MA: Blackwell.

Seidman, Steven. 1983. *Liberalism & the Origins of European Social Theory.* Berkeley and Los Angeles, CA: University of California Press.

Seidman, Steven. 1990. "Modernity and the Problem of Meaning : The Durkheimian Tradition." Peter Hamilton(ed.). *Emile Durkheim : Critical Assessments.* Vol. 1. New York: Routledge.

Seidman, Steven. 1991. "Modernity, Meaning, and Cultural Pessimism in Max Weber." Peter Hamilton(ed.). *Max Weber (1): Critical Assessments.* New York: Routledge.

Seigel, Jerrold E. 1968. *Rhetoric and Philosophy In Renaissance Humanism: The Union of Eloquence and Wisdom, Petrarch to Valla.* Princeton, NJ: Princeton University Press.

Shalin, Dmitri. 1986. "Pragmatism and Social Interactionism." *American Sociological Review* 51: 9~29.

Sigmund, Paul E. 1993. "Law and Politics." Pp. 217~231 in Norman Kretzmann and Eleonore Stump (eds.). *The Cambridge Companion to Aquinas.* New York: Cambridge University Press.

Smith, Adam. 1977. *An Inquiry into the Nature and Causes of the Wealth of Nations.* Chicago: University of Chicago Press.

Smith, Robin. 1995. "Logic." Pp. 27~65 in Jonathan Barnes (ed.). *The Cambridge Companion to Aristotle.* New York: Cambridge University Press.

Smith, Philip. 1996. "Executing Executions: Aesthetics, Identity, and the Problematic Narratives of Capital Punishment Ritual." *Theory and*

Society 25: 235~261.

Spinoza, Benedictus. 2000. *Ethics: Demonstrated in Geometrical Order*. New York: Oxford University Press.

Sprague, Rosamond Kent. 1972. *The Older Sophists*. Columbia, SC: University of South Carolina Press.

Stauffer, Dietrich, Suzana Maria Moss de Oliveira, Paulo Murilo Castro de Oliveira, Jorge Simoes de Sá Martins. 2006. *Biology, Sociology, Geology by Computational Physicists*. Amsterdam, Netherlands: Elsevier.

Steadman, Philip. 2008. *The Evolution of Designs: Biological Analogy in Architecture and the Applied Arts*. 2nd Edition. London: Routledge.

Stromberg, Roland N. 1990. *European Intellectual History since 1789*. Englewood Cliffs, NJ: Prentice Hall.

Swedberg, Richard. 2018. "On the Near Disappearance of Concepts in Mainstream Sociology." Pp. 23~39 in Leiulfsrud, Håkon and Peter Sohlberg (eds.). *Concepts in Action: Conceptual Constructionism*. Leiden: Brill.

Swidler, Ann. 1986. "Culture in Action: Symbols and Strategies." *American Sociological Review* 51: 273~286.

Swidler, Ann. 2001. *Talk of Love: How Culture Matters*. Chicago: University of Chicago Press.

Swingewood, Alan. 1991. *A Short History of Sociological Thought*. New York : St. Martin's Press.

Tarnas, Richard. 1991. *The Passion of the Western Mind: Understanding the Ideas That Have Shaped Our World View*. New York: Ballantine Books.

Tatarkiewicz, Wladyslaw. 1973. *Nineteenth Century Philosophy*. Belmont, CA: Wadsworth Publishing.

Taylor, C. C. W. 1995. "Politics." Pp. 233~258 in Jonathan Barnes (ed.). *The Cambridge Companion to Aristotle.* New York: Cambridge University Press.

Taylor, C. C. W. 1997. "Anaxagoras and the atomists." Pp. 208~243 in C. C. W. Taylor (ed.). *From the Beginning to Plato.* New York: Routledge.

Teutsch, Georges. 2020. "Reading Schopenhauer in the Light of Present−day Science. https://download.uni−mainz.de/fb05−philoso−phie−schopenhauer/files/2020/03/2012_Teutsch.pdf

Thomas, William and Florian Znaniecki. 1996. *The Polish Peasant in Europe and America: A Classic Work in Immigration History.* Urbana: University of Illinois Press.

Timasheff, Nicholas S. 1950. "Sociological Theory Today." *American Catholic Sociological Review* 11: 25~33.

Tong, Rosemarie. 1989. *Feminist Thought: A Comprehensive Introduction. Boulder,* CO: Westview.

Toulmin, Stephen. 1990. *Cosmopolis: The Hidden Agenda of Modernity.* Chicago: The University of Chicago Press.

Trinkaus, Charles. 1983. *The Scope of Renaissance Humanism.* Ann Arbor, MI: The University of Michigan Press.

Tucker, William T. 1991. "Max Weber's Verstehen." PP. Peter Hamilton(ed.). *Max Weber (1): Critical Assessments.* New York: Routledge.

Turner, Bryan S. 1982. "Nietzsche, Weber and the Devaluation of Politics: the Problem of State Legitimacy." *Sociological Review* 30: 367~391.

Turner, Charles. 1992. *Modernity and Politics in the Work of Max Weber.* New York: Routledge.

Turner, Jonathan H. 1992. "The Promise of Positivism." pp. 156~178 in

Postmodernism and Social Theory: The Debate over General Theory.
Seidman, Steven and David G. Wagner (eds.). Cambridge, MA:
Blackwell.

Turner, Jonathan H. and Leonard Beeghley. 1974. "Current Folklore in the
Criticisms of Parsonian Action Theory." *Sociological Inquiry* 44(1):
47~55.

Turner, Stephen and Jonathan H. Turner. 1990. *The Impossible Science:
An Institutional Analysis of American Sociology.* Newbury Park, CA:
Sage.

Turner, Victor. 1969. *The Ritual Process: Structure and Anti−Structure.*
Chicago: Aldine Publishing Company.

Untersteiner, Mario. 1954. *The Sophists.* Oxford: Basil Blackwell.

Velleman, J. David. 2003. "Narrative Explanation." *The Philosophical
Review* 112(1): 1~25.

Vico, Giambattista. 1968. *The New Science of Giambattista Vico.* Ithaca,
NY: Connel University Press.

Vitanza, Victor J. 1997. *Negation, Subjectivity, and the History of Rhetoric.*
New York: State University of New York Press.

Vitzthum, Richard C. 1995. *Materialism: An Affirmative History and
Definition.* Amherst, NY: Prometheus Books.

Von Wright, George Henrick. 1997. "Progress: Fact and Fiction." Pp. 1~18
in Arnold Burgen, Peter McLaughlin and Jurgen Mittelstrass (eds.). *The
Idea of Progress.* Berlin: Walter de Gruyter.

Wagner−Pacifici, Robin and Barry Schwartz. 1991. "The Vietnam
Veteran's Memorial: Commemorating a Difficult Past." *American Journal
of Sociology* 97: 376~420.

Wallerstein, Immanuel. 2005. *The Modern World−System in the Longue*

Durée. Boulder, CO: Paradigm Publishers.

Wallace, Walter L. 1994. *A Weberian Theory of Human Society: Structure and Evolution*. New Brunswick, NJ: Rutgers University Press.

Weber, Max. 1968. "'Objectivity' in Social Science." *The Methodology of the Social Science*. New York: The Free Press.

Weber, Max. 1992. *The Protestant Ethic and the Spirit of Capitalism*. New York: Routledge.

Weber, Max. 1948. *From Max Weber: Essays in Sociology*. H. Gerth and C. Wright Mills (eds.). New York: Routledge & Kegan Paul.

Weber, Max. 1978. *Economy and Society*. Translated by Guenther Roth and Claus Witich. Berkeley and Los Angeles, CA: University of California Press.

Welchman, Alistair. 1999. "Differential Practices." Pp. 159~181 in Deepak Narang Sawhney (ed.). *Must We Burn Sade?* Amherst, NY: Humanity Books.

White, Harrison C. 1992. *Identity and Control: A structural Theory of Social Action*. Princeton: Princeton University Press.

White, Hayden. 1973. *Metahistory: The Historical Imagination in Nineteenth–Century Europe*. Baltimore, MD: The Johns Hopkins University Press.

Wiener, Philip P. 1965. *Evolution and the Founders of Pragmatism*. New York: Harper Torchbooks.

Willer, David. 1993. "A critique of Abell's 'paths of social determination.'" *The Journal of Mathematical Sociology* 18(2~3): 191~201.

Woodiwiss, Anthony. 1993. *Postmodernity USA: The Crisis of Social Modernism in Postwar America*. Newbury Park, CA: Sage.

Woodward, James. 2003. *Making Things Happen: A Theory of Causal*

Explanation. Oxford University Press.

Zeitlin, Irving M. 1990. *Ideology and the Development of Sociological Theory*. Hoboken, NJ: Prentice Hall.

찾아보기

저자소개

최종렬

계명대학교 사회학과 교수이며, 한국문화사회학회 회장(2020－2023)을 역임했다. 주된 관심 분야는 문화사회학, 사회/문화 이론, 질적 방법론이다.『니는 내맹쿠로 살지 마래이』(2021),『공연의 사회학: 한국사회는 어떻게 자아성찰을 하는가』(2019),『복학왕의 사회학: 지방 청년들의 우짖는 소리』(2018),『다문화주의의 사용: 문화사회학의 관점』(2016),『지구화의 이방인들: 섹슈얼리티·노동·탈영토화』(2013),『사회학의 문화적 전환: 과학에서 미학으로, 되살아난 고전사회학』(2009), Postmodern American Sociology: A Response to the Aesthetic Challenge(2004) 등을 썼다. 함께 쓴 책으로는『문화사회학의 관점으로 본 질적연구 방법론』(2018),『꿈의 사회학』(2018),『베버와 바나나: 이야기가 있는 사회학』(2015),『한국사회의 문화풍경』(2013),『문화사회학』(2012),『한국의 사회자본: 역사와 현실』(2008),『뒤르케임주의 문화사회학: 이론과 방법론』(2007) 등이 있다.

사회학: 확실성 추구와의 투쟁

초판발행	2024년 6월 30일
지은이	최종렬
펴낸이	안종만·안상준
편 집	조영은
기획/마케팅	장규식
표지디자인	Ben Story
제 작	고철민·조영환
펴낸곳	(주)**박영시**
	서울특별시 금천구 가산디지털2로 53, 210호(가산동, 한라시그마밸리)
	등록 1959. 3. 11. 제300-1959-1호(倫)
전 화	02)733-6771
f a x	02)736-4818
e-mail	pys@pybook.co.kr
homepage	www.pybook.co.kr
ISBN	979-11-303-2024-3 93330

정 가   22,000원